Über dieses Buch Sicher ist es nicht die Lebensaufgabe einer progressiven Frau, den Mann fürs Leben zu suchen, aber ihn nicht gefunden zu haben, macht auch nicht glücklich. Welches aber ist der ideale Mann? Darüber machen sich in diesem Roman einige Frauen Gedanken und Sorgen. Eine will einen Intellektuellen à la Jean-Paul Sartre, eine lieber was Solides wie Charles, Prince of Wales, eine wäre schon mit irgendeinem eigenen Ehemann zufrieden, eine sucht einen Kindsvater…

»Beim nächsten Mann wird alles anders« ist das Signal zum Aufbruch für die Studentin Constanze Wechselburger. Sie glaubt alles, was in der Frauenscene als progressiv propagiert wird. Eine partnerschaftliche Zweierbeziehung, in der sie sich selbstverwirklichen kann, muß her. Ihr bisheriger Teilzeit-Lebensgefährte, dem Beziehungsknatsch weniger wichtig ist als seine Karriere, muß weg. Ihr erstes Ziel ist die vorschriftsmäßig harmonische Trennung mit der Garantie, gute Freunde zu bleiben – jedenfalls so lange, bis sie den Idealmann erobert hat.

Constanze Wechselburgers Jagd nach der Zweierbeziehung ihrer emanzipierten Träume ist so spannend wie eine Liebesgeschichte und so komisch wie die Männer, die sie und ihre Freundinnen dabei kennenlernen.

Auch wenn die revolutionären Spruchblasen, die im feministischen Alltag gebräuchlich sind, hier karikiert werden, so ist doch die Moral des Ganzen – nämlich, daß Gefühle nicht besser werden, wenn man sie sich vorschreiben läßt – durchaus progressiv.

Die Autorin Eva Heller, geboren 1948, wohnt in Frankfurt. Zwei Hauptberufe: Sozialwissenschaftlerin und Cartoonistin. Im Fischer Taschenbuch Verlag erschien: »Wie Werbung wirkt: Theorien und Tatsachen« (Band 3839). Ihre Cartoons, die sie unter dem Künstlerkürzel »Eva H.« veröffentlicht, waren schon in vielen Zeitschriften zu sehen. Außerdem erschienen die Cartoonbücher von Eva H.: »Küß mich, ich bin eine verzauberte Geschirrspülmaschine!« und »Vielleicht sind wir eben zu verschieden!«. Als Cartoonistin (mit Bretécher u. a.) ist sie auch im Fischer-Taschenbuch »Putz! Frauen« (Band 8150) vertreten.

Eva Heller

Beim nächsten Mann wird alles anders

Roman

Fischer Taschenbuch Verlag

Die Frau in der Gesellschaft
Lektorat: Ingeborg Mues

1.–	10. Tausend	Januar 1987
11.–	20. Tausend	Februar 1987
21.–	40. Tausend	März 1987
41.–	60. Tausend	Juli 1987
61.–	80. Tausend	August 1987
81.–	120. Tausend	September 1987
121.–	170. Tausend	Dezember 1987
171.–	220. Tausend	Januar 1988
221.–	320. Tausend	Februar 1988
321.–	420. Tausend	März 1988
421.–	470. Tausend	April 1988
471.–	570. Tausend	Juni 1988
571.–	670. Tausend	Juli 1988
671.–	770. Tausend	September 1988
771.–	870. Tausend	November 1988
871.–	1000. Tausend	Januar 1989

Originalausgabe
Veröffentlicht im Fischer Taschenbuch Verlag GmbH,
Frankfurt am Main, Januar 1987

© 1987 Fischer Taschenbuch Verlag GmbH, Frankfurt am Main
Umschlaggestaltung: Susanne Berner
Umschlagabbildung: Eva Heller
Gesamtherstellung: Clausen & Bosse, Leck
Printed in Germany
ISBN 3-596-23787-4

1. Kapitel

Ich wache auf und bin Prinzessin Diana. Neben mir in den champagnerfarbenen Seidenkissen – ist es Charles, mein Ehemann und Erbe des britischen Königreichs? Ja, es ist Charles. Er war schon beim Polo-Training, war leise gegangen, um mich nicht zu wecken, und nun liegt er wieder an meiner Seite, frisch geduscht. Ich glaube, er tut nur so, als ob er schläft. Ich, Prinzessin Diana, fahre mir durch die blonden Locken, sie sind etwas zerzaust, und vermutlich glänzt meine Nase, wie manchmal am Morgen. Um Charles diesen Anblick zu ersparen, halte ich kokett den Rüschenkragen meines Janet-Reger-Nachthemds vor die Nase und frage: »Oh Love, are you sleeping anymore?«

Nein, er hatte nur so getan, weil er dachte, daß ich noch schlafe! Ich sehe Charles, meinen Ehemann und Erben des britischen Königreichs an mit meinen blauen Augen und frage: »Oh Love, please help me – was soll ich zum Frühstück zu mir nehmen? Kaffee oder Schokolade? Und was soll ich heute anziehen, wenn ich im Museum deiner Urgroßeltern die Insekten-Ausstellung eröffne?«

Charles sieht mich an und sagt: »Oh Love, was du tragen wirst, es wird vollkommen sein, weil du vollkommen bist. Zieh doch deine neue rosa Bluse an.« Und dann sagt er: »Please Love, probier mal die neue Kaffeemischung, sie ist aus deiner Lieblingskolonie.«

Ja, Charles löst all meine Probleme! Ich drücke eine Taste der Rufanlage neben unserem Bett.

»Yes, Your Royal Highness?« antwortet die Chef-Kammerzofe.

»Ich werde heute meine neue rosa Bluse tragen.«

»Yes, Your Royal Highness«, antwortet die Chef-Kammerzofe, »You will look beautiful!«

Als ich noch überlegte, wie mein Leben wäre, wenn zum Beispiel ich Prinzessin Diana wäre – also nicht, daß Diana meine Idealfrau wäre, die ist mir zu bürgerlich, also zu etabliert, zu konservativ, viel zu wenig intellektuell; aber

Charles, der ist zwar optisch nicht mein Typ, aber der wäre wenigstens ein Mann, der weiß, was er will! dachte ich gerade, als mich ein größerer Gegenstand am Kopf traf. Es wurde dunkel um mich. Die Tür meines Zimmers wurde zugeknallt. Es war mein Bademantel.

Albert hatte ihn auf mein Bett geworfen beziehungsweise auf mich. Vermutlich hatte ich wieder das Verbrechen begangen, meinen Bademantel auf seinen Haken im Bad zu hängen. Du liebe Güte! Wie ich seine Pedanterie verabscheue. Ich hatte mal gelesen, daß Schizophrene derartige Ordnungswahnsysteme haben. Wahrscheinlich leidet Albert unter einer fortgeschrittenen Schizophrenie. Demnächst wird er verlangen, daß ich im Allibertkasten meinen Kamm, die Nagelfeile und die Zahnbürste exakt im Abstand von zwölf Millimeter nebeneinanderlege oder sonst was Wahnsinniges. Seit einem Jahr bereits bewacht er seine persönlichen Zahnpastatuben – weil ich die Tuben nicht ordnungsgemäß aufrolle: es wäre Verschwendung, eine Tube von der Mitte auszuquetschen, so blieben in allen Falten Reste zurück. Er hat mit einem Skalpell eine meiner leeren Tuben aufgeschlitzt und mir zu beweisen versucht, daß in der Tube eine Restmenge sei, mit der man sich mindestens fünfmal die Zähne putzen könne. Ich hab ihm die Restmenge geschenkt. Was er total verdrängt, ist die Tatsache, daß bei ihm jedesmal die fünffache Menge Zahnpasta aus der Tube quillt, eben weil er die Tuben so prall aufrollt. Und das ist die totale Verschwendung. Aber es hat keinen Zweck, mit ihm darüber zu diskutieren.

Ich schmiß den Bademantel vom Bett. Er fiel auf ein Weinglas, das vor dem Bett stand. Das hatte ich leider vergessen. Solange Albert noch in der Wohnung war, konnte ich nicht aufstehen und die Scherben wegräumen, er hätte wieder rumgemeckert, er würde Gläser nicht auf dem Fußboden stehen lassen, ich sei schlampig – die alte Leier. Das Glas war eines von denen, die Albert von seiner hysterischen Mutter geschenkt bekommen hatte. Geschah ihm recht, er hatte schließlich den Bademantel nach mir geworfen. Es war sieben Uhr siebzehn, vor sieben Uhr dreiunddreißig fuhr er nie in die Klinik.

Um sieben Uhr achtunddreißig endlich knallte er die Wohnungstür hinter sich zu. Ich konnte wieder frei atmen. Ich war erschöpft und mußte noch zwei Stunden schlafen.

Dann fand ich im Waschbecken einen Zettel. »Das Waschbecken muß geputzt werden!!!« stand drauf. Ich holte mir einen Filzer von Alberts Schreibtisch. »Gut beobachtet!!!!!!« schrieb ich auf den Zettel dazu und legte ihn zurück ins Waschbecken, nachdem ich mir die Zähne geputzt hatte. Dabei bemerkte ich zwei Haare im Waschbecken. Albert und ich haben fast dieselbe dunkelbraune Haarfarbe, aber meine Haare sind viel länger als seine. Die beiden Haare waren lang und folglich eindeutig von mir. Ich nahm die Nagelschere, kürzte die Haare auf Alberts Haarlänge und legte sie auf den Zettel drauf, als Garnierung sozusagen. Ha ha ha.

Im Kühlschrank lag noch ein Zettel: »Du schuldest mir DM 10,85!!!« Das war die Frechheit. Ich zählte meine Joghurts – er hatte wieder einen gestohlen! – Natürlich, in der Mülltüte lag ein leerer Becher. Den hatte ich nicht gegessen. Aber ich hatte die Joghurts bezahlt. Ich holte den Joghurtbecher aus der Mülltüte und sammelte darin die Scherben des Weinglases. Sein Weinglas gegen meinen Joghurt: damit waren wir quitt.

Der Ärger machte mich so schlapp, daß ich mit meiner Kaffeetasse zurück ins Bett ging. Es war nicht mehr auszuhalten mit Albert. Seit drei Jahren kannten wir uns, seit zwei Jahren wohnten wir zusammen. Warum eigentlich? Keine Ahnung! Ich jedenfalls konnte mich nicht erinnern, daß ich jemals den Wunsch gehabt hätte, mein Leben an der Seite eines schizophrenen Geizhalses zu verplempern. Er wird stündlich geiziger. Seit einem Jahr ist er Assistenzarzt, und ich dachte, wenn er mal Geld verdient, wird er großzügiger, ha ha, im Gegenteil. Er verdient jetzt viermal soviel Geld, wie ich von meinen Eltern bekomme, aber da er jetzt angeblich nur für die Steuer arbeitet, muß ich als arme Studentin die Joghurts des reichen Arztes bezahlen.

Weihnachten war der Höhepunkt gewesen. Ich hatte das Essen eingekauft: 79 Mark 85 hatte ich insgesamt bezahlt, ich werde es nie vergessen. Aber er hat mir statt 39 Mark 92 lediglich 39 Mark 48 gegeben, weil ich nicht nur eine, sondern zwei kleine Dosen Erbsen gekauft hatte, wir brauchten fürs Weihnachtsessen aber nur eine Dose. Die andere, sagte Albert, würde ich bestimmt irgendwann alleine essen. Also hat er sich an der zweiten Dose Erbsen zu 98 Pfennig nicht beteiligt.

Und diesem Geizhals hatte ich eine phantastische Uhr geschenkt! Ganz in Schwarz, auch das Zifferblatt, nur die Zeiger weiß. 109 Mark hatte ich mir vom Munde abgespart, und da meckerte er wegen einer Dose Erbsen. Und als Albert dann mit seinem schäbigen Weihnachtsgeschenk ankam – blöde Mokkatassen vom Trödler und ein Blumenübertopf in Kackbraun –, da packte mich die totale Wut. Ich hab die Uhr ins Klo geschmissen und sie vor seinen Augen runtergespült. Jawohl, ha ha. Weg war sie. Schließlich soll man seine Gefühle spontan ausleben.

Albert hat dann die Mokkatassen in die Badewanne geschmissen. Das war wieder typisch. Alles was ich mache, macht er nach. Er ist total reaktiv. Das geht mir auf den Wecker. Nur die Scherben aus der Badewanne raussammeln, das durfte ich natürlich ganz alleine machen.

Es war ein entzückendes Fest gewesen. Ehrlich. Albert brüllte die ganze Zeit herum, ich sei genauso jähzornig wie mein Vater, ich solle mich mal im Spiegel ansehen, ich hätte hysterische Augen und so weiter. Das ganze Haus konnte sein Gebrüll hören.

Die Leute würden mich für geistig behindert halten, wenn ich mir das noch länger bieten ließe. Ich stand auf und beschloß, mein Leben zu ändern. Und zwar sofort. Es war der zweite Mittwoch im Januar, eigentlich hätte ich schon zu Neujahr beschließen sollen, mich endgültig von Albert zu trennen. Aber es war noch nicht zu spät.

Während ich meine rosa Strickstrumpfhosen suchte, schwor ich mir, daß Albert ausziehen muß. Schließlich habe ich zuerst hier gewohnt. Meine Eltern würden bestimmt Verständnis dafür haben, daß ihr einziges Kind unter solchen Bedingungen nicht leben und schon gar nicht studieren konnte. Die paar Mark mehr, die ich nun als alleinstehende Studentin brauchen würde, die mußten sie mir geben! Außerdem, für alle Fälle, hatte ich das Aussteuersparbuch meiner alten Tante Frida selig. Es wäre sicher ganz in ihrem Sinne, wenn ich ihr Erbe verwenden würde, um mich von den Männern unabhängig zu machen! Jawohl. Freilich, meine Eltern durften es nicht erfahren, wenn ich mehr als die Zinsen von meinem

Sparbuch abheben würde. Mein Vater würde toben. Mein Vater lebt in dem Wahn, die Aussteuer eines Mädchens sei dazu da, um sich einen Ehemann zu kaufen. Wenn sie einen Kandidaten aufgabelt hat, dann zeigt sie ihm ihr Aussteuersparbuch, und der Macker darf sich dann überlegen, ob er künftiger Besitzer der Frau beziehungsweise des Aussteuersparbuchs sein will... exakt so stellt es sich mein Vater vor! Wieviel wohl meine Mutter für ihn bezahlt hatte? Ich habe es nicht nötig, mich zu verkaufen. Ich werde niemals heiraten!

Die rosa Strumpfhosen waren unauffindbar. Sicher hatte Albert sie irgendwohin geworfen. Eigentlich hatte ich meine neue rosa Bluse anziehen wollen, weil heute nachmittag das erste Mal nach den Weihnachtsferien endlich wieder das Seminar bei Gottfried Schachtschnabel war. Aber ohne die rosa Strümpfe war die rosa Bluse unterbewertet. Es war alles Mist. Albert mußte so schnell wie möglich aus meinem Leben verschwinden.

Ich hatte mich entschlossen. Ich schrieb Albert einen Brief.

»Albert!!!
Verschwinde so schnell
wie möglich aus
meinem Leben
+ der Wohnung!!!
Hochachtungsvoll
Deine Constanze Wechselburger.«

Dann strich ich das »Hochachtungsvoll« durch und schrieb drüber: »Mit der Dir gebührenden Hochachtung.« Das war's. Ich warf den Zettel auf sein Bett. Der heutige Tag war der Beginn meines neuen Lebens.

Der Zettel lag immer noch da, als ich abends von der Akademie zurückkam. Ich las ihn noch mal und strich dann das Wort »Deine« durch – aber so, daß er sehen konnte, daß ich »Deine« gestrichen hatte. Dann beschloß ich, in meine Stammkneipe abzuziehen. Zwar war es eigentlich zu früh, im Café Kaputt läuft vor neun nichts ab, aber ich wollte lieber nicht zu Hause sein, wenn Albert meinen Brief fand.

Fristlos gekündigt hab ich ihm, dachte ich unterwegs.

Ich fühlte mich unheimlich gut.

2. Kapitel

Im Café Kaputt war es erwartungsgemäß ziemlich leer. Von den Leuten, die ich kannte, war niemand da. Kurz nach mir kam eine Frau herein, die ich noch nie hier gesehen hatte. Sie sah sich zögernd um. An der Theke standen drei Typen, die offiziellen Säufer, da kann man sich nicht einfach so dazustellen, schon gar nicht als Frau. An den zwei großen Tischen vorn, an jedem Platz für ein Dutzend Leute oder mehr, da saß niemand. Aber da allein, da fühlt man sich wie auf dem Präsentierteller, und der nächste, der sich an den Tisch setzt, setzt sich garantiert ans Tischende gegenüber, und dann wirkt man noch isolierter. Hinten gibt es vier kleine Tische: an beiden Fenstertischen saß je ein Pärchen, die einen knutschten, die andern langweilten sich. Am Tisch neben mir saß ein ungefähr dreißigjähriger Typ allein, breitbeinig saß er da, aber sympathisches Gesicht, die Frau guckte schnell weg, prüfte die Anzahl der Gläser auf meinem Tisch. Aha, nur eins. Damit war klar, daß sie sich zu mir setzen würde. Alleinstehende Frauen setzen sich immer zu alleinsitzenden Frauen.

»Ist hier noch frei?« sagte sie.

»Ja«, sagte ich.

»Weißt du, ob's hier was zu essen gibt?«

Mit dem Kinn zeigte ich auf die Tafel hinterm Tresen, auf die der Koch vom Café Kaputt das Tagesessen kritzelt.

»Seltsames Essen hier«, sagte sie.

»Der Koch ist aus Oberbayern.«

»Ach deshalb.«

Nachdem sie die Hälfte ihres oberbayrischen Bohneneintopfs in sich hineingestochert hatte, fühlte sie sich gekräftigt genug, die Konversation wieder zu starten. »Bist du öfter hier?« fragte sie.

»Ja.«

»Ist ganz nett hier.«

»Ja.«

»Lebst du allein?«

»Nein.«

Typisch Frau, dachte ich. Geht eine Frau allein in die Kneipe und sieht dort eine Frau, die allein in die Kneipe geht, halten sich die Weiber gegenseitig für frustrierte, von aller Welt verlassene Existenzen. Da sind sogar die Männer toleranter. Die können sich wenigstens vorstellen, daß ein Mensch auch aus Spaß an der Kneipe in die Kneipe geht. Ich überlegte noch eine entsprechende Antwort, als sie sagte: »Also bist du verheiratet.«

»Nein.«

»Sehr gut«, lobte sie.

Ich sagte nichts mehr. Das Thema paßte mir nicht. Auf ihre Frage, ob ich allein lebe, hätte ich eigentlich mit »Ja« antworten sollen. Diese Kneipentouristin hier war offenbar beziehungsfixiert. Ich aber nicht. Also wechselte ich das Thema so willkürlich wie möglich, um sicher zu sein, daß sie es merken würde.

»Sag mal«, sagte ich, »stimmt es, daß man Kartoffeln nach dem Kochen abdämpft?«

»Natürlich«, sagte sie, »blöde Frage. Hast du noch nie Kartoffeln gekocht?«

»Ich hab schon Kartoffeln gekocht, aber ich hab erst jetzt gelesen, daß man sie abdämpfen soll.«

»Wie alt bist du?«

»Siebenundzwanzig.«

Sie schien nachzudenken, ob eine Frau siebenundzwanzig Jahre alt werden kann, ohne zu wissen, daß man Kartoffeln nach dem Kochen abdämpft. »Man schüttet das Wasser ab und stellt den Topf noch mal für zwei bis drei Minuten auf den Herd. Du mußt dabei die Kartoffeln im Topf hin- und herrütteln«, sagte sie. Dabei legte sie den Kopf auf die Seite.

»Danke für die Information. Wie alt bist du?«

»Wie alt ich bin? Ich bin einunddreißig.«

Auf dreiunddreißig hätte ich sie geschätzt, eher sogar auf vierunddreißig. Sie hatte normalbraune Haare, graubraune Augen, sah nicht schlecht aus, aber nicht besonders. Typ Standard-Studentin, nur älter. Ganz objektiv fand ich, daß sie viel älter wirkte als ich, obwohl auch ich nicht besonders hübsch bin – meine Augen sind zu klein, meine Haut ist zu großporig, aber man rühmt meine schönen Beine und meinen schönen Mund, und Albert bezeichnet meine Schlitzaugen immerhin als Mandelaugen.

Nachdem sie mich wieder erwartungsvoll angesehen hatte und ich wieder nichts gesagt hatte, sagte sie: »Ich wohne erst seit dem 1. Januar hier in der Gegend. Im übrigen bin ich frisch geschieden.«

Aha, jetzt hatte sie ihr Thema auf dem Tisch.

Ihr Tempo war beachtlich. Sie lächelte mich schon wieder aufmunternd an. Ich wußte aber nicht, wie man sich gegenüber Frischgeschiedenen verhält; gratuliert man oder kondoliert man? Schließlich sagte ich: »Frisch geschieden, und das mit einunddreißig.«

»Genau«, sagte sie, »genau drei Jahre waren wir verheiratet.«

»Und warum habt ihr euch scheiden lassen?«

»Du, wir haben festgestellt, daß wir uns auseinandergelebt hatten, und da haben wir uns zusammengesetzt, haben uns ganz sachlich ausgesprochen und sind drauf gekommen, daß es das beste ist, wenn wir uns scheiden lassen – das beste für uns beide.« Sie lächelte froh.

»Einfach so?«

»Na klar, wir sind beide erwachsene Menschen.« Immer noch frohes Lächeln.

Ich hoffte, daß sie nicht merkte, wie ich blaß wurde vor Neid. Warum sind alle anderen Leute erwachsen? Trennen sich nach einem sachlichen Gespräch – ohne Geschrei, ohne Türknallen, ohne Schlägereien, ohne Beleidigungen und ohne auch nur eine Kaffeetasse zu beschädigen. Warum alle andern? Nur nicht Albert und ich? Ich schämte mich für Albert. Der wird nie erwachsen werden. Wenn's nach mir ginge, könnten wir uns auch in aller Harmonie trennen, wie alle andern Leute auch.

»Wir haben uns in aller Harmonie getrennt, wir sind gute Freunde geblieben«, sagte sie, als hätte sie meine Gedanken erraten.

Ich mußte das Thema wechseln, um nicht vor Wut auf Albert zu platzen. Ich sah mich um – immer noch keiner meiner Kneipen-Bekannten da, es war heute nichts los. Ich hatte keine andere Wahl. »Und was machst du sonst, wenn du dich nicht gerade scheiden läßt?«.

»Jetzt sitze ich hier und trinke Wein.«

Elende Wichtigtuerei. Die Frischgeschiedene schien heiteres Beruferaten zu wünschen. »Vielleicht bist du ein berühmter Hollywood-Star, und es war bereits deine vierte Scheidung?«

Sie lachte geschmeichelt, glaubte tatsächlich, daß ich sie für eine so tolle Frau hielt. »Nein«, sagte sie, »eine Ehe reicht fürs Leben.«

»Ich war nie verheiratet«, sagte ich und war froh, das kindische Trennungstheater mit Albert durch rationales Verhalten in andern Bereichen kompensieren zu können.

»Macht nichts«, sagte sie. »Was machst du statt dessen?«

»Ich mache Filme.«

»Ach, du bist Fotolaborantin.«

»Nein, ich mache Filme.«

»Wie?«

»Ich bin auf der Filmakademie. Arbeite gerade an meinem Abschlußfilm.«

»Du machst Filme?«

»Klar.«

Da staunte sie. Für eine Fotolaborantin hielt sie mich. Reizend. Daß eine Frau nach Höherem, nach Intellektuellerem strebte, das konnte sie sich nicht vorstellen. Wahrscheinlich war sie frischgeschiedene Hausfrau. So sah sie aus.

Sie bestellte sich noch ein Bier und sagte: »Ich bin Psychologin.«

»Ah.« Nun war ich überrascht. Psychologen sind mir etwas unheimlich. Aber andererseits interessiere ich mich sehr stark für Psychologie. Und ich lese auch öfter was Psychologisches. Ich bestellte mir einen weiteren Wein.

»Für meinen Film brauche ich auch viel Psychologie«, sagte ich, »es wird nämlich ein Film über eine Trennung, und da muß ich die psychologischen Dispositionen der Charaktere ganz stark herausarbeiten.«

»Du machst einen Film über eine Ehescheidung?«

»Nicht direkt eine Scheidung. Mehr so eine Trennung…«

»Autobiographisch also.«

»Nicht direkt, es wird eigentlich ein politischer Film.«

»Wie?«

»Vor allem muß ich die herrschenden Verhältnisse kritisch aufzeigen.«

Weil sie mich so verständnislos ansah, mußte ich ihr kurz was von Gottfried Schachtschnabel erzählen. Gottfried

Schachtschnabel ist nämlich der Dozent, bei dem ich meinen Abschlußfilm machen werde. – Niemand, wirklich niemand, der Gottfried Schachtschnabel kennt, käme auf die Idee, daß er Gottfried Schachtschnabel heißt. Er hat einen Bart wie Lenin. Nur sieht Gottfried Schachtschnabel viel jünger aus als Lenin. Er ist aber mindestens genauso revolutionär wie Lenin. – Das mußte ich ihr vorab erklären, dann erzählte ich ihr, daß Gottfried Schachtschnabel in seinem Seminar über das Arbeitsthema »Die Relevanz der bürgerlichen Romantik im Hollywood-Ideal« erklärt hat, daß die bürgerlichen Institutionen nur der Stabilisierung der bestehenden Herrschaftsverhältnisse dienen. Und man müsse sich mal überlegen, was das bedeutet. Außerdem sagt Gottfried Schachtschnabel, daß die »Ewigkeit der Sinnlichkeit« – diesen unglaublich tollen Begriff hat er selbst erfunden – also die »Ewigkeit der Sinnlichkeit«, wie sie die Hollywood-Filme vorgaukeln, das sei der größte romantische Betrug, damit werde dem Volk Sand in die Augen gestreut, natürlich im Interesse der herrschenden Klasse, es gäbe nämlich überhaupt keine »Ewigkeit der Sinnlichkeit«! Und die bürgerliche Abwehr der Pornographie, das sei Ausdruck der verklemmten bürgerlichen Sexualmoral, die im Interesse der herrschenden Klasse aufrechterhalten wird. Ich erzählte ihr dann, was Gottfried Schachtschnabel über den Monopolkapitalismus gesagt hatte und über die kleinbürgerliche Phantasie, aber ich hatte allmählich den Eindruck, daß sie sich nicht besonders für die Analysen von Gottfried Schachtschnabel interessierte.

Plötzlich gähnte sie und fragte: »Lebst du mit deinem Schachtschnabel zusammen?«

Die Frau schien überhaupt nicht zugehört zu haben. Oder sie hatte nichts begriffen. Deshalb bestellte ich den dritten Wein, um ihr auch das mit Albert zu erklären. – Nachdem sie mir von ihrer Scheidung erzählt hatte, mußte ich ja jetzt von mir erzählen – allein deshalb, um mich nicht durch Geheimniskrämerei interessant zu machen. Und Psychologen interessieren sich sowieso brennend für die Probleme anderer Leute.

Also erzählte ich ihr, daß ich mich gerade von Albert getrennt hatte, und daß Albert Arzt ist, Assistenzarzt. Als wir uns vor drei Jahren kennenlernten, war er noch Medizinstudent, ich jobbte und hatte mehr Geld als er, damals waren wir gleichberechtigte Partner, heute ist er der Herr Doktor. Obwohl er seine Doktorarbeit noch gar nicht angefangen hat, titulieren ihn die Patienten trotzdem als Herr Doktor! Überhaupt wird Albert so allmählich zum Halbgott-in-Weiß – und ich zu seinem Anhängsel, ich, die Studentin mit den schlechten Berufsaussichten. Albert ist das zwar egal – er geht davon aus, daß ich mich immer irgendwie selbst finanzieren kann –, sonst wäre er sowieso nicht auf mich fixiert, der alte Geizhals. Er sagt immer, daß er meine Selbständigkeit schätzt, und mit Selbständigkeit meint er getrennte Kasse! Ist doch klar. Seine Eltern sind natürlich der Überzeugung, daß ich keine passende Partie für ihren Supersohn bin.

Allerdings schienen auch diese Ausführungen die Psychologin nicht besonders zu interessieren, sie gähnte. Zuerst dachte ich, diese Frau sei wohl eine schlechte Psychologin, aber dann dachte ich, daß ihr Desinteresse mein Fehler war: Ich hatte ihr bisher nur Äußerlichkeiten unserer Beziehung geschildert, aber die psychologischen Ursachen nicht erwähnt. Also lieferte ich die Analyse von Alberts Charakter.

Ich erklärte ihr, daß Albert und ich total unterschiedlich sind. Daß Albert längst nicht so erwachsen ist wie zum Beispiel Gottfried Schachtschnabel. »Albert ist wie ein Kind, aber ohne kindliche Freude«, sagte ich. Diesen sehr treffenden Satz hatte ich mal irgendwo gelesen. Ich sagte ihr auch, daß Albert überzeugt ist, daß er alles bekommen müsse, ohne etwas dafür zu geben, und emotional total blockiert ist er auch. Ich wartete auf das Lob der Psychologin für meine sorgfältige Charakteranalyse.

Sie sagte aber nichts, deshalb vermutete ich, daß ich wohl die frühkindliche Phase von Alberts Entwicklung stärker herausarbeiten müßte – ich lese ja selbst viel Psychologisches und weiß daher, worauf Psychologen Wert legen. »Albert wurde mit Kaiserschnitt entbunden. Es war eine sehr schwere Geburt, sagt seine Mutter.« Das interessierte sie erwartungsgemäß.

»Willst du mir nicht auch erzählen, wieviel er bei der Geburt gewogen hat?« fragte sie.

Das wußte ich aber nicht.

Dann gähnte sie wieder und sagte: »Nicht daß du denkst, du langweilst mich. Es ist schon ziemlich spät.«

»Ich will schon die ganze Zeit gehen«, sagte ich sofort. »Wann bist du denn wieder hier?« fragte ich noch.

»Weiß nicht, wie es sich eben so ergibt.« Sie stand auf, bezahlte am Tresen.

Ich ging noch aufs Klo, als ich wiederkam, war sie weg.

Auf dem Heimweg fiel mir ein, daß ich vergessen hatte, sie nach ihrem Namen zu fragen. Aber sie hatte mich ja auch nicht gefragt, wie ich heiße. Schade, sie war ganz unterhaltsam gewesen.

Ich machte absichtlich Lärm, als ich zu Hause ankam. Ich knallte meine Schuhe ins Regal und schmiß den Schirmständer um, um Albert zu wecken. Die Tür seines Zimmers war zu. Ich drückte ganz vorsichtig die Klinke herunter, um festzustellen, ob er wieder abgeschlossen hatte. Nein, die Tür war offen. Der Zettel war weg. Albert war auch weg.

3. Kapitel

Morgens war Albert immer noch nicht da. Nachtdienst hat er, dachte ich zuerst. Dann fiel mir ein, daß er doch den Zettel weggenommen hatte. Um acht war ich ins Café Kaputt gegangen, da war der Zettel noch dagewesen... wenn er wirklich Nachtdienst gehabt hätte, dann hätte er nach acht nicht mehr nach Hause kommen können, der Nachtdienst fängt nämlich um sechs an. Eine Sekunde lang dachte ich, Albert ist schon ausgezogen. Das konnte aber nicht sein, Alberts ganzer Krempel war noch da. Sein Sparbuch lag in dem Geheimfach im Kühlschrank. Sein Rasierapparat war auch noch da. Allerdings hat er einen zweiten Rasierapparat im Auto, das wußte ich.

Garantiert hatte er wieder so eine blöde Gurke aufgerissen. Garantiert wieder eine blöde Krankenschwester. Er wollte mich ärgern, das war klar. Aber mir war das völlig egal. Er brauchte sich nicht einzubilden, ich würde mir das gefallen lassen. Selbstverständlich würde ich ihn auch betrügen. Das einzige Problem war: Mit wem? – Spontan fiel mir Gottfried Schachtschnabel ein. Aber der war nicht so leicht zu haben wie Albert. Leider. Trotzdem ist mir völlig egal, was Albert macht, Hauptsache, er zieht bald aus, dachte ich. Und es war mein Ernst.

Ich beschloß, Tag und Nacht an meinem Drehbuch zu schreiben, um nächste Woche mit Gottfried Schachtschnabel darüber zu reden. Es mußte ein ganz tolles Drehbuch werden: Gottfried Schachtschnabel sollte beeindruckt sein von der Schärfe meines analytischen Verstandes.

Sofort setzte ich mich an meinen Schreibtisch und nahm mir vor, so lange nachzudenken, bis ich das ganze Konzept für meinen Film fertig hätte – mindestens theoretisch.

Natürlich könnte ich auch zusammen mit anderen Studenten einen Film machen. Aber in den Teams streiten sich die Leute ständig, wessen Ideen die besten sind, und immer setzen sich die Männer durch, weil die am längsten saufen können, die diskutieren einfach so lange, bis alle Frauen gegangen sind. Und dann entscheiden sie ohne die Frauen, was gemacht wird. Uns lassen sie nur den Filmschnitt machen und unkreativen Kram, dazu habe ich keine Lust. Aber wenn man ein tolles Drehbuch vorlegen konnte, gut ausgearbeitet, dann konnte man Geld bewilligt bekommen, um alleine einen Film zu machen. Und natürlich wollte ich ein eigenes Werk schaffen.

Ich fand ein großes Blatt Papier und schrieb darauf:

Theoretisches Filmkonzept

Dann begann ich nachzudenken. Das Konzept war eigentlich klar: Ich werde einen Film machen, in dem ich die Trennung von Albert aufarbeiten werde. Eine total emotionslose Analyse wird das. Knallhart, sachlich. Aber ein Film, der dennoch betroffen macht. Genau.

Ich müßte natürlich die psychologischen Momente unserer Beziehung ganz subtil herausarbeiten. Und vor allem müßte mein politischer Anspruch deutlich werden. Und die Umwelt-Problematik muß auch rein. – Gottfried Schachtschnabel hat nämlich neulich im Seminar den Film eines Absolventen besprochen, der ihn unheimlich betroffen gemacht hatte. Gottfried Schachtschnabel hatte gesagt, in dem Film würde klar, daß die Umweltzerstörung, das Waldsterben, im Grunde genommen den Untergang des Patriarchats bedeute. »Eine Analyse, wie man sie eigentlich von einer Feministin erhofft hätte«, hatte Gottfried Schachtschnabel gesagt, und dann hatte er mit leiser Stimme hinzugefügt: »Ich weiß nicht, warum so was doch nur von Männern geleistet wird.«

Dieser Film des Absolventen war schon toll gewesen. Man sah als wiederkehrende Sequenz jeweils einen Soldaten, der im Krieg fällt (es waren Soldaten unterschiedlicher Nationen), und dann, als Gegenschnitt, sah man, wie jeweils ein Baum gefällt wird (die Bäume waren auch unterschiedlich). Also diese Symbolik: fallender Soldat – gefällter Baum! Toll!

Warum fällt mir so was nie ein?! Aber bei meinem täglichen Umgang mit Albert ist es kein Wunder, daß ich keines tieferen Gedankens mehr fähig bin.

Ansonsten war der Film eine Art Liebesgeschichte – politisch natürlich. Der Held ist ein Ex-Stadtguerilla, der aufs Land zieht, um die Bauern über den ökologisch-psychologischen Kreislauf der Natur aufzuklären. Die Bauern blicken aber nicht durch und wollen den Ex-Stadtguerilla auch nicht als Führer einer landwirtschaftlichen Revolution auf psychoanalytischer Grundlage akzeptieren. – Der Film spielte übrigens im Schwarzwald und hieß »Die Wüste meiner Phantasie« – auch sehr symbolisch.

Toll war vor allem, wie subtil der Film die sexuelle Verklemmtheit dieser Bauern herausarbeitete. War auch sehr symbolisch. Man sah einen Bauern, der versuchte, mit verschiedenen Schlüsseln die Tür einer alten Hütte aufzuschließen. »Genial, die Schlüsselszene als Schlüsselszene zu visualisieren«, hatte Gottfried Schachtschnabel gesagt. Der Bauer hatte nämlich den Verdacht, daß seine Frau mit dem Revolutionär in der Hütte war. Stimmte auch. Aber der Bauer bekam die Tür nicht auf, weil der Lover seiner Frau die Tür von innen blockiert hatte. Als der Bauer schließlich gewalttätig wurde und versuchte, das Türschloß mit der Hand herauszureißen, blieb er mit dem Mittelfinger im Schloß stecken. Im Film sah man dann innen in der Hütte den Revolutionär und die Frau des Bauern miteinander bumsen, und als Gegenschnitt sah man den eingeklemmten Finger des Bauern im Türschloß; der Bauer wackelte dauernd mit dem Finger hin und her, und der Finger schwoll an. Gottfried Schachtschnabel hat ganz laut darüber gelacht, alle andern natürlich auch.

Der Film endete damit, daß die Frau des Bauern mit dem Revolutionär weggeht. Sie verkauft ihren Traktor, er kauft sich von dem Geld einen Jeep; damit will er in der dritten Welt auf Agitations-Tournee gehen. Es wurde natürlich noch deutlich gemacht, daß der Revolutionär richtig erkannt hatte, daß das Konsumdenken das revolutionäre Potential der Schwarzwaldbauern versaut hatte. Am Schluß sah man dann, wie im Schwarzwald alle Bäume umfallen.

Es war echt ein toller Film. Er ist sogar auf den Jungfilmertagen in Passau gezeigt worden und bekam sehr gute Kritiken. Gottfried Schachtschnabel hat die Kritiken ganz stolz herumgezeigt – immerhin ist der Film von seinem Absolventen gemacht worden. Im Alternativen Spontiblatt stand:

»Daß Beziehungsliebe und kapitalistisch-patriarchalische Strukturen sich von den Bedürfnissen her als Tausch von Bereitschaft zur Abwehr von herrschaftsbedrohenden Glücksansprüchen gegen die Garantie psychoanalytischer Stabilität erweisen, und sich in ihrer formalen Vielfalt ebenso unterscheiden wie gleichen, das macht dieser Film erschreckend deutlich.«

Ich hab mir diesen Satz abgeschrieben und über meinen Schreibtisch gehängt, als Ansporn. So einen Film will ich auch machen!

Die Kritik in der Frankfurter Allgemeinen Zeitung, die Schachtschnabel auch herumgegeben hat, war allerdings nicht so gut. Aber das ist typisch. Die Frankfurter Allgemeine ging überhaupt nicht auf die politische Brisanz des Films ein... die schrieb bloß, wahrhaft erschütternd an diesem Film sei sein intellektuelles Niveau! Und ansonsten meckerte die Frankfurter Allgemeine, daß der Film trotz »detailbesessen ausgeleuchteter Sexszenen« ab sechs Jahren freigegeben worden war.

»Was die bürgerlichen Knechte von der Frankfurter Allgemeinen schreiben, kann uns egal sein«, hatte Gottfried Schachtschnabel gesagt, »deren herrschaftskonformes Getöse kapiert ohnehin kein Angehöriger der Unterschicht, und die wollen wir schließlich mit unseren Filmen erreichen.«

Eine Studentin sagte dann noch, daß es typisch sei, wie dieses Kapitalistenblatt die Interessen der alleinerziehenden Mütter ignoriere, denn wenn der Film nicht ab sechs Jahren freigegeben wäre, dann müßten das nämlich als erste wieder die alleinerziehenden Mütter ausbaden, weil die dann ihre Kinder nicht ins Kino mitnehmen dürften.

»Genau«, sagte Gottfried Schachtschnabel.

Dann haben wir über die Rolle der Frau in diesem Film gesprochen. Mich hatte es eigentlich an dem Film etwas gestört, daß die Frauen – außer um die Männer zu bewundern – überhaupt nie was sagen. Und die Vergewaltigungsszene fand ich auch ziemlich brutal.

Aber da hat Gottfried Schachtschnabel erklärt, daß diese Vergewaltigung abstrakt interpretiert werden müsse, denn damit sei die Vergewaltigung des Waldes gemeint, und er halte diese Umsetzung für eine ausgezeichnete Idee.

Eine andere Frau, die Beate, sagte dann aber, daß sie die Szene sexistisch gefunden hätte, als die Bauersfrau zum Revolutionär sagt: »Was ich an dir am meisten bewundere, ist deine Überzeugungskraft. Du hast gesprochen wie unser Bundeskanzler.« Und der Revolutionär antwortet ihr: »Warte nur, bis du auch meine Zeugungskraft erlebst!« Und dann sagte er: »Was ich an dir am meisten bewundere, sind deine Titten. Du hast die gleichen Titten wie Dolly Dollar.« – Also, die Kommilitonin sagte, sie fände das »tendenziell« sexistisch.

So spontan fand ich das eigentlich auch. Ich hatte nur nichts gesagt, weil ich noch überlegt hatte, ob meine Spontaneität vielleicht unreflektiert war. Gottfried Schachtschnabel hat es Beate dann ganz genau erklärt: er wies sie darauf hin, daß nach diesem Dialog der Mann plus die Frau gemeinsam lachen und daß damit unmißverständlich deutlich gemacht worden sei, daß der Film Mann plus Frau als natürliche Ergänzung begreife. Und außerdem, erklärte Gottfried Schachtschnabel, unter den Verhältnissen einer emanzipierten Sinnlichkeit, die dieser Film propagiere, sei dies eine offene emotionale Äußerung.

»Man kann nicht einfach die Rollen vertauschen, wie du dir das so denkst«, sagte dann Chlodwig Schnell, der sich ständig so aufspielt, als sei er Assistent von Schachtschnabel, zu Beate, »ein Mann ist schließlich anders gebaut als eine Frau! Vielleicht ist dir das schon mal aufgefallen!«

»Du meinst wohl, ein Mann hat keine Titten!« sagte eine andere Frau mit einer unmöglichen Frisur.

»Ich lehne es ab, auf diesem vulgär-feministischen Niveau weiterzudiskutieren!« hatte Chlodwig Schnell gemeckert. Da haben wir Frauen aber alle gekichert, weil Gottfried Schachtschnabel den Chlodwig einfach ignoriert hat und gefragt hat, ob es sonst noch Probleme gebe, es hatte aber keiner mehr Fragen.

Gottfried Schachtschnabel erklärte uns dann zusammenfassend, daß er das Lachen als solches wahnsinnig wichtig fände, und wer versuche, heutzutage einen politischen Film ohne Humor zu machen, der könne wohl kaum auf die Akzeptanz der arbeitenden Massen hoffen. – Also das finde ich auch. Das muß ich sehr berücksichtigen.

Ich betrachtete wieder meinen Zettel, auf dem «Theoretisches Filmkonzept» stand.

Das, worauf es wirklich ankommt, sind die Themen. Wenn man anspruchsvolle Themen hat, bekommt man automatisch einen anspruchsvollen Film. Die meisten von uns wollen deshalb sogar mehrere anspruchsvolle Themen aufarbeiten. – Harald fiel mir ein. Letztes Jahr hatte ich mich in der Cafeteria manchmal mit Harald unterhalten, der damals schon im siebten Semester war. Harald war ein echter Intellektueller, lange, ganz graue Haare hatte er, und er trug eine Brille mit halben Gläsern. Er saß oft alleine in der Cafeteria, und immer, wenn ich mich irgendwie zufällig an seinen Tisch setzen konnte, freute ich mich. Es schien ihm auch nie unangenehm zu sein. Er war immer sehr freundlich und erzählte mir viel über seinen geplanten Abschlußfilm. Auch bei Schachtschnabel. Harald hatte letzten Sommer eine Liste der Themen seines Filmes ausgearbeitet, und ich konnte nur stumm und zustimmend nicken, nachdem er mir die Liste gezeigt und beiläufig erwähnt hatte, daß auch Schachtschnabel wahnsinnig beeindruckt gewesen sei. Mein lieber Mann, der Harald hatte schwer was auf dem Kasten. Ich habe mir damals die Liste abgeschrieben, als Hilfe für meinen späteren Abschlußfilm. Harald hatte netterweise nichts dagegen gehabt: Wenn du mich plagiieren willst,

reih dich ein in die Leporello-Liste meiner Epigonen«, hatte
er gesagt. Er war wirklich ein Intellektueller. Natürlich
wollte ich Harald nicht plagiieren, aber im Oktober, kurz
nach Beginn dieses Semesters, hat Harald die Akademie verlassen – ohne seinen Abschlußfilm zu machen. Es lohne sich
nicht, hatte er gesagt, das Niveau bei uns sei ihm zu seicht,
er ginge nach New York oder nach L. A., dort sei sein Platz,
nicht hier in der Provinz. Und um das nötige Kleingeld für
seine Projekte anzuhäufen, würde er zunächst den Delika-
tessen-Großhandel seines Vaters übernehmen. Es tat mir
zwar leid, daß Harald nicht mehr an der Akademie war, aber
für mich war es im Augenblick günstig, denn jetzt konnte
ich Haralds Themenkatalog für meinen Film übernehmen.
Nur, wo hatte ich dieses Blatt mit den Themen hingeräumt?
Ich suchte mindestens eine Dreiviertelstunde.

Endlich fand ich das Blatt in meinem Universalordner, in
dem ich alle lebenswichtigen Unterlagen aufbewahre, einge-
locht unter »P«. Hinter meiner »Polizeilichen Anmeldung«
war es, und ich hatte »Praxisrelevante Themen« groß und
rot oben drüber geschrieben – deshalb war es unter »P«. Wie
blöde war ich doch im vierten Semester noch gewesen, damals noch hatte ich die Praxis über die Theorie gestellt, in
meiner kleinbürgerlichen Naivität!

Ich las den Zettel und war entzückt. Zehn Punkte standen
darauf.

Praxisrelevante Themen:
1. Kapitalismus / Monopolkapitalismus (Kritik)
2. Progressive Bewußtseinswerdung
3. Umweltkatastrophe + Zerstörung der Tierwelt
4. Befreiungskampf von der alltäglichen Prostitution
5. Analyse der bürgerlichen Institutionen
6. Wettrüsten (international)
7. Feminismus (kritische Diskussion!!!)
8. Konsumsklaverei
9. Psychoanalyse
10. Entlarvung der herrschenden Ideologien.

Ja, dies waren auch die Themen meines Films! Mir als Frau
traute das keiner zu, aber ja, auch ich als Frau konnte einen

anspruchsvollen, politischen Film machen. Ja, ich würde einen Film machen wie ein Mann!

Ich überlegte kurz, ob ich als Frau vielleicht die kritische Diskussion des Feminismus durch eine kritische Diskussion des Chauvinismus ersetzen sollte, aber ich wollte lieber zuerst Gottfried Schachtschnabel fragen, was er dazu meinte – er ist zwar auch ein Mann, aber dank seines nicht-bürgerlichen Bewußtseins absolut objektiv.

Ich übertrug die Liste, wie sie war, auf mein Theoretisches Filmkonzept. Sehr gut.

Aber einen Punkt fügte ich hinzu: »11. Humor«! Nun hatte ich alles beisammen. Ausgezeichnet.

Als nächstes brauchte ich dringend einen Filmtitel. Der Titel ist von immenser Wichtigkeit. Der Titel soll – das hatte Skript-Hoffmann diktiert:

a) Das Thema / die Themen anklingen lassen
b) Auf den Inhalt des Filmes neugierig machen
c) Dem Stil des Filmes entsprechen

Und man soll sich als Kreativitäts-Hilfsmittel zur Findung des Filmtitels anfertigen:

a) Eine Liste der Themen
b) Eine Liste der Handlungsschwerpunkte
c) Eine Liste der Schlüsselsätze des Dialogs

Ich überlegte, daß ich mir die Arbeit mit den Handlungsschwerpunkten und den Schlüsselsätzen ersparen könnte, weil mir das noch unklar ist, und außerdem will ich ja meine Spontaneität nicht einengen. Chaplin hat auch vorher nie gewußt, was er nachher im Film machen würde. Und Chaplin war ein Genie.

Total spontan fielen mir sofort vier Titel ein:

Das politische Tagebuch einer Gleichberechtigten
Meine Liebe zu Dir ist wie der sterbende Wald
Die betonierten Schwingen einer Frau
Der Geliebte der Revolutionärin

Sehr gut. Ich schrieb darüber: Titelvorschläge.

Interessant sei es immer, sagt Skript-Hoffmann, wenn man im Titel auf einen Klassiker anspielt. Nur sollte man den

Klassiker dann kennen, sagt Skript-Hoffmann. Ich überlegte... statt Kabale und Liebe – Klassenkampf und Liebe! Das wäre originell. Nur müßte ich dann vorher noch das Stück lesen, und soviel Zeit hab ich auch nicht mehr. Was gibt es denn noch so an Klassikern? Minna von Barnhelm! Das kenne ich, das wäre sehr passend, die hat ja schließlich auch irgendwie getrennt gelebt von ihrem Typen. Die Befreiung der Minna von Barnhelm! Das wäre ein starker Titel! Da ist alles dran. Geradezu fassbinderesk war der Titel. Mit diesem Titel würde ich garantiert eine Besprechung im Spiegel bekommen. Alle Filme, die im Spiegel besprochen werden, haben solche Titel. Ich konnte die Besprechung schon vor mir sehen...

...»Die Befreiung der Minna von Barnhelm«, das Erstlingswerk von Constanze Wechselburger (27), ist ein Film, der betroffen macht. Die attraktive Filmemacherin schildert darin die Loslösung einer Frau von einem emotional blockierten und unheimlich geizigen Arzt. Obgleich der Film auf persönlichen Erfahrungen der dunkelhaarigen Filmemacherin beruht, darf er keineswegs als persönlicher Racheakt mißverstanden werden: Die Stärke des Films beruht auf seiner emotionslosen Objektivität, die sich zudem durch psychoanalytische Fakten legitimiert. »Die Befreiung der Minna von Barnhelm«, ein Œuvre der Schachtschnabel-Schule, liefert eine nachgerade schonungslose Analyse der herrschenden Verhältnisse, wie sie in dieser Tragweite noch selten zu sehen war, und verrät meisterliches Einfühlungsvermögen in die Psyche des emotional total blockierten und unheimlich geizigen Arztes...

Ja, mein Lieber, da wirst du staunen, wenn du das im Spiegel lesen wirst. Ich könnte mich schon jetzt totlachen über das blöde Gesicht von Albert.

Plötzlich hatte ich die Superidee für den Filmanfang.

Filmanfang: Albert in einem amerikanischen Straßenkreuzer rast mit Tempo 180 durch den Schwarzwald. Von den Tannen sieht man die Nadeln rieseln. Albert kurbelt das Fenster runter und wirft mit aggressivem Gesichtsausdruck eine Zigarettenkippe in den Wald...

Genauso fange ich an. Das macht gleich sehr viel deutlich.

4. Kapitel

Donnerstag abend kam Albert wieder, exakt nach Dienstschluß. Als sei nichts geschehen.

»Wo bist du nachts gewesen?«

Es ginge mich nichts an, sagte er. Dann behauptete er, er hätte für einen Kollegen den Nachtdienst übernehmen müssen, ganz überraschend.

Ich sagte ihm, das könne er seiner Großmutter erzählen, aber nicht mir. »Wo warst du?« fragte ich ein zweites Mal, ganz cool.

»Ich war mir eine neue Wohnung suchen.«

»Nachts!«

»Nachts kann man am besten feststellen, ob die Wohnlage ruhig ist.« Er grinste unverschämt.

Er hatte mich schon öfter betrogen, der Hund. Ich ihn aber auch. Schließlich war ich nicht als Jungfrau in die Zweierbeziehung gegangen. Und schließlich liest man überall, daß ein Seitensprung ab und zu jede Partnerschaft belebe. Man kann mir keinen Vorwurf machen.

Aber wenn ein Mann fremdgeht, dann ist das etwas anderes – das hatte ich erst neulich wieder im Goldenen Blatt gelesen. Oder war's das Grüne Blatt oder die Bunte gewesen? Oder Cosmopolitan oder das Manager-Magazin? Auf jeden Fall hatte ich es beim Frauenarzt im Wartezimmer gelesen. Also, bei Männern ist es etwas anderes, wenn sie fremdgehen, da sind sich alle Psychologen einig. Da zeige ein Seitensprung häufig tiefere psychische Probleme auf, und die Ehefrauen sollten sich deshalb zuerst einmal in die Problematik ihres Mannes hineinversetzen. Ich verlangte also zuerst sofort eine Aussprache von Albert.

»Ich will keine Aussprache, sondern ausziehen«, sagte er.

Mir blieb die Luft weg. Starkes Stück. So ging's nicht. »Du hast doch immer gesagt, ich sei die Frau deines Lebens!« schrie ich.

»Das war eben mein Irrtum. Du hast gesagt, du hättest mich nie geliebt, du würdest dich emotional nicht an mich gebunden fühlen, ich war angeblich sowieso nur eine Notlösung für dich!« schrie er zurück.

»Und du hast mich an den Haaren gerissen und hast mir

vier blutige Striemen ins Gesicht gekratzt! Du bist zu feige, um deine Meinung zu sagen, jedem gibst du recht, immer schön angepaßt, nur wenn du besoffen bist, läßt du deine Aggressionen raus, natürlich an mir, ich kann dir beruflich nicht schaden. Weißt du noch, wie du mir brutal ins Gesicht geschlagen hast und das Blut aus meiner Nase triefte, und du bist einfach mit dem Auto weggefahren…«

»Was hat denn das damit zu tun!« schrie Albert. »Du bist doch mit diesem Totalidioten durch die Gegend gezogen! Hätte ich euch ins Bett begleiten sollen! …«

»Das hätte zu dir gepaßt! Du bist doch sonst so schön angepaßt!«

»Du bist doch genauso angepaßt! Weshalb hockst du denn dauernd in Kneipen! Dauernd unterhältst du dich mit anderen, und mich läßt du daneben sitzen, als würdest du mich nicht kennen! Dein Emanzipationsgetue läuft doch nur, weil ich den Alibi-Mann mime!«

»Warum bitte soll ich mich mit dir unterhalten? Du sagst eh nie was. Wie du immer schweigend neben mir hockst, ein einziger Vorwurf, daß ich dich langweile! Hab ich schon mal erwähnt, daß du mich langweilst?«

»Du interessierst dich doch nur für deine Freizeitgestaltung, wenn ich dir mal von meinen beruflichen Problemen zu erzählen wage, dann gähnst du!«

»Du und deine ewigen Probleme! Das einzige, was du mit mir teilen willst, sind deine Probleme! Die gibt's nämlich gratis. Für alles andere haben wir strikte Gütertrennung!«

»Reg dich ab!« brüllte Albert. »Ich zieh aus!«

»Ich möcht wissen, wann endlich!«

»Du wirst es erfahren! Rechtzeitig!«

In diesem Moment klingelte das Telefon. Ich ging ran. »Huch!« sagte eine blöde Frauenstimme, »hab ich mich verwählt? Ich wollte den Herrn Doktor sprechen…« Ohne zu antworten, knallte ich den Hörer hin. »Eine deiner intelligenten Krankenschwestern vermutlich«, sagte ich so laut zu Albert, daß es die Tante am Telefon garantiert hören konnte.

»Auerbach«, meldete sich Albert, ganz der Herr Doktor. »Ach du bist es«, sagte er. Ich wollte gerade in die Küche, mir was zu trinken holen, als ich Albert sagen hörte: »Woher hast du meine Telefonnummer?«

Das war verdächtig. Ich blieb in Alberts Zimmer.

»Ich hab jetzt keine Zeit«, sagte er zu der Tante am Telefon. Dann sagte er ein paarmal »ja«, »ja«, »ja«, »ja«, dann »entsetzlich«, und »nicht zu fassen«, dann sagte er wieder »ich hab jetzt keine Zeit«, dann sagte er »red keinen Quatsch«, und »nein, nicht jeder Arzt macht Hausbesuche«, dann sagte er »nimm ein Aspirin« und legte auf, ohne tschüß zu sagen.

Interessant. Interessant. »Wer war das?« fragte ich.

»Kennst du nicht«, Albert grinste unverschämt. Dann sagte er: »Wann kriegst du dich wieder ein, mein Zuckerlämmchen?«

Ha ha. Ich bin nicht eifersüchtig. Hab ich gar nicht nötig. Großmütig verzichtete ich insgeheim sogar darauf, Albert aus Rache ebenfalls zu betrügen. Nicht sofort jedenfalls.

5. Kapitel

Sieglinde Schadler und Wolf-Dietrich Lamar wohnen zwei Straßen weiter. Ich hatte die beiden letztes Jahr auf einem Fest kennengelernt. Als Sieglinde hörte, daß ich mit einem Arzt zusammenlebe, sagte sie damals: »Ja dann, dann sollten wir uns doch öfter treffen.« Sie erklärte mir, daß sie ebenfalls zu diesem Berufskreis zähle, sie sei nämlich Zahnarzthelferin. Ein sehr schöner, aber auch sehr verantwortungsvoller Beruf sei das, und ihr Chef nehme eigentlich nur Privatpatienten, wenn ich allerdings mal Jacketkronen brauchen würde, dann könnte sie für mich ein gutes Wort einlegen, die würde ihr Chef nämlich sogar für Kassenpatienten machen. »Klar, macht der für Kassenpatienten Jacketkronen«, sagte Albert, als ich ihm das erzählte, »bei Jacketkronen machen die Zahnärzte auch bei Kassenpatienten den großen Reibach.«

Als Sieglinde mir damals auf dem Fest ihren Wolf-Dietrich vorführte, sagte sie sofort, daß ihr Wolf-Dietrich Steuerberater ist. Was die beiden aber für Angeber sind, ging mir erst auf, als wir uns öfter getroffen hatten.

Für Sieglinde ist grundsätzlich nur das Beste gut genug. Sie identifiziert sich mit ihrem Chef, dem reichen Zahnarzt. Der ist ihr zweitwichtigstes Gesprächsthema. »Rat mal, was mein Chef für einen Wagen gekauft hat!« sagt sie, oder »Rat mal, wohin mein Chef in Urlaub fährt!« oder »Rat mal, was der neue Schreibtisch meines Chefs gekostet hat!« Sieglindes Chef ist verheiratet, und Frau Zahnarzt trägt ausschließlich Haute Couture, behauptet jedenfalls Sieglinde. – Sie hält jeden Topflappen, den Frau Zahnarzt erwirbt, für ein Statussymbol. Ich hab mir vorgenommen, Sieglinde mal zu fragen: »Rat mal, was mich die Vermögensverhältnisse deines Chefs interessieren?« Bisher hab ich mich mühsam gebremst.

Als ich sie vorgestern in ihrer Praxis anrief, um sie über unsere bevorstehende Trennung zu informieren, sagte sie: »Mein Chef hat gerade ein neues Mietshaus gekauft, vielleicht vermietet er was an Albert, wenn ich ein gutes Wort für ihn einlege, Albert ist ja Kollege.« Da ist mir doch der Kragen geplatzt, und ich hab ihr ganz deutlich gesagt, daß sich ihr blöder Chef nicht um die blöde Wohnung von Albert sorgen muß!

Sieglindes absolut wichtigstes Thema aber ist Wolf-Dietrich. Sieglinde ist nur ein Jahr älter als ich, aber Wolf-Dietrich ist viel älter als Albert. Abgesehen davon, daß Wolf-Dietrich nicht soviel verdient wie der Zahnarzt, ist Wolf-Dietrich der absolute Supermann. Sieglinde findet, daß Wolf-Dietrich toll aussieht. »Wolf-Dietrich sieht toll aus«, sagt sie jedesmal, wenn Wolf-Dietrich gerade nicht zu sehen ist. Neulich sagte sie sogar, daß ich mir mal vorstellen soll, wie toll Wolf-Dietrich in einem Smoking aussehen würde. Ihr Chef hatte sich nämlich einen Smoking maßschneidern lassen – seiner kulturträgerischen Verpflichtungen wegen, wie Sieglinde sagte. Ich hatte aber keine Lust, mir nach einem Zahnarzt im Smoking noch einen Steuerberater im Smoking vorzustellen. Sieglinde sagte dann, eigentlich würde Wolf-Dietrich auch dringend einen Smoking benötigen.

Wolf-Dietrich sieht aber nicht nur toll aus, er ist auch ein Intellektueller, sagt Sieglinde. Jeden Montag lese er den Spiegel von hinten bis vorn, und er habe ein Intellektuellen-Magazin abonniert, das acht Mark pro Heft koste. Wolf-Dietrich sei es das wert, sagt Sieglinde. Ihr allerdings sei das viel zu anspruchsvoll, und sie fände sogar die Bilder in diesem Magazin langweilig. Aber Wolf-Dietrich, der brauche so was. Albert hat Wolf-Dietrich mal gefragt, ob er eigentlich täglich in seinem Intellektuellen-Magazin lese. Denn immer, wenn wir zu den beiden kommen, liegt das neueste Heft auf dem Wohnzimmertisch. Wolf-Dietrich hat Albert erklärt, daß es deshalb immer da liege, weil er nie Zeit habe, es zu lesen. Aber im nächsten Urlaub, dann werde er die letzten zwei Jahrgänge mitnehmen und dann sämtliche Hefte lesen. Albert fragte mich später, ob ich glaube, daß Wolf-Dietrich selbst glaubt, was er erzählt. Ich glaube das eigentlich nicht, glaube aber, daß Sieglinde ihm glaubt.

Ich dachte gerade wieder mal darüber nach, warum eine Frau wie Sieglinde einen Mann wie Wolf-Dietrich dermaßen anhimmelt, als es klingelte. Es war Sieglinde selbst.

»Wenn man an den Teufel denkt, kommt er gerennt«, sagte ich.

»Warum? Stör ich?«

»Ich arbeite gerade.«

»Du? Was arbeitest denn du?«

»Ich schreib an meinem Drehbuch.«

»Ach so.« Sie rannte an mir vorbei in mein Zimmer.

»Was ist passiert?« fragte ich ehrlich besorgt. Zwar wohnt Sieglinde nur fünf Minuten entfernt, und es war Samstagnachmittag, also beste Besuchszeit, aber Sieglinde war noch nie gekommen, ohne sich anzukündigen. Ganz im Gegenteil: Jedem Treffen zwischen ihr, Wolf-Dietrich und uns gehen mindestens drei Terminabsprachen voraus. Denn mindestens zweimal pro Verabredung muß Sieglinde absagen, weil es ihrem Wolf-Dietrich doch nicht in den Kram paßt. Und wenn man sich mit Sieglinde allein treffen will, dann geht das nur, wenn Wolf-Dietrich in dieser Zeit anderweitig untergebracht ist. Obwohl Wolf-Dietrich und Sieglinde nicht verheiratet sind, hat Sieglinde bereits das Glaubensbekenntnis der ehernen Ehefrauen verinnerlicht: Der Mann darf zwar alleine weggehen, aber er darf unter keinen Umständen alleine zu Hause gelassen werden.

Sieglinde hatte sich auf mein Bett geworfen. »Ich zittere noch vor Wut«, sagte sie, »es ist unglaublich!«

»Ist dein Wolf-Dietrich fremdgegangen? Oder hat er dich verlassen…«

»Ich werde ihn verlassen, darauf kann er sich verlassen!« rief sie und zog ihren Burberry-Faltenrock glatt. »Wenn das so weitergeht!« Sie sagte aber nicht, was so weitergehen müßte, sondern bestellte sich einen Schnaps. Ich hatte nur Tee parat, aber Tee genügte auch, um Sieglinde für weitere Informationen zu stärken.

»Stell dir vor«, Sieglinde riß ihre Augen auf, »Wolf-Dietrich hat mir nicht erlaubt, daß ich seine Fotos und meine Fotos in gemeinsame Alben klebe!«

Ich kapierte nicht, um was es ging.

»Er will seine Fotos von meinen Fotos getrennt haben«, jammerte Sieglinde. »Seine seien nach ästhetischen Prinzipien gestaltet, behauptet er, auf meinen Fotos würden alle Leute wie angeschimmelt aussehen. Als ob das ein Grund wäre, nicht gemeinsam in gemeinsame Alben…« – Für Sekunden versagte ihre Stimme, plötzlich schrie sie mich an, so, als sei ich Wolf-Dietrich: »Ich«, schrie Sieglinde, »ich wollte ein Monument der Gemeinsamkeit erschaffen, und dieser Tyrann quatscht von Ästhetik.«

Erschöpft knallte sie meine schöne Jugendstil-Teetasse auf den Unterteller. Ich wollte mir die Angst um meine Tasse nicht anmerken lassen.

»Sechs Alben hab ich gekauft! Warum soll ich unsere Fotos nicht zusammentun?! Es sind gemeinsame Erinnerungen! Es ist eine wahnsinnige Geldverschwendung, von jedem Foto zwei Abzüge machen zu lassen, wie es Wolf-Dietrich will. Das können wir uns überhaupt nicht leisten! Ich habe die Alben doch schon gekauft! Und die Fotos, die Wolf-Dietrich für sich gemacht hat, von seinen blöden Pflanzen und von seinen Eltern und so, die könnte ich ja thematisch zuordnen, zu unseren gemeinsamen Erinnerungen.«

»Was für Alben hast du denn gekauft?«

»Normale Alben.«

»Wie sehen die aus?«

»Gab's bei Tchibo im Angebot. Nur sechsfünfundneunzig das Stück. Sehr günstig.«

»Wie sehen die aus?«

»Wie Fotoalben so aussehen. So braunes Kunstleder, glaub ich, mit Goldrand oder so.«

»Solche Dinger hast du gekauft!« – Das ist wieder typisch

Sieglinde, dachte ich, sie tat ewig vornehm, warf ständig mit Markennamen um sich, aber wenn es irgendwo billig Plastik mit Goldrand gab, kannte sie keine Skrupel. Sieglinde hatte überhaupt keinen Geschmack. »Wenn die Alben wenigstens mit Stoff bezogen wären«, sagte ich.

»Man kann sie später mit Stoff beziehen. Jedenfalls konnte Wolf-Dietrich über den Preis nicht meckern.«

»Wie willst du denn diese Plastikdinger mit Stoff beziehen?«

»Wolf-Dietrich kann so was.« Sieglinde merkte, daß bei mir keine Unterstützung zu holen war. »Du bist genau wie Wolf-Dietrich, mit dir kann man nicht reden«, jammerte sie.

Weil mich das ärgerte, sagte ich, daß mir derartige kackbraune Plastik-Eumel mit Goldrändchen nicht ins Haus kämen.

»Wenn man sich wirklich liebt, ist es egal, welche Farbe das Album der gemeinsamen Erinnerungen hat.«

»Auf Erinnerungen in braunem Plastik kann ich verzichten«, sagte ich unerbittlich.

Sieglinde wollte nach Hause, sie mußte Hemden bügeln.

Zum Glück für Sieglinde kam in diesem Augenblick Albert zurück aus der Münzwäscherei. Seit dem Krach vorgestern war er friedlich. Er hatte natürlich Angst, mich endgültig zu verlieren. Sieglinde war entzückt, den Herrn Doktor zu sehen, und verschob das Hemdenbügeln, Albert war entzückt, eine Frau zu sehen, die die Hemden ihres Liebhabers bügelt, und verschob das Hemdenaufhängen.

»Wie geht es Wolf-Dietrich?« fragte Albert.

»Weiß nicht«, sagte Sieglinde.

»Habt ihr euch etwa getrennt?«

»Möglich, daß auch wir uns trennen, demnächst«, sagte Sieglinde düster.

Albert runzelte die Stirn.

Sieglinde begann sofort wieder vor Wut zu zittern, wie sie Albert erklärte, und berichtete auch ihm, daß sie von Wolf-Dietrich daran gehindert worden war, ein Monument der Gemeinsamkeit zu schaffen. Albert, der alte Opportunist und Geizkragen, hielt natürlich zu Sieglinde. Er fände es ebenfalls sehr erstrebenswert, gemeinsame Fotoalben zu haben, und es sei Verschwendung, die Abzüge von gemeinsamen Erinnerungen doppelt machen zu lassen.

Da mir die Harmonie zwischen Albert und Sieglinde auf die Nerven ging, sagte ich, daß Wolf-Dietrich meine volle Sympathie hätte und daß mir solche kackbraunen Plastik-Eumel nie ins Haus kämen. Nur über meine Leiche.

»Sie ist genau wie Wolf-Dietrich«, sagte Sieglinde und betrachtete Albert mit Mitgefühl.

»Du könntest die Alben doch mit Stoff bespannen«, sagte Albert zu mir.

Alberts Solidarität ließ Sieglinde wieder Vertrauen in die männliche Psyche fassen, wie sie sagte, und herzlich lud Sieglinde Albert für demnächst zum Essen ein. Natürlich sei ich auch eingeladen, fügte sie hinzu.

»Wann?« fragte ich.

»Nächsten Freitag werde ich ein Essen geben«, sagte Sieglinde, »aber ich weiß nicht, ob ich euch in diesen Kreis einladen kann, oder ob es nicht besser wäre, wenn ihr erst demnächst kommt, wenn ich wieder ein Essen gebe, auf jeden Fall muß ich zuerst Wolf-Dietrich fragen.« Weil wir nichts sagten, erklärte sie dann: »Schließlich ist es für Wolf-Dietrichs Karriere nicht uninteressant, daß ich die entsprechenden Leute einlade.«

Während Sieglinde ausführlich erklärte, daß sie leidenschaftlich gern koche, ärgerte ich mich ausführlich darüber, daß Sieglinde trotz aller Dankbarkeitsgefühle gegenüber Albert zuerst bei Wolf-Dietrich nachfragen mußte, ob wir für nächsten Freitag die entsprechenden Leute wären.

»Aber eines kann ich euch heute schon verraten«, sagte sie, als wir uns schon fast verabschiedet hatten, »ratet mal, was ich Wolf-Dietrich zum Geburtstag schenke?«

»Fotoalben mit einem Einband aus weißem Glanzpapier«, sagte ich, »oder aus schwarzem Lackleder oder aus Packpapier, das sieht auch gut aus…« Ich hätte zwar noch einige Anregungen gehabt, aber Sieglinde hörte mir gar nicht zu.

Statt dessen lächelte sie Albert an, der überhaupt nichts gesagt hatte, und rief: »Ein Tandem! Ich werde Wolf-Dietrich ein Tandem kaufen.«

»Toll«, sagte Albert. »Toll, dann könnt ihr zusammen fahren.«

»Jawohl«, sagte Sieglinde. »Ich fand es nämlich immer doof, daß Wolf-Dietrich allein mit seinem blöden Rennrad rumfährt, weil ich mit meinem normalen Rad zu langsam bin, um da mitzukommen. Wenn wir ein Tandem haben, dann werden wir immer gemeinsam radfahren.«

»Toll«, sagte Albert wieder, nur um Sieglinde recht zu geben.

Wir mußten versprechen, Wolf-Dietrich nichts von dem Tandem zu verraten.

6. Kapitel

Der Ärger mit Albert war schuld daran, daß ich es bis Mittwoch nachmittag nicht schaffte, mein Drehbuch fertig zu schreiben. Dabei hatte ich mit Gottfried Schachtschnabel darüber reden wollen.

Trotzdem wartete ich nach dem Seminar vor der Tür, bis alle andern weg waren. »Wolltest du noch was von mir?« fragte Gottfried Schachtschnabel spontan, als er mich sah. »Dann laß uns doch noch mal reingehen«, sagte er, »hier auf dem Flur ist es zu ungemütlich.«

Im Seminarraum setzte er sich tatsächlich neben mich auf den Tisch! »Also, was ist?« fragte er unheimlich nett. Ich sagte ihm, daß ich in meinem Abschlußfilm die bürgerliche Illusion von der Ewigkeit der Sinnlichkeit an konkreten Beispielen entlarven wolle. »Im Sinne deiner Theorie«, sagte ich extra. »Ich wollte dich fragen, wie du das findest?«

Gottfried Schachtschnabel sagte: »Das find ich gut, du.«

– Wir duzen uns natürlich. Gottfried Schachtschnabel war der erste Dozent, der sich von den Studenten duzen ließ. Es gibt jetzt noch mehr Dozenten, die sich duzen lassen wollen, aber die älteren Dozenten und die richtigen Professoren duzen wir nicht. Gottfried Schachtschnabel hat neulich im Seminar gesagt, daß die anderen Dozenten ihn lediglich kopieren, er sei der erste gewesen, der den Studenten das Du angeboten hätte. Er hätte damit nämlich ein Zeichen setzen wollen, um die Hierarchiestrukturen zwischen Lehrenden und Lernenden zu zerschlagen. Ich finde das toll von Gottfried Schachtschnabel – nur, wenn ich so privat mit Gottfried

Schachtschnabel rede, dann ist es mir doch immer ein bißchen peinlich, ihn zu duzen. Nach Möglichkeit vermeide ich, ihn direkt anzureden, sicher ist es meine bürgerliche Erziehung, die da wieder meine Spontaneität verklemmt.

Weil Gottfried Schachtschnabel meinen Ansatz gut fand, zeigte ich ihm gleich meinen Themenkatalog, den ich noch schnell vor dem Seminar extra schön mit meiner Schreibmaschine abgetippt hatte. Und ich hatte dabei nicht nur die Reihenfolge der Themen kritisch durchdacht, sondern hatte Haralds Themenkatalog so entscheidend verbessert, daß ich nun die Liste wirklich ehrlich als mein eigenes Werk bezeichnen konnte. An erster Stelle stand nämlich jetzt ›Illusion von der Ewigkeit der Sinnlichkeit‹, das hatte in Haralds Liste glatt gefehlt! 2. Progressive Bewußtseinswerdung. Den Punkt 3, die Umweltkatastrophe und die Zerstörung der Tierwelt, hatte ich gestrichen, weil das schon so viele machen, und außerdem ist es furchtbar kompliziert, Tiere zu filmen. Also war jetzt drittens der Befreiungskampf, und unter viertens hatte ich ›Kapitalismus/Monopolkapitalismus (Kritik)‹ und die Analyse der bürgerlichen Institutionen zusammengefaßt. Die kritische Diskussion des Feminismus, nun Punkt 6, wollte ich doch beibehalten, weil man von mir als Frau eine solche Stellungnahme natürlich erwarten würde, aber ich hatte auch den Chauvinismus in meinen Themenkatalog integriert: ›7. Konsumsklaverei und Chauvinismus‹. – Das gehörte nämlich schon irgendwie zusammen! Wahrscheinlich war Albert so geizig, weil er ein Chauvinist war! Bei ›Entlarvung der herrschenden Ideologien‹, was ich zuerst als Punkt 10 hatte, dachte ich mir, daß dies eigentlich in den anderen Themen enthalten war. Deshalb hatte ich diesen Punkt nicht mehr in den Themenkatalog aufgenommen, sondern einen Absatz gemacht und dann geschrieben:

Absicht des Films: Entlarvung der herrschenden Ideologien.

Stilmittel des Films: Humor.

Ich hatte jetzt drei Themenpunkte weniger, nur noch acht also, aber ich fand, das könnte eigentlich reichen.

Gottfried Schachtschnabel fand das auch. »Ist ja alles drin!« sagte er. Und: »Sehr anspruchsvolles Programm.«

Ich wies Gottfried Schachtschnabel darauf hin, daß es eben

nur das Problem sei, wie ich die Themen miteinander verbinden sollte, und daß ich eigentlich eine Trennungsgeschichte als Konzept im Kopf hätte, und ob er meine, daß ich diese Geschichte einer Trennung auch noch in die Themen einbringen könnte? Ja, sagte Gottfried Schachtschnabel, das würde sogar noch fehlen.

Weil er so unheimlich nett war, traute ich mich auch zu sagen, daß ich zwar das Konzept schon fertig im Kopf hätte, daß ich aber nicht wüßte, wo ich denn eigentlich anfangen sollte. »Am besten ist immer, man fängt am Anfang an«, sagte Gottfried Schachtschnabel. Und dann sagte er noch unheimlich nett: »Du wirst es schon schaffen, alles miteinander zu verbinden, da habe ich keine Sorge.« – Ich war stolz, daß er eine so hohe Meinung von mir hat.

Den ganzen Abend noch überlegte ich unablässig, ob ich den Film mit der Entstehung des Kapitalismus anfangen lassen sollte oder mit einer Analyse des internationalen Wettrüstens oder mit den Ursprüngen des Feminismus. Diese Punkte ließen sich am besten mit der Kritik der herrschenden Verhältnisse verbinden, das wußte ich – aber leider braucht man gerade für diese Themen sehr viele Statisten zur Realisierung. Deshalb ist es besser, man visualisiert die Problematik durch Symbolfiguren. Der Hausmeister unseres Instituts ist stolz darauf, daß er schon in drei Abschlußfilmen den Karl Marx spielen durfte – obwohl der Hausmeister sturer CDUler ist –, und er pflegt seinen Bart für weitere Einsätze.

Für das internationale Wettrüsten konnte ich sowieso nur Ausschnitte aus Dokumentarfilmen nehmen. Aber um solche Filmausschnitte zu bekommen, muß man zuerst mit dem blöden Tetschner reden, der das Archiv unter sich hat, und dem muß man ganz genau beschreiben, was man will, sonst sucht der einem nichts heraus. Das internationale Wettrüsten fiel zunächst also auch flach.

Schließlich fiel mir ein, daß ich vielleicht so anfangen könnte, wie es mit Albert und mir angefangen hatte. Das wäre ja ein Anfang im echten Sinn und gut zu visualisieren, weil die Szene in einer Kneipe spielen muß.

Ich könnte anfangen mit dem Anfang vom Ende.

Klappe 1: Wir hatten uns in einer Kneipe kennengelernt. Im Eulennest war es, am 8. Dezember vor drei Jahren. Ich stand am Tresen mit Jürgen, einem alten Kumpel. Vor Jahren waren wir mal kurz und schmerzlos liiert – man spricht nicht darüber, wenn man sich trifft –, aber im Film könnte ich das schon herausarbeiten, dachte ich. Jürgen erzählte, wie dick seine Ex-Freundin Gisela geworden sei, wie sehr die gemeinsame Tochter, die Yasmine, darunter leide, ohne ihn, ihren leiblichen Vater, aufzuwachsen, und nun, weil Gisela einen neuen Freund hätte, deshalb hätte die Yasmine Schwierigkeiten in der Schule. Ausgerechnet im Rechnen sei sie schlecht! Dabei hätte sie doch von Jürgen die mathematische Begabung geerbt. Freilich, wenn die Mutter lieber mit ihrem neuen Macker herummache, statt die Begabung ihres Kindes zu fördern, dann brauche man sich nicht wundern.

»Warum tut ihr euch nicht wieder zusammen, Gisela und du?« hatte ich Jürgen gefragt.

»Ich kann nichts dafür«, hatte Jürgen mal wieder gesagt, »immer wenn ich will, will Gisela nicht.«

Ich kannte die Geschichte, kannte die Details des jahrelangen Hickhacks, nickte mit dem Kopf, konzentrierte mich auf die Gespräche um mich herum. Es war reichlich spät. Fast nur noch Männer in der Kneipe, die neben mir quatschten über Autoreparaturen.

»Gisela ist immer noch sauer, daß ich sie nicht geheiratet habe, als sie schwanger war, muß man denn unbedingt immer gleich heiraten?« jammerte Jürgen.

»Und wie lange hat dein Auto noch TÜV?« sagte ich zu einem der Autobastler, der mich zufällig gerade ansah.

»Sieht schlecht aus«, sagte der, »wir werden uns bald trennen müssen, mein Autochen und ich.«

– Das war der erste Satz, den Albert zu mir gesagt hat. So haben wir uns kennengelernt. Sein Auto von damals ist schon lange verschrottet, unsere Beziehung hoffentlich auch bald.

Die Sterne standen günstig, als wir uns kennenlernten. Wir hatten beide eine Liebschaft in petto. Ich hatte das Alibi, daß ich es nicht nötig hatte, auf Männerfang zu gehen. Albert konnte auch beweisen, daß er es nicht nötig hatte, Frauen aufzureißen. Seine damalige Freundin hieß Dörte, er hat sich gleich, nachdem er mich kennenlernte, von ihr getrennt. Den Namen meines damaligen gelegentlichen Bettkollegen habe ich vergessen, nichts an ihm ist der Erinnerung wert.

So war es gewesen. Als ich länger darüber nachdachte, fand ich allerdings, daß diese Szene zu unromantisch wäre. Und die herrschenden Verhältnisse wurden auch zu wenig entlarvt. Das Kennenlernen von Albert und mir müßte im Film anders sein: Er und ich, zwei Hälften, die durch die Welt wandern und sich endlich finden.

Ich müßte nur herausarbeiten, daß die zwei Hälften nicht zueinander passen.

7. Kapitel

Eigentlich hatte ich die Wohnung nicht mehr putzen wollen, bis Albert ausgezogen war. Aber vielleicht würde es mit dem Auszug etwas dauern. Und überhaupt hatte sich Unordnung in der Wohnung zusammengebraut.

Außerdem war Donnerstag, und Donnerstag ist mein freier Tag. Sonst bin ich total ausgebucht: Montags ist schon um zehn Uhr früh Filmwirtschaftsrecht. Das ist erzlangweilig, niemand würde hingehen, wenn es nicht Pflicht wäre. Wer dreimal unentschuldigt fehlt, bekommt keinen Schein! Kynast-Müller legt das Seminar mit Absicht so früh, um uns zu ärgern. Montag nachmittags gehe ich dann oft in die Bibliothek und arbeite die neuen Illustrierten durch, aber auch psychologische Zeitschriften und die internationale Filmliteratur. Dienstag ist der schlimmste Tag: da mache ich von morgens bis abends Schnitt-Praktikum 3, dann Film-Geschichte 2, dann Text- und Dramaturgie-Praktikum. Nur Film-Geschichte ist interessant, weil wir da Filme ansehen können. Mittwochs ist das Theorie-Seminar bei Gottfried Schachtschnabel. Er macht seine Seminare grundsätzlich zu »studentenfreundlichen Zeiten«, wie er sagt, nämlich von 17 Uhr bis 19 Uhr. Und montags macht er grundsätzlich keine Seminare, uns Studenten zuliebe. Freitags macht Schachtschnabel auch ein Seminar, aber das ist nur für Absolventen im siebten und achten Semester, und ich bin erst im fünften. Aber ab nächstem Semester läßt mich Gottfried sicher schon am Absolventen-Seminar teilnehmen, schließlich arbeite ich jetzt schon an meinem Abschlußfilm. Bisher arbeite ich freitags in der Frauen-Film-Gruppe mit. Unser Ziel ist es, den Theorie-Überbau mit Leben zu füllen, deshalb suchen wir Themen, die unsere Lebenspraxis widerspiegeln. Bisher haben wir noch kein Thema gefunden, weil wir uns in diesem Semester erst zweimal getroffen haben. Durch die traditionelle Doppelbelastung der Frauen haben wir alle so viel zu tun, daß es sehr schwierig ist, einen gemeinsamen Termin zu finden. – Donnerstags zum Beispiel geht es bei mir nicht, weil ich mir den Donnerstag grundsätzlich freihalte. Da muß ich daheim arbeiten, die Atmosphäre meiner Wohnung fördert meine kreative Intuition. Nur jetzt mußte ich zuerst mal aufräumen.

Beim Staubsaugen überlegte ich, was ich mache, wenn Albert wirklich auszieht. Die Wohnung ist klein – zwei Zimmer Altbau – und nicht teuer. Früher wohnte ich hier mit Christiane. Die ging vor zwei Jahren mit einem Französisch-Lehrer, der bei der Armee war – »unser Besatzer« nannten wir ihn –, nach Frankreich; Christiane unterrichtet jetzt dort Deutsch. Da ist dann Albert aus seiner Wohngemeinschaft ausgezogen und zu mir gezogen. Wir kannten uns damals dreizehn Monate.

Wir hatten zuerst diskutiert, ob ich in die Wohngemeinschaft von Albert ziehen sollte, er wohnte mit drei Frauen und einem Typen in einer Fünf-Zimmer-Altbauwohnung, und eine der Frauen zog gerade aus. Ich dachte damals, daß ich eigentlich meine Wohngemeinschafts-Erfahrung machen müßte – Christiane und ich, wir waren ja nur zu zweit gewesen, und das keine echte Wohngemeinschaft –, aber die Wohngemeinschaft von Albert ging mir absolut auf den Nerv. Den ganzen Tag wurde die Frage diskutiert: Was ist Schmutz? Woher kommt Schmutz? Wohin geht Schmutz? Wer ist dafür zuständig? Krach gab's auch, weil sich Albert aus den gemeinschaftlichen Aktivitäten bewußt ausgeklammert hatte. Er wollte nicht gemeinsam Brot backen, und er hatte keine Lust auf gemeinsame Therapie-Wochenenden. Als ich das dritte Mal in seiner Wohngemeinschaft zu Besuch war, hat mich die Dagmar gleich zum Putzdienst eingetragen. Weil auch ich auf dem Küchenfußboden – im Gemeinschaftsbereich! – herumgelaufen war. Dabei war Albert fast immer bei mir, lief also bedeutend weniger als die andern auf dem Wohngemeinschafts-Küchenfußboden herum. Aber das zählte nicht. Albert bezeichnete die Wohngemeinschafts-Frauen als »Terroristische Putzfrauen-Vereinigung«. Ich hab ihn da rausgeholt!

Wenn Albert jetzt ausziehen würde, könnte ich meine Wohngemeinschafts-Erfahrung nachholen. In einer Wohngemeinschaft hat man immer jemanden, mit dem man reden kann, das wäre besser als jetzt. Albert geht morgens weg und kommt abends wieder, das heißt tagsüber null Unterhaltung.

Andererseits kann ich natürlich sehr gut allein leben. Und die Frauen, die in Wohngemeinschaften leben, reden immer nur übers Putzen. Im Vergleich zu einer richtigen WG war vielleicht sogar Albert das kleinere Übel.

Plötzlich fand ich meine rosaroten Strickstrumpfhosen. Endlich. Ich hatte sie nach dem Waschen in ein Handtuch eingerollt, dabei in die Länge gezogen, weil ich sie eine Nummer zu klein gekauft hatte. Das feuchte Handtuch war irgendwie zwischen zwei Pullover gerutscht. Der untere Pullover war zerknittert und roch muffelig. Ich mußte den Pulli mit Alberts Shampoo waschen, weil das Feinwaschmittel alle war. Beim Pulloverwaschen wurde automatisch das Waschbecken sauber. Dann putzte ich aber auch die Badewanne, das Fenster in der Küche, bezog die Betten – auch das von Albert, dann fegte ich überall mit dem Staublappen drüber, staubte sogar auf Alberts Schreibtisch die vielen Fotokopien für seine Doktorarbeit ab, dann spitzte ich mehrere Bleistifte für uns beide, räumte alle Schuhe ins Regal, die Schreibmaschine unters Bett, putzte den Spiegel im Flur, machte zwei total drekkige, fettige Pfannen sauber, putzte das Telefon, dann rief ich Albert in der Klinik an und erzählte ihm, was ich alles geputzt hatte. Er war hocherfreut und lud mich für abends ins Bistro zum Essen ein. Es war dann ein netter Abend.

Am Freitag, in aller Frühe, rief Irmela vom Frauen-Seminar an und teilte mir mit, daß ihr Benjamin nachts gehustet hätte, und der Kindsvater hätte keine Zeit, auf den Benjamin aufzupassen, deshalb müßte das Seminar heute bei ihr daheim stattfinden, sie hätte es den andern Frauen schon gesagt. Mich hatte sie also zuletzt angerufen! Für Irmela war man nur als Frau mit Kind eine vollwertige Person. Daß ich zu Irmela kommen sollte, paßte mir nicht. Gottfried Schachtschnabels Seminar und das Frauenseminar hören gleichzeitig auf, vielleicht hätte ich Gottfried Schachtschnabel auf dem Flur getroffen, dann hätte ich ihn was fragen können wegen meines Films. Aber nun war heute nichts zu machen. Ich rief Albert an und fragte ihn, ob wir uns nach dem Frauenseminar irgendwo treffen sollten. Er sagte, er wolle heute nicht schon wieder weggehen, er sei um sechs zu Hause.

Im Frauenseminar ging es drunter und drüber. Wir waren nur zu fünft, Beate, Gudrun, Regina, Irmela und ich, aber Regina hatte auch ihren Benjamin mitgebracht, weil auch ihr Freund keine Zeit hatte, auf das Kind aufzupassen. Der Freund von Regina hat dazu überhaupt nie Zeit, aber sie scheint das okay zu finden. Der Benjamin von Irmela rannte mit dem Benjamin von Regina fünfundvierzig Minuten lang um den Tisch herum, und beide schrien die ganze Zeit »Arschficker« und »Scheißer«. Die Mütter fanden es schade, daß sie keine Kamera-Ausrüstung da hatten, um das spontane Spiel der beiden zu filmen. Regina und Irmela beschlossen, auf jeden Fall einen Kinderfilm zu machen. Ich sagte nichts dazu, weil mich störte, daß die Benjamins jedesmal »Scheißer« und »Arschficker« brüllten, wenn eine von uns Erwachsenen etwas sagte; Gudrun sagt sowieso nie was; Beate sagte nichts außer: »Ach, sind die süß.«

Weil dann der Benjamin von Irmela wieder zu husten anfing und der Benjamin von Regina mithustete, haben wir die Arbeitsgruppe vertagt, bis die Kinder wieder gesund sind. Ich fragte Gudrun und Beate, ob sie Lust hätten, noch in eine Kneipe zu gehen und ein bißchen über Polit-Filme zu quatschen, aber die wollten nach Hause und arbeiten, sagten sie.

Also ging ich auch heim. Im Flur, auf dem Boden, lag ein Zettel:

»Mußte zum Fest eines Kollegen, der seinen Ausstand gibt. Gruß Albert«

Das war ja seltsam, das hätte er doch bereits nachmittags wissen müssen?! Ich hatte keine Lust, alleine zu Hause zu hocken und auf den gnädigen Herrn zu warten und ging ins Café Kaputt.

8. Kapitel

Die Psychologin, die ich letzte Woche hier kennengelernt hatte, war wieder im Café Kaputt. Sie hatte einen Mann dabei.

»Ah«, sagte sie, als sie mich sah.

»Ist das dein Ex-Mann?« fragte ich sofort, denn die beiden strahlten partnerschaftliche Harmonie aus.

Die Psychologin lachte, er lachte nicht. »Bestimmt nicht«, sagte sie. »Das ist ein ganz alter Freund von mir. Wir kennen uns sozusagen aus dem Sandkasten. Karl-Heinz Müller heißt er. Ein Name, den man sich wird merken müssen!« Sie lachte wieder.

»Wir sind wie Bruder und Schwester«, sagte Karl-Heinz und tätschelte brüderlich das Knie der Psychologin.

»Und du, wie heißt du?« – Ich wollte diesmal lieber sofort fragen, später würde es peinlich wirken.

»Julia heißt sie«, sagte Karl-Heinz. »Julia, sie hat den schönsten Namen der Namen der Welt. Julia, so unbeschreiblich weiblich!«

»Er weiß genau, wie ich es hasse, Julia zu heißen«, sagte sie.

»Aber Julia ist das Symbol...«

»Du wirst es nicht für möglich halten«, unterbrach sie mich, »daß Julia Symbol der romantischen Liebe ist, hab ich schon mal gehört... Romeo und Julia... oh la la... ha ha ha... – jeder Mann sagt es, wenn ich ihm meinen Namen sage, jeder, vom Kavalier alter Schule bis zum Konfirmanden. Und jeder kommt sich unglaublich originell vor. Und was mich vor allem anwidert – jeder prüft sofort, wie weit ich seinen sexuellen Assoziationen zu Julia entspreche!«

»Na ja, damit ist es bald vorbei für dich«, sagte Karl-Heinz.

»Wie meinst du das?« fragte Julia.

»Du bist doch schon über dreißig«, erklärte er.

Julia sah Karl-Heinz beleidigt an und sagte nichts dazu.

»Und wie heißt du?« fragte mich Karl-Heinz.

»Constanze.«

»Constanze ist auch ein sehr schöner Name. Auch sehr weiblich«, stellte Karl-Heinz fachmännisch fest.

»Hab ich auch schon mal gehört«, sagte ich nur. – Dieser

Karl-Heinz hatte wirklich keine Ahnung, wie ich meinen Namen früher gehaßt hatte. ›Conny‹ hatte ich mich immer genannt, ›Constanze‹, das war so altmodisch und madamig. Es war die Schuld meiner Mutter, daß ich Constanze hieß, das war klar. Mein Vater wäre eher für was Grundsolides gewesen wie ›Gisela‹ oder ›Waltraud‹. Aber meine Mutter wollte ihre Freundinnen mit einem schicken Kind beeindrucken, deshalb. Sie hatte mich einfach nach der populärsten Frauenzeitschrift ihrer Epoche tituliert! Sie hätte sich lieber einen Pudel anschaffen sollen, zu einem Pudel würde der Name passen, hatte ich sie mal angebrüllt! Na ja, mittlerweile gab es diese Zeitschrift nicht mehr, war wohl aus der Mode gekommen. Mittlerweile fand ich es nicht mehr so schlimm, Constanze zu heißen. Aber wenn ich über meinen Namen nachdachte, war ich froh, daß ich keine Geschwister habe – man stelle sich vor, die haben dann Kinder, und die Kinder sagen zu mir »Tante Constanze«!

»Ich möchte mal erleben, daß romantische Eltern ihren Sohn Romeo taufen«, sagte Julia, »aber einem Knaben kann man diesen Fluch nicht antun.«

»Mein Vater hätte mich fast Tarzan getauft«, sagte Karl-Heinz.

»Fast«, sagte Julia.

»Und wie geht es dir sonst?« fragte ich Julia.

»Prima, richtig prima. Seit ich geschieden bin, hat für mich ein neues Leben begonnen. Ehrlich! Ich hab mich noch nie so wohl gefühlt. Zum erstenmal in meinem Leben fühle ich mich wirklich frei. Ich spür ganz neue Energien in mir, das kannst du mir glauben.«

»Glaube ich«, sagte ich.

»Die meisten Frauen bekommen aber Minderwertigkeitskomplexe nach der Scheidung«, sagte Karl-Heinz.

»Ich nicht. Ich bin glücklich, daß ich geschieden bin«, sagte Julia. »Ich heirate nie wieder!«

»Glaube ich dir«, sagte ich.

»Bist du verheiratet?« fragte mich Karl-Heinz.

»Um Gottes willen.«

»Sie hat aber eine feste Beziehung«, sagte Julia zu Karl-Heinz.

»Und wo ist dann dein Bekannter?« fragte Karl-Heinz.

Ich erzählte, daß Albert auf dem Fest eines Kollegen sei, ich wäre auch eingeladen gewesen, hätte aber keine Lust gehabt mitzugehen, weil ich den Kollegen nicht leiden kann, und so weiter. Ich log, weil ich das Gefühl hatte, vor diesem Karl-Heinz rechtfertigen zu müssen, warum ich allein hier war.

»Und wenn dein Bekannter keine Zeit hat, dann gehst du allein in die Kneipe«, sagte Karl-Heinz.

»Klar.« Ich erzählte den beiden, daß ich sogar schon in einer Kneipe gearbeitet habe: Damals nach dem Abitur, in den drei Jahren, als ich herumjobbte und noch überlegt hatte, ob ich Bühnenbildnerin werden sollte oder Fotografin oder eine Kneipe aufmachen oder Philosophie studieren sollte. Dann habe ich mich für die Filmakademie entschieden, weil sich da alles verbindet. War ganz logisch die Entscheidung. Aber die drei Jahre Herumjobben waren auch wichtig gewesen für meine Entwicklung.

»Es ist was anderes, ob eine Frau in einer Kneipe arbeitet oder allein in eine Kneipe geht«, sagte Karl-Heinz.

»Im Grunde genommen finde ich es wahnsinnig gut, daß du allein weggehst«, sagte Julia.

»Ich kenne doch viele Leute hier«, sagte ich und winkte Dieter zu, der gerade mit seiner Freundin Jutta hereingekommen war, mit denen unterhielt ich mich auch manchmal.

»Verkehrt dein Bekannter auch hier?« fragte Karl-Heinz.

»Ja.«

»Na ja, wenn er nichts dagegen hat, daß du allein hierher gehst«, sagte Karl-Heinz.

Ich hätte fast gesagt, daß ich Albert nicht um die Erlaubnis bitten muß, weggehen zu dürfen; überlegte, ob ich diesen Karl-Heinz fragen soll, ob denn er alleine in die Kneipe gehen darf? Aber die beiden unterhielten sich nun über gemeinsame Bekannte. Julia fragte Karl-Heinz, ob er Neues von Ulrich gehört habe. Ulrich war Julias Ex-Ehemann. Karl-Heinz wußte aber nichts Neues.

Ich konnte mich nicht auf das Gespräch der beiden konzentrieren, weil ich dauernd überlegte, mit wem Albert auf das Fest gegangen war. Im Grunde war es mir natürlich egal, wo er hinging, und mit wem, war mir sowieso egal. Schließlich wollte ich diese verdammte Beziehung beenden. Julia war zu beneiden, die hatte ihre Scheidung schon hinter sich, noch dazu derart vorbildlich. Sie war eben Psychologin. Wenn man die Untiefen der menschlichen Seele kennt, dann ist es natürlich kein Kunststück, sich in aller Harmonie zu trennen, dachte ich.

»Du bist doch Psychologin, gib mir einen Tip, wie man sich schmerzlos trennt«, sagte ich zu Julia, als Karl-Heinz aufs Klo und telefonieren ging. – Vor Karl-Heinz hatte ich mich mit dieser Frage nicht bloßstellen wollen.

»Du mußt lernen, dich von deinem Besitzdenken freizumachen«, sagte sie. »Einen Menschen kann man nicht besitzen. Eine Beziehung ist ein gegenseitiges Geben und Nehmen, weißt du.«

Das wußte ich schon. Ich sagte ihr noch mal, daß das Problem die emotionale Blockierung von Albert ist, und daß er immer so unentschieden ist.

»Vielleicht bist du selbst unentschieden? Vielleicht weißt du selbst nicht, was du willst? Oder vielleicht willst du was, was es gar nicht gibt?«

Nein, das war mir alles zu oberflächlich, was sie da sagte. Aber ehe ich richtig widersprechen konnte, kam Karl-Heinz wieder.

»Ich muß jetzt weg«, erklärte er Julia. »Willst du alleine hierbleiben?«

›Alleine‹, das ist für diesen Karl-Heinz gleichbedeutend mit ›ohne Mann‹. Frechheit, schließlich war ich auch noch da. Aber Julia wollte trotzdem nach Hause. Wir tauschten aber noch schnell unsere Adressen und Telefonnummern aus. Lämmle hieß sie mit Nachnamen; Julia Lämmle, wie niedlich. Julia zahlte für Karl-Heinz mit.

»Ich ruf dich an, wenn ich mal allein weggehen will«, sagte Julia zu mir. Und zum Abschied sagte sie: »Alles Gute.«

Ich setzte mich dann zu Dieter, Jutta und den andern am großen Tisch. Als ich um Viertel nach eins heim kam, war Albert noch nicht da. Na warte!

9. Kapitel

Nachts um vier fiel der Schirmständer um. Albert kam in mein Zimmer, zog sich aus, legte sich zu mir ins Bett. Er war total besoffen. Ich tat, als ob ich schlafen würde.

Als er neben mir im Bett lag und sofort zu schnarchen anfing, brüllte ich ihm direkt ins Ohr: »Hau ab, du besoffenes Schwein!!«

Er erschrak fürchterlich. »Wer ist da?« fragte er.

Ich mußte leider lachen.

»Ach du bist es, mein kichernder Brüllaffe.«

Leider mußte ich wieder lachen.

Mittags um eins pennte er immer noch. Ich zog ihm die Decke weg und sagte, daß um zwei die Läden schließen, und daß er dran ist mit Einkaufen.

»Was soll ich denn einkaufen?« jammerte er. Und: »O Gott, ist mir schlecht!« Ich sagte ihm, daß ihm das recht geschehe und daß wir kein Waschpulver mehr im Haus hätten. Albert sagte, er brauche kein Waschpulver, sondern viel Ruhe. Ich fragte ihn, wo er gestern gewesen war. Er sagte, ohne Bettdecke könne er sich an nichts erinnern. Obwohl ich ihm dann die Decke wiedergab, mußte ich meine Frage wiederholen.

»Ach ja, es war ein Fest im Kollegenkreis«, sagte er und fügte hinzu: »Stimmt's?«

»Warum hast du mich dann nicht mitgenommen?«

»Warum?« sagte er nur. Dann stand er auf, ging in sein Zimmer und schloß sich ein.

Ich wußte, daß es keinen Sinn haben würde, vom Flur aus die Diskussion fortzusetzen. Er hatte neben seinem Bett Oropax liegen. Den gesamten Nachmittag mußte ich mich also im stillen ärgern.

Um fünf sah er sich wie üblich die Sportschau an. – Die Fernsehkritiker haben recht, was Albert betrifft: Es geht abwärts mit unserer Kultur. Früher las man am Abend ein gutes Buch, Goethes Faust oder sonst was kulturell Wertvolles. Aber heute ist es geradezu normal, wenn sich ein Arzt für die Sportschau interessiert. Wenn ich fernsehe, dann nur gesellschaftspolitisch und künstlerisch wertvolle Filme. Ich bin in unserer Beziehung alleinverantwortlich für Kultur. Albert hat in seinem Leben kein einziges kulturkritisches Essay gelesen. Aber sämtliche Donald-Duck-Geschichten kennt er auswendig! Gekettet an diesen Banausen blieb mir nichts anderes übrig, als auf bessere Zeiten zu warten.

Abends wollte ich eigentlich weggehen zum Essen. Prompt fing Albert wieder Krach an. »Jeden Abend willst du weggehen«, meckerte er. »Du mit deinen Luxus-Allüren. Nur weil du zu faul bist, richtig kochen zu lernen! Du willst mich nur ausbeuten! Ich soll dich einladen!«

Weil ich keinen Krach wollte, antwortete ich zunächst ganz sachlich, daß er mich nie einlädt, weil er dauernd seinen Geldbeutel vergißt, wenn wir zusammen weggehen. Aus Versehen, versteht sich!

»Wenn es ums Geld geht, dann spricht die Dame nicht mehr von Emanzipation!« kreischte er.

Ich sagte ihm ganz sachlich, daß es für mich billiger ist, essen zu gehen, denn wenn ich für uns beide einkaufe, bekomme ich von ihm bekanntlich höchstens einen Bruchteil meiner Ausgaben zurück. »Weißt du noch, als ich das Essen für Weihnachten gekauft habe?« fragte ich ihn, nur zu seiner Erinnerung.

»Wegen der blöden Erbsen hast du die Uhr ins Klo geschmissen. Du bist nicht zurechnungsfähig!« schrie er.

»Hör auf, rumzubrüllen!« warnte ich ihn. Allmählich platzte mir aber der Kragen. »Du weißt genau, daß mich dein Geiz krank macht. Erst durch dich habe ich begriffen, warum die katholische Kirche den Geiz als Todsünde verdammt! Die blicken durch, die Katholiken! Wenn ich nur an deine schäbigen Mokkatassen von Weihnachten denke, wird mir schlecht!!«

»Es ist völlig egal, was ich dir schenke, für dich ist es nie gut genug! Mir ist es sowieso nie gelungen, deinen erlesenen Geschmack zu befriedigen. Für dich ist es sowieso das Wichtigste, daß du herummeckern kannst!!«

»Du könntest ja drüber nachdenken, was mir gefällt! Die Jugendstil-Tassen, die ich von meinen Eltern zum Geburtstag bekommen habe, sind toll. Aber deine Mokkatassen! Die geschmacklosesten Mokkatassen, die es je gegeben hat. Nur weil sie billig waren! Du hast es nicht nötig, dir Mühe zu geben!«

»Ich hab noch was anderes zu tun, als dir zu Füßen zu liegen und deine Wünsche zu erraten. Ab und zu muß ich auch ein bißchen was arbeiten, falls dir das noch nicht aufgefallen sein sollte!«

»Vor allem ist mir aufgefallen, daß bei dir die Liebe durch den Geldbeutel geht. Du kannst mir gestohlen bleiben mitsamt deinen schäbigen Mokkatassen!« Dann knallte ich die Tür zu.

Ich war gezwungen, eine Dose Ravioli aufzumachen. Der Abend war gelaufen.

Sonntag nachmittag ging Albert weg. Ohne daß vorher jemand angerufen hatte. Er hatte sich also schon länger verabredet gehabt. Wahrscheinlich mit der Napfsülze von neulich. Er hatte den ganzen Vormittag nicht mit mir geredet. Er hatte mich noch nicht mal gefragt, wo ich denn vorgestern abend gewesen war. Ich war ihm völlig egal.

Er mir erst recht. Ich war unerschütterlich fest entschlossen, mich von diesem Tyrannen zu trennen. Nur eines wollte ich nicht: daß er mich verließ, ehe ich was Besseres hatte. Was würden die Leute von mir denken! Ich, eine sitzengelassene Frau... meine Feinde würden frohlocken.

Niemals durfte das geschehen.

10. Kapitel

Die Tage waren so trüb wie die Tassen. Aber so plötzlich, wie die Sonne nach langen Wintertagen durch die Wolken bricht und allem Leben einen neuen Sinn schenkt, so veränderte sich auch mein Leben am folgenden Mittwoch!

Ich hatte Gottfried Schachtschnabel nach dem Seminar gefragt, ob er kurz Zeit hätte, weil ich ihn was fragen wollte wegen meines Films. Er sagte aber, daß er leider gleich weg müsse, und fragte, ob mein Problem dringend sei. Ja, das war es eigentlich nicht. Ich hatte ihm die Titelvorschläge für meinen Film zeigen wollen und wollte wissen, was er dazu meint. Weil Gottfried sagte, er hätte es so eilig, daß er nicht mehr in den Dozentenraum im vierten Stock ginge, begleitete ich ihn zum Auto. Gottfried Schachtschnabel fährt einen alten Mercedes. In Jeansblau! Mit Jeans-Bezügen! Sehen toll aus, die Bezüge: handgefertigt, wahrscheinlich von seiner Mutter.

Gottfried Schachtschnabel sagte, er müsse nach Kreuzberg. So ein Zufall! Da wohne ich ja! Gottfried sagte, er wohne in Lichterfelde, aber jetzt nach Kreuzberg, da könne er mich gerne ein Stück mitnehmen. »Komm, steig ein in meine Kapitalisten-Kutsche«, sagte er und lachte.

Es war ein tolles Gefühl: Ich, die Studentin, neben meinem Dozenten in einem jeansblauen Mercedes. Ich guckte, ob uns vielleicht jemand aus dem Institut sehen konnte. Es war toll, ausgerechnet Chlodwig Schnell, Gottfried Schachtschnabels selbsternannter Assistent, kam über den Hof. Chlodwig staunte nicht schlecht, als ich ihm aus Gottfried Schachtschnabels Mercedes zuwinkte. Ha ha.

Wir kamen dann auf mein Problem mit den Filmtiteln zu sprechen. Ich sollte ihm die Titel vorlesen, weil er ja Auto fahren mußte. Zum Titel »Die Befreiung der Minna von Barnhelm« sagte er, daß man da eben sehen müsse, ob er inhaltlich zum Film paßt. Da hatte er natürlich recht. »Die betonierten Schwingen einer befreiten Frau« hielt er spontan für sehr hübsch, und der Titel hätte bestimmt eine sehr tiefe Symbolik, sagte er. Den zweiten Titel »Meine Liebe zu Dir ist wie der sterbende Wald« habe ich nicht vorgelesen. Es war mir peinlich, das Gottfried Schachtschnabel vorzulesen. Außerdem fand ich, daß dieser Titel zu kommerziell klingt. Ich sagte Gottfried Schachtschnabel, daß der Titel »Der Geliebte der Revolutionärin« von mir bevorzugt werden würde. Aber ausgerechnet da hatte Gottfried Schachtschnabel seine Bedenken. Er fragte, ob ich den Mann zum Lustobjekt degradieren wolle. Und er persönlich stehe der Ansicht der Feministinnen, die einfach die Fehler der Männer selber machen wollen, sehr, sehr skeptisch gegenüber. Da mußte ich ihm natürlich recht geben, weil ich da auch sehr skeptisch bin. Ich versprach, mich noch mal kritisch mit dem Titel auseinanderzusetzen.

Das Café Kaputt lag genau am Weg. Ich sagte Gottfried Schachtschnabel, daß es meine Stammkneipe sei, weil ich da in der Nähe wohne, und daß ich die Absicht hätte, jetzt ins Café Kaputt zu gehen, und daß alle Leute die Atmosphäre dort gut finden. »Sehr gut«, sagte Gottfried Schachtschnabel, »direkt davor ist ein Parkplatz frei.«

Ich hoffte, er würde sagen, er käme mit auf ein Bier oder so, aber er sagte, es täte ihm leid, ausgerechnet heute hätte er keine Zeit, er müßte nämlich wie wild an einem Vortrag arbeiten. Ich fragte, über was der Vortrag sei.

»Über die Illusion der Ewigkeit der Sinnlichkeit, analysiert am Klischee des typischen Ehepaares im Hollywood-Film.«

Das war ja irre interessant. Ich sagte ihm, daß ich da viel darüber nachgedacht hätte, und fragte, ob auch Studenten zu dem Vortrag kommen könnten. »Jeder ist herzlich willkommen«, sagte er, »du kannst Freunde in beliebiger Zahl mitbringen.« Gottfried Schachtschnabel sagte dann noch, daß der Vortrag am Dienstag abend um 20 Uhr im Alternativen Volksbildungsheim sei und daß er es heute schon im Seminar gesagt hätte, ich hätte das nur nicht mitbekommen, weil ich ein bißchen zu spät gekommen sei. Ich wurde ein bißchen rot, weil ich mit Absicht zu spät gekommen war, damit alle meinen neuen Trenchcoat sehen konnten, den ich zufällig in einem Räumungsverkauf gesehen hatte, der Mantel war weiß, und er war wahnsinnig günstig gewesen. Gottfried Schachtschnabel sagte, er würde sowieso noch einen Aushang im Institut machen wegen seines Vortrags. Und er hätte erst am Wochenende erfahren, daß er diesen Vortrag halten soll. Eigentlich sei für kommenden Dienstag ein Vortrag über irgendein Hausfrauenthema angesagt gewesen, sagte er und lachte so darüber, daß ich auch lachen mußte. Aber weil die Frau Referentin krank geworden sei, hätte man ihn gebeten, seinen Vortrag, der für März vorgesehen war, bitte schon jetzt zu halten. Und da müsse er schwer daran arbeiten, denn bei einem Publikum, wie es im sogenannten Alternativ-BH zu erwarten sei, da käme es vor allem darauf an, politische Theorien in ihrer praxisrelevanten Dimension aufzuzeigen, und das sei das Schwierigste überhaupt.

»Davon kann ich ein Lied singen«, sagte ich und dachte an meinen Film.

»Ich muß jetzt weiter«, sagte Gottfried. Und dann sagte er: »Es würde mich freuen, dich am Dienstag zu sehen.«

Als ich tschüs sagte, hatte ich vor Aufregung eine ganz piepsige Stimme, und dann merkte ich, daß ich meinen neuen Mantel in der Autotür eingeklemmt hatte! Mist! Aber bis

Dienstag konnte ich den Mantel reinigen lassen. Ich war unheimlich gespannt auf den Vortrag.

Im Café Kaputt traf ich mehrere Bekannte und fragte sie, ob sie Lust hätten, zu einem praxisrelevanten politischen Vortrag zu gehen. Es hatte aber keiner Lust. Alles Ignoranten. Albert wollte ich nichts erzählen von dem Vortrag, politisch komplett desinteressiert, wie er ist, würde er mich nur blamieren.

11. Kapitel

Am Sonntag rief mich Julia Lämmle an. Ich war allein zu Hause, Albert hatte Sonntagsdienst. Julia sagte, sie hätte mich nur so anrufen wollen, um den Kontakt zu ihrer neuen Nachbarschaft aufrechtzuerhalten. Ich fand es sehr nett, daß sie mich anrief, die meisten Leute, mit denen man Telefonnummern austauscht, melden sich nie. Ich hatte auch wirklich vorgehabt, sie anzurufen, nur hatte ich bisher keine Zeit gehabt.

Julia sagte, es gehe ihr nicht gut heute, sie hätte irgendeine depressive Phase.

Ich berichtete ihr, daß mich Gottfried Schachtschnabel nach Hause gefahren hatte.

»Hoppla«, sagte sie.

»Die Zeiten ändern sich, und wir ändern uns in ihnen!« sagte ich, sagte aber nicht, daß das ein Zitat war, weil ich nicht mehr exakt wußte, ob es von Camus war oder von Catull. Dann berichtete ich Julia, daß Gottfried Schachtschnabel am Dienstag einen Vortrag halten würde im Alternativen Volksbildungsheim, dem sogenannten »Alternativ-BH«.

»Sehr interessant«, sagte Julia.

Ich sagte ihr, daß sie sogar mitkommen könnte, jeder der interessiert sei, dürfe mitkommen. Sie wollte aber nicht. Ich sagte ihr, daß sie mir möglicherweise psychologische Zusammenhänge in Schachtschnabels Analysen aufzeigen könnte, die ich vielleicht bisher nicht erkannt hatte. Sie wollte aber trotzdem nicht. Ich sprach dann mit ihr über die Perspektivlosigkeit meiner Beziehung zu Albert. »Alles ist sinnlos«, sagte Julia dauernd. Wir telefonierten mindestens anderthalb

Stunden. Dann fragte ich sie noch mal, ob sie nicht übermorgen zu dem Vortrag mitgehen wolle. Ich sagte ihr auch, daß wir dann danach ins Cookies gehen könnten, die beste Aufreißerkneipe überhaupt, und ganz in der Nähe vom Alternativen Volksbildungsheim.

Julia fragte: »Wie lange dauert der Vortrag?« Das wußte ich nicht. Dann sagte sie aber: »Okay, ich gehe mit. Ist eh alles Mist«, und: »Bin ja gespannt auf den Wundermann Gottfried Schachtschnabel.«

Dienstag 19 Uhr 47 kam Julia zum Alternativ-BH. Sie kam direkt von ihrem Job und trug einen seltsamen Faltenrock. Ich hatte mich für meinen neonblauen Mohairpulli entschieden, dazu meine beste Straßkette, zur Feier des Tages waren auch meine Jeans frisch gewaschen. Leider hatte ich keine Zeit gehabt, den Mantel in die Reinigung zu bringen, aber der Fleck sah recht lässig aus.

Außer mir und Julia waren sechzehn Leute gekommen. Aus meinem Semester noch Beate, sie saß schon in der letzten Reihe und strickte, als wir in den Saal kamen. Dann noch diverse Erstsemestertypen und zwei Frauen aus dem Abschlußsemester, die auch ihr Strickzeug dabei hatten. Ansonsten waren mehrere Frauen um die vierzig da und ein älterer Mann. Die Alten saßen alle vorn.

Gottfried war wahnsinnig cool. Er kam fünf nach acht. Zuerst machte er eine Sprechprobe mit dem Mikrophon. »Eins, zwei, drei, wir freuen uns sehr, daß Sie zu unserem Vortrag gekommen sind, eins, zwei, drei«, sagte er. »Können wir dieses Rauschen bitte abstellen«, sagte Gottfried dann zum Hausmeister, der das Mikrophon angeschlossen hatte.

»Das können wir nicht«, sagte der Hausmeister. Eine der älteren Frauen sagte, man brauche das Mikrophon überhaupt nicht: »Der Herr redet doch laut genug, bei den paar Leutchen hier.«

Der Hausmeister sagte aber, es gehöre zu seinen Pflichten als Hausmeister, das Mikrophon und den Verstärker anzuschließen.

»Wir werden dann eben mit Rauschen sprechen müssen«, sagte Gottfried und fing mit seinem Vortrag an. Der Hausmeister steuerte dann die ganze Zeit Gottfrieds Stimme aus.

Ich hatte den Eindruck, daß immer wenn Gottfried »gesell-schaftspolitisch« sagte oder »gesellschaftskritisch« oder sonst ein Wort, das mit »Gesellschaft« anfing, daß der Hausmeister dann den Ton leiser machte. Daß er aber bei jedem Wort, das mit »sexual« anfing, den Verstärker aufdrehte.

Alle klatschten sehr, als Gottfried fertig war. Die Strickerinnen legten sogar ihr Strickzeug weg. Julia flüsterte, sie brauche jetzt ein Bier. Gottfried war sofort von einigen der älteren Damen umzingelt, die aufgeregt durcheinanderredeten. Eine sagte, sie verstehe das nicht, eine sagte dauernd, daß sie eine Programmänderung vermute, und eine erklärte Gottfried irgendwas über die schöne Kunst des Blumensteckens.

»Also gehen wir«, sagte Julia. Ich wollte aber Gottfried noch kurz was fragen. »Reiß dich los«, sagte Julia, »der Traum ist aus.« Also ging ich hinter Julia zum Ausgang.

»Halt, wartet doch, Constanze!« rief Gottfried, als er uns gehen sah.

»Hoppla«, sagte Julia und sah mich an, »soll ich dann gleich alleine nach Hause gehen?«

Gottfried ließ die Damen einfach stehen und kam zu uns. »Geht ihr noch wohin?« fragte er. »Ich hätte Lust, was zu trinken, mein Hals ist ganz ausgetrocknet.«

Ich sagte ihm, daß meine Freundin Julia und ich vorgehabt hätten, ins Cookies zu gehen. Ob er mitkommen dürfe oder ob er vielleicht störe, fragte Gottfried.

»Alles klar«, sagte Julia.

Während Gottfried schnell seinen Mantel holte, fragte Julia, ob nicht sie störe und ob sie etwa Gottfried Schacht-schnabel duzen solle. Ich flüsterte Julia zu, sie solle sich um Gottes willen anständig benehmen. »Was glaubst du, was er von mir denken würde, wenn du ihn siezt!« sagte ich warnend.

»Alles klar«, sagte Julia.

Gottfried fragte uns, ob wir was von dem Vortrag gehabt hätten. Julia gab zu, daß sie zwar keine Ahnung hätte von dem Metier, aber er hätte bestimmt einige Aspekte sehr interessant herausgearbeitet. Das fand ich auch. Julia sagte, sie hätte nie gedacht, daß das Problem der bürgerlichen Romantik so tief in den kapitalistischen Strukturen verhaftet sei. Wenn sie an ihre Großmutter denke, die sei auch ein Kinofan gewesen, sagte Julia, und die hätte alle Herz-Schmerz-Filme gesehen und ständig davon erzählt, aber andererseits hätte ihre Großmutter einen Sozialisten geheiratet.

»Als deine Großmutter ins Kino ging, das war ja auch noch im Frühstadium der in den 20er Jahren einsetzenden oligopolistischen Konkurrenz«, erklärte Gottfried Schachtschnabel. Julia sagte, daß sie nicht verstehen würde, was das bedeute, aber auf jeden Fall habe ihr der Vortrag viele Denkanstöße gegeben.

Gottfried gab uns das erste Bier aus und sagte noch mal, daß er sich gefreut hätte, daß wir gekommen seien. Es seien zwar nicht sehr viele Zuschauer dagewesen, aber Qualität sei bekanntlich besser als Quantität. Dann fragte er Julia, was sie beruflich mache.

»Julia ist Psychologin«, sagte ich.

»Im schulpsychologischen Dienst bin ich angestellt«, ergänzte Julia.

Das hatte ich noch gar nicht gewußt. Ich bekam fast ein schlechtes Gewissen, daß ich Julia nicht präziser ausgefragt hatte. Alberts ewige Vorwürfe, daß ich mich nicht ausreichend für seine Arbeitstätigkeit interessieren würde, kamen mir in den Sinn. Ich überlegte gerade, wie ich meine Frage nach der speziellen Problematik der modernen Schulpsychologie formulieren sollte, vor Gottfried konnte ich ja nicht einfach irgendeine Frage stellen, als Julia erklärte: »Ich teste verängstigte Schulanfänger auf ihre Schultauglichkeit.« Das sei ja sehr interessant, sagte Gottfried. Ich fand das auch interessant.

»Wenn man sich den ganzen Tag mit Schulanfängern unterhalten muß, dann bekommt man manchmal das Gefühl, man sei selbst ein Schulanfänger«, sagte Julia. Vor allem jetzt nach ihrer Scheidung wünsche sie sich öfter einen intelligenten Gesprächspartner, fügte sie hinzu.

»Du bist geschieden?« fragte Gottfried.

»Frisch geschieden«, sagte ich, das wußte ich genau.

»Aber ich fühl mich toll«, sagte Julia, »noch nie in meinem ganzen Leben habe ich mich so frei gefühlt.« Sie erklärte Gottfried auch, daß viele geschiedene Frauen an Minderwertigkeitskomplexen leiden würden, weil diese Frauen sich ohne Mann sozial unvollständig fühlen würden, daß das aber bei ihr weiß Gott nicht der Fall sei. Dann strahlte sie Gottfried an und sagte: »Du bist ja auch kein Freund der Ehe, wie ich deinem Vortrag entnommen habe.«

»Gut aufgepaßt«, lachte Gottfried. »Es ist eine grausame Illusion zu glauben, daß man durch die Garantie der staatlich definierten Legalität glücklich werden könnte, wie es die auf ein herrschaftsimmanentes Happyend zielende kapitalistische Romantik-Produktion vorgaukelt«, zitierte er aus seinem Vortrag.

»Ich kenne keine glückliche Ehe«, sagte Julia.

»Ich auch nicht«, sagte Gottfried.

»Ich kenne auch keine glückliche Zweierbeziehung«, fügte ich hinzu.

»Gibt's was Neues von deinem Albert?« fragte Julia.

»Wer? Ach der«, sagte ich cool. »Albert ist eigentlich schon aus meinem Leben verschwunden.« Gottfried sah mich sehr interessiert an, und ich wurde ein bißchen rot.

Wir tranken dann noch ein Bier und schwatzten über Ehescheidungen. Ich riet Julia, ihren Mädchennamen wieder anzunehmen. »Nein«, rief sie. »Früher hieß ich ›Freudenreich‹ – und dann auch noch Julia! Nie wieder!« Das sei wirklich zuviel gewesen! Darauf tranken wir noch eines. Dann tranken wir noch eines auf James Dean.

Das einzige, was mir an diesem wundervollen Abend nicht gefiel, war, daß Julia mit dem Auto gekommen war und mich mitnahm. Sonst hätte mich Gottfried bestimmt nach Hause gefahren.

12. Kapitel

»Ein netter Abend gestern«, sagte Gottfried am nächsten Tag nach dem Seminar, »und deine Freundin, die Julia, die ist sehr nett.« Und dann sagte er: »Falls es dir recht ist, ich muß heute wieder nach Kreuzberg und könnte dich mitnehmen. Nur habe ich wieder keine Zeit, um in deine Stammkneipe mitzugehen. Aber ein andermal bestimmt.«

Als wir im Mercedes saßen, fragte Gottfried, wie es meinem Film ginge. Ich mußte spontan seufzen. Ich erklärte Gottfried, daß ich in der letzten Woche überhaupt keine Inspiration gehabt hätte, um Ideen für meinen Film erarbeiten zu können. Ich deutete an, daß Ärger mit meinem früheren Lebensgefährten schuld sei. Gottfried war voller Verständnis. »Wenn du keine Ideen hast, dann lies ein gutes Buch«, sagte er.

Ich fragte ihn, was er mir empfehlen würde.

»Na ja,« sagte er, »lies einfach Kant oder Hegel.«

Kant oder Hegel. Das war doch Philosophie. Ich hatte gedacht, er würde was empfehlen wie ›Vom Winde verweht‹ oder die ›Unendliche Geschichte‹, was eher Filmisches eben. Aber klar: Gottfried war ein echter Intellektueller.

»Und was von Kant oder Hegel?« fragte ich.

»Das ist egal«, sagte Gottfried, »ist alles gut, was der Immanuel und der andere Knabe geschrieben haben.«

Albert sollte sich ein Beispiel an Gottfried Schachtschnabel nehmen, dachte ich. Wie Gottfried mit den Geistesgrößen umgeht! Kant nannte er einfach »Immanuel« und Hegel »den anderen Knaben«. Natürlich, so reden Intellektuelle unter sich.

»In den Semesterferien hast du Zeit«, sagte Gottfried, »oder fährst du weg?«

Nein, sagte ich, ich würde nicht wegfahren. Dann fragte Gottfried, ob ich wieder ins Café Kaputt ginge, ob er mich da absetzen solle. Aber da er noch mal sagte, daß er leider keine Zeit hätte mitzugehen, sagte ich, nein, heute würde ich direkt nach Hause gehen. – Ich wollte bei ihm nicht den Eindruck erwecken, ich wäre jeden Abend unterwegs. Ich sagte deshalb, daß es mir zuviel wäre, heute schon wieder in die Kneipe zu gehen, lieber würde ich daheim noch arbeiten.

Gottfried fuhr mich bis vor meine Haustür. Vor Aufregung bedankte ich mich insgesamt dreimal. »Keine Ursache«, sagte Gottfried, »was tut man nicht alles für hoffnungsvolle Studenten.« Er lachte.

Für alle Fälle sagte ich ihm, daß ich wahrscheinlich morgen wieder ins Café Kaputt ginge und daß Julia manchmal auch dort sei, weil sie auch in der Nähe wohnt.

Laut knallte ich die Autotür zu, weil ich sah, daß in der

Küche Licht brannte, Albert war zu Hause. Hoffentlich sah er mich aussteigen aus dem jeansblauen Mercedes.

Tatsächlich, Albert hatte mich aussteigen sehen. »Wer war denn das?« fragte er.

»Kennst du nicht«, sagte ich.

Schon am nächsten Vormittag ging ich in die Buchhandlung am Uhrtürmchen und fragte die Buchhändlerin, was sie mir von Hegel oder Kant empfehlen könnte. Sie suchte im Katalog herum, dann ging sie in den Keller. Sie war Ewigkeiten weg, ich blätterte in einer ›Biographie Großer Frauen‹ und las, daß Madame Pompadour nach ihrem dreißigsten Geburtstag nicht mehr mit ihrem Ludwig das Lager teilen wollte, sie hatte einfach keine Lust mehr dazu, aber der König hat sie trotzdem nicht verstoßen. Und Kaiserin Eugenie, las ich, hatte ein Ballkleid mit 213 Volants! Frauen gibt es! Die Buchhändlerin kam zurück mit einem Buch von Hegel: ›Phänomenologie des Geistes‹. Inklusive Anmerkungen 700 Seiten! Ich fragte die Buchhändlerin, ob sie das besonders empfehlen würde. Sie sagte, daß sie nichts anderes von Kant oder Hegel auf Lager hätten, daß sie jedoch vermute, dies sei empfehlenswert, denn sonst hätten sie es nicht auf Lager. Das leuchtete mir ein. Außerdem sagte die Buchhändlerin, müßte es ein Standardwerk sein, denn in diesem Verlag kämen nur Standardwerke als Taschenbuchausgaben heraus, da sei sie ganz sicher. »Mit der ›Phänomenologie des Geistes‹ können Sie nichts falsch machen«, sagte sie. Also nahm ich die ›Phänomenologie des Geistes‹.

Mein Hegel ging nicht in meine Handtasche. Ich steckte ihn in die Manteltasche, da ging er knapp rein. Als ich an einer Boutique vorbeiging, sah ich im Spiegel der Schaufensterscheibe, daß der Schriftzug ›G. W. F. Hegel‹ aus der Manteltasche herausragte. Es machte einen guten Eindruck. In der anderen Manteltasche fand ich ein Paket Papier-Taschentücher. Das quetschte ich noch unter den Hegel. Ich kontrollierte im Spiegel. Nun war sichtbar:

G. W. F. Hegel
Phänomenologie des Geistes

Es machte einen sehr guten Eindruck.

Bald würde auch ich eine Intellektuelle sein. Georg Wilhelm Friedrich würde mir den Weg weisen.

13. Kapitel

»Weißt du, was heute für ein Tag ist?« fragte mich Sieglinde Schadler am Telefon.

»Der 1. Februar. Warum?«

»Wolf-Dietrich hat Geburtstag. Achtunddreißig wird er! Man glaubt es nicht, er sieht aus wie höchstens fünfunddreißig! Ich hab heute Urlaub genommen, heimlich, ich geb für Wolf-Dietrich eine Surprise-Party. Willst du mir kurz helfen?«

»Ich könnte den Käse in Würfel schneiden«, bot ich Sieglinde sofort an, ich hatte nämlich ziemlich Hunger.

»Nein, ich brauch jemand, der mir hilft, das Tandem aus dem Keller zu holen. Komm schnell rüber zu uns.«

Unterwegs am Kiosk kaufte ich mir zwei Hanuta-Waffeln. Es war schon zwei Uhr mittags, und eigentlich hatte ich mich auf mein Frauenseminar vorbereiten wollen, gerade hatte ich anfangen wollen. Aber Nachbarschaftshilfe ist auch wichtig. Ich beschloß, das Frauenseminar fallenzulassen, schließlich hat man auch als Kinderlose seine Verpflichtungen! Dafür nahm ich mir vor, morgen ganz früh aufzustehen und den ganzen Tag lang Hegel zu lesen. Hoffentlich gab es heute abend bei Sieglinde was Anständiges zu essen. Hoffentlich nicht nur Wein und Käsewürfel.

Das Tandem war matschgrün und elend schwer. Als ein anderer Mieter hörte, wie wir das Tandem gegen das Treppengeländer knallten, half er uns, das Rad in den dritten Stock zu schleppen. Sieglinde war in Todesangst, ihr Tandem könnte sich einen Kratzer zuziehen. Es ging aber alles gut, nur mein Sweatshirt und die helle Jeanshose des Mannes bekamen von der Fahrradschmiere ab. »Wie gut, daß man das waschen kann«, tröstete uns Sieglinde.

Bis zur Bescherung am Abend mußte das Tandem in Sieglindes Zimmer versteckt werden. Sieglinde hat das größte von den vier Zimmern der Wohnung für sich, weil sie da immer die Wäsche zum Trocknen aufhängt. Hier, zwischen Sieglindes beigen Seidenunterröcken und Büstenhaltern und Wolf-Dietrichs beigen Unterhosen, sah das grün-bräunliche Tandem sehr hübsch aus, fand ich.

»Wie willst du es verpacken?« fragte ich Sieglinde.

Das hatte sie sich noch nicht überlegt.

»Vielleicht können wir einfach ein paar blaßrosa Schleifen dranmachen«, sagte ich. Das gefiel Sieglinde. Sie hatte jedoch nur lila Geschenkband im Haus, das aber in rauhen Mengen. Das Band hätte es mal sehr günstig im Angebot gegeben, erklärte Sieglinde und fügte hinzu: »Nicht, daß du denkst, ich sei Feministin.« Das lila Band paßte farblich zwar nicht so gut zu dem Rad, fand ich, aber Sieglinde fand, darauf käme es nicht an, das Rad sei gut und teuer genug. Was es gekostet hatte, würde sie mir erst abends verraten, um auch mir eine Überraschung zu bereiten, und sie brauche mich jetzt nicht mehr, den Rest würde sie alleine schaffen. Auf jeden Fall solle ich pünktlich um sieben kommen, damit ich vor Wolf-Dietrich da sei, es sei ja eine Surprise-Party. Und, wenn es ginge, solle ich bitte Albert mitbringen.

Ich rief Albert in der Klinik an. Er fragte, warum uns Sieglinde nicht schon früher eingeladen hätte. Sie hätte ihn bereits vorletzte Woche einladen wollen. Aber jetzt so plötzlich. »Wahrscheinlich ist es das, was sich Sieglinde unter einer Surprise-Party vorstellt«, sagte er dann, und ohne weiteres Gezeter versprach er, um sechs nach Hause zu kommen und dann mit mir rüberzugehen.

»Hast du ein Geschenk für Wolf-Dietrich?« fragte er noch. Ich sagte Albert, daß ich gedacht hätte, daß ich Wolf-Dietrich den kackbraunen Keramikübertopf schenken könnte, den er mir zu Weihnachten geschenkt hatte. Albert meckerte, der Blumenübertopf sei sehr teuer gewesen, und überhaupt fände er es unpassend, einem Mann einen Blumenübertopf zu schenken. Ich erinnerte ihn aber daran, daß Wolf-Dietrich Pflanzen liebt. Albert sagte dann, es sei ihm egal. Er bringe Wolf-Dietrich eine Flasche Wein mit.

Wir waren die ersten Gäste. Aber gleich nach uns kamen Sieglindes Bruder, den ich noch nie gesehen hatte, und dessen Freundin, dann Sieglindes Freundin Petra und deren Mann, dann noch ein Mann. Sieglinde sagte, wir seien alles private Freunde, Wolf-Dietrich hätte einen offiziellen Kreis nicht gewünscht, auch sie fände es viel schöner, wenn sich alles ganz ungezwungen von selbst ergebe. Eigentlich hätte ich gern gewußt, wie der einzelne Mann hieß, und hoffte auf eine Chance, ein Gespräch anfangen zu können, aber Sieglinde sagte, wir sollten bitte nicht so ungemütlich herumstehen, sondern uns alle hinsetzen, »macht es euch gemütlich«, sagte sie. Jedes Paar setzte sich in eine andere Ecke. Ich setzte mich direkt zu den Käsewürfeln, so waren Albert und ich wenigstens beschäftigt. Die anderen saßen zu weit weg von den Käsewürfeln. Alle lauschten wir nun ganz ungezwungen Sieglinde. »Wolf-Dietrich muß gleich kommen«, sagte sie dauernd, und: »Ich bin ja so gespannt, was Wolf-Dietrich sagt.«

Es war so gemütlich wie im Zahnarzt-Wartezimmer.

Beim vorletzten Käsewürfel erschien Wolf-Dietrich. Er wirkte nicht besonders überrascht, als er in seinem Wohnzimmer uns Gratulanten vorfand. Nur daß Albert und ich auch da waren, schien ihn echt zu erstaunen.

Dann kam die Überraschung. Sieglinde konnte es, während wir gratulierten, schon nicht mehr aushalten. Wolf-Dietrich ließ also unsere Geschenke unausgepackt auf der Fensterbank stehen. Wolf-Dietrich mußte mit geschlossenen Augen auf dem Sofa warten. Petra hielt ihm extra sicherheitshalber die Augen zu und die Ohren. Mit ihrem Bruder schob Sieglinde das Tandem ins Wohnzimmer. Alle schrien »Ah!« oder »Oh!«

Als Wolf-Dietrich die Augen aufmachte, war er vollkommen platt. Es blieb ihm einfach der Mund offen stehen. Wir lachten alle.

»Da bist du platt, was!« schrie Sieglinde. »Das ist eine tolle Überraschung, was!«

Das Tandem sah jetzt echt irre aus. In dem kleinen Wohnzimmer wirkte es riesig. Und es war total mit lila Schleifen besetzt. Vier lila Schleifen auf dem Gepäckträger, vier lila Schleifen auf den Pedalen, an jedem Lenkergriff eine Schleife, an den Handbremsen auch, an den Radspeichen je vier Schleifen, eine Schleife war ums Rücklicht gewickelt, eine ums Vorderlicht...

»Dreiundzwanzig Schleifen sind es insgesamt«, schrie Sieglinde, »ich hab geschuftet!«

»Was ist das?« fragte Wolf-Dietrich, der immer noch auf dem Sofa saß.

»Ein Tandem«, sagte ich.

»Wie kommst du zu einem Tandem?« sagte Wolf-Dietrich. »Ist das wieder eine Kaffee-Zugabe von Tchibo?«

»Es ist überhaupt nicht von Tchibo«, sagte Sieglinde, »was du immer denkst.«

»Wo ist es her?« sagte Wolf-Dietrich leise.

»Erst mußt du sagen, daß es dir gefällt«, sagte die Freundin von Sieglindes Bruder.

»Erst will ich wissen, wo es her ist«, antwortete Wolf-Dietrich.

Sieglinde war ein bißchen bleich geworden, etwas matschgrünlich, aber vielleicht war es nur ein Lichtreflex des Tandems.

»Es hat sechshundertfünfundneunzig Mark gekostet«, sagte sie. »Inklusive Lieferkosten und drei Mark Trinkgeld. Günstig, was? Ich hab gerade noch das letzte Tandem erwischt. Alle Leute sind verrückt nach Tandems. Es ist ein hochwertiges Markenfabrikat, es war nur trotz der hochwertigen Markenqualität so preiswert, weil es bei Eduscho im Sonder...«

»Mein Gott, Eduscho!« schrie Wolf-Dietrich. »Man kann es also nicht umtauschen. Ich habe gehofft, ich könnte es umtauschen gegen Chrom-Aluminium-Felgen für mein Rennrad! Aber du mußt ein Rad kaufen bei Eduscho!« Dann schloß Wolf-Dietrich die Augen.

»Ihr könntet es bestimmt gegen ungefähr siebzig Pfund Kaffee umtauschen bei Eduscho«, sagte Albert.

»Mein Gott!« schrie Wolf-Dietrich. »Wie ich diese Kaffee-Zugaben hasse.«

Wir standen alle etwas blöde um das Tandem herum. Ich probierte, ob wenigstens die Fahrradklingel ging. Sie ging gut.

»Möchte jemand der Anwesenden äußerst günstig ein Tandem erwerben?« Wolf-Dietrich hatte die Augen wieder aufgemacht.

»Es ist doch ein tolles Rad«, sagte Sieglindes Bruder, »damit könnt ihr doch gemeinsam...«

»Bis ultimativ nächsten Freitag ist dieses Ding aus dem Haus«, schrie Wolf-Dietrich. »Entweder dieses Tandem oder ich!«

»Also«, sagte Albert, »unter bestimmten Umständen hätte ich gerne ein Tandem...«

»Ausgezeichnet«, schrie Wolf-Dietrich, »du kannst es sofort mitnehmen.«

»Nein!« schrie Sieglinde.

»Paß auf!« schrie Wolf-Dietrich und rannte zum Fenster, »ich schmeiß es dir direkt auf den Radweg!«

Sieglinde schrie: »Nein, nein, nein«, und wir stürzten uns auf Wolf-Dietrich, weil unsere Geschenke auf dem Fensterbrett standen, und Wolf-Dietrich hätte garantiert den immer noch eingepackten Blumenübertopf kaputtgemacht.

»Ich möchte bloß wissen, was sich die Alte dabei gedacht hat.« Wolf-Dietrich setzte sich wieder aufs Sofa und schloß die Augen wieder.

Sieglinde flüsterte Albert zu, daß Wolf-Dietrich immer Schwierigkeiten hätte, seine Gefühle zu zeigen. Albert sagte laut zu Sieglinde, sie könnte mal mit ihm auf dem Tandem fahren, er fände das toll. Sieglinde heulte Wolf-Dietrich an, daß alle anderen Männer mit ihren Frauen Tandem fahren würden, bloß Wolf-Dietrich nicht.

Wolf-Dietrich schrie, er mache sich nicht lächerlich und fahre mit seiner Alten hinterm Arsch durch die Gegend. Dann fragte er Sieglinde weiter, was sie sich dabei gedacht habe? Ob ihr schon aufgefallen sei, daß er ein Rennrad besitze für über dreitausend Mark? Ob er das wegschmeißen solle, um mit ihr auf einer Kaffeemühle durch die Gegend zu schleichen?

Der Bruder von Sieglinde schob das Rad ins Wäschetrockenzimmer zurück. Der einzelne Mann, den Wolf-Dietrich vorher als »Georg« begrüßt hatte, sagte, daß es am vernünftigsten sei, wenn man das Tandem umständehalber billiger abgeben würde. Und es sei am vernünftigsten, eine Anzeige im ›Käsblatt‹ aufzugeben, da koste ein Inserat gar nichts.

Wolf-Dietrich kriegte sich dann wieder ein. Und von allen Geschenken gefiel ihm der Blumenübertopf am besten! Sieglinde brachte als »Versöhnungs-Drink«, wie sie es nannte, für jeden eine Pflaume und eine Kirsche in Likör, sie hatte die Ränder der Gläser in gestoßenen Kristallzucker getaucht, das sah gut aus, nur hatte ich nachher den Mund voller Zucker. Dann gab es Schinkenröllchen mit Fleischsalat und Avokadocreme gefüllt und mit Fleischsalat gefüllte Avokados und Nudelsalat mit Nordsee-Shrimps, die sehen zwar nicht so gut aus wie die Tiefsee-Shrimps, sind aber teurer, erklärte uns Sieglinde.

Albert und ich gingen bald nach dem Imbiß nach Hause. Wir haben uns an diesem Abend dann nicht mehr gestritten. Ich finde, wenn sich andere Leute streiten, wirkt das immer sehr beruhigend auf die eigene Beziehung.

14. Kapitel

Nach Wolf-Dietrichs Geburtstag wurde ich krank. Ich mußte mich sogar krankschreiben lassen, wegen Filmrecht-Müller-Kynast. Fiebernd lag ich im Bett, hustete und war zu schwach, um Hegel zu lesen. Albert versorgte mich einigermaßen mit Illustrierten und Pizza.

Am übernächsten Montag ging es mir zwar wieder gut, aber ich blieb trotzdem daheim, die freundliche Ärztin hatte mir ein Attest bis Mittwoch ausgeschrieben, extra für Müller-Kynast. Er mußte also zweimal auf meine Anwesenheit verzichten und würde mir trotzdem den Schein für Filmrecht geben müssen. Außerdem darf man dreimal unentschuldigt fehlen – ich müßte also bis Semesterende nur noch einmal hingehen, hatte ich ausgerechnet.

Albert war an diesem Montagmorgen auch zu Hause. Er hatte Sonntagsdienst gehabt, und zum Ausgleich hatte er jetzt frei. Er saß in der Badewanne, als ihn eine Dame am Telefon verlangte »Ich kann den Herrn Doktor nicht in der Klinik erreichen«, sagte die Dame. »Mögen Sie dem Herrn Doktor bitte ausrichten, er möge zurückrufen? Wir haben ein entzückendes Zwei-Zimmer-Apartment für den Herrn Doktor.«

»Vielen Dank, ich werde es ausrichten«, sagte ich ganz sachlich.

Dann sagte sie noch, daß sich der Herr Doktor bitte wieder an Frau Kunze wenden möge.

Leider verlief die Diskussion darüber, warum Albert die Unverschämtheit besaß, sich eine neue Wohnung zu suchen, ohne vorher mit mir darüber zu reden, äußerst unsachlich. Natürlich hatte er sich keinen Gedanken gemacht, was aus mir allein in der Wohnung werden soll. Er behauptete nur, ich hätte immer gesagt, daß die Wohnung zu klein sei für zwei Leute, und daß ich immer gesagt hätte, ich würde lieber alleine wohnen, und falls es mir zu einsam würde, könnte ich ja einen meiner vielen Freunde in seinem Ex-Zimmer einquartieren. Statt das Problem objektiv und sachlich auszudiskutieren, nahm er das Telefon, ging in sein Zimmer und rief diese Immobilien-Frau an.

Als er wiederkam, sagte er, ich könnte mich jetzt abregen, das Angebot sei völlig indiskutabel gewesen. Er wolle eine Wohnung – kein Apartment, das sei viel zu teuer. Außerdem hätte ihm die Gegend nicht gefallen.

»Dann darf ich weiterhin für dich Telefondienst machen, bis du was Passendes gefunden hast«, sagte ich.

»Es ist zuallererst in deinem Interesse«, sagte Albert. Dann ging er ins Bad und riegelte die Tür zu.

Ich wollte eigentlich einkaufen, brauchte aber dringend meinen Dior-Lippenstift, der ausgerechnet im Bad lag. Ich mußte achtzigmal gegen die Badezimmertür ballern, bis Albert mich endlich reinließ. Dafür habe ich ihm seinen Bademantel ins Wasser geschmissen, weil der typischerweise wieder auf meinem Haken hing.

»Ich werde mich gleich heute abend nach einer neuen Wohnung umsehen«, schrie mir Albert hinterher, »schließlich will ich deine Engelsgeduld nicht länger strapazieren.«

15. Kapitel

Gottfried Schachtschnabel begrüßte mich persönlich: »Schön, daß du wieder gesund bist, Constanze«, sagte er. Dabei hatte ich bei ihm nur einmal gefehlt. Aber er wußte natürlich, daß nur eine ernsthafte Erkrankung mich von seinem Seminar hatte abhalten können.

Leider war er sofort nach dem Seminar umzingelt von drei Studenten aus dem Abschlußseminar, die Gottfrieds theoretische Verbindung von der Theorie psychoanalytischer Bildstrukturen zur Theorie imperialistischer Herrschaftsstrukturen als zu theoretisch kritisierten. Eine schöne, blonde Studentin mit einem total knallengen Pulli tat sich besonders wichtig. Sie meckerte laut über die angeblich fehlende Verbindung von Gottfrieds Theorie zur Praxis. Sie schien entschlossen, Gottfried stundenlang mit ihrer Praxis zu belemmern. Die Praxis sei entscheidend, sagte sie und ordnete ihre Frisur. Wie ich dieses Konkurrenzgebaren von Frauen hasse! Es hatte keinen Zweck, auf Gottfried zu warten. Er sagte mir aber persönlich tschüs, als ich rausging.

Das nächste Mal sollte das Seminar ausfallen, weil Aschermittwoch war. Gottfried hatte zu bedenken gegeben, daß der Faschingstrubel angesichts der allgemeinen Weltlage und besonders des Waldsterbens dekadent und überflüssig sei. Chlodwig Schnell, der alte Schlaumeier, fügte prompt hinzu: »Fasching ist der Kapitalismus in der Janusmaske des Clowns.« Eine Frau aus dem Seminar hat ihm aber sofort deutlich widersprochen und gesagt, Fastnacht sei das uralte Fest der Hexen und hätte mit dem Waldsterben und so absolut nichts zu tun.

Chlodwig mußte sie natürlich gleich wieder belehren: »Und aus was bitteschön macht ihr Hexen eure Besen? Doch aus Bäumen wohl!«

Die Frau ging aber nicht auf das Gemecker von Chlodwig ein. Sie und ihre Frauengruppe würden am Fasnachtsmontag als Hexen verkleidet und mit Scheren bewaffnet durch die Kneipen ziehen und Männern die Krawatten abschneiden. Das mache unheimlich Spaß, erzählte sie. Gottfried sagte, das sei ja eine symbolisch-psychoanalytisch sehr interessante Aktion, und er sei sehr gerne bereit, das Seminar ausfallen zu lassen, damit sich die Damen noch am Aschermittwoch von ihrem Vergnügen erholen könnten. Die Damen mögen aber bitte zur Kenntnis nehmen, daß er persönlich überhaupt keine Krawatte besitze.

Ich ging nicht mit zum Krawattenabschneiden. Ich kannte niemand aus dieser Frauengruppe. Aber Albert war auf eine Faschingsfete in der Trödelladen-Kneipe von Barbara und Christian eingeladen, da wollte ich mitgehen. Albert ging als Donald Duck verkleidet. Und ich war als Kommunistisches Manifest verkleidet! Es war wieder typisch: Jeder Blinde konnte sehen, daß wir nicht zusammenpaßten.

Ich hatte in ein Leintuch zwei Löcher für die Augen und eines für den Mund rausgeschnitten. Auf den Bauch und auf den Rücken hatte ich eine Europakarte geheftet. Jeder fragte mich, was das sein solle. Es war beschämend, daß kein Mensch kapierte, daß ich als Kommunistisches Manifest verkleidet war; erst als ich zitierte: »Ein Gespenst geht um in Europa… das Gespenst des Kommunismus«, und extra erklärt hatte, daß so das Kommunistische Manifest anfängt – das weiß ich genau, weil es Gottfried Schachtschnabel oft zitiert –, da fanden es dann alle unheimlich komisch. Christian fragte dann jeden, der noch kam, was ich, das Gespenst mit der Europakarte, darstellen würde. Später, als Christian ziemlich besoffen war, erklärte er ankommenden Gästen, ich sei das Kapital von Karl Marx. Das Zitat hatte er vergessen, trotzdem lachten die Leute wie verrückt, obwohl das nun eigentlich keinen Sinn gab.

Albert profilierte sich als Kenner aller Donald-Duck-Geschichten. Er trug ein T-Shirt mit einem aufgedruckten Matrosenkragen und aufgedruckter roter Fliege, dazu eine Matrosenmütze aus einem Faschingsbedarfsladen, dort hatte er auch einen ganz kleinen Entenschnabel gekauft, der von einem Gummiband gehalten wurde und genau über seine Nase paßte. Dazu hatte er sich auch noch zwei spiegeleigroße weiße Ovale um die Augen gemalt – er sah wirklich aus wie Donald Duck, höchst lächerlich!

Albert saß den gesamten Abend mit einem Chemiker, der sich mit dem Schrei: »Donald, auch du auf der Entenhausener Kirmes!?« auf Albert gestürzt hatte, in einer Ecke, und sie erzählten sich gegenseitig Donald-Duck-Geschichten. Man hätte meinen können, die beiden wären in Entenhausen aufgewachsen!

Eine geschlagene Stunde diskutierten sie die Frage, wieviel derzeit ein Entenhausener Taler wert ist, gemessen am Preis einer Limonade auf dem jährlichen Wohltätigkeitsball des Entenhausener Damenkreises. Der Chemiker behauptete, die Limonade hätte früher auf dem Entenhausener Wohltätigkeitsball zehn Kreuzer gekostet, das wisse er genau, neuerdings koste die Limonade jedoch zwölf Kreuzer. Das wisse er auch genau. Albert vermutete, daß der Dagobert-Duck-Konzern da seine Flossen im Spiel gehabt hätte, der Chemiker dagegen meinte, die Preiserhöhung sei überfällig gewesen, schließlich hätten Tick, Trick und Track eine Taschengelderhöhung um 125 Prozent durchgesetzt! Dann vertonten sie das Lied, mit dem Donald auf dem Entenhausener Schlagerwettbewerb den zweiten Platz – hinter Gustav Gans! – belegt hatte:

»Und lieg ich dereinst auf der Baaahre
so gebt mir meine Guitaaare
mit in das Graaab.«

Anschließend schrien die beiden für den Rest des Abends:
»Wer keine weiche Birne hat, kauft harte Äpfel aus Halber-
stadt.« Und »Haltet mich, es ist Gustav Gans!« Ich wunderte
mich nur, wie der Chemiker das kulturelle Niveau von Albert
ertragen konnte!

Am Freitag stritten wir uns wieder, weil Albert nicht bereit
war, sich harmonisch von mir zu trennen. Er war nicht bereit,
zu versprechen, daß wir weiterhin gute Freunde bleiben würden, wenn er ausziehen würde. Ich fragte ihn, wie er sich das
denke. Reaktiv wie immer, fragte er zurück, wie ich mir das
denke. Und mein Harmoniegefasel sei dummes Geschwätz,
das könne ich meiner Kindergartenpsychologin erzählen, er
hätte es jetzt satt. Satt hatte ich es schon viel länger, darauf
konnte er Gift nehmen.

Albert sagte, er wolle jetzt diese Diskussion ein für allemal
beenden. Er zog seinen Mantel an. Ich fragte ihn, wohin er
jetzt gehe.

Er sagte: »Ich gehe nur mal eben Zigaretten holen.«

Ich ließ ihn gehen, ohne ein Wort zu sagen. Die klassische
Abschiedsszene zwischen Menschen, die sich einst geliebt haben, aber nun entfremdet nebeneinander herleben. Ich wußte
es, Albert wußte es. Er würde wohl bei dieser seltsamen
Gurke übernachten, die in der letzten Woche und schon als
ich krank war, angerufen hatte. Albert war auch neulich weg
gewesen, ohne zu sagen, wohin. Vielleicht hatte die Immobi-
lientante jetzt eine Wohnung für den Herrn Doktor gefunden? Oder zog er zu einer anderen? Vielleicht würde er eine
Spedition beauftragen, seinen Kram abzuholen, das würde
ihm ähnlich sehen, heimlich zu gehen und sich nie mehr blik-
ken zu lassen. Der Feigling. Vermutlich würde er jetzt sein
Leben lang versuchen, mich nie wieder zu treffen. Mir sollte
es recht sein, dachte ich. Besser ein Ende mit Schrecken als ein
Schrecken ohne Ende. Auch wenn ich nun vielleicht lange
allein sein würde. Vielleicht sogar für immer. Es war dennoch
besser, als diese Situation länger zu ertragen.

Fünf Minuten später war Albert wieder da. Er hatte Zigaretten geholt. Ich fragte mich, was ich eigentlich erwartet hatte.

16. Kapitel

Julia hatte in den letzten Wochen keine Zeit gehabt, abends wegzugehen. Sie mußte ihre neue Wohnung renovieren, einräumen, aufräumen. Ich hatte sie öfter angerufen, um sie auf dem laufenden zu halten. Weil wir uns unbedingt mal wieder treffen mußten, lud mich Julia für Sonntagnachmittag zum Kaffeetrinken ein. Birgit, eine Nachbarin von Julia, würde auch kommen.

Birgit sei einsam, hatte mir Julia am Telefon erklärt. Sie sei fünfundzwanzig, wirke aber einerseits viel jünger, wegen ihrer kindlichen Phantasien; andererseits aber viel älter, denn das Ziel ihrer Phantasien sei nichts anderes als eine stinknormale Ehe. Birgit sei Angestellte in der Stadtbücherei. Ansonsten sitze sie zu Hause und warte darauf, daß der Mann ihrer Träume an ein Fenster ihrer Zwei-Zimmer-Wohnung im dritten Stock klopft. Aber Birgit sei trotzdem sehr nett, und ich müsse sie kennenlernen.

Es war das erste Mal, daß ich bei Julia war. Ihre Wohnung gefiel mir. Sie hat zwei große Zimmer für sich allein. Abgesehen davon, daß es bei Julia ziemlich bunt aussieht, ist es fast wie bei mir. Julia hat auch überall weiße Rauhfasertapeten. Und eine Zimmerpalme, nur größer als meine. Und einen verschnörkelten Schreibtisch vom Trödler. Sie hat die gleichen Lampen von Ikea, ihre allerdings sind orange – meine weiß. Wir haben den gleichen Dielenfußboden und im Flur den fast gleichen Sisalteppich. Und den gleichen Bettüberwurf, nur ist die Plüschdecke von Julia braun-weiß gestreift, meine ist schwarz-weiß, weil ich alles entweder in Schwarz oder in Weiß habe. Die Fußbodenleisten hat Julia grün gestrichen, exakt passend zur Palme, erklärte sie. Bei mir sind die Fußbodenleisten auch weiß. Julias Küche ist ganz in Gelb.

Im andern Zimmer hat sie ein schönes Sofa von Ikea und einen runden Tisch, auf dem eine ganze Torte stand. Es war eine Eierlikörtorte, Julia hatte sie selbst gebacken! Birgit holte aus ihrer Wohnung oben drüber noch einen viertel Liter Sahne. »Je mehr Kalorien, desto besser schmeckt es.« Sie hatte vollkommen recht.

Ich war überrascht von Birgit. Man sah ihr überhaupt nicht

an, daß sie in der Stadtbücherei arbeitete. Sie war blond und hatte eine Löwenmähnen-Frisur, genau wie ich sie gerne hätte. Aber bei mir klappt das nie, obwohl ich mich genau an die Anweisungen in den Frauenzeitschriften halte. Ich lese immer, daß man lediglich die Haare wäscht, ein paarmal den Kopf schüttelt, die Frisur lediglich in Form zupft, die Haare einfach trocknen läßt, das sei alles. Sogar wenn ich stundenlang meine blöden Haare in Form zupfe, stehen sie in falschen Richtungen vom Kopf ab. Außerdem schaffe ich nie diesen Glanz, den Birgits Haare hatten und den die Frisurenmodelle auf den Fotos in den Frauenzeitschriften haben. Ich traute mich aber nicht zu fragen, wie Birgit das machte. Ich hielt es für angemessener, mich für ihren Beruf zu interessieren.

Birgit ist in der Stadtbücherei zuständig für die Kontrolle der Ausleihe. Dauernd müsse sie Überstunden machen, klagte sie, die Leute würden zu viele Bücher ausleihen. Jeder würde zehn Bücher mitnehmen, aber sie könnte schwören, daß die Leute höchstens eins lesen, obwohl sie den Abgabetermin noch um drei Wochen überziehen. Man müßte ein System einführen, meinte Birgit, mit dessen Hilfe die sogenannten Leser von den Bibliotheksangestellten geprüft werden könnten, ob sie die ausgeliehenen Bücher nicht nur gelesen, sondern auch verstanden hätten. Nur wenn dies der Fall sei, dürfte der Leser wieder Bücher mitnehmen, und zwar nur so viele, wie er nachweisbar wirklich gelesen hätte. »So wie das jetzt gehandhabt wird, diese unnötige Ausleiherei«, stöhnte Birgit, »das führt nur zu Überstunden. Und wir bekommen die nicht bezahlt!«

Ich erzählte Birgit, daß ich gerade die ›Phänomenologie des Geistes‹ von Hegel lese, daß ich mir das Buch aber selbst gekauft habe.

»Das ist sehr gut«, sagte Birgit.

Dann fragte ich sie, ob sie mir vielleicht noch ein gutes Buch für die Semesterferien empfehlen könnte. Das konnte sie aber nicht. Sie könnte in ihrer Freizeit nicht lesen, wenn man den ganzen Tag von Büchern umgeben ist, dann könne man abends beim besten Willen keine Bücher mehr sehen, logischerweise.

Die Eierlikörtorte war phantastisch. Ich nahm noch ein Stückchen. Julia hatte das Rezept von ihrer Schwiegermutter.

»Mein Ehemaliger«, sagte Julia, »hat diese Torte sehr geliebt.«

»Hast du was von ihm gehört?« fragte Birgit.

Julia sagte: »Ja« – ging aber nicht darauf ein.

»Meine Schwester ist sehr, sehr glücklich in ihrer Ehe«, sagte Birgit. Sie erzählte, daß ihre Schwester einen süßen Mann hätte und ein süßes Baby.

Julia erzählte mir, daß sie die Fotos von der Geburt gesehen hätte: »Die schönsten Blut- und Baby-Fotos.«

Birgit wollte rauf in ihre Wohnung die Fotos holen, damit ich sie sehen könnte. Ich wollte aber lieber noch ein Stück Eierlikörtorte essen.

Also beschränkte sich Birgit auf die mündliche Überlieferung des Glücks ihrer Schwester. Das süße Baby war ein süßer Junge, es hatte schon bei der Geburt ganz süße Haare gehabt, und um das Glück perfekt zu machen, hieß es Benjamin. »Erst vier Monate verheiratet ist meine Schwester und schon so glücklich«, schwärmte Birgit.

»Ich mußte wegen der Wohnung heiraten. Wir wollten eine große Wohnung, und ohne Trauschein war damals bei den Vermietern nichts zu machen. Außerdem bekam mein damaliger Mann, weil er verheiratet war, eine bessere Stelle. Der ist nämlich Lehrer«, erklärte mir Julia und strahlte: »Bin ich glücklich, daß ich geschieden bin.«

»Jeder muß seine Lernprozesse durchmachen«, sagte ich, »bei manchen dauert es eben länger. Für mich war es immer sonnenklar, daß ich nie heirate.«

»Du darfst nicht übersehen, daß es einige Vorteile hat, verheiratet zu sein. Als Verheiratete habe ich einiges mehr gehabt, netto. Dafür muß ich jetzt mehr Miete bezahlen und hab dafür weniger Platz als früher. Und verreisen kann ich auch nicht mehr – allein verreisen, kann kein Mensch bezahlen.«

»Aber daß man nicht verheiratet ist, bedeutet doch nicht, daß man alleine wohnt und alleine verreist!«

»Na ja«, gab Julia zu. »Aber außerdem, erst wenn du verheiratet bist, akzeptieren dich die Kollegen als vollwertig. Sogar die Frauen. Die Frauen erst recht.«

Birgit nickte heftig: »Also ich hab immer ein schlechtes Gewissen, wenn mich jemand mit ›Frau‹ anredet – in Wirklichkeit bin ich ja nur ein ›Fräulein‹.«

»Kann es sein, daß auch du nur verheiratete Frauen akzeptierst?« sagte ich leicht giftig zu Birgit.

»Du hast gut reden, du hast einen festen Freund«, seufzte Birgit – offenbar hatte sie Julia über mich informiert, und dann fragte sie: »Warum heiratest du ihn nicht?«

Ich war fassungslos. So ein Blödsinn. Aber Julia lachte und sagte, sie fände diese Idee von Birgit nicht schlecht. Es wäre sehr günstig für mich, wenn ich bei den schlechten Berufsaussichten als Filmemacherin einen Arzt heiraten würde. »Und die Scheidung von einem Arzt ist Gold wert«, lachte sie.

Ich erklärte noch mal, daß ich niemals heirate, weil ich diesen Staat ablehne und daher keine staatliche Legitimation für mein privates Glück wünsche.

Julia sagte, daß sie jetzt was Anständiges zu trinken brauche. Sie holte eine Flasche Wein. Als sie aus der Küche zurückkam, sagte sie: »Also, du solltest deinen Albert heiraten.«

»Niemals.« Ich gab zwar zu, daß Albert und ich vielleicht zusammenbleiben würden, allerdings nicht unter den bisherigen Bedingungen, und daß wir da einiges auszudiskutieren hätten, aber heiraten käme überhaupt nicht in Frage. Ich erinnerte Julia daran, daß Gottfried Schachtschnabel in seinem Vortrag herausgearbeitet hatte, daß die Ehe der Todesstoß jeglicher Romantik ist und daß sie ihm zugestimmt habe.

»Dein Gottfried Schachtschnabel redet Quatsch, aber ehrlich. Jedenfalls in diesem Punkt.«

Ich ärgerte mich.

»Ich kann dir verraten, es gibt viel mehr Faktoren, die die Romantik töten«, sagte Julia. »Wenn du ohne Job unverheiratet mit jemand herumhängst, das fördert die Romantik auch nicht, das kannst du mir glauben.«

Da mußte ich ihr recht geben. »Das Problem bei uns ist«, sagte ich, »daß Albert und ich nicht zusammenpassen. Was ich suche, ist ein gleichberechtigter Partner, der alle meine Interessen teilt.«

»Gemeinsame Interessen – daß ich nicht lache. Wenn es dein Ziel ist, alles gemeinsam zu machen, dann kann ich als Psychologin dir einen guten Tip geben: Du heiratest, bekommst ein Kind oder mehrere, ihr baut ein Haus, verschuldet euch – und schon habt ihr die totale Gemeinsamkeit!«

»Nein!«

»Doch! Wenn man Schulden hat oder Kinder oder beides, da kann man abends nicht mehr seinen interessanten Interessen nachgehen! Dann sitzt man in trister Gemeinsamkeit vor dem Fernseher und macht sich gemeinsam Sorgen um die gemeinsamen Kinder und die gemeinsamen Schulden.«

»Aber das ist doch schön«, sagte Birgit zu Julia. »Also, meine Schwester und ihr Baby und ihr Mann, die wollen auch bald ihr gemeinsames Nest bauen, und fürs Kind ist es ungeheuer wichtig, daß es einen Garten hat zum Spielen und frische Luft.«

Julias Vorstellungen von Gemeinsamkeit und Birgits Vorstellungen vom Glück nervten mich. Ich sah mich gezwungen, mich in aller Deutlichkeit zu distanzieren. »Ich suche eine Beziehung, die auf intellektueller Basis aufgebaut ist, nicht auf materieller«, sagte ich den beiden. »Eine Beziehung muß für mich ein gegenseitiges Geben und Nehmen sein, keine Kapitalanlage. Außerdem ist für mich freie Emotionalität ein unverzichtbarer Bestandteil einer partnerschaftlichen Verbindung.«

»Fremdgehen kannst du erst richtig, wenn du verheiratet bist, das kannst du mir glauben.« Dann trank Julia in einem Zug fast das ganze Glas leer, dann sagte sie düster: »Mein Ehemaliger, der hat auch immer von seinen Gefühlen geredet. Damit wollte er mich emotional erpressen.« Dann ging sie in die Küche, um mehr Wein zu holen.

Wollte Julia mich bekehren? Oder hatte sie zuviel getrunken? Sie kam zurück und zeigte mit dem Korkenzieher auf mich: »Du willst die Garantie für lebenslängliche Romantik. Du glaubst, wenn du nicht heiratest, könntest du dir damit die reine, die wahre Liebe erkaufen. Das ist ein schrecklicher Irrtum, das kannst du mir glauben. – Deine Beziehung zu Albert geht futsch, obwohl ihr nicht verheiratet seid, trotzdem.« Sie dachte nach: »Wahrscheinlich geht eure Beziehung futsch, weil ihr nicht verheiratet seid.«

»Jede Ehe geht genauso futsch«, sagte ich.

»Das stimmt nicht, also meine Schwester und ihr Mann, die

sind wirklich glücklich. Und Prinz Charles läßt sich garantiert nie von Diana scheiden!«

Ich mußte lachen. Diese Birgit war kitschig!

»Richtig«, sagte Julia, »wir müssen für Birgit einen Prinz Charles auftreiben. Wie wär es denn, wenn wir eine Heiratsannonce aufgeben? Für euch beide?«

Ich fand das eine lustige Idee, was Birgit betraf. Aber nicht für mich. Ich hatte mal gelesen, das seien alles frustrierte Typen, die auf Annoncen antworten. Und die, die sie aufgeben, hätten unrealistische Erwartungen.

»Unrealistische Erwartungen habt ihr doch beide, ihr müßt unbedingt zusammen eine Anzeige aufgeben.«

Birgit sagte, sie hätte es nicht eilig. Sie sei einmal beinahe verlobt gewesen, und jetzt warte sie lieber auf den Richtigen, statt sich in nebensächlichen Affären zu verlieren.

»Wie willst du je herausfinden, welches der Richtige ist und welcher nebensächlich, wenn du immer zu Hause sitzt?« fragte Julia.

Birgit sagte, wenn sie den Richtigen treffen würde, den einen aus einer Million, das würde sie merken, da hätte sie keine Sorge.

Julia behauptete, daß die meisten Menschen nicht einen aus einer Million heiraten, sondern jemanden, den sie aus dem Sandkasten kennen. Was beweisen würde, daß die meisten Leute nicht eine Million möglicher Ehepartner kennengelernt hätten, sondern höchstens fünf. »Die ewige Suche nach dem Einen ist die größte Illusion.«

»Ich bin bereit, die Sicherheit des Hier und Jetzt für die ungewisse Hoffnung auf Besseres zu opfern«, sagte ich Julia. Ich prostete ihr zu: »Etwas Besseres als die bürgerliche Ehe finde ich überall.«

»Darf ich dir eine ganz blöde Frage stellen«, sagte Julia. »Hast du deinen Albert eigentlich jemals geliebt?«

Ich ärgerte mich und sagte Julia, daß sie recht hätte, daß das eine ganz blöde Frage sei. Und daß mir eigentlich nicht mehr klar sei, warum sie eigentlich gegen die Ehe ist. – Ich fragte mich, was ich ihr eigentlich glauben sollte.

»Wenn meine erste Ehe unglücklich gewesen wäre, würde ich auch nie wieder heiraten wollen«, sagte Birgit.

»Ihr zwei seid voller Illusionen…«

»Und worauf kommt es deiner großen Erfahrung nach an?« unterbrach ich sie.

Julia zögerte: »Auf Kompromißbereitschaft.«

»Ja«, sagte Birgit, »natürlich muß man sich sehr anpassen.«

»Nein«, sagte ich, »nur um Kompromisse zu machen, bin ich mit niemand zusammen!«

»Sinnlose Diskussion«, sagte Julia. »Ich schlage vor, wir sehen jetzt mal die Heiratsanzeigen und die Bekanntschaftsannoncen in den einschlägigen Zeitungen an. Da drängeln sich die Traumprinzen.«

Wir lehnten dankend ab. Dies sei nicht der richtige Weg, sagte Birgit.

»Wie haben deine Schwester und ihr Mann sich kennengelernt?« fragte ich Birgit.

»Es war ein Unfall«, Birgit lachte herzlich. »Ein Auffahrunfall. Er war schuld, er hat meiner Schwester die Vorfahrt genommen. Und meine Schwester hatte dann jede Menge Ärger mit der Versicherung von Horst. Deshalb mußten sie sich öfter treffen. Horst hat dann alles für meine Schwester geregelt. Er war ja schuld.« Birgit lachte wieder herzlich: »Na, und dann hat's halt geknallt zwischen den beiden.« Es war klar, daß Birgit diese Geschichte oft und gerne erzählte. »So was sollte mir auch passieren«, sagte sie.

Als ich nach Hause ging, überlegte ich, ob ich mir nicht wieder ein Auto anschaffen sollte. Wieder so einen alten 2 CV oder einen Käfer. Wenn ich ein Auto hätte, überlegte ich, könnte ich damit den jeansblauen Mercedes von Gottfried Schachtschnabel rammen. Oder Gottfried könnte mich abschleppen.

17. Kapitel

Es war Ende Februar, Gottfried Schachtschnabels letztes Seminar im Semester. Irmela grinste mich blöde an, als ich nach dem Seminar zum Dozentenpult ging, um Gottfried Schachtschnabel etwas zu fragen.

»Paß auf«, sagte Gottfried Schachtschnabel, »ich muß heute wieder nach Kreuzberg. Alles klar?«

»Alles klar.«

Als wir in seinem Mercedes saßen, sagte er: »Heute habe ich etwas Zeit. Wir könnten zur Feier des Semesterendes heute in deine Kneipe gehen. Natürlich nur, wenn du Zeit und Lust dazu hast.«

Klar hatte ich Zeit und Lust.

Wieder war direkt vor dem Café Kaputt ein Parkplatz frei. Und Niyazi, der Wirt, sah mich aus dem Mercedes steigen. Wir setzten uns hinten ans Fenster, an den besten Tisch. »Willst du was essen?« fragte Gottfried, »ich lade dich ein.«

Es war toll. Ich bestellte den oberbayerischen Linseneintopf mit Würstchen zu 7 Mark 95 – das erschien mir angemessen –, Gottfried Schachtschnabel bestellte sich das Schnitzel mit oberbayerischen Rüben zu 12 Mark 80. Ich erzählte Gottfried Schachtschnabel, daß Niyazi, der Wirt, begeisterter Bayer ist. Sein Vater kam aus der Türkei, aber Niyazi hat die bayerische Staatsbürgerschaft und ist sehr stolz darauf. Er ist kein Oberbayer, sondern Überbayer, sagen die Stammgäste. »Und jetzt lebt er hier, weil er hier bayerischer sein kann als in Bayern«, sagte Gottfried Schachtschnabel. – Verblüffend, wie glasklar er das sofort analysiert hatte.

Gleich nach dem Essen zeigte ich ihm meine ›Phänomenologie des Geistes‹, die ich in meiner Manteltasche hatte, weil ich jetzt in jeder freien Minute in meinem Hegel lese. Bis Seite 29 hatte ich schon mehrmals »genau!« an den Rand geschrieben und mindestens ein dutzendmal »sehr gut!«. Ich hätte nie gedacht, daß mir Hegel so viel geben würde, gestand ich Gottfried. Hegel ist voll aktueller Bezüge, die ich gut in meinen Film einbauen könnte. Gottfried war tief beeindruckt. »Alle Achtung«, sagte er.

Beim Durchblättern hatte ich auf S. 208 in meinem Hegel ein wahnsinniges Zitat gefunden, das exakt meine Trennung von Albert charakterisierte. Ich fragte Gottfried Schachtschnabel, ob er nicht auch meine, daß es einen guten Eindruck bei der Finanzierungskommission machen würde, wenn ich mein Drehbuch mit einem Zitat von Hegel beginnen würde. Ich hatte das Zitat bereits auf einen Zettel geschrieben – in großen Buchstaben, um die Gesamtwirkung zu prüfen – und zeigte Gottfried den Zettel.

Diese Trennung
ist nicht an sich für das Selbstbewußtsein;
welches als seine eigene Selbstheit
das andere weiß.

Georg Wilhelm Friedrich Hegel
»Phänomenologie des Geistes«

Gottfried war sehr tief beeindruckt. Er sagte, ich müsse nur prüfen, ob der Zusammenhang, in dem Hegel von »dieser Trennung« spreche, ob der irgendwas mit der Trennung zu tun hätte, die ich in meinem Film behandeln wolle. Ich fragte ihn, wie er Hegel in diesem Fall interpretiert habe. Gottfried sagte, daß er den Zusammenhang dieser Stelle im Moment leider nicht im Kopf hätte.

Dann fragte ich Gottfried, ob ich bereits im nächsten Semester an seinem Absolventenseminar teilnehmen dürfte.

»Natürlich«, antwortete er, »warum, welches Semester bist du denn?« Er schien äußerst erstaunt, als ich ihm sagte, daß ich nach den Ferien ins sechste Semester kommen würde. Ich war erstaunt über sein Erstaunen. Es gab zwar einige Hühner in meinem Semester, die zwei oder drei Jahre jünger waren, die direkt nach dem Abitur an die Akademie gekommen waren, aber die sahen nicht besser aus als ich.

»Du wirkst irgendwie reifer«, sagte Gottfried.

Aha, das war es. Natürlich, die andern lasen keinen Hegel.

»Und warum machst du schon jetzt deinen Abschlußfilm? Wenn du erst ins sechste kommst, hast du noch ein Jahr Zeit, sogar länger.«

Ich sagte ihm, daß ich es wichtig fände, schon jetzt anzufangen, da ich, wie er selbst gesagt hätte, ein anspruchsvolles Thema hatte und daß ich dafür auch den Hegel durcharbeiten müsse, und das geht nicht von heute auf morgen.

»Da hast du in den Semesterferien was zu tun«, sagte Gottfried. Und ob ich wegfahren würde, fragte er.

Ich sagte ihm, daß ich wahrscheinlich nicht wegfahren würde, jedenfalls nicht lange, weil ich zu Hause besser theoretisch arbeiten könnte (und weil Albert nicht so viel Urlaub hat – aber das sagte ich natürlich nicht).

»Ja, ja, ohne Theorie kein Genie«, sagte Gottfried. Dann erzählte er, daß auch er in den Semesterferien sehr viel theoretisch arbeiten müsse. Er müsse nämlich seine Doktorarbeit fertig schreiben, die brenne ihm unter den Nägeln, weil er sich in absehbarer Zeit um eine neue Stelle bewerben wolle, und da sei es heutzutage besser, wenn man einen Titel vorweisen kann. Es würde ja heutzutage alles verwissenschaftlicht, sogar die Ausbildung von künstlerisch Schaffenden, aber andererseits hätte es natürlich seine Vorteile.

»Natürlich«, sagte ich. Dann fragte ich ihn, über welches Thema er seine Doktorarbeit schreibe.

»Immer das gleiche«, sagte er und lachte, allerdings sei es ein spezielles Unterthema, wie es in Doktorarbeiten üblich sei. Er wolle die »Illusion der Sinnlichkeit« im Hollywood-Film aufzeigen, unter besonderer Berücksichtigung der Filme von Rita Hayworth und Ava Gardner.

Irre fand ich das. »Und warum hast du Rita Hayworth und Ava Gardner ausgewählt?« fragte ich.

»Ehrlich gesagt, habe ich mit Blondinen nichts am Hut«, sagte Gottfried, »ich steh einfach nicht auf Blondinen.« Er lachte, und ich lachte auch. Ich habe dieselbe Haarfarbe wie Ava Gardner.

Genau in diesem Moment, als Gottfried lachte und ich mit einer eleganten Kopfbewegung mein Ava-Gardner-farbenes Haar lachend in den Nacken warf, betrat Albert das Café Kaputt. »Was machst du hier?« sagte ich zu Albert. »Kommt nichts im Fernsehen?«

Der Hunger hätte ihn aus dem Haus getrieben, ich hätte nichts eingekauft. Er setzte sich, ohne zu fragen, ob noch frei sei, zu uns.

»Das ist Albert«, sagte ich zu Gottfried Schachtschnabel, und zu Albert: »Das ist Gottfried Schachtschnabel, mein Dozent.« Ich überlegte, ob ich die beiden in der richtigen Reihenfolge einander vorgestellt hatte.

»Ach, der Herr Dozent«, sagte Albert.

Gottfried Schachtschnabel sagte, wir wären hier, weil es das letzte Seminar im Semester gewesen sei, und da hätten wir beschlossen, abschließend ein Glas zu trinken. »Wo sind die anderen Studenten?« fragte Albert. Gottfried sagte, er hätte sowieso nach Kreuzberg gemußt, und er hätte sich erlaubt, mich mitzunehmen. Er müsse jetzt aber gehen, er hätte noch einen Termin.

»Ach so, ich dachte schon«, sagte Albert. Ich hätte ihn umbringen können.

Gottfried ging aber doch nicht gleich, sondern meinte, einen Wein könne er schon noch trinken. Als Albert ihm erzählte, daß er Arzt ist, erzählte Gottfried, daß er mit sechs Jahren den Blinddarm herausbekommen habe, und seitdem habe er Angst vor Spritzen. Ich fand es toll von Gottfried, daß er so offen über seine Ängste sprechen konnte.

Albert schwatzte nur Mist und blamierte mich bis aufs Knochenmark. Er erzählte, er gehe ins Kino, um sich zu unterhalten. Politische Filme fände er langweilig. Als ich ihm unter dem Tisch ans Schienbein trat, reagierte er völlig unsensibel und sagte laut: »Aua, warum trittst du mich ans Schienbein?«

Dann fühlte er sich bemüßigt, meine Filmpläne zu kommentieren. Da auch ich mich berufen fühlen würde, einen künstlerischen Beitrag zur Rettung der bedrohten Menschheit und der armen Tierwelt zu liefern: er hätte da eine gute Idee. Er würde gerne einen Film sehen, in dem sich Barbara Rütting oder sonst eine Tierschützerin auch mal für die armen, vom Aussterben bedrohten Vogelspinnen einsetzen würde. Nicht nur immer Robbenbabys und Kätzchen und so. Auch der Lebensraum der Vogelspinnen sei durch die Zivilisation ernsthaft gefährdet. Und auch Brigitte Bardot könne er sich sehr hübsch mit einigen dunklen Vogelspinnen im blonden Haar vorstellen. Gottfried lachte aus Höflichkeit.

Dann nahm mich Gottfried in Schutz. Er sagte zu Albert, daß wir noch entscheiden müßten, welche Themen mein Film haben würde. »Wir« hat er gesagt! Albert ersparte uns dann weitere Kommentare.

Leider mußte Gottfried dann gehen. Wäre Albert nicht gekommen, wäre er bestimmt geblieben. Er sah Albert zögernd an und sagte: »Eigentlich wollte ich Constanze einladen, aber nur, wenn du es erlaubst.«

»Nichts erlaube ich lieber«, sagte der Geizhals.

»Laß dir Zeit«, sagte Gottfried zum Abschied zu mir. Und: »Du wirst es schaffen.«

Nachdem er gegangen war, meinte Albert gnädig, daß Gottfried Schachtschnabel nicht so doof sei, wie er vermutet hätte. Aber aussehen würde er wie der typische Revolutionär von nebenan. Und dann sagte er neidisch, er sei als Student nie von einem Dozenten nach Hause gefahren worden. »Die Konkurrenz schläft nicht«, sagte ich vieldeutig.

Es war sehr gut, daß Albert Gottfried Schachtschnabel gesehen hatte. Und trotz des peinlichen Geredes von Albert war es wahrscheinlich auch gut, daß Gottfried Schachtschnabel Albert kennengelernt hatte: »Nichts macht eine Frau attraktiver als ein weiterer Mann, der sich um ihre Gunst bemüht«, hatte meine Mutter immer gepredigt. »Teile und herrsche« sei das Motto der erfolgreichen Frau. Ich war das Beste vom Besten: eine Frau zwischen zwei Männern.

Und was hatte Gottfried zum Abschied gesagt? »Du wirst es schaffen«, hatte er gesagt. Es war klar, was er damit gemeint hatte.

18. Kapitel

»Ab 15. März gibt es in der Bundesrepublik Deutschland einschließlich Berlin-West einen Ein-Personen-Haushalt mehr«, sagte Albert.

»Warum?«

»Weil Christian und Barbara zusammen in eine Wohngemeinschaft ziehen.«

»Barbara und Christian vom Trödelladen?«

»Genau.«

»Aber die sind doch verheiratet! Oder nimmt sie Christian nicht mit? Und ihr Kaninchen?«

»Soviel ich gehört hab, nimmt sie ihren Mann mit in die WG, und das Kaninchen gibt sie zur Adoption frei. – Oder war es umgekehrt?« sagte Albert und zündete sich eine Zigarette an. »Sie wollen in eine WG ziehen, um ihre Zweierbeziehungsfixierung beziehungsweise Ehefixierung entzufixieren.«

»Kann ich mir gar nicht vorstellen.«

»Ich habe ihre Wohnung übernommen.«

»Du hast ihre Wohnung übernommen?«

»Genau.«

»Warum?«

»Du hast es so gewollt. Am fünfzehnten ist die Wohnung renoviert. Wenn du willst, kann ich schon einige Tage früher umziehen.«

»Ja. Ach so«, sagte ich ganz cool. »Aber man zieht doch nicht in eine Wohngemeinschaft, wenn man verheiratet ist«, sagte ich noch, und dann wurde mir ganz schlecht, weil mir Barbara und Christian so leid taten. Als ich an das arme Kaninchen denken mußte, fing ich an zu heulen.

19. Kapitel

Albert mußte mir auch die Miete für April geben. Ich konnte und wollte nicht so schnell einen Nachmieter suchen. Obwohl Albert natürlich wegen der zusätzlichen Miete mekkerte, wußte er genau, daß das auch für ihn günstig war: normalerweise ist die Kündigungszeit viel länger. Er war schon ab Anfang März in seiner neuen Wohnung. Gleich nachdem er mir erzählt hatte, daß er die Wohnung übernommen hätte, fing er an zu renovieren. Von einem Tag auf den andern. Und er fragte mich, ob ich ihm helfen wolle. Unverschämtheit! Das hätte noch gefehlt. Wie einfach er sich unsere Trennung machte. Er hat das Gemüt eines Backsteins.

»Ich rate dir«, hatte Julia gesagt, »wenn Albert auszieht, verschwinde solange. Ich bin auch weggegangen als mein Mann ausgezogen ist, ich hätte sonst das Gefühl gehabt, Zeugin meiner eigenen Niederlage zu sein. Und Krach hätte es um jeden Mist gegeben. Das kannst du mir glauben.« Aus Solidarität von verlassener Frau zu verlassener Frau bot sie mir an, während »dieser Tage« – wie sie den Auszug von Albert nannte – bei ihr zu wohnen. Aber das wollte ich nicht, das hätte ausgesehen, als würde ich vor Albert fliehen. Verreisen wollte ich, das war besser.

Außerdem mußte ich dringend meine Eltern besuchen. Mein Vater war sauer, daß ich seit meinem Geburtstag im November, als ich dort war, um die empfindlichen Jugendstil-Tassen und die Teekanne abzutransportieren, nicht mehr nach seiner Gesellschaft gelechzt hatte. Er meckerte noch immer, daß ich nicht mal das Fest der Familie im Schoß derselben verbracht hatte. Unbewußt war er wahrscheinlich eifersüchtig auf Albert – nicht, weil ihm für seine einzige Tochter kein Mann gut genug war, sondern daß seine Tochter andere Männer ihm vorzog – das war ihm unbegreiflich. Ich habe gelesen, daß angeblich alle Söhne mit ihrer Mutter schlafen wollen, und daß man das Ödipus-Komplex nennt; ich habe auch gelesen, daß alle Töchter auf ihre Väter fixiert seien, und das nennt man Elektra-Komplex; aber daß alle Väter mit ihren Töchtern... dafür gibt es keinen Komplex, das scheint normal zu sein!

Meiner Mutter hatte ich erzählt, nachdem sie mich mit Fragen nach Alberts Befinden gelöchert hatte, daß ich jetzt allein wohne, wozu meinem Vater – wie meine Mutter berichtete – als erstes eingefallen war, daß ich nun noch mehr Geld brauchen würde. Als ob Albert, der Geizhals, einen Pfennig für mich bezahlt hätte! Meine Mutter hatte die Nachricht mit cooler Fassung getragen, sie hatte gesagt, nun, da ich unabhängig sei – »unabhängig« sagte sie, als sei ich vorher abhängig gewesen! –, würde ich sie öfter besuchen können. Das war wieder typisch: Meine Mutter interessiert sich nur für das, was ihr nützt; mein Vater interessiert sich nur für das, was ihn Geld kostet.

Aber wenigstens hatte meine Mutter berichtet, daß mein Vater angedeutet hätte, er würde einen Zuschuß zu meinen Lebenskosten spendieren, vorausgesetzt natürlich, ich würde kommen. Also wenigstens keine Geldsorgen. Von dem Geld, das ich von Albert für die Miete bekommen hatte und mit einer Anleihe von meinem Aussteuersparbuch, kaufte ich von einem Autobastler, den ich aus dem Café Kaputt kannte, einen Mini-Fiat. Er war leider spinatgrün lackiert, hatte aber ein Jahr TÜV. Ich brauchte nun ein Auto. Erstens wollte ich verreisen, zweitens war ich nun auf mich allein gestellt, drittens war die neue Wohnung von Albert ziemlich weit weg, und ich würde wahrscheinlich in Zukunft manchmal zu ihm fahren müssen, um unsere Vergangenheit aufzuarbeiten.

Der Trubel ließ mich nicht zur Besinnung kommen. Ehe ich wegfuhr, mußte ich das Auto ummelden. Und ich mußte all meine Habseligkeiten in mein Zimmer einschließen. Ich mußte verhindern, daß Albert Teile meines Besitzes an sich reißen könnte. Womöglich würde er zusammen mit irgendeiner Kanaille die Wohnung leeren.

Der 15. März war ein Freitag, aber vorsichtshalber fuhr ich schon am Montag weg. Ich packte meine schmutzige Wäsche und was man sonst zu seinen Eltern mitnimmt, in mein Auto und fuhr nach L. – Ich kann dieses Dorf nicht leiden, meine Eltern sind erst vor vier Jahren hingezogen, weil mein Vater über meinen Onkel, der von dort ist, eine bessere Stelle bekommen hatte: Mein Vater war vom einfachen zum leitenden Ingenieur aufgestiegen – aber vor allem hatte er dort sofort in einer stinkspießigen Schrebergarten-Kolonie, in die man sonst angeblich nach jahrzehntelangem Warten reinkommt, einen Schrebergarten kaufen dürfen. Also mein Vater war glücklich in L., meine Mutter wohl auch, weil sie nun ständig bei meiner Tante Katharina herumhocken konnte, aber ich kannte dort niemanden, also brauchten sich meine Eltern nicht zu wundern, wenn ich keine Lust hatte, sie zu besuchen.

Eigentlich wäre ich lieber mit dem Zug gefahren, mit dem Rücken zur Fahrtrichtung sitzend. Ich habe noch nie verstanden, warum der andere, der Fensterplatz in Fahrtrichtung, immer zuerst besetzt ist. Ich sitze lieber gegen die Fahrtrichtung, da ist alles, was am Fenster vorbeizieht, schon Vergangenheit. Aber ich fuhr mit dem Auto, weil Autofahren ablenkt, da mußte ich mich auf den Verkehr und auf die merkwürdigen Geräusche meines Autos konzentrieren, statt auf den Umzug von Albert.

Mein Vater warf einen Blick auf mich und fing an, mich wie ein Kleinkind zu behandeln. Mein Auto wäre nicht verkehrstüchtig, meine Haare wären zu lang, ob ich überhaupt was sehen könnte? Ob es in Berlin keinen Friseur gebe? Andererseits mußte er gleich am ersten Abend damit anfangen, daß ich zu alt wäre zum Herumgammeln, es würde für mich Zeit, ans Heiraten zu denken, so ginge es nicht weiter für ewig. Er stellte meine Trennung von Albert dar, als sei ich selbstverschuldet arbeitslos geworden und müßte mir nun einen neuen Job suchen. Mein Vater war bereit, mich an den nächstbesten Mann zu verscherbeln.

Am nächsten Tag, als mein Vater endlich in seinem Betrieb war, sagte meine Mutter, daß mein Vater es eben nicht besser verstünde, ich müßte mich aber nicht beeilen mit dem Heiraten, so wie ich aussehen würde, hätte ich das noch nicht nötig.

Die, die so jung heiraten, würden oft die schlechtesten Partien machen. – Entzückend, meine Mutter wollte mich wenigstens meistbietend verscherbeln. Dann schwatzte sie über Albert, als wären wir noch zusammen, dabei hatte sie ihn nur einmal gesehen, als sie mich besuchten. Daß Albert Arzt war, hatte meine Mutter wenig beeindruckt, um so mehr aber meinen Vater, meine Mutter war hingerissen gewesen von Alberts Schönheit: »Was er für niedliche Locken hat«, seufzte sie wie ein Teenager, »so ein schöner Mann!« Und mein Vater hätte nie so gut ausgesehen. Ich überlegte, daß Gottfried Schachtschnabel längst nicht so gut aussieht wie Albert, und fragte mich, wie ich derart oberflächliche Eltern verdient hatte.

Ja, ob ich vielleicht schon einen neuen hätte, fragte meine Mutter so diplomatisch, daß ich den Verdacht hatte, mein Vater hätte sie dazu angestiftet.

Ich hatte keine Lust, meiner Mutter von Gottfried Schachtschnabel zu erzählen. Schließlich war er mein Dozent, und meine Mutter und mein Vater regen sich immer unheimlich auf, wenn eine Sekretärin aus dem Betrieb meines Vaters ein Verhältnis mit einem Mann aus dem Betrieb hat. Besonders meine Mutter regt sich darüber auf, wahrscheinlich hat sie Angst um meinen Vater, obwohl sie sonst ganz cool tut. Außerdem war es mit Gottfried Schachtschnabel noch nicht so weit. Also sagte ich: »Nein!«

Ob Albert eine neue hätte? »Nein!!« sagte ich mit aller Schärfe. Ja, dann würde meine Mutter aber nicht verstehen, warum ich mich von Albert getrennt hätte. Es hatte keinen Sinn, mit meiner Mutter darüber zu reden.

Natürlich erzählte sie es meinem Vater. Der fragte mich nämlich am Abend ganz direkt, warum ich mich von Albert getrennt hätte, wenn ich keinen neuen Mann hätte. Mir platzte der Kragen. Ich fragte, ob sie der Meinung sind, ich soll den alten Macker aufbrauchen, bis ich einen neuen bekomme? »Habt ihr nichts anderes im Kopf als Geldsparen und Resteverwertung?!« schrie ich und knallte die Tür zu.

Ich hörte, wie meine Mutter meinen Vater anbrüllte, warum er mich so was hätte fragen müssen! »Das Kind ist in einer schwierigen Phase!« Mein Vater brummte irgendwas.

Meine Eltern waren erst recht in einer schwierigen Phase. Ich konnte es nicht mehr aushalten bei ihnen. Ilona Reuter fiel mir ein, ich kannte sie vom Gymnasium her, sie wohnte nur hundert Kilometer entfernt. Ich rief Ilona an. Ich führte ein längeres Ferngespräch, erzählte Ilona von meinem Ärger, sie sagte, ich solle sie besuchen kommen, ich sei herzlich willkommen. Ausgezeichnet, nichts wie weg von meinen Eltern.

Meine Mutter hatte nichts dagegen, daß ich zu Ilona fuhr. Mein Vater auch nicht. Als alleinstehendes Fräulein war ich für sie das Resultat einer mißglückten Erziehung. Mein Vater gab mir Geld extra, für die Urlaubstage bei Ilona, wie er sagte. Er hatte ein schlechtes Gewissen. Meine Mutter, die meine Wäsche noch nicht gebügelt hatte, sagte, sie würde sie mir per Paket schicken. Sie waren froh, mich loszuwerden.

Ja, die Zeiten der unbeschwerten Kindheit waren vorbei. Nun hatte ich so zu werden, wie meine Eltern sind. Ich beschloß, daß es an der Zeit war, mich auch von meinen Eltern abzunabeln.

Ilona war ein lohnendes Reiseziel. Sie hatte sich ein halbes Jahr zuvor von ihrem Ehemann getrennt; nach sechs Jahren Ehe, ohne einen anderen Mann in Bereitschaft zu haben! Sie lebt seitdem allein. Ilona hatte Kontakt zu andern ehemaligen Mitschülerinnen, die seien mittlerweile alle verheiratet und völlig verblödet, weit und breit keine gute Ehe, versichterte Ilona. Und das schlimmste an der Ehe sei die Langeweile.

»Du kannst dir nicht vorstellen, was ich mich in meiner Ehe gelangweilt habe.«

»Du und Langeweile? Du bist doch voller Aktivitäten.«

»Jetzt. Aber die Abende mit Max, die waren tödlich. Er hat abends seine Akten durchgesehen, ansonsten wollte er seine Ruhe. Ich hab meine Arbeit im Labor, die kann ich nicht nach Hause nehmen, würde ich auch nie wollen. Aber ich arbeite tagsüber relativ isoliert, ich will abends Unterhaltung.«

»Ja«, sagte ich.

»Nein«, sagte Ilona, »meine Geschichte nützt dir nichts. Weißt du, wie Tolstois Roman ›Anna Karenina‹ anfängt?«

Ich wußte es nicht.

»Alle glücklichen Familien sind einander ähnlich; unglücklich ist jede Familie auf ihre eigene Art.«

»Genau«, sagte ich und versprach, ›Anna Karenina‹ zu lesen.

»Nein, tu es nicht«, sagte Ilona, »es endet so schrecklich. Und überhaupt glaube ich nicht, daß es dir gefallen würde.«

Eine Woche blieb ich bei Ilona, tagsüber wenn sie in ihrem Labor arbeitete, trödelte ich herum, kaum war sie zu Hause, klingelte das Telefon, wir trafen uns mit ihren Freunden, am Wochenende kochten wir gemeinsam, sonst gingen wir abends in das einzige Studentenlokal der Stadt, wo jeder jeden kannte. »Seitdem ich alleine lebe, lerne ich täglich neue Leute kennen«, sagte Ilona.

Ich konnte wieder an anderes denken als daran, daß Albert, wenn ich zurückkommen würde, nicht mehr da war. Ich wurde euphorisch, weil die Veränderung der Umstände endlich erreicht war.

»Jede Situation ist besser als die bisherige«, sagte ich zu Ilona.

Dann wurde ich wieder depressiv, weil ich die Veränderung der Umstände nicht steuern konnte.

»Er ist nicht ins Ausland gezogen«, sagte Ilona.

»Jetzt werde ich mich selbst finden«, sagte ich.

»Du wirst bald einen Neuen gefunden haben.« Das waren die Worte, die mir Ilona mit auf den Heimweg gab.

Beruhigt fuhr ich zurück. Wieder war ich froh, daß ich mit dem Auto gefahren war, Zugfahren ist nur schön, wenn man abgeholt wird.

Das Zimmer von Albert war leer und sauber. Er hatte den alten schwarzen Tisch, der wegen Platzmangel im Keller gestanden hatte, mit irgend jemand nach oben geschleppt und in sein Zimmer gestellt, ich hatte ihn darum gebeten. Ich suchte nach einem Zettel, einer Nachricht. Ich konnte nichts finden. Ich rief ihn in seiner neuen Wohnung an, wollte ihn fragen, was das zu bedeuten hätte. Er war nicht da.

Ich kontrollierte den Kleiderschrank: Nichts mehr von Albert da. Im Waschbecken zwei dunkle Haare. Im Schuhregal im Flur eine alte Pudelmütze von ihm, wir hatten sie zum Schuhputzen benutzt. Ansonsten keine Reliquien. Auch keine Post für ihn. Sein Nachsendeantrag funktionierte einwandfrei. Die Palme, die ich nicht in mein Zimmer eingeschlossen, sondern in die Küche gestellt hatte, damit er sie gießen konnte, war seit mindestens drei Tagen nicht gegossen. Er war also sofort, nachdem ich wegfuhr, ausgezogen.

Was hatte ich erwartet? Einen Strauß roter Rosen, schon leicht angewelkt, dazu einen Zettel, schon leicht vergilbt, mit Abschiedsworten in zittriger Schrift. »...ich werde immer an dich denken, vergib mir...« – einige Worte verwischt von Tränen. Das wäre angemessen gewesen, das mindeste, was man erwarten konnte. So würde ich es auch in meinem Film darstellen, beschloß ich. Albert würde aus meinem Film lernen können, wie man sich wirklich trennt.

Ich sah mich um in dem leeren Zimmer von Albert. Nichts war geblieben außer nackten Tatsachen. Es war nicht mehr unsere Wohnung, sondern meine Wohnung. Endlich hatte ich Platz.

20. Kapitel

Ich mußte allein beginnen, unsere Trennung aufzuarbeiten – Albert war nicht zu Hause. Jedenfalls ging er nicht ans Telefon. Ich wollte nicht weggehen, für den Fall, daß er anrufen würde. Ich wollte ihm eine Chance geben.

Warum hatten wir uns getrennt? Weil wir nicht zusammenpassen – das klingt so pauschal, zu wenig bewußt analysiert. Ich machte eine Liste, warum sich andere Leute, die ich kenne, getrennt haben.

1. Elke und Heinz haben sich scheiden lassen, weil Heinz ständig besoffen war und Schulden machte. Mit Elke schlafen wollte er nur an Weihnachten und an Elkes Geburtstag. Das hat sie mir selbst erzählt. Heinz sagte, daß es mit Elke einfach nicht ging. Er hat bald darauf wieder geheiratet. Bei ihr hat es Jahre gedauert, bis sie nach der Scheidung einen neuen Freund gefunden hat.

2. Ilona und Max haben sich scheiden lassen, weil sich Ilona mit Max gelangweilt hat. Und, wie sie mir ziemlich betrunken gestand, hat sie sich vor Max körperlich geekelt. Nachdem sie ein paarmal mit anderen geschlafen hatte, wurde ihr Ekel unerträglich. Ilona sagt, daß Max erzählt, er hätte sich von ihr überfordert gefühlt.

3. Martin weiß bis heute nicht, warum ihn Regina verlassen hat. Regina will darüber nicht reden.

4. Friedrich und Monika haben sich scheiden lassen, als Mo-

nika herausbekam, daß Friedrich ein Verhältnis in einer anderen Stadt hatte. Mit dieser Frau fuhr er sogar in Urlaub – gegenüber Monika behauptete er, er reise auf Fortbildungsseminare! Friedrich hat wieder geheiratet, aber nicht sein heimliches Verhältnis. Monika trauert noch immer um Friedrich und erpreßt ihn mit dem gemeinsamen Kind.

5. Winfried und Sybille haben sich getrennt, weil Sybille Winfried nur wegen seines Einkommens und seines Sozialprestiges als Arzt geheiratet hätte, sagt Winfried. Sybille sagt, daß sich Winfried nie um die beiden Kinder gekümmert hätte und sein Geiz immer unerträglicher geworden sei.

6. Kurt und Irmtraud haben sich getrennt, weil Irmtraud sich intellektuell weiterentwickeln wollte, außerdem wollte sie Kinder haben. Aber Kurt sei geistig stagniert, und ein Arzt hätte schon vor Jahren festgestellt, daß Kurt steril sei. Kurt sagt, er hätte es nicht ändern können.

7. Juliane und Michael haben sich getrennt, weil Juliane Michael, den viel älteren, als den großen Macher bewundert hatte. Als Michael arbeitslos wurde, brachen Julianes Teenageträume zusammen, sagt Michael. Juliane sagt, daß sich Michael in den letzten Jahren charakterlich total verändert hätte, er sei immer aggressiver geworden und sei nicht mehr der Mann gewesen, den sie mal geliebt hätte.

8. Achim und Tina sind geschieden, weil Achim die Liebe seines Lebens getroffen hat. Als er sie traf, hatte seine Ehefrau gerade das fünfte Kind bekommen. Achim jammert über die Trennung von den fünf Kindern, die natürlich bei der Mutter blieben. Er kann die Kinder nur selten sehen, weil er mit der Liebe seines Lebens weit weggezogen ist. Tina sagt, daß Achim Angst vor dem Älterwerden hätte, er würde sich als großen Lausbub sehen, und an den Kindern hätte er gemerkt, wie alt er werde. Mit seiner neuen, viel jüngeren Frau, könne sich Achim besser einbilden, daß er noch jung sei. Mit der Neuen hat Achim keine Kinder.

9. Bernd sagt, daß Carola in ihm den großen Beschützer gesehen hätte. Carola sagt, daß sie die bevormundende

Art von Bernd nicht mehr hätte ertragen können. Bernds neue Freundin ist achtzehn, er ist über vierzig.

10. Sonja und Andreas haben sich getrennt, weil Sonja frigide sei, wie Andreas überall erzählt. Sie hätte es trotz seiner Bemühungen nicht geschafft, die verklemmte Sexualmoral ihrer Eltern zu überwinden. Sonja sagt, daß sich Andreas für den großen Sexualklempner halte, in Wirklichkeit sei er ein liebesunfähiges Würstchen. Es war Sonja, die die Beziehung zu Andreas beendete.

Ich überlegte gerade, warum sich Sieglinde und Wolf-Dietrich wohl eines Tages trennen werden, als endlich das Telefon klingelte. Es war Albert.

Seine Eltern ließen mich herzlich grüßen. Wie es denn ginge? Ob es nett gewesen sei bei meinen Eltern? Wie es Ilona ginge? Er hätte oft an mich gedacht. Vor allem beim Teppichverlegen, das könne ich doch viel besser als er. Überall rieche es nach Lack in seiner Wohnung. Ob er sich Vorhänge leisten solle? Ob mein Auto noch fahre? Wir quatschten eine Stunde und verabredeten uns für den nächsten Abend.

Ich las meine Liste noch mal durch. Warum trennt man sich? Es gibt dafür so viele Gründe wie Gründe, warum zwei Menschen sich lieben.

21. Kapitel

Wir trafen uns im Café Kaputt, als wäre nichts geschehen. Albert übernachtete bei mir, weil es näher war und weil es in seiner Wohnung nach Lack stank.

Drei Tage später besuchte ich ihn zum erstenmal in seiner neuen Wohnung. Alles war ordentlich aufgeräumt, wie üblich. Jetzt hatte er ein Fernsehzimmer und ein Schlafzimmer. Weil sein altes Bett in dem neuen Zimmer so klein gewirkt hätte, hatte er sich bei Barbara vom Trödelladen ein breiteres gekauft, mit verchromten Stangen, im Stil der 20er Jahre. Nobel. Außerdem hatte er für die Küche einen Tisch mit Marmorplatte von ihr gekauft. Eine neue Lampe hatte er im Fernsehzimmer, ebenfalls 20er Jahre. In beiden Zimmern und im Flur hellgrauer Teppichboden. Sehr vornehm.

Albert hatte den Teppich selbst und allein verlegt, wie er stolz erzählte. Und die Fußbodenleisten allein grau gestrichen.

Albert hatte Spaghetti gekocht, die Sauce war zu Klümpchen geronnen, und obwohl er Käse, Sahne, Schinken, Oliven, Butter und Wodka reingetan hatte, schmeckte sie nur nach italienischem Salatgewürz. Trotzdem war Albert von seinen hausfraulichen Fähigkeiten tief beeindruckt. Und ich lobte die geronnene Sauce. Es war ein sehr harmonischer Abend, jedenfalls bis ich vorschlug, daß wir zusammen am Samstag ins Kino gehen könnten. Albert sagte, da hätte er gar keine Zeit. Er sagte nicht, was er vorhatte. Wahrscheinlich versuchte er, mich eifersüchtig zu machen.

Obwohl es spät war, entschied ich mich, nicht bei Albert zu übernachten. Wozu hatte ich mein Auto? Wenn er am Samstag keine Zeit haben wollte, auch ich war nicht allzeit verfügbar. Ich konnte ihn genauso eifersüchtig machen.

Am nächsten Abend beschloß ich spontan, zu Julia zu fahren, zum Quatschen. Sie war erfreut über meinen überraschenden Besuch. Sie hatte am Vormittag ihr neues Bett geliefert bekommen, ein französisches wie das von Albert. Wir hupften ein bißchen auf der neuen Matratze herum. Julia sagte: »Bin ich froh, daß ich mein altes Ehebett los bin.«

»Albert hat auch ein neues Bett.«

»Da hat er recht.«

»Warum?«

»Warum? Warum!« sagte Julia und hupfte auf der Matratze. Dann fragte sie, wie weit ich mit dem Umräumen des Ex-Zimmers von Ex-Albert sei und ob sie mal kommen solle und mir beim Umräumen helfen.

Ich sagte ihr, daß ihr Angebot unheimlich nett sei und daß sie mich unbedingt besuchen solle, daß ich aber das Zimmer von Albert leer lassen wolle. Julia sagte, es sei psychologisch nicht gut, wenn ich das Zimmer leer lasse. Ich sagte ihr, daß ich das Zimmer nicht aus psychologischen, sondern aus ästhetischen Gründen leer lassen wollte, ich hätte schon immer ein leeres Zimmer gewollt, und das hätte überhaupt nichts mit Albert zu tun. Außerdem steht ja der Tisch drin, und wenn ich wieder an meinem Drehbuch schreibe, dann ist das ideal – ein Zimmer, darin nur ein Tisch und ein Stuhl –, eine sehr arbeitsintensive Atmosphäre. »Wenn es deiner Selbstfindung dient«, sagte Julia.

Plötzlich fragte sie, ob ich ein Foto von Albert dabei hätte. Zufällig hatte ich eins hinten im Geldbeutel. Ich hatte vergessen, es herauszunehmen. Es war mir etwas peinlich, weil ich dachte, wenn man sich getrennt hat, schleppt man nicht mehr das Foto seines Ex-Typen herum.

»Sieht gut aus, dein Albert.«

»Ist nicht mehr mein Albert.«

»Sieht trotzdem gut aus.«

»Ja, er sieht gut aus. Und außerdem ist er Arzt, das verdirbt den Charakter«, sagte ich betont verbittert, um meinen Stolz zu verbergen, daß ich einen so schönen Mann und Arzt abgekriegt habe. Jedenfalls mal abgekriegt hatte.

»Dacht ich mir, daß er es ist«, sagte Julia. »Ich hab ihn im Café Kaputt gesehen. Vorletzte Woche, als du verreist warst, war ich ziemlich spät dort mit einem Kollegen, und als wir kamen, ging er gerade.«

»Aber woher kennst du Albert?«

»Jemand hat ›tschüs Albert‹ zu ihm gesagt, und da dachte ich, das ist Albert!«

»Wann war das genau?«

»Wenn du es ganz genau wissen willst, er war mit einer Blonden unterwegs.«

Ich fragte nichts mehr. Ich weiß längst, daß er mich betrügt. Mit Krankenschwestern. Ich fürchte weder Tod noch Teufel, aber Krankenschwestern. Aber andere dürfen nicht darüber reden. Es ist verboten, mir zu sagen, daß ich der Verlierer bin, dachte ich heimlich.

Julia merkte trotzdem meinen Ärger. »Sie wirkte allenfalls wie ein fader Abklatsch von dir. Außerdem wirkte sie aufgedonnert, ehrlich«, beteuerte sie. »Ich kann mir nicht vorstellen, daß die Chancen haben könnte gegen dich.«

»Keine Sorge«, sagte ich, »die ist auch nur eine von vielen.« Ich beruhigte Julia, die sich Vorwürfe machte, weil sie mir von einer anderen Frau, mit der Albert herumzog, erzählt hatte. Und mich beruhigte ich auch.

22. Kapitel

Im Supermarkt traf ich Sieglinde. Ich hatte es eilig, es war Samstag, eine halbe Stunde vor Ladenschluß, und ich wollte noch neues Farbband für meine Schreibmaschine kaufen, um am Wochenende mein Drehbuch tippen zu können.

Wir hatten uns fast zwei Monate nicht gesehen, nur einmal oder zweimal telefoniert. Sieglinde begrüßte mich schweigend, aber mit herzlicher Umarmung. Noch an mich geklammert, sagte Sieglinde: »Sei froh, daß du ihn los bist, er hat dich sowieso betrogen.«

»Ich hab ihn auch betrogen.«

»Ich will dich gar nicht daran erinnern, wie er dich damals verprügelt hat«, sagte Sieglinde laut. Wir standen am Wurststand zwischen zwei Dutzend Leuten.

»Manchmal ist körperliche Aggression weniger schlimm als verbale Gewalt«, sagte ich leise.

»Hör mal«, rief Sieglinde, »er hat dich geschlagen!« Ich antwortete Sieglinde, daß ich eigentlich keine Wurst brauche. Sieglinde folgte mir zu den Fertiggerichten, dort stand niemand. Sie legte ihre Hand auf meinen Arm. Ich mußte deshalb die Dose Ravioli mit der linken Hand aus dem Regal holen. »Ich hab ja zurückgeschlagen«, sagte ich, »einmal hab ich ihm zuerst eine gescheuert.«

»Aber du bist viel schwächer.«

»Aber ich hab ihn auch verletzt. Verbal war ich stärker.«

»Aber er hat jetzt eine Neue«, sagte Sieglinde.

»Woher willst du das wissen?« Ich sagte Sieglinde in aller Deutlichkeit, daß ich davon nichts gehört hätte.

Sieglinde gab zu, sie wisse nichts, aber warum sonst wäre Albert ausgezogen?

»Weil ich es wollte«, sagte ich. Und Albert hätte schon viele andere gehabt und ich auch.

»Du tust mir ja so leid«, sagte Sieglinde.

»Albert geht es auch nicht gut.«

»Warum verteidigst du ihn eigentlich dauernd? Ich denke, du hast dich von ihm getrennt? Ich an deiner Stelle...«, Sieglinde unterbrach sich selbst und nahm ihre Hand endlich von meinem Arm.

»Theorie und Praxis sind eben zweierlei«, sagte ich schließlich. Sollte sie doch denken, was sie wollte. Sie würde sowieso denken, was sie wollte. Auf jeden Fall konnte ich Sieglindes Ratschläge nicht ertragen. Ihr Wolf-Dietrich betrog sie auch. Er schlug sie auch. Er schlief nicht einmal mehr mit ihr. Das wußte ich ziemlich genau. Weil sie so eifersüchtig über Wolf-Dietrich wachte und bei jeder Frau, die ihr Wolf-Dietrich nur eine hundertstel Sekunde ansah, sofort überlegte, ob er mit der ein Verhältnis hätte, da war doch klar, daß er mit ihr, seiner institutionalisierten Freundin, nicht allzuviel hatte. Außerdem nannte Wolf-Dietrich Sieglinde »meine Alte«! Und da gab sie gute Ratschläge. Als ob sie es besser hätte, als sei ihr Wolf-Dietrich besser als mein Albert. Ich hatte allen Grund, beleidigt zu sein. Ich sagte Sieglinde, daß ich jetzt gehen müsse, weil ich noch mehr zu erledigen hätte. »Demnächst muß ich dich mal wieder einladen«, rief sie mir hinterher.

Als ich an dem Schreibwarenladen ankam, wurden gerade die Rolläden heruntergelassen. Es war wieder nichts mit meinem Drehbuch. Erschöpft und enttäuscht schleppte ich mich nach Hause und legte mich ins Bett. Ich war stocksauer auf Sieglinde.

23. Kapitel

»Oh how can I forget you, when there is always something left to remind me of you? Always something there to remind me of you... you... you...«

Früher hielt ich diesen Song für ein Liebeslied.

Albert hatte alles mitgenommen, was ihm gehörte, und alles, was ich ihm geschenkt hatte. Trotzdem überall Erinnerungen, der Andacht dienende Gegenstände. Ein Albert-Auerbach-Museum war meine Wohnung geworden.

›Ich liebe dich‹ stand auf dem Lebkuchenherz, das ich als erstes in den Mülleimer warf. Dann ein Porträt, das ich von Albert gezeichnet hatte. Wenn er es nicht aufheben wollte, ich auch nicht. Dann ein Wandteppich, klein wie ein Schuhabputzer, ein Geschenk seiner Mutter, selbst geknüpft hatte sie dieses Scheusal mit pompösen Fransen, es lag hinten im Kleiderschrank – endlich durfte ich es wegwerfen. Das allein war alle Trennungsschmerzen wert. Auf den Wandteppich-Schuhabputzer kippte ich die Reste meines Mittagessens: Die Ravioli paßten exakt zum Knüpfmuster. Und dazu das Parfüm von Albert, von dem ich immer Kopfschmerzen bekommen hatte. Ich fragte mich, welche Erinnerungen Albert in den Müll geworfen hatte. Als ich bei ihm gewesen war, hatte ich keines meiner Geschenke vermißt. Er lebte in einem Constanze-Wechselburger-Museum.

Den antiken Silberreif, den er mir vorletztes Jahr als Geburtstags- und Weihnachtsgeschenk gekauft hatte, wickelte ich in Folie, legte ihn in ein Plastikkästchen, das Kästchen stellte ich in den Kühlschrank ins Eisfach. Da ist der Armreif gut versteckt. In fünf Jahren, dann vielleicht, werde ich ihn wieder tragen. Auch der riesige blaue Teddy, der neben meinem Bett sitzt, war von Albert. Wir hatten ihn auf dem Rummelplatz gewonnen.

»Was würdest du nehmen, wenn du freie Auswahl hättest?« hatte er mich gefragt.

»Ist doch klar, den blauen Teddy«, hatte ich spontan geantwortet.

Albert hatte angeberisch mit den Fingern geschnipst und gerufen: »Personal! Einmal einen hellblauen Teddy für die Dame! Sie hat freie Auswahl!« Albert hatte heimlich Lose gekauft und tatsächlich freie Auswahl gewonnen!

Ich nahm den Teddy und trug ihn zum Kinderspielplatz auf der anderen Straßenseite. »Wer will einen Teddy?«

Nur drei Kinder waren da, keine Bezugsperson. Die Kinder sagten nichts, sie waren schlapp vor Erstaunen über die unerwartete Gabe. Also setzte ich den Teddy auf die Bank neben dem Sandkasten, dachte, eines wird ihn schon haben wollen und ging wieder. Von meinem Küchenfenster aus beobachtete ich die Kinder. Eine halbe Stunde später beerdigten sie den Teddy im Sandkasten. Was anschließend mit ihm geschah, weiß ich nicht.

Ich holte einen Karton aus dem Keller und Schuhschachteln aus dem Kleiderschrank. Der Krimskrams aus dem Regal, alles Erinnerungen an Albert. In das Perlmuttkästchen, ein Ostergeschenk, legte ich die große Straßbrosche, auf dem

Trödelmarkt hat er sie mir gekauft; dazu das kleine Plastikschweinchen mit den sechs Plastikschweinchenbabys – sein allererstes Geschenk, mitten im Kaufhaus hat er mir die alleinerziehende Schweinemutter überreicht: »Sieh mal, was ich in der Spielzeugabteilung für dich geklaut habe.« Das Perlmuttkästchen kam in eine Schuhschachtel, dazu die Art-Deco-Blumenvase, in Seidenpapier eingewickelt. Obendrauf zwei Schmetterlinge aus Blech zum Aufziehen. Ein Straußenei hatte er mir mal geschenkt. Eingewickelt in viel Seidenpapier paßte es nur in den größten Schuhkarton, aber der Straußenfederfächer ging auch noch rein. Ein Straußenei und ein Fächer aus Straußenfedern: meine Erinnerungen sind gut sortiert.

Ein Schuhkarton, gefüllt mit Fotos von Albert. Dazu seine Briefe. Keine Versuchung, sie noch mal zu lesen, trotzdem wollte ich sie aufheben. Später mal, wenn ich pensioniert bin, will ich alle Briefe meiner Freunde wieder lesen. Aber erst später. Noch habe ich mehr zum Leben als nur meine Erinnerungen.

Aus dem schwarz lackierten Jugendstilrahmen überm Klo nahm ich das Foto von uns beiden. Den Rahmen hängte ich an die Wand zurück. Leer, ohne unser Foto, war der Rahmen rein vom Makel der Erinnerung.

Die kleine Eule aus Bronze, das Kästchen mit den aufgemalten Schmetterlingen, der Opalglasaschenbecher, das Monokel, der verschnörkelte Handspiegel, das Ei aus Plexiglas mit der eingegossenen Rose, das Tablett mit dem Bild von Elvis, der turnende Clown, die beiden winzigen Keramikfrösche, das karierte Kästchen aus England, die grüne Muschelschnecke, die rosaroten Notizblöcke in Herzform – ich brauchte noch eine Schachtel. Ich wollte alles behalten, es sind schöne Objekte, aber ich wollte sie nicht mehr sehen.

»Devotionalien« schrieb ich auf den Karton mit den Schuhschachteln der Erinnerung. Das war sehr stilvoll, dann brachte ich den Karton in den Keller.

Es blieb noch so viel zurück. Die Zuckerdose mit den blauen Rosen war auch von ihm. Das Bügeleisen! Wir hatten es gemeinsam gekauft. Die Suppenteller mit dem dünnen Goldrand, die Schere, die aussieht wie ein Storch, die rosaroten Handtücher. Dinge leben durch die Erinnerung. Oder sie leben durch ihre Funktion – dann bekommen sie eine eigene Geschichte, der Alltag ist stärker als die Erinnerung. »Die Handtücher sollen eines natürlichen Todes sterben«, sagte ich mir.

»Till then, there is always something there to remind me of you... you... you...«

24. Kapitel

»Ich habe einen Mann für dich«, Sieglinde war am Telefon.

»Neu oder second hand?«

»Er ist ein Freund meines früheren Bekannten, des Gastronomen, mit dem ich früher verlobt war. Ist erst jetzt hierher gezogen, er kennt hier überhaupt keine Leute. Ist unwahrscheinlich nett. Ich hab ihn für Ostersonntag zum Fondue-Essen eingeladen, damit du ihn kennenlernst. Fleisch-Fondue, ich hab einen neuen Topf. Komm um acht, aber pünktlich, wegen des Fondues. Sennebergs kommen auch.«

Soweit war es also: Alberts Leiche war noch nicht kalt, und ich wurde bereits als alleinstehende Frau gehandelt, die man Touristen anbieten konnte. Natürlich war Sieglinde überzeugt, daß ich Ostern allein wäre und Albert bei seiner imaginären Geliebten weilen würde. Außerdem ärgerte ich mich, daß sie mich wieder in letzter Minute eingeladen hatte. Wahrscheinlich hatte jemand ihrer nobleren Bekanntschaften abgesagt.

Eigentlich wollte ich sagen, daß auch ich keine Zeit hätte. Aber dann dachte ich, daß ich zu Albert sagen könnte, daß ich Sonntag etwas Besseres vorhätte. Und außerdem freute ich mich, Sennebergs mal wieder zu treffen. Die Gabi und den Uwe, nette Leute. Ich kannte sie von zwei Einladungen bei Sieglinde. Uwe ist Jurist und verwaltet irgend etwas. Gabi unterrichtet am Gymnasium Kunst und Englisch. Wenn sie aus der Schule erzählte, die Ängste des Lehrkörpers beschrieb, konnte ich mich totlachen. Ich sah mich in den Geschichten immer noch als Schülerin und genoß den Status, mit einer Lehrerin auf gleichberechtigter Ebene reden zu dürfen.

Das waren die positiven Aspekte, die mir durch den Kopf gingen. »Wie heißt dein Bekannter?« fragte ich Sieglinde.

»Bernhard.«

Eigentlich wollte ich fragen, wie Sieglinde darauf kam, daß mir dieser Mann gefallen könnte, fragte aber nicht, weil ich ihre Antwort wußte: Er ist allein, du bist allein, das ist verbindend genug, was willst du eigentlich mehr?! Wenigstens fragte ich: »Einen Bernhard kenne ich bereits, einen Computerfreak – was macht dein Bernhard?« Wenigstens wollte ich wissen, was der Typ macht.

»Mein Bernhard ist sehr nett«, wiederholte Sieglinde hartnäckig. Sieglinde ist statusbewußt, sie spricht nur dann über den Beruf ihrer Bekannten, wenn garantiert ist, daß sie damit Eindruck machen kann. Bei den weniger reputierlichen Bekannten konzentriert sie sich auf deren hervorragende Charaktereigenschaften. Also konnte ich nur hoffen.

Es war sowieso besser, nicht zu fragen, schließlich mußte ich meine Frustration dosieren. Überhaupt war es taktisch klüger, desinteressiert zu wirken. Nicht nur gegenüber Sieglinde – ich muß ja damit rechnen, daß sie mich diesem Bernhard ebenso angeboten hatte. Und würde der merken, daß ich mich schon vor dem persönlichen Kennenlernen über ihn informiert hatte, würde er mich automatisch für ein verzweifeltes Fräulein auf Männerfang halten. Ich kenne die Männer. Ich mußte vorsichtig sein als allein eingeladene Frau.

Kaum hatte ich den Hörer aufgelegt, rief ich sofort Albert an, um ihm mitzuteilen, daß ich übermorgen keine Zeit hätte. »Ach«, sagte er, kompensierte seine Frustration aber schnell und sagte: »Macht nichts.« Wann ich dann Zeit hätte? Ich sagte ihm, daß ich das noch nicht sagen könnte im Moment und mich zu gegebener Zeit wieder bei ihm melden würde. Ha ha ha.

Sieglindes Bernhard war der letzte Chauvi. Er sah nichtssagend aus, quatschte aber die ganze Zeit. Da ich optisch für ihn akzeptabel war, versuchte er mich zu beeindrucken. Jeden Satz, den ich anfing, führte er zu Ende. Er rauchte nicht, riß mir aber mein Feuerzeug aus der Hand, knipste es dicht vor meinen Wimpern an, senkte den Arm, hielt dann das Feuerzeug direkt über seinem Schoß. Er machte das Anzünden meiner Zigarette zu einer erzwungenen Verbeugung vor seinem Hosenlatz. Ich beschloß, ihn zu siezen, zur Strafe.

»Bemühen Sie sich bitte nicht, ich kann meine Zigaretten selbst anzünden«, sagte ich, als er mich das dritte Mal zur symbolischen Fellatio zwingen wollte. Als er mir mein Feuerzeug trotzdem nicht zurückgeben wollte, sagte ich: »Dann geben Sie mir bitte so Feuer, wie Sie einem Mann Feuer geben.«

Er gaffte mich fassungslos an. »Du bist aber emanzipiert! Du brauchst wohl auch sonst keinen Mann!« Er lachte dröhnend und zwinkerte hektisch den beiden Ehefrauen zu.

»Sie hat es nicht so gemeint«, sagte Sieglinde.

Gabi Senneberg half mir in der peinlichen Atmosphäre. Auch sie fände die Galanterie des Feuergebens idiotisch; wenn die Männer mal im Berufsleben die Frauen fördern würden, das wäre echte Höflichkeit, aber die gebe es nicht, und auf das blöde Türaufhalten könnte sie auch verzichten.

»Ich rauche ja nicht«, sagte Sieglinde.

Man wechselte das Thema. Er war Bankangestellter, dieser Bernhard, renommierte mit dem Geld seiner Bank. Fragen, die die Frauen an ihn stellten, beantwortete er dem Besitzer der Fragestellerin. Wenn ich etwas zu sagen wagte, unterbrach er mich nicht nur, sondern legitimierte seine Gesprächsabbrüche durch Belehrungen über mich, wobei er die anderen als seine Verbündeten ausgab: »Da kommt sie wieder mit ihrem typisch weiblichen Denken, ha ha ha ha ha.« Oder: »Nein, in diese Schublade kannst du unsereins nicht stecken.« Oder: »Das glaub ich dir gerne, daß du dir die Männer so vorstellst, ha ha ha!«

Schließlich verkündigte er: »Wir wollen die Damen nicht länger mit unseren Geschäften langweilen«, und bat die Gastgeberin um die Preisgabe der Zusammensetzung der grüngrauen Fondue-Sauce.

»Alles Fertigsaucen«, sagte Wolf-Dietrich.

»Gar nicht wahr«, sagte Sieglinde.

»Trotzdem sehr lecker«, sagte Bernhard und dann zu mir gewandt: »Übrigens suche ich dringend eine Putzfrau, darf durchaus auch eine Studentin sein, wenn sie sauber ist.«

»Mußt du immer so aggressiv sein!« sagte Sieglinde am nächsten Tag. »Du tust so emanzipiert, und trotzdem bist du so empfindlich.«

»Sein herzensgutes Angebot, ihm als Putzfrau zu dienen, war die größte Unverschämtheit!«

»Du hast den Bernhard total mißverstanden. Eine Frau wie dich würde der nie als Putzfrau einstellen.«

Ich war sprachlos. Ich streckte Bernhard die Zunge raus am Telefon.

»Du darfst deine persönlichen Frustrationen nicht auf andere übertragen.« Mit besonders sanfter Stimme fügte sie hinzu: »Natürlich habe ich volles Verständnis für deine psychologische Situation.«

Ich streckte Sieglinde die Zunge raus am Telefon.

»Weißt du, wenn du mit Männern nicht kannst, dann mußt du eben lernen, alleine zu leben.«

Ich sagte Sieglinde, daß ich eine Verabredung hätte und in Eile sei, und zwang mich, nicht den Hörer aufzuknallen.

25. Kapitel

Am Ostermontag, nachmittags, unangemeldet, kam Albert. Er wollte das Bügeleisen haben. Ich klärte, daß das Bügeleisen mir gehört – zwar hatten wir es gemeinsam bezahlt, aber Albert hatte früher das Bügeleisen, das ich von meiner Mutter geschenkt bekommen hatte, mitbenutzt, bis es kaputt war. Er wollte mir für das Bügeleisen seine alte Kaffeemaschine überlassen, aber die wollte ich nicht. Weil er dringend sofort ein Bügeleisen brauchte, unterschrieb er einen Zettel, mit dem er bestätigte, mein Bügeleisen als Leihgabe erhalten zu haben, und sich verpflichtete, es mir wiederzubringen. Die Kaffeemaschine konnte er sowieso mitnehmen.

Ich schenkte ihm ein ganz kleines Schokoladenei. Ich hatte es extra für ihn gekauft. Es hatte fünf Pfennig gekostet. Er fragte mich, was ich so mache. Ich sagte ihm, daß er mir meine Zeit stehle und daß ich an meinem Drehbuch arbeiten müsse. Er sagte, er hätte auch keine Zeit, er müsse an seiner Doktorarbeit schreiben.

Gleich nachdem er gegangen war, rief ich Julia an. Sie hatte auch keine Zeit. Aber ich solle Birgit, ihre Nachbarin, anrufen, sagte Julia und gab mir Birgits Telefonnummer. Julia hatte mich schon seit Wochen gedrängt, mal mit Birgit wegzugehen. Sie käme sonst nie unter Leute. »Birgit hockt jeden Abend vorm Fernseher, und nach Programmschluß macht sie Kreuzworträtsel«. Ich solle Birgit in eine Kneipe oder sonstwohin schleppen und darauf achten, daß sie Männer kennenlernt. Ein einziger Mann würde schon genügen. Vielleicht würde auch ich einen dabei finden.

Ich rief also Birgit an, ob sie Lust hätte, mit mir was zu unternehmen am Abend. Nein, sie hätte keine Zeit heute. Morgen? Nein, das ginge nicht, da mußte sich Birgit die Haare waschen. Übermorgen? Nein, da war eine Talk-Show im Fernsehen angesagt, auf die sich Birgit schon seit Wochen freute. Am Donnerstagabend würde sie ein wichtiges Telefongespräch erwarten. Freitag? Samstag? Sonntag? Nein. Nein. Nein.

Ich hörte Blätterrascheln durchs Telefon, offenbar konsultierte Birgit ihren Terminkalender. Ich war überrascht, wie schwierig es für sie war, einen freien Abend zu finden. War Julia mit ihren Informationen auf dem neuesten Stand? Ich ließ aber nicht locker: »Also, wann dann?«

»Tut mir leid«, sagte Birgit schließlich, »bis einschließlich nächsten Freitag habe ich absolut keine Zeit.«

»Och, und dann, am nächsten Samstag?«

»Nächsten Samstag«, sagte sie, »da weiß ich noch nicht.«

»Na, dann machen wir nächsten Samstag aus. Samstag ist sowieso ideal zum Weggehen.«

»Du willst weggehen?«

»Ja selbstverständlich, was denn sonst?«

»Ich dachte, ich soll zu dir kommen. Aber wenn du zu mir kommen willst, find ich das besser.« Wieder raschelte sie mit ihrem Terminkalender. »Ja, dann komm doch schon diesen Samstag um zwanzig Uhr, da können wir zusammen die ›Rudi-Carrell-Show‹ ansehen und dabei Karten legen. Als Gaststar ist Julio Iglesias angesagt. Und dann kommt im Zweiten die ›Große Gala der Stars‹, auch mit Julio Iglesias. Geht bis null Uhr fünfundzwanzig.«

Ich sagte nichts, weil es mir die Sprache verschlug. Sie sagte: »Ich mach uns auch was Kleines zum Essen. Ich könnte uns um einundzwanzig Uhr fünfundvierzig was Kleines zum Essen machen.«

»Du, weißt du, ich wollte in eine Kneipe gehen.«

Birgit sagte, sie gehe nicht mehr in Kneipen. Sie sei mal in einer Kneipe gewesen, und da seien lauter frustrierte Leute gewesen.

Es half alles nichts, ich mußte noch mal mit Julia über dieses aussichtslose Unternehmen reden.

»Magst du denn nicht zum Fernsehen zu mir kommen?« fragte Birgit.

»Nein, ich will ausgehen.«

»Man könnte vielleicht ins Kino gehen«, sagte sie schließlich zögernd.

»Also gut!« Wenn sie erst im Kino ist, dachte ich, dann geht sie hinterher bestimmt mit in eine Kneipe, und außerdem mußte ich mir sowieso unbedingt die Verfilmung von Kate Milletts ›Sexus und Herrschaft‹ ansehen. Der Vorschlag gefiel Birgit. Zwei ihrer Kolleginnen hatten nämlich den Film schon gesehen.

Da ich ihr erklärte, daß der Film sicher nicht mehr lange laufen würde, war sie sogar bereit, schon diesen Samstag mitzugehen. Sie könne es zwar nicht fest versprechen, aber sie wolle versuchen, es einzurichten, und wenn ich nichts mehr von ihr hören würde bis Samstag, käme sie um acht vors Kapitol.

Sie ließ dann die ganze Woche nichts mehr von sich hören – Albert auch nicht – und war tatsächlich Samstag abend um zehn nach acht vor dem Kino.

Ich fand den Film langweilig. Zuviel Sexus, zuwenig Herrschaft. Aber Birgit war glücklich, den Film gesehen zu haben. Sie hegte eine große Liebe für verfilmte Literatur. Und Robert Redford in der Rolle eines despotischen Ehemannes hatte sie so begeistert, daß sie ohne Widerstände bereit war, nun doch in ein nettes, kleines Lokal meiner Wahl mitzugehen. Ich wählte den ›Nonnenkeller‹, eine typische Aufreißerkneipe. Am Tresen standen achtundzwanzig Männer. Birgit war entsetzt, als sie die vielen Männer sah: »Das sieht ja aus wie eine typische Aufreißerkneipe!«

»Klaro«, sagte ich, »ich liebe es, am Tresen rumzustehen und Männer aufzureißen.«

Birgit sah mich an, als hätte ich einen blöden Witz gemacht. Wir standen eine Weile vor dem Tresen rum. Birgit stand 25 cm neben mir, obwohl es gar nicht so voll war.

Ich wollte ihr die freie Auswahl lassen – der gesuchte Mann war ja für sie gedacht, deshalb stellte ich meine eigenen Interessen zurück –, Birgit sollte entscheiden, zu welchem Typen wir uns dazustellen wollten. Ich würde dann unauffällig ein Gespräch beginnen. Das ist meine Spezialität: Ich stell mich einfach neben die Typen, die mich interessieren, höre eine Weile zu, was die reden, dann stelle ich eine Frage zu ihrem Gesprächsthema... und schon bin ich mittendrin. Und wenn ich mit anderen gemeinsam unterwegs bin, dann ist es noch einfacher, dann kann man sich nämlich auch neben einzelne schweigende Männer stellen, die sind besonders dankbare Objekte. Dann quatscht man ein bißchen mit den Leuten, mit denen man gekommen ist, und dann fragt man den Typen: »Und du, was meinst du dazu?« Jeder Mann liebt es, wenn ihn eine Frau nach seiner Meinung fragt. Also, es ist überhaupt nicht schwierig, ein Gespräch anzufangen. – Nur wartete ich immer noch darauf, daß sich Birgit für einen der vorrätigen Männer entscheiden würde. Sie stand nun 20 cm neben mir und schwieg unablässig.

»Wo sollen wir uns hinstellen?« fragte ich.

»Ich weiß nicht.« Birgit starrte auf den bierdurchtränkten klebrigen Bodenbelag. Wenn wir noch länger auf diesem Fleck stehenblieben, würden wir anpappen.

»Ich geh mal kurz aufs Klo. Entscheide dich derweil.«

»Ich geh mit aufs Klo.«

Auf dem Klo wurde sie plötzlich gesprächig. Warum ich jetzt meine Wimpern tuschen müßte? Welche Wimperntusche ich benutzen würde? Und ob ich mal ihre Wimperntuschenmarke probiert hätte? Sie und ihre Kolleginnen seien damit sehr zufrieden. Wie oft ich mir die Wimpern tuschen würde? Ich sagte Birgit, sie sei mit ihren Fragen schuld daran, daß mir Wimperntusche ins Auge gekommen war, und sie möge bitte am Tresen auf mich warten. Endlich zog sie ab. Ich ließ mir absichtlich viel Zeit. Außerdem hatte ich auch eigene Interessen. Ich kämmte mich etwas, und Rouge war in so düsteren Kneipen auch immer angesagt. Meine Fingernägel waren leider schmutzig, aber ich hoffte, daß man das nicht sehen würde. Als ich wieder zum Tresen zurückkam, war Birgit nicht zu sehen. Im ersten Moment dachte ich, sie sei bereits mit ihrem Traummann abgezogen.

»Suchst du jemand«, quatschte mich ein Punker vom Barhocker herunter an.

»Ja, meine Freundin, hellblau-rosa gestreifter Pulli, gerade war sie noch hier.«

»Hübsch?« fragte ein Alternativo, der daneben saß.

»Bring sie her, wenn du sie gefunden hast«, sagte der Punker und taxierte meine indifferente Oberweite.

Ich ging um den Tresen rum, wahrscheinlich quatschte Birgit mit einem der großen Typen, die die Aussicht blockierten. Da war Birgit aber nicht.

Was ich dann sah, war so grauenhaft, daß es mich immer noch schüttelt, wenn ich daran denke. Birgit saß ganz allein im Hinterzimmer! An einem Tisch für zwei Personen! Mit Blick auf die Tür zum Männerklo!!!

Schlimmer hätte es nicht kommen können.

Abgesehen von dem Katzentisch – wie kann man sich an den Tisch vor dem Männerklo setzen?! Da kann doch Cathérine Deneuve persönlich sitzen, und kein Mann würde sie bemerken. Das Areal im Umkreis von acht Metern von ihrem Klo ist für Männer doch terra incognita. Da sind alle viel zu beschäftigt mit ihrem Hosenladen, um irgendwas sonst zu sehen!

»Was machst du denn hier!« sagte ich zu Birgit, ohne mich zu setzen.

»Hier ist es sehr gemütlich.«

Es blieb mir nichts anderes übrig, ich mußte mich hinsetzen. »Hast du den süßen Mann an der Theke gesehen?« fragte Birgit.

»Nein. Welcher?« Es gab noch eine Hoffnung: »Sag mal«, sagte ich, »hier hinten wird nicht bedient. Man muß sich das Bier vorne selbst holen.«

»Glaubst du wirklich?«

»Ja.« Gerade als ich froh zum Tresen abziehen wollte, kam der Typ, der kellnerte.

»Die Damen wünschen?«

In der nächsten halben Stunde starrte Birgit interessiert die Männer an, die aus dem Klo kamen. Dann sagte sie: »Gibt es hier eigentlich auch Erdnüsse oder Kartoffelchips?« Ich schüttelte nur den Kopf. War es möglich, daß Birgit die Tür zum Männerklo für einen großen Fernsehapparat hielt?

Dann bekam ich Kopfweh und mußte nach Hause ins Bett. Birgit war darüber nicht traurig. Es kam noch ein alter Krimi im Fernsehen, den Birgit immer wieder gerne sah.

26. Kapitel

Weil ich so früh nach Hause gekommen war, war ich am nächsten Morgen um zehn bereits einigermaßen munter, als Jürgen, der alte Kumpel und Liebhaber aus meinen Jugendtagen, anrief und fragte, ob ich Interesse an einem Job hätte, ich hätte doch Semesterferien.

Seine Werbeagentur, in der er eine Art von Direktor ist, brauche dringend jemand zur Konkurrenzbeobachtung, ich sei ihm eingefallen, weil er gerade mit seiner alten Ex-Freundin Gisela telefoniert hätte, und die hätte gehört, daß Albert ausgezogen sei.

»Was ist das – Konkurrenzbeobachtung?« fragte ich.

»Es geht um Schädlingsbekämpfungsmittel.«

Während Jürgen von Gisela erzählte und ich ihm erzählte, daß Albert auf meinen Wunsch hin das Haus verlassen hätte und wie froh ich darüber sei, überlegte ich: Es war mir sowieso langweilig. Vielleicht würde ich bei dieser Konkurrenzbeobachtung den Mann meines Lebens kennenlernen? Einen Star-Werbefotografen vielleicht? Eigentlich hatte ich in den Ferien verreisen wollen, aber alleine hatte ich keine Lust. Meine Mutter nervte mich, ich sollte sie schon wieder besuchen, aber das wäre der Gipfel der Langeweile. Außerdem hatte ich überhaupt nichts mehr anzuziehen. Und brauchte auch etwas mehr Geld für Miete, Telefon, Heizung. Es wäre nicht schlecht, den Rest der Semesterferien zu jobben. Ich fragte Jürgen, was ich verdienen würde.

»Wir zahlen immer gut«, sagte er.

Ich sollte mich sofort morgen früh beim Personalchef melden. Ich brauchte nicht vor zehn zu kommen, vor zehn sei am Montag niemand in der Agentur, man sehe das nicht so eng dort. Wenn ich fest versprechen würde, daß ich morgen käme, würde er jetzt sofort dem Personalchef Bescheid sagen. Ich versprach es fest.

Punkt zehn war ich da. Der Personalchef kam um viertel vor elf. Er war erfreut, daß ich auf ihn wartete.

Meine Aufgabe bestehe darin, die Konkurrenz zu beobachten, erklärte er. Ich war sehr gespannt. Der Personalchef brachte mich durch einen Hinterausgang in einen großen Raum, der zwei Etagen über den anderen Agenturräumen lag: »Das ist unsere Bibliothek.«

Der Raum war angefüllt mit Zeitungen und Zeitschriften. Der Agenturchef sagte, dies seien alles Publikationen der Pharmaindustrie und Werbeträger für den landwirtschaftlichen Verbraucher. Er erklärte, daß die Agentur einen bedeutenden Auftrag eines bedeutenden Pharmaunternehmens erhalten hätte, und deshalb müsse die Konkurrenz beobachtet werden. Meine Aufgabe sei: all diese Zeitschriften und Zeitungen durchsehen, alle Anzeigen für Insektenvertilgungsmittel herausschneiden, dann auf ein Blatt kleben und dazu den Werbeträger und die Ausgabe schreiben.

Ich fragte, was die Werbeträger seien.

Der Personalchef erklärte, die Werbeträger seien die Zeitungen und Zeitschriften. »Wir Werbeleute nennen sie Werbeträger, weil sie Träger von Werbung sind – das, was außer Werbung publiziert wird, nennen wir Umfeld.« Um meine Unwissenheit auszubügeln, sagte ich dem Personalchef, daß ich bereits in einer Werbeagentur gearbeitet hätte.

»Aha«, sagte er sehr erfreut.

Deshalb sagte ich ihm nicht, daß ich damals nur Fotos archiviert und Dias gerahmt hatte, also nichts mit Konkurrenzbeobachtung zu tun gehabt hatte.

Jedes Blatt mit einer aufgeklebten Anzeige sollte ich dreimal kopieren. Dann fiel ihm was sehr Wichtiges ein: Ich dürfe erst dann eine Anzeige aus einem Werbeträger ausschneiden, nachdem ich kontrolliert hätte, ob nicht auch auf der Rückseite eine Anzeige sei. In diesem Fall müßte ich diese zuerst kopieren und ebenfalls in der besprochenen Weise bearbeiten.

Ich fragte, ob ich die Zeitschriften, wenn ich sie durchgesehen hatte, wegwerfen solle. Keinesfalls sollte ich das tun, es wären ja nicht nur Anzeigen für Insektenvertilgungsmittel in den Werbeträgern, die anderen Anzeigen würde man zu einem späteren Zeitpunkt vielleicht brauchen. Ich sollte die Werbeträger also wieder zurücklegen. Lediglich wenn auf einem Zeitungsblatt überhaupt keine Werbung sei, also nur Umfeld sei, in diesem Fall könne ich es wegwerfen. – Aber das käme sicher nicht oft vor.

Er zeigte mir dann noch, wo in der unteren Etage der Kaffeeautomat stand und der Fotokopierer, und ich fragte ihn, wo das Klo ist und wieviel Geld ich verdienen würde. Pro Stunde zwei Mark mehr, als ich erhofft hatte!

Um sechs Uhr war Feierabend. Bis zwanzig vor sechs hatte ich 145 Anzeigen aufgeklebt, sechs Tassen Kaffee am Automaten geholt und mit keinem Menschen gesprochen. Die einzige Person, der ich begegnete, war die Sekretärin, die beim Fotokopierer saß. Dreimal war ich mit einem Stapel Werbeträger zum Kopieren gekommen, jedesmal telefonierte sie und sagte zu mir nur kurz: »Ich bin total gestreßt.«

Zehn vor sechs kam der Personalchef die Treppe hoch, ich hörte ihn von weitem und schnitt routiniert eine Anzeige für ein Pestizid gegen Bohnenspinnmilben aus. Er ließ sich zeigen, was ich gemacht hatte, und war begeistert. »Sehr fleißig«, sagte er. Und: »Wunderbar, machen Sie so weiter.« Und ich sei viel fleißiger als der Theologiestudent, den sie in den letzten Semesterferien mit einer ähnlichen Aufgabe betraut hätten. Ich war sehr stolz. Der Personalchef sagte, er hätte es schon immer gesagt, Konkurrenzbeobachtung sei ein echter Frauenjob. Ich fragte ihn, ob ich die Anzeigen nach Insekten ordnen sollte. Nein, das wäre absurd, sagte der Personalchef, sie müßten nach Werbeträgern geordnet werden, man müsse wissen, wie viele Anzeigen die Konkurrenz in den diversen hochspezialisierten Werbeträgern geschaltet hätte. Ich solle nach den Jahrgängen der Werbeträger ordnen.

Wie lange ich noch Ferien hätte, fragte er. Ich könnte noch mindestens vier Wochen lang die Konkurrenz beobachten, es gebe sehr viel aufzuarbeiten. Und morgens und abends solle ich mich bei der Sekretärin am Fotokopierer melden, die würde meine Anwesenheit registrieren, und ich bekäme auch eine dreiviertel Stunde Pause bezahlt, und Kaffeetrinken könnte ich sowieso nebenher.

Es war ein leichter Job. Allerdings begann es mich am Dienstag überall zu jucken. Ich befürchtete, Schildläuse hätten mich befallen oder die höchst gefährlichen Spinnmilben, die offenbar überall auftauchen. Abends im Café Kaputt sah ich eine Blattlauszehrwespe an der Wand. Und in der Ecke einen Borkenkäfer.

Es war aber auch ein sehr einsamer Job. Jürgen kam nur einmal kurz vorbei, sagte, daß ich es ja sehr gemütlich hätte und er sei wahnsinnig im Streß, und wie gern er mit mir tauschen würde. Dann sah ich nichts mehr von ihm.

In den ersten Tagen war ich erstaunt, welche Unzahl höchst gefährlicher Insekten die Landwirtschaft bedrohen. Als ich alle Schädlinge, inklusive parasitärer Bakterien, kannte, merkte ich, daß es bedeutend mehr Schädlingsbekämpfungsmittel gab als Schädlinge. Pro Schädling ein Dutzend Produkte zu seiner Ausrottung.

Ansonsten dachte ich darüber nach, ob ich mir den pinkrosa Satinrock in der Boutique gegenüber der Agentur kaufen sollte. Er war gar nicht teuer. Andererseits war die Frage, ob dieser Rock vielleicht etwas zu elegant wirken würde? Ob er zum Beispiel Gottfried Schachtschnabel gefallen würde? Albert würde der Rock gefallen, da war ich sicher. Aber Albert interessierte mich so wenig wie eine Hopfenspinnmilbe. Er hatte seit Ostermontag, schon seit zehn Tagen, nichts von sich hören lassen, und im Café Kaputt war er auch nie aufgetaucht. Er wußte nicht einmal, daß ich hier Insektenvertilgungsmittel auswendig lernte, dabei war ich in dieser Woche zweimal den ganzen Abend zu Hause geblieben, um zu sehen, ob er mich anrufen würde. Er hatte noch mein Bügeleisen. Vielleicht hatte er doch eine Neue? Mir konnte es im Grunde genommen nur recht sein: In drei Wochen begann wieder das Seminar bei Gottfried Schachtschnabel, und dann würde ich vermutlich für Albert nie mehr Zeit haben. »Wer sich nicht wehrt, lebt verkehrt!« war der Werbespruch einer Anzeige gegen die perfide Mehlige Kohlblattlaus. Genau. Das war auch mein Motto.

Am Freitagnachmittag fragte ich die Sekretärin zwischen zwei ihrer Telefonate, ob ich mein Geld wöchentlich bekommen könnte. Ich solle den Personalchef selbst fragen, sie sei total im Streß. »Ach, Sie gibt es ja auch noch«, sagte der Personalchef. Er ging dann mit in meine Bibliothek, ich zeigte ihm, daß ich schon fast ein Drittel der Werbeträger durchgearbeitet hatte, er lobte seinen guten Riecher als Personalchef, mich »fleißiges Fräulein« eingestellt zu haben. Ich bekam einen Vorschuß, die genaue Abrechnung würde ich bekommen, wenn ich aufhören würde, das war mir recht. Weil Freitag war, meldete ich mich schon um fünf ab und kaufte mir den pinkfarbenen Satinrock.

27. Kapitel

Erst am Samstagabend rief ich Albert an. Als er den Hörer abnahm, drehte ich weiter an der Wählscheibe herum. Das hört sich an wie eine Störung.

»Auerbach, hallo, hallo«, sagte Albert. Ich wählte noch ein bißchen. »Hallo, hallo, hallo«, sagte Albert. Dann wartete ich, bis er auflegte. Er war auf meinen Trick hereingefallen, gut, daß ich ihm nie erzählt habe, wie ich eine falsche Verbindung inszenieren kann. »Eine Frau muß nicht nur ihre Geheimnisse haben, sondern sie auch für sich behalten«, sagt meine Mutter. Nun wußte ich: Albert saß also auch samstagsabends allein zu Hause. Hätte er eine Neue, wäre er unterwegs. Da war ich sicher.

Am Sonntagnachmittag um fünf rief Albert mich an.

»Ach, du bist es«, sagte ich.

»Was machst du heute abend?« fragte er.

»Weiß ich noch nicht genau.«

»Was hältst du davon, mit einem alten Kumpel ein paar Stündchen zu verplaudern? Selbstverständlich völlig unverbindlich für dich.«

»Und für dich? Auch völlig unverbindlich?«

»Selbstverständlich. Wohin wollen wir gehen?«

Ich trug meinen pinkfarbenen Satinrock und sah hinreißend aus. Wir gingen in eines der besseren Lokale, in ein Restaurant. Weil es jetzt etwas Besonderes war, wenn wir zusammen weggingen. Außerdem ist die Gefahr eines Krachs geringer in gepflegter Atmosphäre – man traut sich dort nicht so mit Tellern zu werfen, den Tisch umzukippen, auf jeden Fall dämpft die gedämpfte Stimmung der besseren Restaurants automatisch die Stimme.

Je länger man sich nicht sieht, desto mehr hat man sich zu

erzählen. Albert hatte keine Ahnung von Insekten. Ich informierte ihn über die San José-Schildlaus und das Spargelhähnchen, ein auf Spargelspitzen spezialisiertes Insekt. Er erzählte mir einen Film, den er gesehen hatte, der mir auch gefallen hätte. Außerdem erzählte er, daß seine alte Kaffeemaschine endgültig hinüber war. Und er hatte sich eine Lederjacke gekauft, mittelblau, er hatte mich angerufen wegen der gewagten Farbe, aber ich war nicht da gewesen. Sein Marmorküchentisch hatte Rotweinflecken, ich riet ihm, es mit Salzlauge zu versuchen. Sein Chef hatte sich endlich lobend über seine Fähigkeiten geäußert, noch dazu in Anwesenheit des verhaßten Oberarztes, sehr erfreulich.

Wie witzig er erzählt, dachte ich, als er über den Oberarzt schimpfte.

»Und jetzt?« sagte er nach dem endgültig letzten Glas Wein.

»Und jetzt?« wiederholte ich.

»Du kannst ja mitkommen zu mir«, sagte er, »da können wir gleich ausprobieren, ob die Rotweinflecken mit Salzlauge herausgehen.«

»Also gut.«

Albert bezahlte für mich.

Die Flecken gingen nicht raus, aber es wurde eine rauschende Nacht. Die Nacht der Wunder. Ich hatte nichts mehr zu verlieren. Konnte unbedacht alles fordern. Den totalen Orgasmus. Ich vergaß die Idee, daß er mir zeigen wollte, was er anderswo in der Zwischenzeit gelernt hatte. Wir liebten uns außer Konkurrenz. Ich kannte ihn besser als alle anderen Frauen. Er kannte mich besser als alle anderen Männer. Wir kannten uns besser als irgend jemand sonst.

»Na, mein altes Herzblatt«, sagte er.

»Na, mein altes Schätzchen«, sagte ich.

Wir kannten unsere erogenen Zonen schon längst, sie waren ohnehin identisch mit den in den Illustrierten aufgelisteten erogenen Zonen, aber wir kannten auch schon lange die Tabugrenzen des anderen. Jetzt, nachdem wir uns getrennt hatten, war der Krieg um diese Grenzen beendet. Daß er dies nicht wollte und ich jenes nicht, war jetzt nicht mehr ein Zeichen fehlerhafter Liebe, unsere Abneigungen waren wieder unser persönliches Kennzeichen geworden. Bemüht, die

Wünsche des anderen zu respektieren, konnten wir uns nun das Überschreiten der eigenen Tabus gegenseitig zum Geschenk machen. Jetzt hatten wir das Ziel erreicht: Vollkommene Hingabe, ohne uns selbst zu verletzen. Wir hatten den Preis bezahlt.

»Du brauchst jetzt noch nicht aufzustehen«, sagte Albert am nächsten Morgen, »hier hast du den Schlüssel für die Wohnung. Also tschüs.« Ein Kuß zum Abschied: »Mach's gut.« An der Tür drehte er sich noch mal um: »Schließ bitte die Tür zweimal ab. Und wirf den Schlüssel unten in den Briefkasten.«

Ich tat, als ob ich schon wieder eingeschlafen sei. Als ich ging, warf ich den Schlüssel in den Briefkasten.

28. Kapitel

Wegen meines Make-ups mußte ich von Alberts Wohnung zu mir fahren und kam deshalb erst gegen Mittag in die Agentur. Die Sekretärin sagte nur ins Telefon: »Bin total im Streß.«

An diesem Tag lernte ich die Gefährlichkeit des Borkenkäfers kennen. Ich arbeitete zwei Jahrgänge eines auf Schädlinge des Waldes spezialisierten Reklameblattes durch. Gegen Abend wunderte ich mich, daß in dieser Zeitschrift nur Anzeigen eines einzigen Pharmakonzerns abgedruckt waren, dann merkte ich, daß ich siebenundneunzigmal ›Bayerischer Waldbote‹ statt ›Bayer'scher Waldbote‹ als Werbeträgerangabe auf meine Zettel geschrieben hatte. Ich versteckte die Zettel, ehe ich nach Hause ging. Nachts machte ich mir Vorwürfe, daß ich diesen ausgeklügelten Werbetrick nicht bemerkt hatte, obwohl ich den Schriftzug stundenlang vor Augen gehabt hatte! Mein Unterbewußtsein, das, wie jedes Kleinkind weiß, für die Wahrnehmung von Werbung zuständig ist, hatte total gepennt. Dienstag riß ich vorsichtig die 97 Anzeigen von den Zetteln, auf die ich ›Bayerischer Waldbote‹ geschrieben hatte, und schrieb auf 97 neue Zettel ›Bayer'scher Waldbote‹, damit niemand in der Agentur merken konnte, daß ich gegen Werbung so resistent war wie ein Borkenkäfer gegen das Pestizid vom letzten Jahr.

Das Umkleben und Umschreiben der Zettel war einfach.

Ich konnte mich voll auf meine Gedanken über Albert konzentrieren. Die vergangene Nacht war ein entscheidender Schritt hin zu einer harmonischen Trennung gewesen. Mein Problem stellte sich nun so dar: Eigentlich war ich keine verlassene Frau. Ich hatte lediglich keinen neuen Mann an meiner Seite. Albert würde nicht so schnell von mir loskommen. Eigentlich könnten wir unsere Beziehung auf dem erreichten Niveau fortsetzen... Albert konnte keine Besitzansprüche mehr an mich stellen, müßte sich nun aber mehr Mühe geben, mir zu gefallen, um mich nicht ganz zu verlieren. Es mußte ihm klar sein, daß er nichts Besseres als mich finden würde. »Die Marke, die für Qualität bürgt« – das war ich. »Aus Erfahrung optimal« – das war ich. Abends rief ich Sieglinde an und erwähnte beiläufig, daß ich am Wochenende mit Albert unterwegs gewesen war. Sie fiel prompt darauf rein und fragte, wo wir gewesen seien. »Na, bei ihm in der Wohnung«, sagte ich und lachte herzlich.

Am Samstag rief Julia an. Sie hätte Lust und endlich mal Zeit, abends ins Café Kaputt zu gehen. Eigentlich war ich mit Albert verabredet, ergriff aber gerne die Gelegenheit, ihm wieder abzusagen. Ich sagte ihm, ich hätte es mir anders überlegt, es sei besser, wenn wir uns dieses Wochenende nicht schon wieder sehen würden. Nichts fördert bekanntlich mehr die Harmonie als Distanz. Es sei ihm gerade recht, sagte Albert.

Julia sah ziemlich verändert aus: Sie hatte ihre mausbraunen Haare leicht mahagonirot getönt – nicht sehr stark, aber immerhin. Außerdem trug sie nicht wie sonst Klamotten in undefinierbaren Erdfarben, sondern einen Pulli, der richtig zitronengelb war. Sie hatte auch neue Designer-Jeans. Sie wirkte rundum erneuert und gar nicht mehr mausig. Da ich Julia in den vergangenen zwei Wochen dreimal angerufen hatte, wußte sie bereits gut über Rebläuse, Apfelläuse, Wollschildläuse und sonstige Läuse Bescheid. Wir sprachen deshalb gleich über Albert.

Julia begrüßte die Entwicklung zur harmonischen Trennung zwischen Albert und mir sehr. »Das Kapitel Gottfried ist damit abgeschlossen«, sagte sie und lachte.

Ich lachte auch: »Nein, aufgeschoben ist nicht aufgehoben. In anderthalb Wochen geht das Semester wieder los. Wer weiß, was passiert!«

»Du bist hartnäckig.«

»»Beharrlichkeit führt zum Ziel‹ – hat meine Mutter immer gesagt.«

»»Hoffen und Harren hält manchen zum Narren‹ – hat meine immer gesagt.«

»Man kann nie wissen«, sagte ich.

»Man kann nie wissen«, sagte Julia.

Wir tranken einen Wein auf meine nahe Zukunft. Dann tranken wir noch einen Wein auf Julias nahe Zukunft. Sie erzählte nämlich, daß sie am 10. Mai Geburtstag habe, und am Samstag, dem 11. Mai, wollte sie ein Fest machen. Zweiunddreißig wurde sie schon! Aber sie hatte ja bereits die Ehe hinter sich. Ich solle unbedingt Albert zum Fest mitbringen, sagte Julia. – Einerseits hätte ich Albert durchaus gerne Julia vorgeführt – andererseits: vielleicht würde es auf dem Fest einen interessanten Psychologen für mich geben? Ich sagte Julia aber nichts von diesen Überlegungen, sondern daß ich nicht wüßte, ob Albert Zeit hätte.

»Vielleicht hab ich auf dem Fest eine Überraschung für dich«, sagte Julia.

»Gibt es deine wunderbare Eierlikörtorte?«

»Du darfst gespannt sein.«

In der folgenden Woche rief eines Abends Dörte an, die ehemalige Freundin von Albert. Sie wußte noch nicht, daß Albert hatte ausziehen müssen. Sie fragte, was ich jetzt so mache.

Wenn Dörte fragte, was ich jetzt mache, so hieß das im Klartext, ob ich einen neuen Typen hätte. Dörte ist die typische Krankenschwester: gleich nachdem sich Albert von ihr getrennt hatte (meinetwegen von ihr getrennt hatte!), heiratete sie einen anderen Arzt. Einen Oberarzt sogar. Deshalb hat sie Albert verziehen. Seit sie verheiratet war, rief sie ihn ab und zu an, um von neuen Investitionen ihrer ehelichen Gemeinschaft zu berichten.

Ich sagte Dörte, daß auch ich mich sozial nach oben orientiert hätte.

»Ein Chefarzt?« fragte sie neidisch.

»Ich darf keinen Namen nennen, es handelt sich um eine Person des öffentlich-rechtlichen Lebens.« – Das hatte ich mal jemand sagen hören, und es hatte mich tief beeindruckt.

Dörte war ebenfalls tief beeindruckt. Ich gab Dörte die neue Telefonnummer von Albert. Erstens hatte ich es nicht nötig, eifersüchtig zu sein, zweitens war Dörte sowieso verheiratet, und drittens war zu vermuten, daß sie Albert weitererzählen würde, was ich ihr erzählt hatte. Ich blieb dann den ganzen Abend zu Hause, weil ich dachte, daß Albert mich zurückrufen würde. Tat er aber nicht. Nun, ich hatte Zeit.

In der dritten Woche meiner Konkurrenzbeobachtung nahm ich meinen Hegel mit in die Agentur. Ich war immer noch nicht dazu gekommen, theoretisch an meinem Film weiterzuarbeiten. Es war höchste Zeit, ich mußte mich auf das Wiedersehen mit Gottfried vorbereiten. Ohnehin bot mein Job die idealen Bedingungen für ein intensives Hegel-Studium. Schließlich saß ich den ganzen Tag alleine da, und falls jemand kommen würde, würde ich das rechtzeitig genug hören, um das Buch wegzuräumen. Es kam aber niemand. Mechanisch schnitt ich die Anzeigen aus und blätterte dabei in der »Phänomenologie des Geistes«. Auf Seite 202 fand ich ein wahnsinniges Zitat:

»Das Tiefe, das der Geist von innen heraus, aber nur bis in sein vorstellendes Bewußtsein treibt und es in diesem stehen läßt – und die Unwissenheit dieses Bewußtseins, was das ist, was es sagt, ist dieselbe Verknüpfung des Hohen und Niedrigen, welche an dem Lebendigen die Natur in der Verknüpfung des Organs seiner höchsten Vollendung, des Organs der Zeugung, – und des Organs des Pissens naiv ausdrückt. – Das unendliche Urteil als unendliches wäre die Vollendung des sich selbst erfassenden Lebens, das in der Vorstellung bleibende Bewußtsein desselben aber verhält sich als Pissen.«

Wer hätte das gedacht von Hegel! »Pissen« schrieb Hegel! Ich suchte weiter, fand aber keine solche Stelle mehr. Aber die genügte mir. Ich mußte Gottfried unbedingt die Stelle zeigen und ihn fragen, was das bedeutete.

29. Kapitel

Die Stunden krochen dahin wie die Salatschnecken. Endlich war Freitag. Ich zeigte dem Personalchef, daß ich fast sämtliche Zeitschriften zerschnitten hatte. Händeringend fragte er mich, ob ich, bitte, noch den Rest bearbeiten könnte. Das neue Semester begann zwar am Montag, aber in der ersten Woche ist bekanntermaßen nie was los. Nur am Mittwoch war das Seminar bei Gottfried. Ich sagte also, daß ich am Montag wiederkommen würde, um bis zum letzten Schädling weiterzuarbeiten. Der Personalchef war sehr dankbar.

Am Sonntagvormittag brachte Albert mein Bügeleisen zurück. Ich brauchte es dringend, weil ich meinen pinkfarbenen Satinrock bügeln mußte für Mittwoch. Wir gingen dann miteinander spazieren, weil das Wetter schön war. Albert holte sich an einer Eisdiele ein Eis und brachte mir keines mit. Er war geiziger denn je zuvor.

»Kauf dir selbst ein Eis, wenn du ein Eis willst.«

Ich sagte ihm, sogar wenn er 100 000 Mark auf seinem Konto hätte, wäre es ihm nicht genug. Bei den Worten »100 000 Mark« schluckte Albert. Ich sah die Habgier in seinen Augen aufblitzen. Es war ein Glanz, der nie verlöschen würde.

Wir trennten uns nicht harmonisch. Ich ging alleine weiter spazieren. Was Hegel über das ›Unglückliche Bewußtsein‹ schrieb, traf bestimmt genau auf Albert zu. Das Kapitel mußte ich unbedingt als nächstes lesen.

»Macht kaputt, was euch kaputt macht« war der Slogan für ein todsicheres Mittel gegen den Roten Mehltau. Es war die letzte Anzeige, die ich aufklebte, und es war Mittwoch, genau 13 Uhr 47 Minuten. Ich bekam mehr Geld ausbezahlt, als ich erhofft hatte. – Die Sekretärin hatte die Stunden, die ich Montag vor zwei Wochen zu spät gekommen war, nicht abgezogen, beziehungsweise hatte sie überhaupt keine Stunden eingetragen, weil sie so im Streß gewesen sei, sagte sie zum Personalchef, und ich sei immer um 10 Uhr gekommen und um 18 Uhr gegangen. Ich widersprach nicht. Der Personalchef sagte, ich sei eine Naturbegabung für Konkurrenzbeobachtungen, gab mir zum Abschied einen Klaps auf den Po und sagte, er würde bei Gelegenheit gerne auf mich zurückgreifen.

Ich raste los und kaufte mir bei ›Glück auf Pumps‹ die goldenen Stilettos, Absatzhöhe 11,3 cm zu 159 Mark! Ich raste nach Hause: In zwei Stunden begann Gottfrieds Seminar.

30. Kapitel

Ich betrat den Seminarraum, als sei ich auf 11,3 cm hohen Stilettos zu 159 Mark geboren. Ich senkte meine siebenfach getuschten Wimpern und sagte zu Gottfried Schachtschnabel, der mich erfreut ansah: »Ach, hallo.«

Dann ließ ich meine Jeansjacke von den Schultern gleiten, gab den Blick auf mein schwarzes Top frei und setzte mich mit meinem Satinrock in die letzte Reihe. Während ich meinen Hegel auf den Tisch legte, lächelte ich verführerisch. Ich überlegte, ob ich statt »Ach, hallo« vielleicht besser hätte sagen sollen »Ach, hallo Gottfried« – das hätte meiner Begrüßung gewiß eine persönlichere Note gegeben, wäre jedoch vielleicht eine Spur zu plump gewesen. Distanz ist besser, entschied ich und hörte auf, verführerisch zu lächeln.

Wie allgemein erwartet, war in der ersten Semesterwoche nichts los. Nach einer halben Stunde waren nur drei Studenten und zwei andere Frauen in handgestrickten Baumwollpullis da. Ich kannte nur einen der Typen, und den auch nur vom Sehen. Gottfried fragte, wer ein Referat machen wolle über ein Kapitel aus der ›Einführung in eine wahre Geschichte des Kinos‹ von Godard. Es seien dafür 22 Seiten zu lesen. Einer der Typen erklärte sich bereit, er stellte nur die Bedingung, daß Gottfried ihm die Seiten aus dem Buch herauskopiert. Nachdem das erledigt war, meinte Gottfried, daß es besser sei, die weitere Strukturierung des Seminars auf nächste Woche zu vertagen. Und er würde auch sein Freitag-Seminar vertagen, da die Studenten gewiß erst nächste Woche eintrudeln würden. »Jedenfalls die Durchschnittsstudenten«, sagte er und sah mich an. Ich lächelte bescheiden.

»Also dann bis nächste Woche«, sagte Gottfried. Ich erhob mich langsam. Ich stopfte meinen Hegel in die Brusttasche meiner Jeansjacke. Die anderen Studenten waren schon weg. Nur noch Gottfried und ich waren im Seminarraum. Gottfried knipste das Licht aus. Es war Mai und noch ziemlich hell. Er wartete an der Tür auf mich. Ich konnte seine Augen sehen.

»Du Constanze«, sagte er, »Constanze, soll ich dich nach Hause fahren?«

Ich strich meinen pinkfarbenen Satinrock glatt, strich mit meinen pinkfarbenen Fingernägeln erst über meinen Nacken, dann durch mein Ava-Gardner-farbenes Haar und sagte: »Du Gottfried«, ich machte eine kleine Pause, »ich bin mit meinem eigenen Wagen da.«

»Ach«, sagte er. Und dann sagte er nichts mehr.

»Bis demnächst«, sagte ich und ging, ohne umzuknicken, zu meinem Mini-Fiat. Meine goldenen Stilettos blitzten in der Abendsonne.

Nachher tat es mir dann leid – es war zwar ein toller Auftritt gewesen, aber Gottfried war ja so sensibel. Andererseits: ich konnte es mir leisten, Gottfried warten zu lassen. Erstens hatte ich noch Albert. Zweitens hatte meine Mutter immer gesagt, daß nichts der Erotik förderlicher sei, als Männer warten zu lassen: »Wer nicht mehr wartet, liebt nicht mehr«. Gottfried wartete noch. Er hatte mir nachgestarrt wie eine todgeweihte San-José-Schildlaus.

31. Kapitel

Eine Oldies-but-Goldies-Platte kaufte ich für Julia. Das paßte zum zweiunddreißigsten Geburtstag, fand ich. Ungefähr um acht sollte man kommen, hatte Julia gesagt. Mein Angebot, ihr beim Kartoffelsalat, Nudelsalat, Heringssalat zu helfen, hatte sie dankend abgelehnt. Es kämen nur acht bis zehn Leute, das sei alles wenig Arbeit. Albert hatte nicht mitkommen wollen, er weigerte sich einfach; und Julias Nachbarin Birgit war auch verhindert, sie mußte auf das Baby ihrer Schwester aufpassen.

Ich kam ungefähr um neun. »Rat mal, wer auch gekommen ist?« begrüßte mich Julia.

»Karl-Heinz?«

»Der sowieso.«

»Christian? Gerd? Ingo? Werner? Alfred? Sonst jemand aus dem Café Kaputt?«

Julia schüttelte den Kopf.

»Ist etwa Albert doch gekommen?«

»Nein.« Julia grinste: »Gottfried.«

»Gottfried? Welcher Gottfried?«

»Gottfried Schachtschnabel.«

»Gottfried Schachtschnabel? Gottfried Schachtschnabel! Wie kommt denn der her? Hast du ihn eingeladen? Also ehrlich, das hätte ich nie gedacht. Das finde ich wahnsinnig lieb von dir.« Aus spontaner Herzlichkeit fiel ich Julia um den Hals.

»Ach, ich hab dich ja so wahnsinnig lieb«, sagte ich – genauso wie es die Frauen sagen, die gelernt haben, ihre Emotionalität auszuleben! –, nur war meine Stimme etwas rauh und nicht ganz so glockenhell, wie es die Stimmen der Frauen sind, die gelernt haben, ihre Emotionalität auszuleben. Aber ich wußte, Julia würde mir trotzdem glauben.

»Keine Ursache«, sagte Julia bescheiden.

»Warum hast du mir das vorher nicht gesagt? Ich hätte etwas anderes angezogen, wenn ich gewußt hätte, daß Gottfried Schachtschnabel kommt. Wie hast du ihn überhaupt eingeladen? Hast du ihn irgendwo getroffen?«

»Erzähl ich dir später detailliert.«

Ich war wirklich wahnsinnig glücklich, daß wir Frauen so solidarisch sind, und als mir einfiel, daß ich meinen pinkfarbenen Satinrock ohnehin schon am Mittwoch angehabt hatte, fand ich es sogar toll, daß Julia mir Gottfried Schachtschnabel als Überraschung präsentierte.

In Julias Wohnzimmer war niemand, weil da die Stereoanlage lief. Gottfried saß zusammen mit Karl-Heinz, Julias Sandkasten-Busenfreund, auf Julias Bett. Ich war ziemlich verlegen, als ich ihn sah, er war ziemlich verlegen, als er mich sah.

»Lange nicht mehr gesehen«, sagte Gottfried zu mir. Wie witzig er war. Erst gestern hatten wir miteinander geredet! Obwohl sein Seminar ausfiel, war ich im Institut gewesen, weil ich gehofft hatte, daß er trotzdem da sein würde. Kaum hatte ich zehn Minuten neben der Tür des Dozentenraums gestanden und die Aushänge und Seminarankündigungen dort am schwarzen Brett gelesen, da kam er auch schon den Flur entlang. Ich hatte ihn gefragt, ob das Broadway-Musical den Anspruch erheben könne, als Gesamtkunstwerk bewertet zu werden – vorausgesetzt natürlich, es wäre so konzipiert, daß die herrschenden Verhältnisse adäquat widergespiegelt würden? Gottfried hatte gesagt, das sei eine sehr gute Frage, nur wolle er darauf keine pauschalisierende Antwort geben, und wir sollten unbedingt im nächsten Seminar darüber diskutieren.

»Was willst du trinken, Constanze?« fragte er mich jetzt. Süß, wie er sich für mich als Hausherr aufspielte. Ich strahlte Julia an. »Wie kommst denn du hierher?« fragte ich Gottfried.

»Ach, man hat mich freundlicherweise auch eingeladen.« Er blinzelte Julia zu. Es war wirklich toll, daß er gekommen war.

»Ist er nicht süß?« flüsterte ich Julia gerade ins Ohr, als ich merkte, daß Gottfried direkt neben ihr stand. Ich wurde ganz rot, hoffentlich hatte er es nicht gehört, das wäre aus strategischen Gründen schlecht gewesen. Es war aus strategischen Gründen auch besser, ihn eine Weile allein herumstehen zu lassen. Also ging ich in die Küche.

Am Küchentisch saßen alle anderen Gäste. Drei Kollegen von Julia, die zwischen den Salatschüsseln Skat spielten, und vier Kolleginnen, die strickten und rauchten. »Wahnsinnig gemütlich«, sagte eine Frau gerade, als ich reinkam. Ich sagte auch, wie toll ich das Fest fände, es redete aber niemand mit mir, jedenfalls nicht direkt: »Macht die Tür zu«, sagte einer der Männer, »bei dem Musikkrach kann kein Mensch Skat spielen.« Also machte ich die Tür zu, aß etwas Kartoffelsalat und zwei Buletten, rauchte zwei Zigaretten, ehe ich wieder ins Schlafzimmer von Julia zurückging.

Karl-Heinz hatte Gottfried in Beschlag genommen. Karl-Heinz hockte im Schneidersitz vor Julias Bett. Gottfried lag absolut lässig auf Julias Bett. Mir zitterten fast die Knie. Ich setzte mich neben Karl-Heinz vors Bett, auch im Schneidersitz.

»Du hast es gut«, sagte Karl-Heinz zu Gottfried, »als Dozent liegen dir die Studentinnen zu Füßen.«

Ich ärgerte mich sinnlos über diese plumpe Anspielung von Karl-Heinz.

»Was soll ich mit diesen blöden Hühnern?« sagte Gottfried, schnitt mir eine Grimasse und sagte: »Du bist davon natürlich ausgenommen.«

Wie witzig er war. Ich kicherte.

»Und außerdem«, sagte Gottfried wieder zu Karl-Heinz, »ich bin doch nicht bescheuert und laß mich mit einer Studentin ein! Mensch du, wenn das rauskommt, da drehen die mir einen Strick draus. Du weißt, ich hab nur einen befristeten Vertrag. Bis ich eine feste Stelle habe, ist totale Anpassung angesagt.« Gottfried sah mich wieder an und grinste wieder: »Ich verlasse mich natürlich darauf, Constanze, daß du das alles nicht gehört hast. Ich kann es mir weiß Gott nicht leisten, daß rumgetratscht wird, Constanze.«

»Klar«, sagte ich und bemühte mich, ernst zu bleiben.

»Platz da, Dicker«, sagte Julia zu Gottfried und setzte sich direkt neben ihn aufs Bett. Es war zu komisch.

»Du hast Dicker zu Gottfried gesagt«, flüsterte ich Julia zu.

»So was, Dicker«, sagte Julia, »hab ich aus Versehen Gottfried zu dir gesagt?«

Julia war wohl ziemlich betrunken. Ich platzte vor Lachen.

In dem Moment kam aus der Küche ein Wahnsinnsschrei, und dann kam eine der strickenden Raucherinnen und schrie: »Hilfe! Mein Mann hat meine Wolle in den Heringssalat geschmissen!«

Julia und ich lachten uns schlapp.

Ich ging dann wieder in die Küche, um nicht dauernd lachen zu müssen. Meine Wimperntusche war schon völlig verschmiert. Karl-Heinz trottete hinter mir her. »Bist du nun endgültig eine alleinstehende Frau?« fragte er, »Julia hat mir erzählt, daß dein Freund weg ist.«

Jetzt fing dieser Typ tatsächlich mit Albert an! Albert, den hatte ich längst vergessen. Das sagte ich Karl-Heinz auch. Dann sagte ich noch: »Andere Väter haben auch schöne Söhne.« Ich mußte wieder lachen. Karl-Heinz blickte überhaupt nicht durch. Er starrte so blöde in die Gegend, daß er mir fast leid tat.

»Wie alt bist du eigentlich?« fragte ich ihn, um eine Unterhaltung vorzutäuschen.

»Rat mal«, sagte er.

»Siebenundzwanzig«, sagte ich sofort.

Er guckte geschmeichelt. Glaubte er etwa im Ernst, ein sehender Mensch könnte ihn, diesen Tattergreis mit dem Dreifachkinn und den Hängebäckchen und dem Hängebauch, für siebenundzwanzig halten? Karl-Heinz lächelte: »Na, ein klein bißchen älter bin ich schon.«

»Wenn mir ein Mann sagt, ich soll raten, wie alt er ist, sage ich grundsätzlich bei jedem siebenundzwanzig.« – Hatte er die Frechheit nun kapiert oder immer noch nicht? Nein, er hatte nicht kapiert. »Also, rat noch mal«, verlangte er.

»Achtundvierzig«, sagte ich – das sage ich immer, wenn ich das zweite Mal raten soll.

Er glotzte beleidigt. Dann sagte er: »Du machst so einen gefrusteten Eindruck, hast ja auch schon ganz schöne Falten um den Mund rum.«

Aha, jetzt hatte er die Frechheit also kapiert, dann reagieren diese Knaben immer so.

»Und wie alt bist du echt?« fragte ich versöhnlich.

»Ich bin sogenannter Doppel-Twen«, sagte er.

»Wie wärs mit Vierfach-Teeny?« sagte ich und lachte.

Karl-Heinz lachte aber nicht, er ließ mich einfach stehen. Ha ha ha ha, dem hatte ich es gegeben.

Ich ging dann ins Bad-Klo und probierte ein bißchen von Julias Parfüm, weil ich mein eigenes vergessen hatte – ich hatte ja nicht gewußt, wer mich hier erwarten würde. Im Wohnzimmer machte ich die Stereoanlage ein bißchen lauter, damit man sie im Nebenzimmer noch besser hören konnte, und legte die Oldies-but-Goldies-Platte auf, die ich Julia mitgebracht hatte. Es war eines meiner alten Lieblingslieder drauf: ›Cupid‹ von den ›Everly-Brothers‹. Deshalb hatte ich die Platte auch gekauft.

> »…Cupid! Draw back your bow
> Cupid! Let your arrow flow
> straight to my lover's heart for meeee…«

So ging es los. Sehr passend. Gottfried lag noch immer auf dem Bett, Julia hockte jetzt auf der Bettkante. »Du riechst aber gut«, sagte Gottfried sofort, als ich hereinkam, »lecker.«

Ich mußte schon wieder kichern. Dann fragte ich ihn: »Sag mal, bist du mit dem Auto hier?«

»Ja klar«, sagte er.

Die Zeit war gekommen.

»Du fährst doch auch meine Strecke«, sagte ich. Ich wußte natürlich, daß das ein knallharter Aufriß war, aber was soll's, dachte ich. Männer mögen es bekanntlich nicht, wenn Frauen so direkt vorgehen. Aber morgen könnte ich ja behaupten, ich sei nur so forsch gewesen, weil ich so besoffen gewesen sei. Für mein Alibi trank ich gleich einen großen Schluck und sah Gottfried herausfordernd an – aber so, daß es die anderen nicht merken konnten. Es kam wieder der tolle Refrain:

> »Cupid! Draw back your bow
> and let your arrow flow
> straight to my lover's heart for me.
> I've loved you for a long time
> and now it's time to make you my baby
> make you my baby…«

»Ich glaube«, sagte Gottfried, »ich schlaf hier.«

Ach, wie witzig er war, dauernd brachte er mich zum Lachen. Ich kicherte zu Julia hin, und obwohl es so dunkel war, fiel mir doch auf, daß Julia knallrot geworden war.

Nun lachte Gottfried auch: »Na, Julischka«, sagte er zu Julia, »warum wirst du so verlegen?« Dann küßte er Julia einfach auf den Mund.

»Das verstehe ich nicht«, sagte ich, das heißt, ich hoffe immer noch, daß ich es nicht laut gesagt, sondern nur gedacht habe und dann gegangen bin, ohne was zu sagen.

Julia wollte, daß mich Karl-Heinz nach Hause bringt, sie sagte, ich wirke etwas angeschlagen. Im Grunde genommen wollte sie natürlich gleich uns alle aus dem Haus haben, um möglichst bald zusammen mit Gottfried…

Julia und Gottfried Schachtschnabel!

Es war nicht zu fassen!

Gab es denn keine Solidarität mehr unter Frauen?

32. Kapitel

Julia und Gottfried Schachtschnabel. Ich kann es nicht erklären, ich kann es nur ganz banal sagen: Ich war wie betäubt. Julia und Gottfried Schachtschnabel. Julia und Gottfried Schachtschnabel. Julia und Gottfried Schachtschnabel. Mehr dachte ich nicht.

Zwei Tage wartete ich darauf, daß Julia mich aufsuchen würde, um sich zu entschuldigen. Ich schwankte zwischen der Vorstellung, sie aus dem Haus zu weisen, wenn sie angekrochen käme, und der Möglichkeit, ihr zu verzeihen. Oder sollte ich so tun, als wäre überhaupt nichts geschehen? Das war auch eine Möglichkeit, denn ihre Affäre mit Gottfried Schachtschnabel – falls überhaupt was dran war – konnte nach menschlichem Ermessen nicht lange gutgehen.

Sie mußte sich ja wild ins Zeug gelegt haben. Es war blöde von mir gewesen, ihr Gottfried Schachtschnabel vorzustellen, ich hätte mir denken müssen, daß sie auf ihn abfahren würde, so einen tollen Mann traf sie nicht alle Tage. Schon gar nicht im Schuldienst. Aber was fand Gottfried an ihr?

Wahrscheinlich hatte sie Gottfried sexuell hörig gemacht. Ich hatte über solche Fälle schon gelesen. Ekelhaft. Der arme Gottfried tat mir sehr, sehr leid. Trotz allem, was er mir angetan hat.

Ich überlegte: Julia hatte doch absolut keine Ahnung von den romantischen Klischees des Broadway-Musicals! Sie wußte überhaupt nicht, was ein visuelles Superzeichen ist! Oder was ein Wasserglas in einem Fellini-Film bedeutet! Gut, Gottfried könnte ihr beibringen, daß ein Wasserglas in einem Fellini-Film keine symbolische Bedeutung hat, sondern ein Wasserglas als solches darstellt – aber das würde vermutlich Jahre dauern, bis sie das gerafft hätte. Bisher kannte sie nicht mal den Unterschied zwischen einer weichen Überblendung und einem harten Schnitt. Worüber wollte sie sich mit Gottfried, dem Intellektuellen, unterhalten? Hatte Julia jemals Hegel gelesen? Es war mir alles schleierhaft. Außerdem sah ich objektiv besser aus.

Nach zwei Tagen Warten rief ich Julia an. Wahrscheinlich schämte sie sich und hatte sich nicht getraut, sich bei mir zu melden.

Zuerst tat sie so, als sei überhaupt nichts. Ich auch. Dann sagte ich aber doch: »Wie geht es deinem Gottfried?«

»Unserem Gottfried geht es gut«, sie lachte blöde.

Ich überlegte, wie er das aushalten konnte, dieses blöde Gelache. »Du könntest mir wenigstens erklären, wie es kam, daß du den Gottfried eingeladen hast. Du hättest mir ja schließlich was davon sagen können!«

»Ach«, sagte sie, »das hat sich zufällig ergeben.«

»Du lügst.«

»Da hast du recht.« Sie lachte wieder blöde, und ich dachte, daß Leute, die über ihre eigenen Witze lachen, neurotisch sind.

»Hast du ihn gleich damals nach dem Vortrag abgeschleppt?«

»Ach Quatsch«, sagte sie, und nun bemühte sie sich, ernst und vertrauenswürdig zu sprechen: »Ich wollte es dir schon die ganze Zeit sagen, aber irgendwie war nie der richtige Zeitpunkt…«

»Seit wann kennt ihr euch schon?« – Fast hätte ich gefragt: »Seit wann betrügt ihr mich schon?«

»Erst seit Ostern.«

»Erst seit Ostern? Wo hast du ihn denn an Ostern aufgerissen?«

»In der Weißbierstube, rechts um die Ecke.«

»Gottfried wohnt doch in Lichterfelde.«

»Ja, aber er ist manchmal hier in der Gegend. Das weißt du doch. Seine Ex-Frau wohnt nämlich auch hier, in der Sonnenallee irgendwo.«

»Wie?«

»Ich war mit Karl-Heinz in der Weißbierstube was essen, und da kam er rein mit einer Frau. Dann hat er sich mit der Frau gestritten, und die Dame ist abgerauscht.«

»Über was haben die sich gestritten? Hat er dich zuerst erkannt oder du ihn? Was heißt Ex-Frau? Willst du mich verkohlen?«

Julia sagte, falls ich ihr erlauben würde, sich was zu trinken ans Telefon zu holen, dann würde sie sich aufrichtig bemühen wollen, sich an jedes »Ähh« und alle »Hmms« jenes Abends zu erinnern.

Was Julia dann erzählte, war überaus erstaunlich: Nachdem diese Frau, mit der Gottfried gekommen war, wütend abgerauscht war, hatte sich Gottfried zu Julia und Karl-Heinz gesetzt. Angeblich hatte Gottfried sich an Julia erinnert. Und die Frau, mit der Gottfried gekommen war, sei seine Ex-Ehefrau gewesen.

Ich konnte es eigentlich nicht glauben: »Ex-Ehefrau oder Ex-Frau?« fragte ich, »Gottfried Schachtschnabel war doch nie verheiratet!«

»Natürlich war er schon verheiratet. Der Mann ist sechsunddreißig. Was glaubst denn du?«

»Aber stand er nicht immer den bürgerlichen Institutionen sehr kritisch gegenüber?«

»Er hat wegen seiner Schwiegermutter geheiratet, hat er mir erzählt, die hätte seine Frau und ihn sonst enterbt.«

»Sind sie schon lange geschieden?«

»Die leben seit vier Jahren nicht mehr zusammen.«

»Ich wußte nicht, daß Gottfried Schachtschnabel Eheerfahrung hat!«

»Kinder haben sie keine.«

»Finde ich aber toll, daß er sich so um seine Ex-Ehefrau kümmert und noch mit ihr in die Kneipe geht nach der Scheidung«, sagte ich. »Die haben sich sicher auch sehr harmonisch getrennt.«

»Sie hat ihn wegen eines Kavaliers von der Baubehörde verlassen.«

»Ich wünschte, Albert hätte auch so viel charakterliche Größe«, dachte ich laut vor mich hin, »er hat mir nicht mal einen Strauß Rosen zum Abschied geschenkt.« – Dieser Stilbruch ärgerte mich immer noch.

Julia ging nicht darauf ein. »Das Problem ist, daß der von der Baubehörde, mit dem Gottfrieds Ex-Frau liiert ist, noch verheiratet ist und sich nicht scheiden lassen will, denn der hat mit seiner Ehefrau ein Haus gebaut. Und Inge, also die Ex-Frau von Gottfried, hat wohl häufig depressive Anfälle, weil sie mit ihrem Liebhaber nicht zusammenleben kann, solange der noch verheiratet ist.«

»Versteh ich nicht«, sagte ich, »sie kann doch so mit dem Typen von der Baubehörde zusammenleben. Liebe braucht doch keinen Trauschein. Ganz im Gegenteil, es ist ja bekannt, daß die bürgerlichen Institutionen die Antipoden der Romantik sind. Hat Gottfried ihr und dem Typen von der Baubehörde das nicht erklärt?«

Julia unterbrach mich: »Der neue Liebhaber von Gottfrieds Ex-Frau ist eben ein totaler Idiot. Gottfried sagt das auch. Gottfried kann einem schon unheimlich leid tun.«

Dann erzählte Julia, daß sie sich mit Gottfried viel über ihre beiden verpfuschten und unnötigen Ehen unterhalten hätte und daß es doch sehr verbindend sei, geschieden zu sein. Sie lachte wieder, und ich hatte das Gefühl, daß sie mit ihrer Eheerfahrung ziemlich angab.

»Und jetzt heiratest du Gottfried?« fragte ich ziemlich sauer.

»Keine Ahnung«, sagte sie, »da muß ich erst Gottfried fragen.« Dann lachte sie wieder dämlich und fragte: »Sag mal, bist du sauer?«.

Ich sagte ihr, daß ich überhaupt nicht sauer sei, nur unheimlich traurig, weil sie mich so angelogen hatte.

»Du weißt genau, wie froh ich bin, daß ich geschieden bin, und daß Gottfried mit dem bürgerlichen Ehe-Firlefanz nichts am Hut hat, brauche ich dir nicht zu erzählen. Es ist eben eine offene, spontane Beziehung ohne Besitzansprüche zwischen uns. Also nimm es nicht so tragisch.« Dann sagte sie noch: »Der Gottfried hat dich auch unheimlich gerne, ehrlich.«

Ich wurde wieder etwas milder gestimmt. »Weißt du, ich glaube, wir können trotz allem gute Freundinnen bleiben«, sagte ich. – Ich hatte schon so oft gelesen, daß es nicht nur edel sei, Verzicht zu leisten, sondern daß im Verzicht das wahre Glück liege. Ich prüfte meine Gefühle, nachdem ich diesen Satz gesagt hatte. Ich hatte einen vollkommenen Haß auf Julia. Irgendwie schien sie das zu merken.

»Es tut mir ja so leid«, sagte sie, »ich hoffe, du verzeihst mir. Ich wollte dich nicht kränken.«

»Schon gut.«

»Weißt du, es hat überhaupt nichts mit dir zu tun, daß der Gottfried mit mir…«

»Mit wem denn dann bitte?«

»Du bist doch emotional noch auf deinen Albert fixiert. Und von daher sowieso bindungsunfähig.«

Mir blieb fast die Luft weg.

»Gottfried Schachtschnabel war für dich nur die Idee einer

Notlösung«, fuhr Julia fort, »also stilisiere jetzt nicht aus ge-
kränkter Eitelkeit eine nebensächliche Affäre zur romantischen Liebe deines Lebens.«

Mir blieb die Luft weg. »Gekränkte Eitelkeit« – das war die
totale Frechheit.

»Das ist nur mein Rat als Psychologin«, sagte Julia arrogant.

»Und wann heiratet ihr?« fragte ich, als ich wieder Luft
bekam.

Julia lachte wieder ihr blödes Lachen. »Das sagen wir dir
nächste Woche, da treffen wir uns alle zusammen. Dann
bringst du endlich deinen Albert mit, der Gottfried hat ihn ja
schon kennengelernt, nur ich nicht. Also bis dann, alles
Gute.«

Was sollte ich nun tun?

So einfach war das also für Julia. Sie schnappte sich Gottfried, und mich schickte sie zu Albert zurück. Wie ich vor den
anderen dastand, war ihr völlig egal. Und daß sie meine geistige
Verbundenheit zu Gottfried ignorierte und von verletzter Eitelkeit plapperte – ihre oberflächlichen Betrachtungsweisen
warfen wirklich kein gutes Licht auf ihre psychologischen Fähigkeiten. Aber sie war eben nur Schulkinder gewöhnt.

Es war mir immer noch schleierhaft, was Gottfried und
Julia verband. Ich hatte immer noch das Gefühl, daß sich Julia
in geradezu beschämender Weise an Gottfried rangeschmis-
sen hatte. Gut, beide hatten Eheerfahrung, aber was besagt
das? Daß Gottfried Schachtschnabel mal in jungen Jahren von
seiner Schwiegermutter ins Unglück getrieben worden war,
nun ja, auch ich hatte in meiner Jugend Fehler gemacht.
Aber Gottfried hatte daraus gelernt, bei Julia konnte ich das
kaum glauben. Schließlich predigte sie mir dauernd, daß ich
Albert heiraten sollte. Sie mit ihrer latenten Akzeptanz der
bürgerlichen Institution war keine adäquate Partnerin für
Gottfried.

Und wie konnte sie es wagen, mich einfach zu Albert zu-
rückzuschicken?! Ich wollte was Besseres als Albert, und ich
hatte was Besseres verdient. Mir, mit meinem politisch-kriti-
schen Bewußtsein, mir war doch Albert überhaupt nicht gewachsen.

Albert war zwar manchmal ganz witzig, und er hatte auch
nicht diese bevormundende Art an sich, die die meisten Män-

ner gegenüber Frauen an den Tag legen, aber das war eigentlich auch schon alles. Wir hatten keine gemeinsamen Interessen. Das geistige Band zwischen uns war ein spinnwebzartes Fädchen. Albert war nicht der intellektuelle Gesprächspartner, den ich brauchte. Albert war nicht der Mann, mit dem ich aufarbeiten konnte, was die bürgerliche Erziehung in meiner psychologischen Entwicklung versaut hatte. Das Leben mit Albert wäre nur ein einziger Hickhack wegen seines Geizes, seiner Passivität und der Frage, wer dran ist, das Klo zu putzen. Albert war getrieben von den Umständlichkeiten des alltäglichen Lebens. Mich und Gottfried – uns verband mehr. Wir hatten eine gemeinsame Basis: den Gleichklang unserer Interessen.

Gottfried, das war die Welt der großen Theorien; Albert, das war die dumpfe Wohnküche der kleinen Taten. Mit Albert könnte sich mein Geist nie befreien.

Aber Gottfried gehörte nun Julia. Hätte ich Julia nicht mitgenommen zu Gottfrieds Vortrag, wäre das nicht passiert. Sie hatte meine Spontaneität ausgenutzt. Sie war meine beste Freundin gewesen. Sie hatte unsere Freundschaft ihren sexuellen Begierden geopfert. Wußte sie noch nicht, daß Sex out war? Ich war mir sicher: Wenn Gottfried ihr Lachen ertrug, dann mußte sie ihn sexuell hörig gemacht haben. Aber derartige Beziehungen dauern nie lange – abgesehen von perversen Faszinationen, aber das war bei Gottfried natürlich nicht anzunehmen. Diese Mesalliance konnte nicht länger dauern als einen Monat. Höchstens drei Monate. Oder?

Was sollte ich nun tun?

Auf Gottfried verzichten?

Zu Albert zurückkehren?

Auf Gottfried warten?

Ich beschloß, zu Albert zurückzukehren. So lange, bis Gottfried genug von Julia hatte, bis er wieder frei war. Das war vielleicht nicht ganz fair gegenüber Albert, aber Albert war ohnehin unsensibel. Ich könnte dafür in der Zwischenzeit versuchen, Albert die Augen zu öffnen für die Theorien dieser Welt. So würde dieses Intervall auch zu seiner Läuterung einen entscheidenden Beitrag leisten können. Und dann würde Gottfried zu mir zurückfinden, um in meinen Armen das Glück der intellektuellen Gemeinsamkeit zu erleben.

33. Kapitel

Ich hatte überhaupt keine Lust mehr, Hegel zu lesen. Statt dessen, und um mich auf die Auseinandersetzung mit Albert vorzubereiten, kaufte ich in der Buchhandlung am Uhrtürmchen ein fast wissenschaftliches Fachbuch über konstruktives Streiten und begann sofort mit der Lektüre.

Albert meldete sich aber nicht. Am Mittwoch ging ich nicht in Gottfrieds Seminar: Meine Abwesenheit sollte ihm schmerzlich bewußt werden. Donnerstag war Feiertag. Mittags um zwei rief ich Albert an, als er den Hörer abnahm, legte ich wieder auf. Um drei stand ich vor seiner Wohnungstür. »So eine Überraschung«, sagte ich.

»Was soll ich erst sagen«, sagte Albert, »so eine Überraschung.«

Weil wieder so schönes Wetter war, gingen wir spazieren. Man plapperte über dies und das.

Plötzlich fragte er: »Wie stellst du dir deine Zukunft vor?«

»Und du, wie stellst du dir deine Zukunft vor?« fragte ich zurück, weil ich gelesen hatte, daß eine Frage oft gar nicht als Frage, sondern als Darstellung der eigenen Probleme gemeint ist.

»Irgendwie ist mir unklar, was du eigentlich willst«, sagte Albert.

Das war keine Antwort auf meine Frage, deshalb bat ich Albert, seine Aussage zu präzisieren, um Mißverständnisse in der Fragestellung auszuschließen.

»Was willst du eigentlich?«

Ich erzählte Albert also von der revolutionären Notwendigkeit, oberflächliche Interessengemeinschaften zu entlarven und sich von falschen bürgerlichen Formen der institutionalisierten Emotionalität zu befreien. Ich sagte, daß ich einen gleichberechtigten Partner suche, der mir Kommunikationsstrukturen bieten könnte, die auf das Wesentliche konzentriert sind. Ich sagte, daß zum Beispiel Gottfried Schachtschnabel meinem Denken einen tieferen Sinn gebe, indem er den Strukturen meines Alltags eine ganz bestimmte, konkrete, politische Bewußtseinsbedeutung zubillige.

»Ach, Gottfried Schachtschnabel«, sagte Albert, »wie geht's ihm denn?«

»Wie üblich geht's ihm«, sagte ich beiläufig. Ich hatte keine Lust, Albert zu erzählen, was letzten Samstag auf Julias Party geschehen war. Um von diesem Thema abzulenken, sagte ich, daß Albert jeden Bezug zur arbeitenden Klasse verloren hätte und wie betroffen es mich mache, daß er in den Konventionen der herrschenden Klasse verfangen sei und daß er nicht bereit sei, Traditionen zu hinterfragen, geschweige denn kritisch zu analysieren.

Nachdem ich ihm mindestens noch eine halbe Stunde lang präzise die Möglichkeiten und Chancen einer nicht-bürgerlichen von politischer Intellektualität getragenen Zweierbeziehung dargelegt hatte, fragte Albert: »Und was willst du konkret?«

Ich hatte den Verdacht, daß er überhaupt nicht zugehört hatte. – Da man das aber nicht verbalisieren soll, sagte ich deshalb vorschriftsmäßig: »Ich frage dich, ob es mir gelungen ist, mich dir verständlich zu machen. Bitte gib mir ein feedback.«

»Soweit ich dich verstanden habe, suchst du einen Guru, der dir das Denken abnimmt.«

Ich hatte gelesen, daß es falsch sei, auf Aggression mit Aggression zu antworten, und sagte deshalb nichts.

»Suchst du einen autoritären Macker, der Weisheiten absondert und keine Widerrede duldet? Ist es das, was du suchst, mein Zuckerpüppchen?«

– Jetzt versuchte er sarkastisch zu sein. Ich merkte es genau, sagte aber immer noch nichts, weil nämlich Sarkasmus meist versteckte Aggression ist.

»Da solltest du aber dein hübsches Köpfchen nicht unnötig anstrengen«, meckerte Albert weiter. »Möchte-gern-Gurus und Möchte-gern-Revolutionäre gibt es in jeder Eckkneipe.« Weil ich aus wohlüberlegten Gründen immer noch nichts sagte, fragte er wieder: »Also, was willst du eigentlich?« Und dann sagte er: »Also sag schon, wir reden drüber.«

Er hatte also immer noch nicht kapiert, um was es mir ging! Ich war noch nicht geschult genug im konstruktiven Streiten, mir platzte der Kragen: »Drüber reden! Ich hab's satt, daß ich dir jedesmal alles vorkauen soll! Ich soll auch immer sagen, in welchen Film wir gehen sollen, wohin wir in Urlaub fahren sollen, wen wir einladen sollen, wann wir miteinander bumsen sollen. Du könntest vielleicht auch mal Initiativen zeigen. Aber im Grunde ist dir alles egal. Unentschieden auf der ganzen Linie bist du.«

»Und wobei sollte ich nun konkret die Initiative zeigen?« Das war ja wohl der Witz des Tages! Er fragte mich, wo er konkret die Initiative zeigen sollte! Ich konnte mich nur noch fragen, ob ich drei Jahre mit einem Roboter zusammengewesen war.

Es war wieder kein harmonischer Abschied, ich ließ Albert einfach stehen und fuhr mit dem Bus zurück. Es hatte keinen Zweck. Albert würde sich nie ändern. Er war unbelehrbar.

Als ich wieder zu Hause war, schmiß ich das Buch über konstruktives Streiten in die Ecke. Es taugte auch nichts. Aber wenigstens eines war sicher: Etwas Besseres als Albert würde ich überall finden.

34. Kapitel

Ganz in Schwarz kam ich am nächsten Mittwoch ins Seminar. Schwarz unterstreicht meine Intellektualität. Ich hielt es für angesagt, endlich den Unterschied zwischen Julia und mir zu visualisieren.

Ich trug Turnschuhe und Wollsocken und hatte mir mit einem hautfarbenen Lippenstift einen besonders natürlichen Anstrich gegeben. Ich hatte mir sogar überlegt, ob ich Strickzeug mit ins Seminar nehmen sollte, um meine kritische Position gegenüber der Konsumgesellschaft stärker herauszuarbeiten. Ich hatte diesen wesentlichen Aspekt meines politischen Erscheinungsbildes in der Vergangenheit gegenüber Gottfried zu wenig betont. Dann nahm ich aber doch kein Strickzeug mit, weil ich befürchtete, es könnte Gottfried auffallen, daß alle anderen Frauen im Seminar schneller strickten als ich. Dieser Konkurrenzsituation mochte ich mich lieber nicht aussetzen.

Gottfried sprach über einen interessanten Aspekt unserer Phantasietätigkeit: Er sagte, daß wir das, was wir uns wirklich wünschen, uns ganz konkret vorstellen könnten, als bildliche Szenen. Je mehr man sich etwas wünsche, desto detaillierter könnte man sich die Erfüllung des Wunsches ausmalen. Jedoch moralische Vorschriften und Normen, die man nur als Konventionen wiederholen würde, hinter denen man nicht mit dem Herzen stehen würde, solche aufgepfropften Idealvorstellungen seien im Gegensatz zu den emotionalen Wunschbildern nicht visuell vorstellbar, sondern nur als Worte präsent.

Wenn wir uns Filmszenen überlegen, sagte Gottfried Schachtschnabel, sollten wir einmal darauf achten, welchen Grad der Konkretion unsere Überlegungen für spezielle Szenen hätten, dabei könnten wir gewiß einiges über unsere geheimen Wunschwelten erfahren.

Außerdem sagte Gottfried, daß viele Studenten Schwierigkeiten hätten, ihre politischen Überzeugungen in überzeugende Bilder umzusetzen. »An was denkt ihr zum Beispiel, wenn ihr ›Bürgerliche Institution‹ hört?« fragte Gottfried und sah mich aufmunternd an.

»Standesamt«, sagte ich sofort.

»Sehr gut«, sagte Gottfried, »man merkt, daß du dir Gedanken gemacht hast.«

»Finanzamt«, sagte einer in der ersten Reihe.

»Hmm«, sagte Gottfried nur.

»Die christlich gesteuerten Kindergärten«, sagte eine Frau, die nicht strickte.

»Bundesbahn«, sagte dann einer, und Beate sagte nach langem Nachdenken: »Einwohnermeldeamt.«

Gelobt hatte Gottfried aber nur mich, das mußte wohl allen aufgefallen sein.

Chlodwig fragte, wo man denn diese Visualisierungstheorie nachlesen könne. Gottfried sagte, das könne er so aus dem Kopf leider nicht sagen – Psychologen hätten das festgestellt. Er würde sich aber bis zum nächsten Mal erkundigen. »Aha«, sagte ich so laut, daß es Gottfried hören mußte. Ich grüßte Gottfried nur kurz, als ich den Seminarraum verließ.

Unterwegs dachte ich darüber nach, was Gottfried erzählt hatte. Ich versuchte mir vorzustellen, wie es wäre, wenn Gottfried und ich zusammenleben würden. Es fiel mir aber nichts ein. Jedenfalls nichts, was sich vom Zusammenleben mit Albert unterschieden hätte. Aber ich wußte, daß es mit Gottfried anders sein würde. Ich überlegte, warum mir dann trotzdem nichts einfiel. Irgendwo hatte ich mal gehört, daß es Theorien mit begrenzter Reichweite gebe. Julias Theorie war mit Sicherheit sehr begrenzt.

Zu Hause angekommen, rief ich sofort Julia an. »Bist du jetzt Beraterin von Gottfried geworden?« fragte ich als erstes. Sie lachte und tat, als ob sie nicht wisse, um was es ging. Ich sagte ihr ganz offen, daß ihre Theorie, man könne sich das, was man sich wünscht, bildlich vorstellen, daß dagegen abstrakte Normen nur als Worte hängenbleiben würden – daß diese Theorie nicht auf mich zutrifft.

»Das kann nicht sein«, behauptete Julia.

»Doch.« Ich sagte, daß mir spontan konkrete Bilder zum Begriff der bürgerlichen Institution einfallen, aber zu einer nicht-bürgerlichen Zweierbeziehung zwischen politisch und persönlich emanzipierten Partnern, die von intellektueller Gemeinsamkeit getragen ist, kann ich mir kein konkretes Bild vorstellen.

»Vielleicht willst du das dann gar nicht«, sagte Julia.

»Selbstverständlich will ich das, das weißt du genau.«

»Ja, warum kannst du es dir dann nicht vorstellen? – Die langen Diskussionen am Abend? Über die Preispolitik der EWG? Oder über den Einfluß der protestantischen Ethik auf die Investitionsneigung der kapitalistischen Unternehmer? Beim Geschirrspülen plaudert man über den neuesten politischen Umsturz... Man macht nur in Ländern Urlaub, die politisch sauber sind – auch wenn die Strände dort total verdreckt sind... Es gibt nur Kaffee aus Nicaragua und nur noch Tee aus der Volksrepublik China – obwohl der aus Nicaragua viel teurer ist und der chinesische Tee auch... Wichtig ist aber vor allem, daß man jeden Abend zu einer politischen Arbeitsgruppe geht – die Frau eilt in die Frauenarbeitsgruppe und löst die Probleme der erwerbstätigen Frau in der Bundesrepublik, und der Mann in die Männerarbeitsgruppe und löst dort die Probleme der Welt generell. Wenn man sich zufällig mal zu Hause im Bett trifft, klärt man die Einschätzung der neuesten Flügelkämpfe in Albanien oder in der SPD oder die Probleme der Rentenpolitik in den Industriestaaten... Und am Wochenende geht man gemeinsam auf eine Demo oder ein Parteitreffen, und abends, zur Entspannung, sieht man einen dieser superlangweiligen politischen Filme, die nicht synchronisiert sind, sondern nur Untertitel haben... Soll ich dir noch mehr Tips geben?«

Ich war platt. Warum konnte sich Julia das alles so konkret vorstellen und ich nicht?! Klar, sie hatte Gottfried. Der Neid vernebelte mein Gehirn. Löschte meine Phantasietätigkeit. Ich hörte Julias blödes Lachen wie aus weiter Ferne. »Warum lachst du so blöde?« Meine Stimme war belegt. War Julia etwa auch eine Intellektuelle?

»Weil das alles blöde ist.«

»Warum kannst du es dir vorstellen?«

»Vorstellen! Daß ich nicht lache! Das habe ich erlebt! Mein Mann war Lehrer. Ein Aktiönchen nach dem nächsten. Er war unablässig damit beschäftigt, die Weltprobleme zu lösen, nur um unsere Probleme nicht sehen zu müssen. Ach, was ging mir das auf den Wecker.«

Ich war immer noch platt. Ich hätte nicht gedacht, daß Julia eine derartige politische Sozialisation vorzuweisen hatte – aber wie abfällig sie darüber redete! Das bewies doch nur, daß sie im Grunde gar keine Intellektuelle war, sondern sich bloß an ihren Mann geklammert hatte. Und nun gaukelte sie Gottfried etwas vor. Der Neid in meinem Hirn mischte sich mit Trauer in meinem Herzen. – Mit Gottfried hätte ich die Chance meiner politischen Selbstfindung ergreifen können. Julia hatte die Erfahrung. Aber sie hatte diese Erfahrung nicht verdient.

Julia sagte, daß sie jetzt keine Zeit mehr hätte, sie müßte jetzt was erledigen, aber wir könnten uns doch Freitagabend mal wieder treffen, im Café Kaputt, da sei sie lange nicht mehr gewesen.

»Kommt dann Gottfried mit?«

»Glaub ich nicht.«

»Was machst du denn die ganze Zeit mit deinem Gottfried?«

»So oft sehen wir uns nicht.«

Sie log wieder. Ich konnte mir schon denken, was – oder wen! – sie jetzt erledigen wollte. Die falsche Schlange. Ich holte tief Luft, um meine Aggression nicht verbalisieren zu müssen. Julia war eigentlich kein Umgang für mich: Wenn sie nicht gerade log, dann machte sie sich über meine Lebensziele lustig. Aber trotzdem verabredete ich mich mit ihr.

Den ganzen Abend konnte ich keinen klaren Gedanken mehr fassen. Irgendwie hatte ich die ganze Zeit das Bild vor Augen, wie Gottfried auf Julias Bett lag.

35. Kapitel

Es macht mir nichts aus, allein in die Kneipe zu gehen, überhaupt nicht, aber wenn ich auf jemand warten muß, das macht mich verrückt. Um acht waren wir verabredet, Julia kam kurz nach neun.

Kaum hatte sie sich gesetzt, kramte sie nach ihrem Handtaschenspiegel, strich sich über die Augenbrauen, offensichtlich hatte sie erst kurz vorher daran herumgezupft, die Haut war noch etwas geschwollen, einen Pickel am Kinn hatte sie dick mit Abdeckstift übermalt, nun tappte sie mit dem Daumen mehrmals fest auf den Pickel, wischte die dicke beige Farbschicht dabei runter, rot glänzte der Pickel wieder. Dann suchte sie ihren Kamm in der Handtasche, warf ihn zurück in die Handtasche, ging mit der Handtasche aufs Klo. Als sie wiederkam, war der Pickel wieder getarnt, die Haare waren lässig zerzaust.

»Ist was?« fragte ich, Julia hatte noch keinerlei Erklärung abgegeben, warum sie zu spät gekommen war.

»Nein, was soll sein?« sagte sie, bestellte einen Kaffee, kontrollierte ihre Fingernägel, sah auf die Uhr.

»Kommt dein Gottfried doch? Hast du dich mit sonst jemand verabredet?« Ich wartete auf eine Erklärung.

»Eigentlich wollte er…«, sagte Julia, dann lächelte sie. Gottfried war hereingekommen, sah sich gründlich um, sah uns.

»Hallo«, sagte er zu mir, zuerst, und ich sagte auch ganz lässig: »Hallo«, als ob wir noch das alte, herzliche Verhältnis hätten.

»Hallo, wie geht's dir heute abend?« sagte er zu Julia und legte ihr die Hand auf die Schulter.

Als er sich gesetzt hatte, lag seine Hand immer noch auf Julias Schulter. Ich hatte das Gefühl, daß ich mir bald überflüssig vorkommen würde. Hatte sie ihn herbestellt, damit ich mir das dumpfe Glück der beiden ansehen sollte? Ich beschloß, sofort wieder zu gehen.

»Tut mir wahnsinnig leid«, sagte Gottfried zu Julia, »ich muß sofort wieder gehen.«

Julia starrte Gottfried an.

»Inge hat angerufen«, sagte Gottfried, »sie ist krank, sie kann nicht mehr gehen, sie hat den ganzen Tag nichts gegessen. Ich muß ihr was kochen, vielleicht muß ich sie sogar ins Krankenhaus bringen. Die Schmerzen werden schlimmer, sagt sie, das linke Bein kann sie überhaupt nicht bewegen, ich werde vielleicht den Notarzt rufen müssen, wenn ich bei ihr bin.«

»Ein Unfall?« fragte Julia. »Hatte sie einen Unfall?«

»Was ist passiert?« fragte ich.

»Ja, also nicht direkt. Vorgestern hat Inge das erste Mal Reitstunden genommen, und daher hat sie einen unglaublichen Muskelkater, und deshalb ist sie heute morgen auf der Treppe gestolpert und hat sich das Schienbein aufgehauen. Also, ich muß jetzt sofort zu ihr, sei bitte nicht bös, vielleicht komme ich später wieder. Wenn's geht. Wie lange bleibt ihr hier?«

»Weiß nicht«, sagte Julia, ich fühlte mich sowieso nicht gefragt; bestellte bei Niyazi, dem Wirt, noch einen Wein. Ich konnte hierbleiben, solange ich wollte, ich war nicht versetzt worden.

Erst als Gottfried weg war, fragte ich Julia: »Trinkst du jetzt einen mit?«

Sie popelte an einem Brandloch in der Tischdecke herum und bestellte, ohne mir zu antworten.

»Es ist eine Unverschämtheit«, sagte sie nach ungefähr einer Viertelstunde.

»Was?«

»Da ruft er vorher an, kurz vor acht, fragt, was ich mache, ich hab ihm gesagt, daß ich mit dir hier verabredet bin, da hat er gesagt: ›Ach wie schön, da komme ich auch.‹«

»Hat er das wirklich gesagt?«

»Genau so: ›Ach wie schön, da komm ich auch‹.«

»Aha.« Er war also auch gekommen, um mich zu sehen.

»Ich dachte, du freust dich, ihn mal wieder außerhalb eurer

Akademie, privat, zu sehen. Aber jetzt – jetzt kommt er lediglich vorbei, um zu vermelden, daß er bei seiner Ex-Gattin antanzen muß.«

Ich hatte Verständnis für Gottfried. Wenn er Julia versetzte, so würde das schon seine Berechtigung haben. Da war ich sicher. »Hör mal«, sagte ich, »wenn sie kaum mehr laufen kann! Ich hatte auch mal schlimmen Muskelkater ...«

»Das ist nicht das erste Mal, daß er plötzlich keine Zeit hat«, sagte Julia. »Wir kennen uns jetzt seit vier Wochen – also näher«, sagte sie, ohne rot zu werden, »und in der Zeit haben wir uns nur achtmal gesehen. Und seine Ex-Gattin, die hat er mindestens viermal gesehen, mindestens. Obwohl sie seit Ewigkeiten geschieden sind!«

Ich sagte nichts, ich staunte über Julias Pedanterie! Als ob man das Geben und Nehmen in einer Beziehung an der Häufigkeit des Beisammenseins aufrechnen könnte. Altmodisch und spießig war sie.

Julia wurde immer wütender: »Gottfried ist der Überzeugung, er könne seine Ex-Gattin nicht hängenlassen. Wenn ihr Liebhaber keine Zeit hat, dann muß er kommen und die Dame bedienen. Also nicht, daß sie mit ihm zu schlafen wünscht, da bin ich sicher, dafür ist ihr Liebhaber zuständig! Aber für die sonstigen Dienstleistungen greift sie gerne auf ihren alten Ehemann zurück. Zum Beispiel jetzt!«

»Find ich aber toll ...«

»Daß ich nicht lache! Was soll daran toll sein?«

»Aber du bist doch mit deinem Ex-Mann auch so gut befreundet«, erinnerte ich Julia, »ihr habt euch auch ganz harmonisch getrennt.«

»Daß ich nicht lache«, sagte Julia noch mal.

Wir schwiegen beide eine Weile.

Dann sagte Julia: »Ich hab jetzt keine Lust mehr, drüber zu reden.«

Deshalb schwiegen wir wieder eine Weile.

Dann sagte Julia: »Lange mache ich das nicht mehr mit.«

Ihre Vorstellungen von einer Beziehung mit Gottfried waren offensichtlich falsch gewesen. Heimlich zog ich die Augenbrauen hoch. Ich hatte gewußt, daß sie keine adäquate Partnerin für Gottfried war. Obwohl sie nicht mehr darüber reden wollte, fragte ich trotzdem: »Was willst du eigentlich von Gottfried? Du hast doch gesagt, ihr hättet eine offene, spontane Zweierbeziehung ohne Besitzansprüche ...«

»Einen Mann, der keine Zeit für mich hat, so einen hatte ich schon«, sagte Julia und versank wieder in Schweigen.

»Was sollen wir jetzt machen?« fragte ich schließlich. Eigentlich waren wir verabredet gewesen, und ich hatte mir den Abend anders vorgestellt, als mit einer sitzengelassenen, geschiedenen Frau trübsinnig herumzuhocken. Lieber wäre ich noch in eine andere Kneipe gegangen und hätte mich informiert, was es für Männer im Angebot gab. Es war das Pfingst-Wochenende, und jede Menge Ochsen waren unterwegs.

»Ich könnte Karl-Heinz anrufen«, sagte Julia.

»Meinetwegen«, sagte ich, obwohl ich keine Lust auf die Gesellschaft von Julias Busenfreund hatte. Aber Julia war nicht die Frau, die mit einer Frau durch die Kneipen zog – diesen Verdacht hatte ich allmählich. Die brauchte dazu einen Mann als Alibi.

Julia ging zum Tresen, ließ sich das Telefon geben und ließ es eine Ewigkeit klingeln. Noch mißmutiger, als sie losgegangen war, kam sie zurück.

»Nicht da, jedenfalls nimmt er nicht ab. Vielleicht liegt er mit einer Tussi im Bett.«

»Karl-Heinz? Meinst du?« Ich überlegte, was Albert an diesem Wochenende wohl machte. Der hockte sicher vor dem Fernsehapparat.

»Die Männer sind alle bescheuert.«

»Das finde ich grundsätzlich auch«, sagte ich, »aber du solltest zuerst die Situation derer, die anderer Meinung sind als du, sorgfältig überdenken.« – Das hatte ich in dem Buch über konstruktives Streiten gelesen.

»Vielen Dank«, sagte Julia.

»Ich glaub, ich geh nach Hause«, sagte sie dann, »vielleicht ruft Gottfried später noch mal bei mir an, wenn er seine Ex-Gattin versorgt hat.«

»Vielleicht.«

»Aber dann geh ich nicht ans Telefon, darauf kann er Gift nehmen. Ich sitze nicht auf Abruf für ihn bereit.«

Wie zickig Julia ist, dachte ich. Sie, mein Vorbild für eine mustergültige harmonische Trennung, machte nun solches

Theater. Konnte sie nicht begreifen, daß auch Gottfried sich harmonisch getrennt hatte?

»Das geht nicht mehr lange gut«, sagte Julia noch einmal düster, als wir uns an der Ecke verabschiedeten.

»Aber nein«, sagte ich heftig. Ich hatte im gleichen Moment genau das gleiche gedacht.

36. Kapitel

Nicht der ist mächtig, der seine Macht ausspielt, sondern der, der es sich leisten kann, darauf zu verzichten. – Das hatte ich irgendwo mal gelesen, und es hatte mir sehr zu denken gegeben. Ich konnte es mir auch leisten, darauf zu verzichten, meine Macht auszuspielen, und rief Albert an.

Albert war aber nicht zu Hause. Oder ging er nur nicht ans Telefon? Oder war er über Pfingsten weggefahren? Vielleicht zu seinen Eltern? – Das hätte er mir doch gesagt. Hatte er vergessen, daß wir jedes Jahr am Pfingstsamstag auf das Straßenfest am kleinen Park gingen? Gut, Albert wohnte zwar nicht mehr hier, aber so eng durfte man das nicht sehen: Es kamen so viele zu unserem Straßenfest, die nicht in Kreuzberg wohnten.

Bis um drei wartete ich darauf, daß er anrufen würde. Dann ging ich allein zum Straßenfest. Wahrscheinlich war er schon dort. Es konnte gar nicht sein, daß er es vergessen hatte.

Mindestens zweihundert Leute waren da: Eine Bürgerinitiative verkaufte Bratwürstchen gegen den Hunger in der Welt; eine andere Bier, Wein und Würstchen für eine Rettet-den-Wald-Initiative der Alternativen; eine Vorort-Kommune mit selbstentworfenen progressiven T-Shirts war da; Pro Familia war mit einem Informationsstand vertreten; ebenso die Bürgerinitiative gegen Häuserspekulationen. Fast alles, was gut und links war, war da. Die Atmosphäre war toll. Ab und zu schrillte ein Geräusch durch die schlappe Mailuft. Das Geräusch kam von der Rockgruppe ›Friede den Hütten‹, die versuchte, ihren Verstärker zu reparieren. Die Anlage der Gruppe war in einem Kleinlaster untergebracht. Vor dem Laster saßen diverse Freaks, soffen Bier und gaben den vier Typen von der Band Tips, wo der Defekt zu suchen wäre. Ich kannte die Gruppe nicht, hatte aber ihre Plakate gesehen, die schon Tage zuvor überall geklebt worden waren. Auf den Plakaten war ein Foto von den Mitgliedern der Band, darunter stand, daß sie große Straßenfest-Erfahrung hätten und daß sie sich bereit erklärt hätten, dankenswerterweise umsonst aufzutreten – trotz ihrer vielfältigen Verpflichtungen –, um ihren Beitrag zu leisten zur Stadtteilverständigung zwischen Ausländern und Alten. Auf dem Foto konnte man deutlich sehen, daß die Typen von ›Friede den Hütten‹ echte Spontis waren: Alle hatten Haare fast bis zum Arsch, jedenfalls mindestens bis zum Ellenbogen.

Albert war nirgendwo zu sehen, ich hätte es mir denken müssen: Ohne mich war er unfähig, etwas zu unternehmen. Egal, ich konnte mich auch alleine amüsieren. Für 15 Mark kaufte ich bei der Vorort-Kommune ein T-Shirt, auf dem in Siebdruckpunkten à la Roy Lichtenstein zwei Comic-Frauen gedruckt waren – über der ersten Frau war eine Sprechblase, darin stand: »Die Männer sind alle Egoisten«, in der Sprechblase über der anderen: »Oh Schwester, sie werden nie von uns Frauen lernen.« Sehr witzig und sehr wahr. Am liebsten hätte ich es gleich angezogen.

Dann sah ich einen Typen aus einem der unteren Semester. Er sah recht nett aus, aber ich hatte noch nie mit ihm geredet. Es hatte sich nie die Gelegenheit ergeben. Aber hier, auf dem Straßenfest, hier war alles ganz lässig. Ich quatschte ihn also ganz lässig an, fragte, ob er auch in der Gegend wohne.

»Nicht direkt«, sagte er.

Ich fragte ihn, ob er schon lange auf dem Fest sei.

»Nicht direkt«, sagte er.

Ich fragte ihn, welchen Dozenten er am besten fände.

»Warum fragst du das«, sagte er.

Dann fragte ich ihn, wie er eigentlich heißt und sagte, daß ich Constanze heiße.

»Ist mir egal, wie du heißt«, sagte er.

Deshalb sagte ich nichts mehr.

»Warum fragst du das«, sagte er dann wieder.

Ich sagte, daß ich mir jetzt eine Weinschorle holen würde.

»Ist korrekt«, sagte er.

»Tschüs«, sagte ich und dachte, daß der Typ nicht besonders gesprächig war.

»Hey du, Constanze«, schrie er mir plötzlich hinterher, als ich schon einige Meter weiter war. Ich drehte mich um.

»Hey du, gib mir 'ne Zigarette!« rief er.

Er schien zu jener Sorte Typen zu gehören, die nichts umsonst machen, nicht mal Konversation. Die kann ich ausstehen. Aber trotzdem, ich mußte ihm eine Zigarette geben, weil diverse Leute um uns herumstanden und mitgehört hatten, wie er mich anschnorrte. Es war dumm von mir gewesen, ihm meinen Namen zu sagen – das würde mich in der Akademie noch viele Zigaretten kosten. Wenn ein Schnorrer deinen Namen weiß, dann bist du verloren.

Ich ließ mir aber die Laune nicht verderben, kaufte mir eine Weinschorle und ging zu dem Lastwagen, wo die vier von der Gruppe ›Friede den Hütten‹ versuchten, ihre Anlage zu reparieren. Die Berater hatten sich nun darauf geeinigt, daß der Defekt nichts anderes als ein Wackelkontakt sein könne, an einem der unzähligen Stecker und Kabel.

»Mann, Männer«, sagte einer der Punker, die mit den Bierflaschen vor dem Lastwagen lagerten, »det Kabel is die Wurzel allen Übels, begreift ihr det nich!«

»Halt die Fresse«, sagten die von ›Friede den Hütten‹. Ich informierte mich dann am Pro-Familia-Stand über die neuesten Pessar-Modelle. Die Stimmung wurde immer besser, es waren auch eine Menge alter Leute aus den Häusern rings um den kleinen Park gekommen. Die Alten mischten sich ganz natürlich unter die Freaks und Spontis, die Alt- und Neurevolutionäre und die Berufsmütter.

Für Kinder gab es natürlich auch ein Unterhaltungsangebot. Den größten Andrang gab es bei der ›Aktuellen Quiz-Bude‹, ein Stand, den die Public-Relations-Abteilung eines Baby- und Kindernahrungskonzerns aufgebaut hatte. Der Stand wurde von einem speziell Straßenfest-ausgebildeten Diplom-Sozialarbeiter geführt – das stand auf einem Schild, das über der Bude hing, auf dem außerdem die Produkte des Konzerns abgebildet waren. Der Sozialarbeiter zeigte auf einem Großbildschirm Dias. Auf den Dias waren ein Auto oder ein Fußballspieler oder ein Tier oder ein Filmstar, Fernsehstar oder einer aus der Music-Scene. Die Kinder mußten den Namen des Stars, Autos, Tieres, Fußballspielers oder Prominenten wissen. Wer zuerst die richtige Antwort herausbrüllte, bekam ein grünes Kärtchen, auf dem der Firmenname stand. Für fünf Kärtchen gab es einen Plastik-Schlumpf. Der Sozialarbeiter schwitzte zwar schrecklich, er hatte die Meute auf den Bänken seiner Bude aber gut im Griff. Wenn keines der Kinder die richtige Antwort wußte, dann sprach er belehrende Worte über den nichterratenen Autotyp oder Popstar; die Kinder lauschten ihm jedesmal atemlos. Unter den Kindern gab es echte Experten: Einer hatte schon fast zwanzig Schlümpfe gewonnen. Er hatte nicht nur sofort ›Mick‹ aus der prähistorischen Rockgruppe ›Dave, Dee, Dozy, Beaky, Mick & Tich‹ erkannt, sondern wußte sogar den Nachnamen von Udo Jürgens' Ex-Dauerfreundin Corinna!

»Unglaublich, was die Kinder heutzutage alles wissen«, sagte eine Mutter neben mir zu einer anderen.

»Phänomenal«, sagte die andere, »wo die das wohl herhaben?« Gerade hatte ein ungefähr Zehnjähriger wieder einen Schlumpf gewonnen. Dieser Junge war der absolute Crack für Fußballstars. Er kannte alle. Schon 23 Schlümpfe hatte er gehortet. »Scheiß-Schlümpfe«, sagte er jedesmal, wenn er noch einen bekommen hatte. Die anderen Kinder blickten bewundernd zu dem Jungen und neidisch zu den Schlümpfen, die er in Zehnergruppen vor sich aufgebaut hatte.

Der Sozialarbeiter tat, als ob er eine plötzliche Idee hätte. Dann sagte er, daß jeder, der mehr als 22 Schlümpfe gewonnen hätte, aussetzen müsse, um auch den Jüngeren eine Chance zu geben.

»Ich habe 23 Schlümpfe«, schrie der Fußball-Crack prompt. Dann sagte er, aussetzen gäbe es bei den echten Fernsehquizen aber nicht, und er wolle nicht aussetzen. Der Sozialarbeiter aber war schlauer. Er sagte, jeder, der über 22 Schlümpfe hätte, sei ein Champion, das wolle doch hoffentlich keiner bestreiten, und Champions würde er zu seinen Assistenten machen, und der Assistent dürfe den Knopf vom Dia-Projektor drücken. Es sei wohl bekannt, sagte der Sozialarbeiter, daß im Fernsehen die Assistenten auch Champions aus früheren Sendungen seien. Das leuchtete ein. Nur ein Mädchen meldete sich und sagte, daß im Fernsehen aber nur die Frauen Assistenten werden dürften.

»Wir sind für Gleichberechtigung«, sagte der Sozialarbeiter, »bei uns dürfen auch die Jungs Assistentin werden.

Also«, sagte er dann zu dem Champion, »wie heißt du? Stell dich bitte unseren Zuschauern vor.«

»Benjamin Harzer« hieß er, und er verbeugte sich wie eine echte Fernsehassistentin.

Als nächstes war ein Dia mit einem Vogel an der Reihe. Da wußten nur wenige Bescheid. Erst beim achten Versuch traf ein Mädchen die richtige Antwort: Es war die Lerche, nicht der Aasgeier, wie zwei Kinder vermutet hatten. Dann durfte Benjamin Harzer wieder auf den Knopf des Dia-Projektors drücken. Der Sozialarbeiter lobte ihn. Plötzlich heulte ein kleiner Junge neben mir los. Er war zu klein, um mitzuraten, aber er hatte viele Quizrunden lang aufmerksam zugehört. Der Kleine warf sich auf den Boden und hämmerte mit den Fäusten.

»Was ist'n los, Hubbilein?« schrie seine Mutter. Sie warf sich zu ihm auf den Boden. Das Kind plärrte wie ein Wasserhahn.

»Immer werde ich benachteiligt!« schrie das Kind.

»Aber Hubbilein, das ist doch nicht wahr!« Die Mutter weinte auch fast. Die anderen Kinder drehten sich interessiert um.

»Alle anderen Kinder heißen Benjamin«, plärrte Hubbilein, »bloß ich nicht!«

»Aber das ist doch nicht wahr«, sagte die Mutter wieder.

Jetzt setzte sich ein ungefähr vier Jahre altes Mädchen auch auf die Erde zu Sohn und Mutter. »Du, warum bist du denn so aggressiv?« sagte das Mädchen zu Hubbilein. Hubbilein schrie weiter.

»Hubbi«, sagte die Mutter, »sieh mal, das Mädchen heißt bestimmt auch nicht Benjamin, und trotzdem weint es nicht.«

Hubbilein schluchzte ein wenig leiser.

»Nicht wahr?« sagte Hubbileins Mutter verschwörerisch zu dem Mädchen.

»Jedes Baby weiß, daß nur die Jungs Benjamin heißen, nicht die Mädchen«, sagte das Mädchen verachtungsvoll zu der Mutter. Die Mutter wurde rot. »Ich heiße Julia«, sagte das Mädchen und fügte stolz hinzu: »Alle anderen Mädchen aus meiner Spielgruppe heißen auch Julia.«

»Ich will auch Julia heißen«, schrie Hubbilein.

»Das ist der Vagina-Neid«, sagte eine andere Frau zu Hubbis Mutter. Jetzt wollte Hubbi zum Trost für sein Schicksal ein Eis haben. Ich drehte mich etwas zur Seite, um Sohn und Mutter, die zum Eisstand gingen, Platz zu machen, und da sah ich ganz hinten bei der Würstchenbude: Albert!

Er war also doch gekommen. Er sah in meine Richtung. Ich wollte ihm rufen, hatte schon den Mund aufgemacht, als ein Geräusch über mir zusammenschlug. Es war ein Geräusch, als würde einen Meter über meinem Kopf ein Starfighter explodieren. Ich fiel fast um. Es war der lauteste Lärm, den ich je gehört hatte. Alles Leben erstarb.

Ich glaubte, daß sich in der nächsten Sekunde die Dächer von den umliegenden Häusern heben würden und der ganze Stadtteil in Schutt und Asche versinken müßte. Ich stand da, mit immer noch offenem Mund, damit die Trommelfelle nicht platzten. Die Trompeten von Jericho waren garantiert nur ein sanftes Säuseln gewesen gegen dies – gegen die Verstärkeranlage von ›Friede den Hütten‹. Jubel, Klatschen, Stampfen, Pfeifen, Dröhnen, Hurraschreie füllten den Stadtteil – obwohl keiner der Umstehenden klatschte oder auch nur ein Wort sprach. ›Friede den Hütten‹ spielte die Jubelgeräusche von einem Band ab, um auf ihre Darbietungen einzustimmen. Der Lärm brach sich an den Fassaden, multiplizierte sich in den Hinterhöfen, schallte zurück.

Wie bei Rockgruppen mit politischem Anspruch üblich, waren die Elektroinstrumente viel lauter als der Sänger, so daß der Text nur manchmal und wenn, nur bruchstückweise zu verstehen war. Immerhin hatte ich mich beim dritten Lied so eingehört, daß ich einige Wortfetzen verstehen konnte:

»...gewaltfrei ... befreit eure Seelen ... Kampf allen, die uns unterdrücken ... wir bringen euch die Zärtlichkeit ...«

Es waren also deutsche Texte. – Ich fand's echt gut, daß ›Friede den Hütten‹ Lieder mit deutschen Texten brachte, da kommt viel mehr rüber. Wie einer der Gruppe ansagte, war das nächste Lied extra komponiert für Straßenfeste, es hieß: »Sprecht mal wieder miteinander, Alte und Ausländer miteinander.« Aber den Text konnte ich dann wegen der Elektroinstrumente nicht verstehen.

Die alten Leute humpelten in ihre Häuser zurück. Die, die bisher an den Fenstern gehangen hatten, schlossen die Fenster und ließen die Rolläden herunter. Die Pro-Familia-Frauen räumten ihren Stand ab. Der Sozialarbeiter an der Quizbude verteilte die restlichen Schlümpfe an die, die bisher keinen gewonnen hatten. Der Rest der Anwesenden entfernte sich aus dem direkten Umkreis der Lautsprecher. Ich auch. Lediglich zwei Sanyasin-Frauen tanzten mit ihren Kleinkindern direkt vor den Lautsprechern. Sie waren ganz entspannt im Hier und Jetzt. Einige Freaks mit vielen Bierflaschen hockten noch auf den Bänken vor dem Lastwagen und prosteten der Gruppe zu. Es war offenbar der Fan-Club von ›Friede den Hütten‹.

Neben mir schrie ein Kind, ich sah es nur, hören konnte ich es nicht, außer der Musik existierte kein Geräusch mehr. »Hey Leute«, brüllte der Leadsänger durchs Mikro, »jetzt wollen wir die Stimmung echt anheizen!« Er drehte die Lautstärke noch etwas herauf. Dann ging das Jubelband der Gruppe wieder los. Noch gigantischeres Dröhnen, Stampfen, Heulen, Pfeifen.

Eine der Frauen vom Pro-Familia-Stand ging zur Gruppe hin, stellte sich zwischen sie. Die Frau zitterte, wahrscheinlich, weil sie in der Nähe des Lautsprechers stand und von den Schallwellen geschüttelt wurde. Ich ging etwas näher ran, weil ich dachte, daß die Frau eine Extra-Performance geben würde. Zwischen zwei Songs sagte die Frau was zu dem Leadsänger, was nicht zu verstehen war, weil die Verstärkeranlage, auch wenn die Gruppe nicht spielte, ein durchdringendes Schrillen von sich gab, wie eine Industriekreissäge. Der Leadsänger, der die längsten Haare von allen hatte, gestikulierte mit der Frau herum.

»Genossen und Frauen«, schrie er plötzlich ins Mikrofon, »hier ist eine Tussi, die uns einen Maulkorb verpassen will!«

Die Frau sagte wieder was. Der Leadsänger dröhnte die Frau, die direkt neben ihm stand, durch die Verstärkeranlage an: »Wir treten hier umsonst auf! Und da kommst du und behauptest, wir seien kommunikationsfeindlich! Weißt du überhaupt, was unsere Verstärkeranlage gekostet hat!!!«

Man sah nur, wie die Frau den Mund auf- und zuklappte, sie hatte ja kein Mikro und keine Chance gegen das Gellen der Industriekreissäge.

»Wir! kämpfen für die Integration! Von Alten! Und Ausländern!« schrie der Leadsänger. »Und du meckerst!«

Jetzt brüllte der Schlagzeuger von ›Friede den Hütten‹ in sein Mikro: »Genossen und Frauen!« dröhnte er durch das Stadtviertel. »Unsere Verstärkeranlage hat über 30 000 Mark gekostet! Wir! treten hier umsonst auf! Wir! lassen uns von keinem Vertreter des Establishments vorschreiben, wie laut wir! zu spielen haben. Schon gar nicht von einer Tussi!«

Die Frau klappte wieder den Mund auf und zu, versuchte jetzt an ein Mikro zu kommen, aber die Typen schubsten sie weg. Einer vom Fan-Club von ›Friede den Hütten‹ schmiß eine leere Bierflasche nach der Frau. Das fand ich eigentlich nicht so gut.

»Fragen wir doch einen aus dem Publikum, wie er uns findet!« brüllte der Schlagzeuger und hielt dem Typen, der die Bierflasche geworfen hatte, sein Mikro hin: »Du blöde Fotze!« schrie der Typ und zeigte mit geballter Faust auf die Frau, »du gehörst mal richtig durchgefickt!« Die Gruppe ›Friede den Hütten‹ lachte, und die Frau verschwand.

Eigentlich tat die Frau mir leid. Und ich fand eigentlich auch, daß man die Anlage etwas leiser hätte machen können, ein Ideechen wenigstens. Der alten Leute wegen. Aber von denen hatte ja niemand gemeckert. Und es hätte nichts genützt, wenn ich mich mit der Frau solidarisiert hätte, ich hatte ja auch kein Mikro. Außerdem fanden es all die anderen Festbesucher gut. Sonst hätten die doch was gesagt. Es waren ja alles antiautoritäre People hier. Also ging es weiter wie bisher. Die Gruppe spielte wieder ihre Jubelpassage ein. »Unser Kampf geht weiter!« schrie der Gitarrist der Gruppe. »Wir! lassen uns nicht unterdrücken!«

Die Bräute Baghwans und ihre beiden Kinder demonstrierten weiter, wie entspannt sie waren im Hier und Jetzt.

Die Festgemeinde zerstreute sich, die meisten gingen jetzt nach Hause. Hinten an der Würstchenbude und am Weinstand standen noch ungefähr fünfzig Leute. Ich suchte überall nach Albert, konnte ihn aber nicht mehr finden. Albert war die Gruppe garantiert zu laut. War er sofort, als die Gruppe angefangen hatte zu spielen, abgehauen? Das würde ihm ähnlich sehen! Er wollte kein Opfer bringen für die Integration von Alten und Ausländern! Ein Straßenfest war nun mal keine Beerdigung!

Allmählich bekam ich Hunger. Eine Bratwurst wollte ich;

der Wurstbrater sah mich fragend an, obwohl ich schrie, so laut ich konnte. Der Wurstbrater zeigte auf die Rindswürste, dann auf die Bratwürste, sah mich wieder fragend an, dann hielt er seine Hand hoch, streckte zuerst den Daumen nach oben, dann den Zeigefinger, dann den Ringfinger und dann den kleinen Finger dazu. Er sah mich ungeduldig an. Die Umstehenden auch. Aha, nun hatte ich kapiert. – Er wollte wissen, welche Wurst und wieviele ich wollte. Ich zeigte auf die Bratwürste und signalisierte mit dem Daumen, daß ich nur eine wollte. Ich schämte mich ein bißchen, daß ich noch versucht hatte, mich verbal zu verständigen. All die Umstehenden mußten gemerkt haben, daß es mit meiner Straßenfesterfahrung nicht so weit her sein konnte. Natürlich: nonverbale Kommunikation – das war's! Die meisten Alten waren ohnehin schwerhörig, und die Ausländer verstanden sowieso nichts. Es war nur logisch, daß ›Friede den Hütten‹ so laut spielte. Die Sprache ist seit je eines der subtilsten Herrschaftsinstrumente der herrschenden Klasse gewesen.

Ich stellte mich mit der Bratwurst in eine Hauseinfahrt, wo man vor der Musik etwas geschützt war. Ein junger Mann brachte eine alte Frau die Treppe herunter. Eine andere alte Frau kam aus der Parterrewohnung: »Können Sie mich mitnehmen, bitte, Frau Schmidt«, sagte sie zu der anderen, »in meiner Wohnung ist es lauter als draußen auf der Straße!« Dann sagte sie, zu dem jungen Mann gerichtet: »Ich hab doch niemand, der mich hier abholen kommt.« Aus dem Hinterhaus führte eine ältere Frau einen sehr alten Mann. »Kommen Sie mit uns«, sagte der sehr alte Mann zu der Frau aus dem Parterre, »wir fahren mit dem Bus, irgendwohin.«

›Friede den Hütten‹ spielte gerade wieder das Applausband ab. Ich sah, daß auch aus den umliegenden Häusern alte Leute von ihren Angehörigen abgeholt wurden. Offensichtlich wurde jeder, der irgendwie transportfähig war, evakuiert. Unwillkürlich mußte ich seufzen. »Mein Gott«, dachte ich, »was muß noch alles geschehen, bis die Leute mal bereit sind, sich der politischen Basisarbeit zu stellen?«

Auf den Bänken vor dem Lastwagen hockten immer noch die Fans von ›Friede den Hütten‹. Mittlerweile waren sie total besoffen, ein ebenfalls total besoffener älterer Penner trank mit ihnen Brüderschaft, und vier Frauen, die ihre Babys vor die Brust geschnallt hatten, hatten sich auch dazugesetzt. Nacheinander zogen die Frauen die Brüste aus ihren Baumwoll-T-Shirts und stillten die Babys. Die Säufer prosteten den Babys zu. Die beiden Baghwan-Bräute schleuderten immer noch ihre Kleinkinder im Kreis herum. Immer noch direkt vor den Lautsprechern.

Ich wußte nicht recht, was ich jetzt machen sollte. Die meisten Leute waren schon gegangen, hinten bei den Buden standen fast nur noch alleinerziehende Mütter mit ihren alleinerzogenen Kindern. Ich wollte eigentlich nicht nach Hause, aber hier war nichts mehr los. Es blieb mir doch nichts anderes übrig, als nach Hause zu gehen.

Weil ich nur vier Parallelstraßen vom kleinen Park weg wohne, war in meiner Wohnung ›Friede den Hütten‹ nur wenig leiser zu hören. Als ich die Wohnung betrat, sagten sie gerade ein selbstgeschriebenes Lied an, in dem sie, wie sie verkündeten, gegen die Verlegung einer Autobahn durch ein Wohngebiet protestierten.

Die Scheiben klirrten.

Ich versuchte Albert anzurufen. Wenn er vom kleinen Park aus nach Hause gefahren war, dann mußte er längst zurück sein. War er aber nicht. Es war fast sieben. Warum rief er nicht an? Weil ich immer noch nicht wußte, was ich machen sollte, ging ich früh zu Bett. Um 10 Uhr verstummte ›Friede den Hütten‹ drüben im Park. Ich machte die Fenster wieder auf und schlief sofort ein.

Aber nachts um vier wachte ich wieder auf und konnte nicht mehr einschlafen. Ich wurde wütend, daß Albert nicht angerufen hatte. Vielleicht hatte er Nachtdienst? Ich rief in der Klinik an, wählte die Nummer vom Ärztezimmer direkt. Endlich, nach ewigem Bimmeln, nahm jemand ab, es war ein Kollege von Albert. Der Kollege wirkte nicht besonders wach. Da immer nur einer Dienst hat, war klar, daß Albert nicht in der Klinik war. Ich legte wieder auf, ohne mich zu melden. Am liebsten hätte ich sofort auch bei Albert angerufen und dann auch aufgelegt – aber da wäre sein Verdacht bestimmt auf mich gefallen.

Es regnete in Strömen am Pfingstsonntag. Nachmittags rief Albert an. Er behauptete, er sei das gestern nicht gewesen auf dem Straßenfest, da müßte ich eine Vision gehabt haben. Aber heute könnte ich ihn sehen. Was ich vorhätte? Ich war immer noch sauer, daß er sich gestern nicht gemeldet hatte. Ich sagte, das Fest sei ganz toll gewesen. Was er denn gemacht hätte, wenn er nicht auf dem Fest gewesen sei? Er sagte, er hätte was Besseres vorgehabt.

»Was denn?«

»Geht dich nichts an«, sagte er.

Spazierengehen konnte man eh nicht bei dem Regen. Um ins Kino zu gehen, war es zu früh. Außerdem saß ich nicht auf Abruf bereit, bis der gnädige Herr mich anzurufen beliebte. »Ich habe keine Lust, mit dir wegzugehen«, sagte ich.

»Was machst du dann?«

»Ich muß nachdenken.«

»Über was denn?«

»Geht dich nichts an.«

»Also, du willst nicht mit mir weggehen?«

»Nein.«

»Dann eben nicht!« Albert knallte den Hörer auf.

Zwei Stunden später war mir langweilig. Außerdem hatte ich nichts mehr im Kühlschrank. Die Konservendosen waren auch alle. Und es regnete immer noch in Strömen. Ich beschloß erneut, meine Macht nicht auszuspielen, und rief Albert noch einmal an. Die Leitung war blockiert. Eineinhalb Stunden lang telefonierte er. Dann ging er nicht mehr ans Telefon. Oder war er sofort, nachdem er aufgelegt hatte, weggegangen? Wohin? Mit wem? Oder wollte er mich nur ärgern?

Klar, eigentlich hatten wir uns getrennt, aber trotzdem. Ich strebte ja eine harmonische Trennung an. Wie sich Gottfried Schachtschnabel um seine Ex-Frau kümmerte, da konnte sich Albert ein Beispiel daran nehmen. Aber Albert hat nicht dieses Format. Für einen Augenblick wünschte ich mir, Albert und ich wären verheiratet. Dann würden wir jetzt richtig in Scheidung leben. Und er müßte alles tun, was ich will, sonst würde ich ihn bei der Scheidung reinlegen.

37. Kapitel

Eigentlich regnete es die ganze Woche lang, und sonst war auch nichts los. Dann, am Donnerstag, brach der Sommer aus. Innerhalb weniger Stunden trocknete der ganze Regenmatsch auf, es war viel zu schönes Wetter, um drin zu hocken, die wenigen Lokale in Kreuzberg, die einen sogenannten Garten auf dem Bürgersteig haben, wurden zu Gartenlokalen und zum Treffpunkt der Scene. Ich ging zum Klingelkasten, suchte nach bekannten Gesichtern.

Sie saß neben Albert, beide hatten die Stühle einander zugewandt, sie hatte einen Fuß auf dem Gestänge des Gartenstuhls, auf dem Albert saß, hatte ihr Bein zwischen seinen Beinen, es war klar, daß sie etwas miteinander hatten. Sie lächelte glücklich.

Sie nickte auch glücklich, als ich sie fragte, ob noch ein Platz frei sei am Tisch. Albert seufzte, zündete sich eine Zigarette an und sagte: »Das ist meine alte Freundin Constanze Wechselburger.« Er seufzte noch mal und warf die Zigarettenpackung zurück auf den Tisch. Sie erschrak sehr. Mit offenem Mund, ohne etwas zu sagen, rückte sie ihren Stuhl von Albert weg, starrte vor sich hin auf die Tischplatte.

»Das ist meine liebe Kollegin Anna Sittenfeld«, sagte Albert zu mir, mehr resigniert als verärgert. Er hätte sich denken können, daß ich auch hier vorbeikommen könnte, ich hatte ihm nicht nachspioniert, dies war mein Territorium, er war weggezogen – wenn hier jemand falsch am Platz war, dann war es sie.

Diese Anna war klein, dünn, mit blondem Haar, hatte eine fast runde Brille mit Goldrand. Sie trug Jeans, ein T-Shirt und hatte einen dieser Folklore-Pullover über die Schultern gelegt, einen dieser braun-beigen Lappen mit rundherum eingestrickten Huftieren. Ich wußte nicht, ob ich sie schon einmal gesehen hatte: sie war wie ihr Pullover, dutzendfach gesehen, ohne eine Erinnerung zu hinterlassen. Sind es Kamele oder Lamas oder Kühe, die auf diesen Pullovern eingestrickt sind? Ist sie der Typ, der im Sommer schnell braun wird? Sie sah so durchschnittlich aus, daß man sich nicht einmal fragte, ob ihre Haarfarbe echt war.

Erst auf den zweiten Blick bemerkte ich Irritierendes. Sie trug Holzschuhe mit einem naturfarbenen Lederriemen – aber mit hohen goldenen Absätzen. In ihrem Gesicht, von den Augenlidern bis zum Hals hinunter, blitzten silberne Partikel. Sie hatte sich Faschingsflitter ins Gesicht geschüttet – und das Ende Mai! Das paßte nicht zu dem Pullover, nicht zu der Brille, nicht zu ihr. Eigentlich wollte ich sie keines Blickes würdigen, aber ich starrte sie an. Sie merkte es.

»Vorhin hat ein Mann am Nebentisch behauptet«, sagte sie, »ich würde aussehen wie ein Christbaum.« Unsicher lachte sie Albert an. »Ich schminke mich sonst nie«, sagte sie, mehr zu mir gerichtet.

»Das merkt man«, sagte ich.

Albert sagte: »Ich find's süß«, und wischte den Silber-flitter von ihrer Nase, wo er auf den Mitessern klebenge-blieben war. Anna begann mit schriller Stimme über den Klinikbetrieb zu plaudern. Insider-Geplänkel. Sie war irgendeine Art von Diät-Assistentin und arbeitete aushilfs-weise auf Alberts Station. Sie war genauso schlimm wie eine Krankenschwester.

Sie war lächerlich, und dennoch hatte ich Angst vor ihr. Auf ihre Vorgängerinnen, die anderen Affären, war ich allenfalls eifersüchtig gewesen, aber ich hatte mich nie bedroht gefühlt. Bedroht gefühlt in meinem Status als die einzige Frau, die wirklich zu Albert paßte. Aber diese Anna machte mir Angst, weil sie bereit schien, für Albert alles zu wagen. Ihr genügte es nicht, ihm zu gefallen, so wie sie war; sie wollte sich ihm anpassen.

Die Angst, Albert könnte etwas Besseres gefunden haben, noch ehe ich etwas Besseres für mich gesichert hatte, schnürte mir die Kehle zu. Ich weiß nicht mehr, wie lange ich sprachlos neben den beiden saß. »Bitte bring mich nach Hause«, hörte ich mich irgendwann betteln.

»Okay«, sagte Albert. Er wollte einen Machtkampf ver-hindern. Anna hatte feuchte Augen, als Albert und ich das Lokal verließen. Aber er hatte nicht bezahlt. Was bedeutete das? Nahm er an, daß sie für ihn mitbezahlen würde? Oder wollte er noch mal zurückkommen? Wen wollte er schonen? Anna oder mich?

Albert weigerte sich, in meine Wohnung mitzugehen. Wir

stritten uns aber so lange in seinem Auto, daß Anna bestimmt nicht mehr da war, wenn er überhaupt noch mal in den Klingelkasten zurückgefahren war. Ich heulte die ganze Nacht, weil ich das Gefühl hatte, eine alleinstehende Frau zu sein.

38. Kapitel

»Er hat die Konsequenzen gezogen«, sagte Julia. »Du hast dich von ihm getrennt. Hast du gedacht, er ginge ins Kloster, um ewig um dich zu trauern?«

Ja, das hätte ich eigentlich erwartet – was sonst?

»Schnief nicht ins Telefon«, sagte Julia.

Sie war herzlos. Ich hätte sie nicht anrufen sollen, ihr nicht erzählen sollen, daß ich Albert mit dieser anderen gesehen hatte. Nun war es leider zu spät. »Und jetzt? Was soll ich jetzt machen?« fragte ich sie.

»Auch eine harmonische Trennung ist eine Trennung«, sagte Julia, »manchmal sind Theorie und Praxis dasselbe.« Sie lachte blöde.

Ich verstand nicht, was sie damit sagen wollte. Ich überlegte, ob ich mich von Albert eigentlich mehr theoretisch oder mehr praktisch hatte trennen wollen. Es fiel mir aber so spontan nicht ein. Und überhaupt hatte Julia gut reden, sie hatte sich Gottfried Schachtschnabel gekrallt.

»Übrigens«, unterbrach Julia mein Schweigen, »ich habe Birgit überzeugt, mit einer Heiratsannonce ihr Glück zu versuchen.«

»Ehrlich?«

»Ja. Wir kaufen morgen alle Zeitungen, in denen Anzeigen sind, und suchen was für Birgit. Übrigens, du könntest auch auf eine schreiben.« Julia sagte es so begeistert, als sei ihr diese Idee gerade erst gekommen. »Komm doch morgen nachmittag auch zu mir!«

»Ich auf eine Heiratsannonce antworten! Ich heirate niemals!«

»Stell dich nicht so an. Wenn du auf eine Heiratsannonce schreibst – glaubst du, du mußt deshalb heiraten? Die meisten Anzeigen sind sowieso keine Heiratsannoncen, sondern Bekanntschaftsannoncen.«

Ich gab mich geschlagen.

Julia und Birgit waren blendender Laune, als ich am Samstagnachmittag kam. Sie tranken Kaffee und Eierlikör, der Teppich war bedeckt mit Zeitungen.

Birgit, die sich bisher so gesträubt hatte, ihr Glück herauszufordern, war nun begeistert auf der Suche nach dem einen aus Millionen. Selbstlos hatte sie sogar an mich gedacht. »Hör her«, sagte sie zu mir, »hier ist einer für dich, ich les dir die Anzeige vor: ›Nicht sagen, daß man aufrichtig ist – es einfach sein...‹«

»Laß mich selbst lesen«, sagte ich. Ich las:

»Nicht sagen, daß man aufrichtig ist – es einfach sein. Mit einer Frau, die ebenso fühlt wie ich, möchte ich eine Zweisamkeit durchleben. Auf anzeigeübl. Phrasen habe ich bewußt verzichtet, denn Papier ist bekanntl. geduldig. Ich bin ein Mann, kein Schönling, aber sicher herzeigbar. Anfangsdreißiger, 185 cm, 87 gut trainierte kg schwer (Golf). Ich habe einen kreativen Beruf, der gut seinen Mann ernährt, u. möchte alles Schöne von der Kunst bis hin zur Sinnlichkeit mit einer hübschen, blonden Partnerin (ca. 25 J.) durchleben. Was ich möchte, weiß ich genau: Eine Frau, für die Gemeinsamkeit ebenso wichtig ist wie für mich. Für nur ein Abenteuer bin ich nicht zu haben, doch wenn Sie auf einen Mann wie mich gewartet haben und dem Zufall ein wenig die Arbeit abnehmen wollen, freue ich mich über Ihre Bildzuschrift unter Chiffre...«

»Scheint ein wirklich aufrichtiger Mann zu sein«, sagte Birgit.

Ich fand diesen Mann zu geschwätzig und zu dick. »Außerdem bin ich nicht blond und über fünfundzwanzig.«

»Ach so«, sagte Birgit, »da hast du recht.«

»Du mußt auf diese Anzeige schreiben«, sagte ich zu Birgit.

»Wieso ich? Du spinnst wohl? Meinst du?« sagte Birgit.

Ich schnappte mir eine Zeitungsseite, die mit »Bekanntschaften männlich« überschrieben war. Ich las:

»55 Jahre jung, liebe ich das Leben und möchte diese Liebe einer Partnerin zugute kommen lassen. Ich bin finanziell unabhängig und wünsche mir aus Paritätsgründen das gleiche von meiner Partnerin. Ich bin ohne Probleme und sehe sehr gut aus, bin sehr sportlich: Tennis, Langlauf, Wandern, Segeln. Wenn Sie zwischen 18–25 sind und das Leben so lieben wie ich, freue ich mich auf ein liebevolles Zusammentreffen. Chiffre…«

»Welche ganz junge, nach Zärtlichkeit suchende Katze möchte sich von einsamem Kater streicheln lassen und ihn ein Stück seines Lebens begleiten? Das einzige, was Du haben solltest, ist Toleranz und eine frauliche Figur. Alles Nähere in einem netten kleinen Lokal (getr. Kasse). Chiffre…«

»Überdurchschnittlich attrakt. Fische-Mann mit überdurchschnittl. Herzensbildung und jugendl. Ausstrahlung, Toleranz, besonderer Intelligenz u. mus. Neigungen; 38 J. 175, dkl., NR, ev., Dipl.Ing., lebenstüchtig, sehr naturv., kind. u. tierl., viels. Int. sucht »Sie«: Die bildhü., attrakt., sehr ju. Dame. Sie sollten sich auf höherem gesellschaftlichen Niveau ebenso sicher wie wohl im Konzertsaal oder im Wald fühlen. Eine weibl. Note und ein natürl. Appeal werden erwartet. Ihre Zuschr. mit Tel. und neuem Foto richten Sie an Chiffre…«

»Ich (42, jugendlicher Unternehmer, 187, 89) weiß mein Leben und Lieben von ästhetischen Ansprüchen geprägt und wünsche mir daher meine Partnerin: Sensibel und schmusig, repräsentativ in Jeans und Abendkleid, max. 25, mit eher knabenhafter Figur (auch Rothaarige angenehm). Zuschriften von Emanzen und sonstigen späten Mädchen zwecklos…«

Nicht nur, weil ich kein Abendkleid besitze, überkam mich die Wut. Max. 25 – das war das älteste, was die Herren neben sich auf dem höheren gesellschaftlichen Niveau oder neben sich im Wald zu dulden bereit waren. Und ich war schon 27½. Wollte mich keiner mehr?

Ich durchsuchte die Anzeigen nach den angegebenen Altersgrenzen. Erleichtert stellte ich fest, daß einige Männer, die sich als »bedeutend jünger aussehend« beschrieben oder sich ohne Altersangabe als »Mann im besten Alter« bezeichneten, auch einer Frau bis zu 30 Jahren eine Chance gaben – vorausgesetzt natürlich, die Frau war bildhübsch, attraktiv, hatte eine einwandfreie Figur, tadellosen Charakter, war zärtlich, tierlieb, chic, sinnlich, sportlich und so weiter. Damit konnte ich durchaus dienen – tierlieb und sportlich bin ich zwar nicht, aber das sieht man mir nicht an. Vor allem aber habe ich jene Eigenschaften zu bieten, mit denen die Männer selbst renommierten: Ich bin politisch und kulturell sehr interessiert, allem Neuen gegenüber aufgeschlossen, ehrlich, undogmatisch, nachdenklich, humorvoll, intellektuell... da müßte sich doch eine Gemeinsamkeit finden lassen mit einem der Männer im besten Alter, dachte ich.

»Was ist ein Mann im besten Alter?« erkundigte ich mich bei Julia und Birgit.

»Ein älterer Herr, mindestens fünfzig«, sagte Julia.

»So alt!« Ich überlegte: In meinem Bekanntenkreis gab es kein Paar mit solchem Altersunterschied. Albert war zwei Jahre älter als ich. Sicher, er war reichlich unreif. Aber ein zwanzig oder dreißig Jahre älterer Mann? Die Männer in diesem Alter, die ich kannte, waren Familienväter, die ihre Abende vor dem Fernsehapparat verbrachten. Die Männer in den Anzeigen dagegen schienen den gesamten Tag mit sportlichen Aktivitäten zu verbringen. Ich versuchte, mir diese älteren Herren beim Sport vorzustellen: Vor meinem geistigen Auge sah ich zwei Fußballmannschaften in den besten Jahren – alte Männer mit Bierbäuchen und Halbglatze. Lächerlich. Ich dachte deshalb noch mal nach und versuchte mir die Herren in den besten Jahren, »bedeutend jünger aussehend«, vorzustellen: Mit eingezogenen Bäuchen und mit über die Halbglatzen drapierten Haarsträhnen – das Bild, das ich nun vor meinem geistigen Auge sah, war immer noch lächerlich. Was war falsch an meinen Phantasien?

Noch einmal checkte ich die Selbstdarstellungen der Sportler durch, da fiel mir auf, daß keiner dieser Sportfans Fußball spielte. Das überraschte mich, da die meisten Männer Fußballfans sind – aber die, die Anzeigen aufgaben, die spielten Tennis, ansonsten waren Langlauf, Segeln, Bergsteigen, Wandern die favorisierten Beschäftigungen.

Beim Langlauf konnte ich mir die älteren Herren schon besser vorstellen. – Aber ich hatte keine Lust, mein restliches Leben in der Loipe zu verbringen. Ich wollte mit meinem Partner politische Probleme diskutieren, meine Gedanken austauschen. Aber das wollte nun wieder keiner der Inserenten.

Ich kapierte es nicht. »Warum träumen alle Männer von einer Frau, die altersmäßig ihre Tochter sein könnte? Sind das Inzestwünsche?«

»Ein reifer Mann kann dir viel mehr bieten«, sagte Birgit.

»Es ist mir schleierhaft, wie ich mit einem Scheintoten eine lebendige Partnerschaft aufbauen soll«, sagte ich zu Birgit.

»Das ist die männliche Version der Selbstfindung«, sagte Julia. »Die glauben, wenn sie eine junge Frau hätten, dann könnten sie selbst endlich anfangen, ihr Leben zu leben. Dabei wollen sie ihr Leben gar nicht ändern, im Gegenteil, nichts fürchten sie mehr! Denn dann müßten sie sich selbst ändern. Also suchen sie verzweifelt eine junge, die sich bevormunden läßt, die unerfahren genug ist, nicht zu wissen, daß das, was die Herren als Altersweisheit verkaufen wollen, in Wirklichkeit Altersstarrsinn ist.«

»Wie meinst du das?« rief Birgit ziemlich empört.

»Was glaubst du, wie so ein alter Mann mit einer jungen Frau umgeht? Meine Mutter ist doch so früh gestorben, und vor fünf Jahren hat mein Vater wieder geheiratet, siebenundsechzig ist der Alte jetzt, und seine Frau ist zweiundvierzig – also kein Baby mehr, aber so behandelt er sie! Nur ein Argument kennt er: sein Alter. Seine Frau darf keine eigene Meinung haben, angeblich fehle ihr die Erfahrung. Aber ansonsten hat er wahnsinnige Angst, daß sie ihn mit einem Jüngeren betrügt.«

»Also, mit so einem Opa ins Bett«, sagte ich, »glaubst du, die können überhaupt noch?«

»Jedenfalls glauben sie, wenn sie nicht mehr können, dann läge es nur daran, daß die Frau nicht attraktiv genug ist für ihre Ansprüche. Und ich glaube, meinem Vater genügt der Neid der anderen Männer... dem genügt es, daß die anderen denken, wenn der eine so junge Frau hat, dann bringt er es noch.«

»Trotzdem ist ein älterer Mann viel eher in der Lage, für seine Frau ein schönes Nest zu bauen«, sagte Birgit.

»Ich will einen Mann zum Bumsen, nicht zum Beerben«, sagte ich, um Birgit zu provozieren.

Birgit sah mich entsetzt an. Dann fragte sie Julia: »Und warum hat deine Stiefmutter deinen Vater geheiratet?«

»Einmal darfst du raten«, sagte Julia.

»Sind sie glücklich?« fragte Birgit.

»Sie wartet auf seinen Tod, und er hofft, daß er sie noch zwanzig Jahre bevormunden kann. Schöne Aussichten.«

Birgit sah Julia entsetzt an.

Julia lachte: »Ich habe eine psychologische Studie gelesen, da wurden Männer gefragt, welche Motive sie bei einer jungen, hübschen Frau vermuten, die einen bedeutend älteren Mann heiratet. Also, jüngere Männer vermuten meist, daß sie es wegen des Geldes tut, um möglichst schnell zu erben. Aber die alten Männer, die ab sechzig, die antworten größtenteils, daß eine junge hübsche Frau einen alten Mann aus Liebe heiraten würde! Weil sie seine Erfahrung zu schätzen wüßte! Toll, was?!«

Wir tranken einen Eierlikör auf die Männer und lasen weiter. Ich fand eine Anzeige mit der Überschrift: »Total verrückter Individualist.« Der war fünfunddreißig und sehnte sich nach einer »Mädchenfrau, Alter 26 ± 8 Jahre«. Ich subtrahierte: $26 - 8 = 18$. Klar, eine Achtzehnjährige war auch für einen total verrückten Individualisten das Ideale. Ich addierte: $26 + 8 = 34$. »Wie kommt er ausgerechnet auf 34 als Höchstgrenze?«

»Man merkt, du liest keine Heiratsannoncen«, sagte Julia, »dabei ist es ganz einfach: Wenn einer eine Frau sucht bis ›circa 25‹, dann ist der Inserent zwischen vierzig und scheintot. Aber wenn da steht ›bis 27‹ oder ›bis 34‹, also wenn eine exakte Zahl als Höchstalter angegeben ist, dann kannst du wetten, daß der Inserent exakt ein Jahr älter ist. Wenigstens ein Jahr älter muß er sein, sonst würde die männliche Überlegenheit des Inserenten zusammenbrechen. Allerdings sind Männer, die nach dem zweiten Prinzip inserieren, meist jünger. Je jünger der Mann ist, desto älter darf die Frau sein. Die Suche nach der verlorenen Jugend beginnt erst mit vierzig.«

»Hier!« rief Birgit, »hier schreibt einer: ›Alter und Aussehen unwichtig.‹«

»Lies vor!«

»Bestseller-Autor der Zukunft sucht: solvente Verlegerin für Buch, Freundschaft; evtl. spätere Heirat möglich. Weltgereister, sportlicher, blendend aussehender und unabhängiger Akademiker (55/175) wünscht mit Dame dieses Metiers in Verbindung zu treten. Alter und Aussehen unwichtig. Seriöse Zuschriften erbeten unter Chiffre…«

»Der will kein Foto, sondern einen Kontoauszug als Referenz«, sagte ich.

»Hm«, sagte Birgit.

»Eine Ausnahme – schlimmer als die Regel«, sagte Julia. Dann las sie die Anzeige eines alternativen Lehrers vor, der eine alternative sinnliche Frau suchte, die das Leben in der Stadt und Büstenhalter ablehnt. Und er wollte ein Brustbild.

Warum muß eine Frau schön sein und nicht klug? Weil Männer besser sehen können als denken. – Der alte Klospruch fiel mir ein.

Auch Herzensbildung war in den Annoncen sehr gefragt. Ob Julia vielleicht mehr Herzensbildung hatte als ich und sich deshalb Gottfried Schachtschnabel hatte krallen können? Ich fragte die Heiratsannoncenexpertin: »Was ist Herzensbildung?«

»Du hast keine!« antwortete sie.

»So gut kennst du mich gar nicht…«

»Frauen, die Abitur haben, haben keine Herzensbildung.«

»Ich habe auch Abitur«, sagte Birgit.

»Herzensbildung ist für Männer der Gegensatz zu Kopfbildung. Also haben nur dumme Frauen ein gutes Herz. Das müßte doch bekannt sein«, sagte Julia und lachte.

Ich las die nächste Anzeige: »Ich mag idealistische, kreative Menschen, mag Kinderlachen, Kindersorgen, Familienglück…« – Ich hörte auf zu lesen, die Anzeige erinnerte mich an Julias Visionen von totaler Gemeinsamkeit: Kinder – Schulden – Fernsehabende!

Darunter fand ich wenigstens eine Anzeige für Birgit, die ja älteren Männern nicht abgeneigt war, und las ihr vor:

»Sie dürfen in Ihren Erwartungen anspruchsvoll sein, ich bin es auch. Ich bin ein jünger aussehender Mittvierziger, Lebens- und Eheerfahrung haben einen aufmerksamen und zärtlichen Mann aus mir gemacht, und an 180 jugendlich-sportliche cm sollen Sie sich anlehnen…«

»Anlehnen«, seufzte Birgit.

»…sofern Sie eine vielseitige, romantische, zärtliche, junge Dame mit Herz und Niveau sind. Aus Paritätsgründen wünsche ich mir eine Partnerin mit beträchtlichem Vermögen…«

»Wie schade«, sagte Birgit, »daß diese reichen Männer nur reiche Frauen heiraten wollen.«

Auch in der nächsten Anzeige wünschte sich einer aus den sogenannten Paritätsgründen eine vermögende Frau – als

Dreingabe zu allen sonstigen Vorzügen, versteht sich. »Warum wünscht sich niemand aus Paritätsgründen eine intelligente Frau?« sagte ich.

»Zum Glück gibt es ja noch großzügige Kavaliere«, sagte Julia, »hier, seht mal.«

Wir lasen: »Millionär (50) sehr großz. su. attr. ju. Frl. f. alle L(i)ebenslagen. Zuschrif. m. B. Ch....«

»Man merkt an den Abkürzungen, was das für ein großzügiger Mensch ist«, sagte ich. »Ein geiziger Lustgreis ist der!«

Ich war nun sicher: Es war ein idiotisches Unternehmen, in die Annoncen all dieser Idioten irgendwelche Hoffnungen zu setzen. Plötzlich sah ich diese Anzeige, sie war viel größer als die anderen, stand aber unten in der Ecke, so daß ich sie bisher übersehen hatte:

»Deine Vorzüge lassen sich nicht im Anzeigenton formulieren... Du hast Deinen Weg jenseits von abgeklärtem Stillstand gefunden... Du fühlst vieles, was die anderen verdrängen... Du suchst den Kampf gegen das Bürgerliche an sich ...Für Dich ist Sein wichtiger als Haben. Dein freier Geist mag keine Normen und hat Raum für den tieferen Sinn des Daseins. Du magst Politik... Toleranz und Ästhetik sind für Dich so lebenswichtig wie für mich: Du bist intellektuell aus innerster Seele. Die Gesetze der Erotik sind bekannt...«

– Als ich dies las, lief mir ein Schauer über den Rücken. Die Anzeige ging weiter. Ich las weiter:

»Ich 32/170/65 begeisterungsfähig und motivierend, flexibel und kontrolliert, aber völlig undogmatisch und trotz allem greifbar, habe gelernt, mich in absoluten Freiräumen zu orientieren, Ordnungen selbst zu entdecken. Ich liebe klare Sprache und klare Menschen; unorthodox schaue ich mir Dinge gerne andersherum an als in ihren eingestanzten Bedeutungen. Wir suchen uns, um selbstverständlich zu sein. Chiffre 48763 UZ.«

Hier war, was ich gesucht hatte: Eine gleichgerichtete Seele! Endlich eine Anzeige eines Intellektuellen! Und eine so große, großzügige Anzeige! Und die Anzeige war in einer regionalen Zeitung, der Mann mußte hier in der Nähe leben!

Wirklich, ein Wink des Schicksals. Ein bißchen klein war er, nur sechs Zentimeter größer als ich, aber wir Intellektuellen achten nicht auf Äußerlichkeiten. Ich überlegte, ob ich doch auf eine Anzeige antworten sollte. Auf diese Anzeige. Birgit störte meine Gedanken.

»Ein Foto, ich brauche ein Foto«, rief Birgit, »ein Ganz-Foto, sonst kann ich auf keine Anzeige antworten.«

»Ja«, sagte ich geistesabwesend.

»Ich habe kein Foto«, sagte Birgit.

»Du wirst irgendein Foto haben«, sagte Julia.

»Nein, habe ich nicht. Jedenfalls keins, das für so was geeignet wäre.«

»Irgendein Foto«, sagte Julia.

»Einem Mann, den ich überhaupt nicht kenne, kann ich nicht irgendein Foto schicken! Das ist doch der erste Eindruck, den er von mir hat, und man weiß doch, wie wichtig…«

»Soll ich dich fotografieren?« sagte ich. »Ich kann fotografieren. Ich habe nach dem Abi in einer Werbeagentur gejobbt, und da hab ich gelernt, wie man fotografiert. Ich hab eine tolle Kamera, damit fotografiere ich dich.«

»Ehrlich?« sagte Birgit.

»Ehrlich«, sagte ich.

»Ich weiß nicht recht«, sagte Birgit.

Ich redete wie wild auf Birgit ein. Ich erinnerte Birgit, daß ich auf der Filmakademie bin und Fotografieren mein Beruf und meine Leidenschaft ist. Ich versprach ihr die schönsten Farbfotos. Ganz natürlich würde sie darauf wirken.

»Ganz natürlich«, sagte Birgit und sah uns mißtrauisch an, »wer weiß, wie ich dann aussehe?«

»Morgen mittag machen wir die Fotos«, sagte ich, »auf dem Heilig-Kreuz-Friedhof.«

»Auf dem Friedhof?« sagte Julia.

»Du spinnst«, sagte Birgit.

»Wegen der Bäume«, sagte ich, »da gibt es so schöne Bäume, solche Bäume gibt es sonst nirgendwo mehr in der Stadt.« Ich schwor Birgit, daß man auf den Fotos garantiert nicht sehen würde, daß ich sie auf dem Heilig-Kreuz-Friedhof fotografiert hätte; versprach Birgit, wenn ihr meine Fotos nicht gefallen würden, ich alles selbst bezahlen würde, und daß sie nur dann die Abzüge und den Film bezahlen solle, wenn ihr die Fotos wirklich gefallen.

»Ist doch ein prima Angebot«, sagte Julia zu Birgit.

Weil alles nichts half, sagte ich, daß die tollsten Fotos von Cathérine Deneuve ebenfalls auf einem Friedhof gemacht worden seien, wegen des berühmt sanften Lichts, das es nur auf Friedhöfen gebe. Das war zwar total erlogen, aber endlich war Birgit beeindruckt.

Aber morgen, sagte Birgit, morgen ginge es nicht. Sie hätte einen Pickel am Kinn und müsse vor den Aufnahmen selbstverständlich zum Friseur.

Wir verabredeten uns nach langem Trara für Donnerstag. Das war Birgits Gleitzeittag und traf sich gut, weil Donnerstag auch mein freier Tag ist. Um 14 Uhr, machten wir aus, in der Eisdiele gegenüber dem Haupteingang vom Heilig-Kreuz-Friedhof. Ich versprach Birgit, wenn ihr mein Fotoplatz auf dem Friedhof nicht gefallen würde, daß ich sie dann notfalls sogar auf dem Gelände der Bundesgartenschau fotografieren würde.

Auf dem Heimweg kaufte ich die Zeitung, in der ich diese Anzeige gefunden hatte. Ich hatte keine Lust gehabt, gegenüber Birgit, und vor allem nicht gegenüber Julia, zuzugeben, daß ich mit dem Gedanken spielte, auf diese Annonce zu antworten. Zumal ich mir noch keineswegs sicher war. Aber nun, da Albert eine andere hatte, mußte auch ich handeln. Andererseits: Vielleicht hatte er sich längst wieder von dieser Null-acht-fünfzehn-Diät-Gurke getrennt? Ich kannte Albert besser als sie. Sie hatte keine echte Chance bei ihm. Ich nahm mir wieder vor, Albert nicht anzurufen, das hatte ich gar nicht nötig. Aber wenn Albert nicht bald mich anrufen würde, dann ...

39. Kapitel

Ich könnte ihn umbringen.

Nicht, daß ich ihn noch haben wollte. Aber eine andere soll ihn auch nicht haben. Nicht so kampflos. Würde Albert recht geschehen, wenn ich ihn umbrächte.

Wie? Ich könnte ihm sagen, er soll mich besuchen, noch ein letztes Mal, und dann lauere ich hinter der Tür mit einem Beil: zack, zack, kurz und schmerzlos. – Allerdings würde der Verdacht dann auf mich fallen. Das wäre schlecht. Ich will ja nicht in den Knast, sondern mein Leben in Rache genießen.

Tabletten? Ich sehe Albert vor mir, wie er sich in Magenkrämpfen windet. Mir wird auch ganz schlecht. Wahrscheinlich könnte ich diesen Anblick ein Leben lang nicht vergessen. Am besten wär's, ich würde ihn mit dem Auto plattfahren. Spontan im Affekt – das gibt mildernde Umstände. Aber dann überall das Blut. Und vielleicht wäre er nicht sofort tot. Und wenn er merken würde, daß ich ihn umgefahren hab, dann würde er wahrscheinlich darauf verzichten, als letzte Worte zu hauchen: »Constanze, du! Ich habe dich immer geliebt. Nur dich!«

Gift in den Pudding. Aber wenn ich zu ihm geh, mit einer Schüssel Pudding unterm Arm: »Sieh mal, was ich dir gekocht habe, es wird dir guttun«, würde er stutzig werden. Ein Radio in die Badewanne werfen. Oder einen Fön. Aber vielleicht brennt dann die ganze Bude, und auch ich werde ein Raub der Flammen. Um ihn bei einer Bootsfahrt aus dem Kahn zu kippen, bin ich zu schwach. Er würde mich mit sich rausziehen. Und wahrscheinlich würde dann nur ich ersaufen, und er würde gerettet. Das könnte ihm so passen.

Er müßte in den Armen einer anderen verenden. Dann hätte ich auch nicht den Ärger mit der Leiche. Ich könnte dann vor Gericht großmütig der anderen, die natürlich des Mordes verdächtigt wird, helfen.

»Nein, Herr Richter«, werde ich sagen, »ich glaube nicht, daß die Angeklagte meinen Lebensgefährten umgebracht hat. Wissen Sie, er war so depressiv, seitdem ich ihn verlassen habe. Er sprach in letzter Zeit immer wieder von Selbstmord.« Und ich könnte noch mit tränenblinder Stimme hinzufügen: »Im Grunde starb er an gebrochenem Herzen.« – Da würde mich keiner mehr verdächtigen. Selbstmord wäre überhaupt ideal.

500 rote Rosen würde ich, ganz in Schwarz gekleidet, mit Schleier am Hut, gestützt von den zwei schönsten Männern der Scene, auf sein Grab legen. Der arme Albert, er wird die Trennung von mir nicht überleben. Tiefes Mitleid mit seinem selbstverschuldeten Schicksal erfüllt schon jetzt mein Herz. Ich muß weinen.

Die Beerdigung von Albert wäre eine gute Filmszene.

40. Kapitel

Birgit war pünktlich, perfekt geschminkt, mit frisch eingedrehtem Haar und voller Mißtrauen. Sie sei noch nie auf dem Friedhof gewesen, sagte sie, und überhaupt sei alles eine Schnapsidee. Ich sagte nichts, schleppte meine Fototasche und das Stativ zu dem Grab, neben dem die wunderbare Trauerweide wuchs. Birgit trottete hinter mir her. Perfekt wie sie war, roch sie kilometerweit nach Parfüm – obwohl man das auf dem Foto nun wirklich nicht sehen würde. Sie roch nach Opium, dem penetrantesten Geruch seit der Erfindung des Mottenpulvers. Es wird mir immer ganz anders von diesem Zeug. Die Sonne schien durch die Zweige.

»Hier!« sagte ich.

»Hier?« sagte Birgit entsetzt.

Ich baute das Stativ auf, schraubte die Kamera fest, dann sagte ich zu Birgit, daß sie nun den rechten Arm auf den Grabstein lehnen sollte, er hatte genau die richtige Höhe, um sich ganz entspannt darauf aufstützten zu können. Mit der linken Hand sollte sie einen Zweig der Trauerweide an ihr Gesicht ziehen. Um Birgit von meiner Professionalität zu überzeugen, gab ich meine Anweisungen mit einer Stimme, die keinen Widerspruch duldet.

»Warum?« sagte Birgit.

»Weil das toll aussieht.«

Birgit untersuchte den schwarzen polierten Marmorstein auf fleckbringende Bestandteile. Sie zog widerwillig an einem Zweig der Trauerweide und untersuchte die Blätter auf Blattläuse. »Und jetzt?« fragte sie.

»Jetzt lächeln.«

Birgit lächelte wie ein Haifisch.

Das Modell muß ganz natürlich wirken, das ist bekanntermaßen das Wichtigste beim Fotografieren. Damals, als ich in der Werbeagentur gejobbt hatte, hatte ich zugesehen, wie ein Starfotograf fotografierte. Der Starfotograf sagte zu jedem Fotomodell: »Du bist eine echte Mickymaus, Desirée!« Oder: »Du bist eine echte Mickymaus, Jennifer!« Oder: »Du bist eine echte Mickymaus, Raffaela!« oder wie das Modell eben hieß. Darauf waren die Modelle immer ganz entspannt.

»Du bist eine echte Mickymaus, Birgit!«

Birgit glotzte depressiv. »Ich weiß«, sagte sie, »meine Ohren sind zu groß. Ich sollte die Haare über die Ohren kämmen. Aber dann sieht man meine Ohrringe nicht!«

Ich erläuterte Birgit, daß ich ihr das deshalb gesagt hätte, um die Atmosphäre zwischen Fotograf und Modell zu entspannen. Und daß ich wüßte, daß jedes Fotomodell entspannt ist, wenn man zu ihr sagt, sie sei eine echte Mickymaus.

»Also noch mal«, sagte ich, »Achtung! Du bist eine echte Mickymaus, Birgit!«

Birgit ließ den Zweig der Trauerweide los und wischte sich hektisch übers linke Ohr. Verzweiflung war in ihrem Blick. So ging's nicht. Ich sagte es Birgit. Birgit zog an ihrem goldenen Halskettchen, als wollte sie sich damit erwürgen. Das Halskettchen brachte mich auf die Idee: »Erzähl doch mal, Birgit, was hat deine Schwester von ihrem tollen Mann zur Geburt von dem tollen Baby geschenkt bekommen?«

»Einen ganz tollen Herzanhänger«, sagte Birgit und wirkte sofort weniger verkrampft.

»Was für'n Anhänger?« fragte ich, während ich Birgit durchs Objektiv beobachtete.

»Ein Goldherz«, sagte Birgit, und in ihren Augen war plötzlich ein inniges Leuchten.

»Sehr schön«, sagte ich und knipste. »Wo hat er es gekauft?« fragte ich weiter, um Birgit vom Fotografiertwerden abzulenken. »Bei Tchibo?« Ich beobachtete Birgit weiter durch das Objektiv. Ich war nur 0,9 Meter von ihr entfernt.

»Nein, bei einem Etagen-Juwelier in der Innenstadt. Ganz toll das Herz. Und Weihnachten bekommt sie dazu die passende Kette.«

»Sag noch mal ›Etagen-Juwelier‹.«

»Warum?«

»Weil dabei dein Mund so schön aussieht, wenn du ›Etage‹ sagst.«

– Das hätte ich nicht sagen sollen: Jetzt sagte sie ›Etage‹, ohne dabei die Lippen zu öffnen. Das gab ihr einen berechnenden Zug um den Mund. Ich wollte aber ihren Mund rund und gleichzeitig etwas gespitzt und einen sehnsüchtigen Ausdruck in den Augen. Den Sex von Marilyn Monroe und die Eleganz von Cathérine Deneuve – das war's, was mir vorschwebte. Aber Birgit führte sich auf wie Margaret Thatcher. Ich mußte abwarten und sie weiter beobachten.

»Was für ein Goldherz?« fragte ich, »so ein hohles? Für 49 Mark 95 Pfennig?«

»Nein, massiv Gold. Echt Gold! Fünfhundertfünfundachtziger Gold!«

Als Birgit ›Gold‹ gesagt hatte, wußte ich, daß es das war. Diese Lippen, halb geöffnet, das verbindliche Lächeln, das Treue signalisierte, der Glanz in den Augen, der Begierde verhieß – aber nicht so stark war, um den Verdacht zu erwecken, diese Begierde bedürfe zu ihrer Erfüllung mehr, als ein durchschnittlicher Mann zu bieten hätte. Ideal. »Sag noch mal ›fünfhundertfünfundachtziger Gold‹.«

»Ich kann doch nicht ein Foto, auf dem ich an einem Grabstein lehne, für eine Heiratsannonce einschicken«, maulte Birgit. Ich sagte, daß man von dem Grabstein nachher auf dem Foto höchstens eine Ecke sehen würde, und daß er dann aussehen würde wie eine schwarze Kommode.

»Warum steht denn eine Kommode unter einer Trauerweide?«

Das wußte ich auch nicht. Wir dachten gemeinsam nach. Dann legten wir Birgits himbeerrote Jacke über den Grabstein, Birgit legte den Arm auf die Jacke, ich versicherte Birgit, daß nun auf meinem Bildausschnitt nichts von dem Grabstein zu sehen war. Im Objektiv sah ich über Birgits Kopf die Blätter der Trauerweide, rechts von Birgit ebenfalls Trauerweide, und links lehnte sie sich auf ihre Jacke. Es sah sehr hübsch aus. Birgits blonde Haare zu dem Grün der Trauerweide, die Struktur der Blätter zu dem Muster von Birgits weißer Spitzenbluse, die am Kragen und an den Manschetten mit Goldfäden durchwebt war, die himbeerrote Jacke wiederholte die Farbe von Birgits Lippenstift.

»Also, sag jetzt noch mal ›dreihundertdreiunddreißiger Gold‹.«

»Warum soll ich jetzt dreihundertdreiunddreißiger Gold sagen statt fünfhundertfünfundachtziger Gold?« sagte Birgit alarmiert. »Das Goldherz von meiner Schwester...«

»Okay, okay«, sagte ich. Mir kam es nur auf das Wort ›Gold‹ an, da wollte ich auf den Auslöser drücken, die Silben vorher waren nur zu meiner Konzentration und zu Birgits Ablenkung nötig.

»Also, fünfhundertfünfundachtziger Gold«, sagte Birgit.

Der Glanz in ihren Augen war etwas härter geworden. Ich ging von Blende 3,6 auf Blende 2,8 – die totale Weichzeichnerblende. Blende 2,8 trotz der Sonne: Birgits Gesicht würde wie gemalt wirken.

Wie Birgit ›fünfhundertfünfundachtziger Gold‹ sagte, war irre. Jetzt machte das Fotografieren Spaß. Und Birgit war nun ganz locker und natürlich. Sie drehte den Kopf nach links; warf ihre Haare in den Nacken; einmal stützte sie das Kinn auf den Daumen der rechten Hand; dann blickte sie versonnen auf ihre Strickjacke auf dem Grabstein. Und jedesmal sagte sie: »Fünfhundertfünfundachtziger Gold«, und jedesmal, wenn sie ›Gold‹ sagte, drückte ich auf den Auslöser. Es sah immer toll aus.

»Du bist echt fünfhundertfünfundachtziger Gold«, sagte ich.

Dann entdeckte ich hinten in einer Ecke des Friedhofs ein frisches Grab, mit Blumen überhäuft. »Wart mal«, sagte ich. Ich ging zu dem Grab, sah mich vorsichtig um – der alte Mann, der vorher vorbeigegangen war, war nicht mehr zu sehen. Ich nahm aus einem der Gestecke eine kurze, tiefrote Rose. Sie war fast erblüht. Das Gesteck hatte eine schwarze Schleife, auf der mit goldenen Buchstaben stand: »In ewiger Liebe.«

Ich gab Birgit die rote Rose. Birgit bekreuzigte sich.

»Wir bringen sie nachher zurück«, sagte ich.

»Was soll ich damit?« fragte Birgit.

»Sieh die Rose an und sag ›fünfhundertfünfundachtziger Gold‹.«

Es war nun fast vier Uhr. Das Sonnenlicht brach durch die Zweige der Trauerweide, nun nicht mehr in der weißen Helligkeit des Nachmittags, jetzt war das Licht wärmer, goldener. Ich ging auf Blende 3,6. Die Schatten der Blätter spielten auf Birgits Gesicht, sie sah aus wie eine Riemenschneider-Madonna oder wie eine Nutte in einem Fassbinder-Film. Draußen, vor dem Friedhof, fuhr ein Auto vorbei, man sah es nicht, aber hörte die aufgedrehte Stereoanlage: Udo, Heino oder sonst ein Heini dröhnte im Autoradio. Der Lärm verflog in den Zweigen der Trauerweide, wurde hier wieder zur sanften Musik ...

»... Kleine Annabell, mußt dem Mann verzeihn,
der dich niemals im Leben vergißt!
Irgendwo wird er stets an dich denken,
an den Mund, den noch keiner geküßt!
Kleine Annabell, mußt nicht einsam sein,
mit dem Traum vom verlorenen Glück! ...«
– Dann war das Auto mit der Stereoanlage außer Hörweite. In Birgits Augen schimmerten Tränen. Ich starrte sie an durchs Objektiv: Blende 3,6; Entfernung 1,5 Meter. Birgit bewegte den Arm, wischte sich über die Augen, ihre Jacke rutschte vom Grabstein herunter, fiel auf die winterfeste Grabbepflanzung. Und nun spiegelte sich die Sonne in dem schwarzen Marmor, ein goldschwarzer Glanz fiel auf Birgits rechte Gesichtshälfte, auf der linken spielten die Schatten der Blätter der Trauerweide. Die Goldfäden an Birgits Kragen strahlten mit einer Intensität, die nicht von dieser Welt schien. Plötzlich, im Sonnenlicht, öffnete sich die fast erblühte Rose. Sie öffnete sich mit letzter Kraft zur letzten Vollkommenheit, die feinen Härchen der Blütenblätter warfen samtene Schatten. Die vollkommene Rose schenkte uns ihre letzte Chance.

»Sag es«, flüsterte ich, »bitte, sag es mir.«

»Fünfhundertfünfundachtziger Gold«, flüsterte Birgit.

Der Wind trieb mir eine Schwade Opium ins Gesicht, ich drückte auf den Auslöser und bekreuzigte mich: »Lieber Gott, gib, daß die Belichtungszeit richtig war.«

»Was bin ich gespannt«, sagte Birgit, als wir uns nach einem anschließenden Eisbecher verabschiedeten. Ich hatte sie noch gefragt, ob sie jetzt wisse, auf welche Anzeige sie antworten würde, sie sagte, sie wolle erst die Fotos abwarten. Birgit sagte, daß es ihr auf jeden Fall Spaß gemacht hätte, fotografiert zu werden, und ich hätte wie ein Profi fotografiert – das hört man gerne.

Ich hatte Birgit nichts davon erzählt, daß ich mir immer noch überlegte, auch auf eine Anzeige zu antworten. Eigentlich war ich jetzt dazu entschlossen, weil Albert sich seit jenem Abend letzter Woche nicht mehr gemeldet hatte. Ich war verunsichert, das Gefühl, daß es Zeit wurde zu handeln, wurde in mir immer stärker. Ich hatte Birgit auch gefragt, ob sie nicht fände, daß es Zeit würde, ihre Situation zu ändern. Aber Birgit verstand meine Frage nicht. Sie fragte zurück, wie lange es dauern würde, bis die Fotos entwickelt seien. Ich war ziemlich sicher, daß sie bis Montag fertig sein würden.

41. Kapitel

Was keine mehr für möglich gehalten hatte, wurde wahr. Das Frauenseminar fand statt. Nach langem Telefonieren hatten wir festgestellt, daß sogar fünf Frauen am Freitag Zeit hatten – allerdings hatten wir uns statt wie üblich fünf Uhr schon auf drei verabredet, weil Irmela mit ihrem Benjamin abends auf ein Fest wollte und Benjamin vorher schlafen sollte, damit er auf dem Fest voll da war; aber mir war der frühere Termin auch ganz recht. Jetzt, da Gottfried mit Julia liiert war, wollte ich sowieso nicht mehr ins Absolventenseminar, ich hätte es nicht ertragen, ihn zweimal pro Woche zu sehen. Wenn das Frauenseminar schon zwei Stunden früher stattfand, würde ich Gottfried allenfalls vielleicht im Flur sehen, würde ihm kurz zunicken und ihn seinen Überlegungen, ob er sich richtig entschieden hatte, als er sich für Julia entschied, überlassen.

Weil es gestern zu spät gewesen war, um den Film noch wegzubringen, fuhr ich auf dem Weg zur Akademie an meinem Fotoladen vorbei. In Hochglanz bestellte ich die Abzüge. Montag würden sie, wie erwartet, fertig sein. Als ich dann weiter fuhr – ich war auf dem Alleenring, kurz vor der Ampel am Übergang vor der U-Bahn –, kam mir ein jeansblauer Mercedes entgegen. Obwohl ich noch die Ampel geschafft hätte, bremste ich. Ich erkannte sein Auto schon am Nummernschild, es trug seine Initialen »GS 1«. Ich stand mit meinem Mini-Fiat auf der anderen Seite des Zebrastreifens, direkt schräg gegenüber von Gottfried, aber er sah mich nicht. Ich kurbelte mein Fenster herunter, wollte hupen und winken, in dem Moment wurde mir klar, wohin er fuhr. Er fuhr nach Kreuzberg! Um 14 Uhr 36! Was wollte er dort um diese Zeit? Liebe am Nachmittag mit Julia.

Die Ampel schaltete auf Grün, ich sah rot.

Liebe am Nachmittag mit Julia. Und danach macht er sein Seminar. Widerlich. Ich platzte fast vor Wut, als ich ins Institut kam. Dann sah ich an Gottfrieds Seminarraum einen Zettel hängen. »Das Seminar fällt heute aus. Gottfried Schachtschnabel.« Wie bitte? Er ließ sogar sein Absolventenseminar ausfallen, um mit Julia… Daß sie sich nicht schämte, ihre psychologischen Tricks so zu mißbrauchen.

Während des Frauenseminars konnte ich mich überhaupt nicht konzentrieren, obwohl intensiv diskutiert wurde, wie man den Alltag einer typischen Hausfrau im Film transparent machen könnte. Das Geklapper der Stricknadeln ging mir auf den Wecker. Rosi erzählte, daß Hitchcock oder so jemand gesagt hätte, man solle sich vorstellen: Eine Frau bügelt, putzt, spült Geschirr, bindet sich dann die Schürze ab, frisiert sich, geht ins Kino und sieht einen Film, in dem eine Frau bügelt, putzt, Geschirr spült… das würde nicht betroffen machen, oder? sagte Rosi. Ich ärgerte mich darüber, daß Rosi hinter jedem Satz »oder?« anhängte. Ich haßte alle Frauen.

Um halb fünf hielt ich es nicht mehr aus. Ich hätte einen wichtigen Termin, murmelte ich und ging. Beate ging gleich mit. Sie hatte auch einen wichtigen Termin.

Kurz nach fünf war ich zu Hause. Ich konnte mich nicht bremsen und rief sofort Julia an, um festzustellen, ob mein Verdacht richtig war. Sie war sofort am Telefon.

»Lämmle«, sagte sie fröhlich blökend.

Eigentlich hatte ich wieder auflegen wollen, falls sie sich meldete, denn wenn sie jetzt schon zu Hause war, dann war sowieso alles klar. Aber weil sie so schnell am Telefon gewesen war, hatte ich mich erschreckt, hatte mich geräuspert und ohne es zu wollen, meinen Namen gesagt.

»Hallo Constanze«, sagte Julia total fröhlich.

»Wie geht's«, fragte ich total düster.

»Prima, und dir?«

Das wunderte mich nicht, daß es ihr prima ging: »Ist Gottfried bei dir?«

»Nein, gerade ist er weggegangen. Warum fragst du?«

»Zufällig hab ich gesehen, daß sein Seminar ausfällt. Und zufällig hab ich ihn gesehen, wie er nach Kreuzberg gefahren ist.«

»Ja, er kam kurz vorbei, ehe er weggefahren ist.«

»Er ist weggefahren? Wohin?«

Gottfried sei nach Hannover gefahren. Sein Vater hätte Geburtstag, würde morgen 65, und Gottfried hätte das Seminar ausfallen lassen müssen, weil er es sonst nicht geschafft hätte, heute noch nach Hannover zu kommen. Und morgen, zum 65sten seines Vaters, würden viele Gäste erwartet. »Aber Mittwoch, zu deinem Seminar, ist er wieder da, das fällt nicht aus«, erklärte Julia, als sei sie Gottfrieds persönliche Referentin. – Daß sie die letzten zwei Stunden mit Gottfried im Bett gelegen hatte, davon sagte sie natürlich nichts, die falsche Schlange.

»Und was machst du sonst?« fragte sie zuckersüß.

»Weiß nicht, nichts Besonderes.«

»Sollen wir uns treffen? Das wär doch mal wieder nett«, sagte sie.

Wir verabredeten uns für sieben im Mykonos, das war bei Julia um die Ecke, und da konnte man auch draußen sitzen. Ich würde Julia auf den Zahn fühlen, sie über ihre Sexualpraktiken ausfragen, nahm ich mir vor.

Gerade hatte ich aufgelegt, da läutete das Telefon wieder.

»Ist noch was?« sagte ich, weil ich natürlich annahm, es sei noch mal Julia.

»Wer ist da?« fragte eine Frau irritiert. »Bist du es Constanze?« Es war Sieglinde Schadler.

Sieglinde war überhaupt irritiert. Was ich heute abend machen würde, fragte auch sie. Ich sagte, daß ich mich gerade mit jemand verabredet hätte.

»Ach«, sagte Sieglinde.

»Warum?«

»Ich wollte dich nämlich so gerne einladen für heute abend.«

»Warum?«

»Ja also, nicht daß du denkst, ich würde dich nur als Lückenbüßerin ...«

»Aber nein, auf die Idee käme ich bei dir doch nie«, sagte ich so ernsthaft, daß eigentlich auch Sieglinde merken mußte, daß es nicht mein Ernst sein konnte.

»Es ist nämlich so«, sagte Sieglinde und seufzte schwer, »Ich habe ein Kollegenehepaar von Wolf-Dietrich eingeladen und eine ehemalige Kollegin von mir, die einen Zahnarzt geheiratet hat und ein ganz süßes Kind hat. Und nun hat gerade die Frau von Wolfis Kollegen angerufen und gesagt, daß die Babysitterin von ihrer Tamara-Julia krank ist! Und meine ehemalige Kollegin, die Frau von Doktor Ziegler, kann auch nicht – ihr Benjamin hat vorhin Schluckauf bekommen, und da kann sie ihn natürlich heute abend nicht mit dem Vati alleinlassen –, und nun stehe ich da mit meinem Essen…«

»Was gibt es denn zu essen?« fragte ich ganz direkt. Für ein paar lumpige Käsewürfel würde sie mich nicht als Lückenbüßerin bekommen.

»Ich habe Käseauflauf für uns entdeckt«, sagte Sieglinde.

»Aha. Hm.«

»Und den kann man nicht wieder einfrieren, deshalb…«

»Ach so.« Wieder einmal bewunderte ich Sieglinde: Wie sie es immer schaffte, total unverschämt zu sein, ohne aber aggressiv zu wirken, das war schon vorbildlich. Sie schaffte es sogar, ihre Beleidigungen als emotionale Offenheit zu tarnen. Ich wußte genau, seitdem ich nicht mehr die Lebensgefährtin des jungen Arztes war, sondern nur noch eine herrenlose Studentin, seitdem galt ich für Sieglinde, die Zahnarzthelferin mit stabiler Zweierbeziehung, die im Vorzimmer der deutschen Spitzenverdiener wachte, nicht mehr als der richtige Umgang. Aber ehe sie den Auflauf wegwerfen würde, wollte sie doch lieber ein barmherziges Werk vollbringen.

»Ehe ich den Auflauf wegwerfe…«, sagte Sieglinde.

»…Aber ich würde jemand mitbringen«, unterbrach ich sie, um mir nicht noch mehr Beleidigungen anhören zu müssen.

»Ach«, sagte Sieglinde, »aber gerne, wenn du jemanden hast. Dann bring ihn doch mit.«

Ich wußte genau, sie dachte, ich würde einen neuen Typen zur Begutachtung anschleppen.

»Na, da bin ich ja gespannt«, sagte Sieglinde. »Also, kommt doch beide um halb acht. Wir freuen uns schon sehr«, sagte sie honigsüß.

Also rief ich sofort wieder Julia an und erklärte, daß ich für uns beide ein kostenloses Abendessen bei einer leidenschaftlichen Köchin organisiert hätte. Julia wollte zuerst nicht. Sie kenne doch Sieglinde und diesen Wolf-Dieter Lamar gar nicht.

»Du bist sonst nicht so schüchtern.«

»Also gut.«

Wir einigten uns nun darauf, daß Julia mich abholen würde und wir dann zusammen zu Sieglinde und Wolf-Dietrich rübergehen.

Julia kam viertel nach sieben. Sie war noch nie in meiner Wohnung gewesen und sah sich um, während ich mir schnell die Fingernägel lackierte.

»Schöne Wohnung«, sagte sie, »hier gefällt es mir, es ist fast schöner als bei mir. – Du hast die klarere Linie.«

»Was meinst du damit?«

»Na, du liebst doch die klare Linie«, sagte sie und lachte.

»Was meinst du damit?«

»Was ich sage: Bei dir ist alles eindeutig Schwarz oder eindeutig Weiß. Sieht gut aus.«

Wir standen im Ex-Zimmer von Albert, das ganz weiß gestrichen ist. Nur die Tür und der Fensterrahmen sind schwarz. An Möbeln waren nicht mehr als der schwarze Tisch und ein schwarzer Stuhl drin, aber ich hatte auch alle meine Bücher in das Zimmer geschleppt und sie an der Längswand wie Zigaretten im Zigarettenautomaten an der Wand hochgestapelt. Über die Bücher hatte ich ein großes Plakat gehängt von einer Ausstellung aus dem Kupferstichkabinett, ›Die Melancholie‹ von Dürer ist drauf: dieser mürrische Engel, der total gelangweilt herumhockt – ich erzählte Julia, daß ich mal gelesen hatte, das Bild sei ein Symbol für die Phase der Ruhe vor dem Sturm des Schöpferischen, und daß es mein Lieblingsbild ist.

»Paßt auch toll hier rein«, sagte Julia, »ist ja auch Schwarzweiß«, und dann sagte sie: »Sieht aus wie ein echtes Arbeitszimmer hier.«

»Ist es doch auch.«

»Hab ich ja gesagt.«

Dann mußten wir los. Zehn nach halb acht waren wir bei Sieglinde.

»Ach so! Du bringst eine Frau mit!« rief Sieglinde, als sie uns sah. »Das hättest du aber gleich sagen können – ich dachte schon ...« Sieglinde beendete den Satz nicht, es war auch so klar, was sie gedacht hatte.

»Das ist meine Freundin Julia«, stellte ich Julia vor, ich sagte mit Absicht »meine Freundin«, um Sieglinde zu ärgern.

»Nicht, daß Sie mich für lesbisch halten«, sagte Julia zu Sieglinde.

»Aber wie kommen Sie denn auf die Idee«, sagte Sieglinde zu Julia.

»Warum siezt ihr euch eigentlich?« sagte ich zu Julia und Sieglinde.

»Ach ja, wie blöde«, sagten Julia und Sieglinde und lachten herzlich.

»Sie hat mich bequatscht mitzukommen«, sagte Julia zu Sieglinde und zeigte auf mich, wobei sie wieder herzlich lachte.

»Ich kenne ihre Scherze«, sagte Sieglinde zu Julia und zeigte auch auf mich, wobei auch sie wieder herzlich lachte.

»Mein Freund ist nämlich verreist«, erklärte Julia.

Das erklärte sie dann auch Wolf-Dietrich Lamar sofort, der uns auf dem Sofa im Wohnzimmer erwartete und sein Intellektuellen-Magazin auf dem Tischchen vor dem Sofa zurechtrückte. Der Tisch war schon gedeckt, der Auflauf sogar soweit abgekühlt, daß man sofort mit dem Essen anfangen konnte. So hab ich's gern.

»Was ist eigentlich aus eurem Tandem geworden?« fragte ich, nachdem ich die erste Portion Auflauf gegessen hatte.

»Möchtest du noch mehr?« fragte Sieglinde.

»Ja.« Sieglinde bat mich, mich selbst zu bedienen.

»Was ist denn mit dem Tandem?« fragte ich dann noch mal.

»Welches Tandem?« sagte Sieglinde, als hätte niemals ein matschgrünes Tandem in ihrem Bügelzimmer gestanden.

»Welches Tandem! Das Tandem, das du Wolf-Dietrich zum Geburtstag geschenkt hast.«

»Ach so, das.« Dann fragte Sieglinde Julia: »Möchtest du auch noch etwas von dem Auflauf?«

»Und wo ist es?« fragte ich wieder.

Wolf-Dietrich hätte es verkauft, sagte Sieglinde.

Wolf-Dietrich lächelte. »Hab sogar 20 Mark mehr dafür bekommen, als es gekostet hat«, sagte er. »Das Angebot bei Eduscho damals war tatsächlich sehr günstig gewesen. Die Dinger waren im Nu weg. Als ich zu Eduscho gegangen bin, um zu fragen, ob die das Ding vielleicht zurücknehmen, sagte die Verkäuferin, die Tandems seien bereits ausverkauft und sie hätten noch so viele Anfragen...«

»Alle anderen Leute wollen nämlich ein Tandem haben«, sagte Sieglinde und stocherte in ihrem Auflauf herum.

Wolf-Dietrich berichtete weiter: »Und da habe ich meine Telefonnummer hinterlassen ...«

»... schon am gleichen Tag haben vier Leute hier angerufen, die alle ein Tandem haben wollten«, unterbrach ihn Sieglinde wieder und stach auf den Auflauf ein.

»Und einer, der ganz verrückt nach dem Tandem war, hat tatsächlich 20 Mark mehr geboten – na ja, so haben wir einen Riesenreibach gemacht mit dem Ding«, sagte Wolf-Dietrich und lachte.

»Ich finde ein Tandem auch sehr schön«, sagte Julia. Sieglinde sah Julia dankbar an. »Mein Freund hatte auch mal eins«, sagte Julia.

»Was?« sagte ich.

»Wußtest du das nicht?« sagte Julia zu mir.

Nein, das hatte ich nicht gewußt. Ich erklärte Sieglinde und Wolf-Dietrich, daß Julias Freund der Dozent ist, bei dem ich meinen Abschlußfilm drehen würde. Ich sagte aber nicht, daß Julia Gottfried erst durch mich kennengelernt hatte – ich wußte nicht mehr, ob ich Sieglinde aus Versehen mal von Gottfried erzählt hatte, und fand, es ging sie nichts an, daß nun Julia ihn ergattert hatte.

Prompt sagte Julia: »Und so habe ich den Gottfried Schachtschnabel über Constanze kennengelernt.«

Um abzulenken sagte ich: »Fährst du mit Gottfried Tandem?« Ich fragte es ganz cool.

»Nein, das hatte er damals mit seiner Ex-Gattin zusammen. Das hat Frau Schachtschnabel vermutlich verkauft.«

»Schachtschnabel«, sagte Wolf-Dietrich und tat, als ob er nachdenken würde, »Schachtschnabel, der Name kommt mir bekannt vor.«

»Klar«, sagte ich – ich wollte Wolf-Dietrich keine Chance geben, wieder damit anzugeben, wen er alles kennt.

»Heißt seine Frau Inge?« fragte Wolf-Dietrich.

»Ja«, sagte Julia, »seine Ex-Frau.«

»Ich«, sagte Wolf-Dietrich, »ich kenne die Inge.«

»Woher?« fragte Sieglinde.

»Ihn kenne ich kaum«, sagte Wolf-Dietrich. Sieglinde bekam sofort den mißtrauischen Ehefrauen-Blick.

»Sie ist Diplom-Feministin«, sagte Wolf-Dietrich. Sieglinde lächelte. »Arbeitet im Frauenzentrum«, sagte Wolf-Dietrich.

»Ach so«, sagte Sieglinde.

»Ja«, sagte Julia.

»Seit wann sind die denn geschieden?« fragte Wolf-Dietrich.

»Das weiß ich nicht genau«, sagte Julia. »Schon ewig. Mindestens seit vier Jahren, nehme ich an.«

»Das stimmt nicht«, sagte Wolf-Dietrich mit seiner Besserwissermiene, »das kann nicht sein.«

»Warum nicht?« fragte ich, weil Julia Wolf-Dietrich nur anstarrte.

»Ich kenne die Inge doch«, sagte Wolf-Dietrich wieder.

»Ich bin auch geschieden«, sagte Julia.

»Ach, du warst schon verheiratet«, sagte Sieglinde und sah Julia an, als gäbe es Spuren der Ehe in Julias Gesicht zu entdecken.

Wolf-Dietrich sagte mit erhobener Gabel: »Das wüßte ich als erster, wenn die geschieden wären. Da hätte die Inge mich angerufen. Ich kenn doch jede Menge Anwälte. Wir haben schon x-mal darüber geredet, daß es für sie finanziell günstiger wäre, wenn sie sich scheiden läßt.«

»Ich wußte gar nicht, daß du Feministinnen betreust«, sagte Sieglinde.

»Aber weil sie mit einem verheirateten Mann zusammen ist, der sich nicht scheiden lassen will, will sie sich auch nicht scheiden lassen. Sie will ihrem Liebhaber gegenüber nicht als alleinstehende Frau dastehen.«

»Aber ich denke, sie ist Feministin«, sagte ich.

Wolf-Dietrich zeigte sich selbst einen Vogel. »Inge meint außerdem, es wäre auch vorteilhafter für sie, wenn sie wartet, bis ihr Ehemann einen besseren Job bekommt – andererseits besteht natürlich die Gefahr, daß er, wenn sein Vertrag ausgelaufen ist, arbeitslos wird, dann kriegt sie weniger Kies von ihm als jetzt. Ich hab es ihr schon x-mal erklärt.«

»Und Gottfried kann nichts dagegen machen?«

Obwohl Gottfried jetzt mit Julia ging, tat er mir leid. Wie gemein von seiner Ex-Frau! Noch-Ehefrau!

»Nein, der will sich überhaupt nicht scheiden lassen«, sagte

Wolf-Dietrich, »sonst wär er längst geschieden.« Wolf-Dietrich sah Julia an. »Die beiden treffen sich doch noch öfter?«

»Das weiß ich nicht«, sagte Julia sehr reserviert.

»Ach, Sie sind mit einem verheirateten Mann zusammen?« sagte Sieglinde.

»Du kannst aber Julia trotzdem weiterhin duzen«, sagte ich.

»Da hast du recht«, sagte Sieglinde, »das ist wahrhaftig kein Grund, jemanden zu siezen.«

»Also, schönen Gruß an deinen Freund«, sagte Wolf-Dietrich zu Julia. »Falls er sich wirklich mal scheiden lassen will – der Lamar weiß einen ausgezeichneten Anwalt.«

»Ich denke, du weißt für diese Inge einen ausgezeichneten Anwalt?« sagte Sieglinde.

»Ist doch egal«, sagte Wolf-Dietrich.

»Danke, ich glaube, das wird nicht nötig sein«, sagte Julia eisig.

»Ist doch egal, ob er verheiratet ist oder nicht«, sagte ich, weil ich mich trotz allem (jedenfalls gegenüber Sieglinde) mit Julia solidarisch erklären wollte.

»So, findest du«, sagte Julia und sah mich an, als sei ich es, die ertappt wurde, verheiratet zu sein. Ich beschloß, lieber nichts mehr zu sagen. Ich überlegte im stillen, wie wir es schaffen würden, möglichst bald zu gehen. Es fiel mir aber nichts ein. Sieglinde schlug vor, in ihrer Küche ihren neuen Mikrowellenherd zu besichtigen.

Irgendwie, irgendwann schafften wir es dann zu gehen.

»Sollen wir noch woanders hingehen?« fragte ich, als wir außer Hörweite draußen auf der Straße standen.

»Auf keinen Fall«, sagte Julia, »ich will heim.« Also trotteten wir zurück zu ihrem Auto, das bei mir vor der Tür stand.

»Glaubst du wirklich, daß Gottfried noch verheiratet ist?« fragte ich nach einer Weile.

»Ja.«

Dann schwiegen wir wieder eine Weile, dann sagte sie: »Er hat ja nie gesagt, daß er geschieden ist. Er tat nur so, oder ich hab das reinprojiziert. Es stimmt, der ist noch verheiratet. Ganz klar. Deshalb trifft er sich auch ständig mit seiner Frau.«

»Eine harmonische Tren…«, sagte ich, aber Julia ließ mich gar nicht erst weitersprechen.

»Er lebt nicht mehr mit seiner Frau zusammen, das stimmt, aber geschieden ist er nicht. Jetzt ist mir alles klar.« Dann blieb sie plötzlich stehen: »Das war's dann also.«

»Was?«

Julia suchte in ihrer Handtasche herum. Dann fand sie ein Papiertaschentuch. Sie sah das Taschentuch an, zerknüllte es, warf es zurück in die Handtasche. Dann sagte sie: »Es ist aus.«

»Zwischen dir und Gottfried?« fragte ich vorsichtig.

»Ja.«

»Ich versteh nicht, warum du nicht gemerkt hast, daß Gottfried verheiratet ist. Du bist doch Psychologin.«

»Woran hätte ich es merken sollen?«

»An allem.«

Julia tat, als wüßte sie nicht, wovon ich redete: »Du hast Vorstellungen von der Ehe!« Sie zuckte mit den Schultern. »Ich hätte natürlich gemerkt, wenn er mit einer Frau zusammenleben würde, das merkt man sofort. Ein Blick in den Badezimmerschrank genügt. – Aber er lebt ja nicht mit seiner Frau zusammen. Und da sie keine sexuellen Kontakte mehr zu ihm wünscht und ihm keine Hemdenknöpfe mehr annäht – wie soll ich da auf die Idee kommen, er sei noch verheiratet?«

»Aber du hast doch gewußt, daß er öfter zu seiner Frau fährt, du hast doch auch schon gesagt, daß das nicht mehr lange gutgeht …«

»Seit ich ihm neulich in aller Deutlichkeit gesagt habe, daß mir das nicht paßt, ging er nicht mehr zu ihr. – Oder er hat es mir einfach nicht mehr erzählt.«

»Aber du hättest merken müssen, daß er noch nicht geschieden ist«, sagte ich. – Ich hatte es zwar auch nicht gewußt, aber ich hatte ja schließlich keine Bettbeziehung zu Gottfried.

»Ich hätte mir seine Lohnsteuerkarte zeigen lassen sollen«, sagte Julia. »Das wäre die einzige Möglichkeit gewesen. Aber das gehört sich nicht.« Sie seufzte. »Wenn dir einer seine Lohnsteuerkarte zeigt: das ist heutzutage die wahre Intimität.«

Mein Herz schlug so laut, daß ich befürchtete, Julia könnte es hören. »Willst du nicht wenigstens mit ihm darüber reden?« sagte ich und merkte, wie heiser meine Stimme war.

»Wenn er, trotz allem, was ihm seine Frau angetan hat, bis jetzt nicht geschieden ist, wird er sich nie scheiden lassen«, sagte Julia düster. »Man sollte sich keine Illusionen machen.« Eine Weile gingen wir schweigend weiter.

»Wann kommt er wieder?«

»Dienstag abend. Er wollte gleich, wenn er zurück ist, bei mir vorbeikommen.«

»Und was wirst du ihm sagen?«

»Dann schmeiß ich ihn raus, in hohem Bogen. Dann kann er gleich wieder zu seiner Gattin gehen. Von der mußte er sich auch heute extra verabschieden.«

»Aber bestimmt nicht zwei Stunden lang«, sagte ich, ohne Julia anzusehen.

»Was soll das heißen?«

»Komm, tu nicht so unschuldig.«

»Bei mir war er nur ganz kurz und hatte es furchtbar eilig, weil er schnell noch zu seiner Frau mußte, er sagte, er müsse bei ihr einen alten Bilderrahmen abholen, den wollte er seinem Vater mitbringen. Er war nur fünf Minuten bei mir, gerade ehe du angerufen hast, war er da.«

»Komm«, sagte ich, »ich hab ihn zu dir fahren sehen um halb drei.«

»Wann? Bei mir war er aber erst kurz vor fünf.«

»Und wo war er in der Zwischenzeit?« fragte ich.

»Mit an Sicherheit grenzender Wahrscheinlichkeit war er da auch bei seiner Frau. Und dann ist er wieder zu seiner Frau gefahren.« Julia blieb stehen. »Und dann ist er zusammen mit seiner Frau zu seinen Eltern gefahren. Wie es sich gehört. Garantiert.«

»Glaubst du?«

Julia sagte nichts mehr. Wir standen jetzt vor ihrem Auto.

»Du kannst es dir ja noch mal überlegen«, sagte ich.

Julia sagte: »Nein.«

»Alles Gute«, sagte ich.

Ein seltsames Gefühl überkam mich. Wenn Julia jetzt tatsächlich mit Gottfried Schluß machen würde, dann wäre er wieder frei. Schon ehe ich einschlief, träumte ich davon, daß sich Gottfried meinetwegen scheiden lassen würde. Das wäre das Tollste überhaupt.

42. Kapitel

Das ganze Wochenende über lag ich im Bett und dachte nach. Würde sich Julia wirklich von Gottfried trennen? Sofort am Dienstag, wenn er zurückkam? Oder war das nur wieder eine ihrer hohlen Parolen? Ich mußte vorsichtig sein, durfte ihr nicht alles glauben. Einerseits erzählte sie dauernd, wie froh sie sei, geschieden zu sein – andererseits war sie keineswegs so radikal gegen die Ehe, wie sie immer behauptete. Vielleicht wollte sie sogar wieder heiraten?! Dann würde es ihr schon ähnlich sehen, sich von Gottfried zu trennen, nur weil Gottfried verheiratet war.

Ich dachte über Gottfried nach: Es mußte irgendwelche theoretischen Gründe haben, daß er noch verheiratet war, da war ich sicher.

Ich dachte über Albert nach: Die Schmerzen um ihn schwanden im gleichen Maße, wie neue Hoffnung mein Herz erfüllte. Sollte Albert doch machen, was er wollte.

Ich dachte nach, ob ich unter den gegebenen Umständen auf diese Annonce schreiben sollte. Dafür sprach, daß nicht sicher war, ob sich Julia tatsächlich von Gottfried trennen würde. Vielleicht würde sie weiterhin versuchen, die fundamentalen Unterschiede zwischen Gottfried und ihr zu verschleiern. Auf die Annonce zu schreiben, dafür sprach außerdem die alte Hausfrauen-Weisheit: Zwei Männer sind besser als keiner.

Aber was sollte ich schreiben auf die Annonce? Ich hatte keine Erfahrung, Julia hatte schon mal auf eine geschrieben, da war ich ziemlich sicher. Ich überlegte, ob ich meine Sicht der Welt, der freien partnerschaftlichen Beziehung ausarbeiten sollte in dem Brief – oder war es besser, wenn man in einem persönlichen Gespräch die vorhandenen Gemeinsamkeiten ausdiskutieren würde und so langsam und sicher zueinander fand? Ich gab schließlich dem persönlichen Gespräch den Vorzug, weil ich nur noch zwei Blatt von meinem schönen hellgrauen Briefpapier hatte, und die hätten sowieso nicht ausgereicht, um meine Position mit der erforderlichen Gründlichkeit darzustellen. Ich suchte Ewigkeiten nach einem geeigneten Foto, entschied mich dann für eines, das Albert mal von mir gemacht hatte, als ich eine Wut auf ihn gehabt hatte. Ich sah darauf schön, aber auch sehr sozialkritisch aus. Dann entschied ich mich dafür, nur einen ganz kurzen Brief zu schreiben, die Hauptsache war ja, daß der Mann meine Adresse und meine Telefonnummer bekam. Ich schrieb sie schön deutlich oben auf den Briefbogen, dann das Datum, dann überlegte ich: Das Problem war die Anrede. Ich kannte ja keinen Namen, nur die Chiffre.

»Lieber 48763 UZ«? – Nein. Schließlich schrieb ich:

Lieber, verehrter Intellektueller!

Deine Anzeige finde ich ganz toll, weil sie mich betroffen gemacht hat. Du hast ganz anders geschrieben als die anderen Männer!

Es würde mich sehr freuen, wenn Du mich mal anrufen würdest. Bitte öfter versuchen, da ich oft nicht da bin.

Hochachtungsvoll

Deine Constanze Wechselburger.

– Das war kurz, aber freundlich, und ich fand, der Brief machte neugierig darauf, mich kennenzulernen. Vor allem das Bild: Ich sah wirklich gut drauf aus. Ich fand eine Briefmarke in meiner Schreibtischschublade. Ich brachte dann den Brief gleich weg, damit ich es hinter mir hatte. Als ich ihn einwarf, war mir leicht mulmig zumute.

Dann legte ich mich wieder ins Bett und dachte nach über Simone de Beauvoir, die ja bekanntlich nicht nur mit Sartre, sondern oft noch nebenher mit anderen Intellektuellen liiert war.

Montag nachmittag ging ich nicht in die Bibliothek, sondern fuhr sofort nach Filmrecht Kynast-Müller, bei dem ich in diesem Semester Filmwirtschaftsrecht II über mich ergehen lassen muß, zum Fotoladen. Die Abzüge waren fertig. Sie übertrafen alle meine Erwartungen. Details, die ich durch die Kamera kaum hatte erkennen können, allenfalls hatte ahnen können, sie waren in der Konzentration des Bildausschnitts zur Wahrheit geworden. Die Rosenblätter hatten ihre Farbe auf die Lippen von Birgit zurückgeworfen, in Birgits Wimpern glänzten die Tränen, in den Tränen spiegelte die Sonne. Als ich die Fotos auf dem Tisch des Fotoladens ausgebreitet hatte, hatte ich für einen Moment das Gefühl, es sei ein Mikroprozessor im Fotopapier, der jedesmal, wenn man ein Bild ansah, einen Impuls auslöste und Musik erklingen ließ: »Kleine Annabell, mußt nicht traurig sein, mit dem Traum vom verlorenen Glück ...«, spielte der Mikroprozessor in meinem Kopf. Es roch nach Opium.

Der Mann vom Fotoladen, der diskret weggegangen war, nachdem er mir die Tüte mit den Fotos gegeben hatte, kam wieder und fragte, ob die Bilder was geworden seien, ob ich welche zurückgeben wollte. Nein, ich wollte keines reklamieren.

Er warf einen Blick auf die Fotos, dann sagte er: »Haben Sie die gemacht?«

»Ja.«

»Für eine Frau fotografieren Sie recht ordentlich.«

Kaum war ich zu Hause, rief auch schon Birgit an und fragte, ob die Fotos fertig wären und ob ich sie abgeholt hätte.

»Du wirst tot umfallen«, sagte ich.

Birgit wollte sofort nach Büchereischluß bei mir vorbeikommen. Ich wollte aber nicht, daß Birgit zu mir kam, ich wollte lieber zu Birgit kommen, damit Julia meine Fotos auch sehen könnte – außerdem mußte ich unbedingt wissen, ob Julia heute noch zu ihrem Versprechen stand, sich morgen von Gottfried zu trennen.

Kurz vor acht war ich bei Birgit. Birgits Wohnung war genauso wie Birgit: wie aus dem Ei gepellt. Die ganze Kücheneinrichtung war abwaschbar und sah aus wie frisch aus der Waschmaschine gezogen. Man hätte aus dem Mülleimer essen können. Sogar die Putzlappen, die auf einem Gestell im Bad trockneten, waren blitzsauber.

»Wo sind die Fotos?« fragte Birgit mindestens dreimal in den zwei Minuten, als ich mich in ihrer Wohnung umsah. Birgits Schlafzimmer sah aus wie ein Jungmädchenzimmer – die Tapete war bunt: weiß-gelbe Margeriten auf rosa Grund; die Bettwäsche war bunt: gelb-braune Sonnenblumen auf weißem Grund; auf dem Kopfkissen lag eine große, rosarote Plüschmaus. Eine Seite des Schlafzimmers bestand aus einer riesigen Schrankwand mit Spiegeltüren, alle makellos sauber, kein Fingerabdruck, keine Spuren von ausgequetschten Mitessern auf den Spiegeln. Sicher quetschte Birgit keine Mitesser aus. Die perfekte Birgit hatte selbstverständlich auch eine perfekte Haut.

Birgit telefonierte hinunter in Julias Wohnung im zweiten Stock und sagte Julia, sie solle heraufkommen, ich sei da mit den Fotos. Julia kam sofort herauf.

Wir setzten uns um den kunststoffbeschichteten abwaschbaren Couchtisch, Birgit brachte eine Flasche Wein und Gläser und legte unter die Flasche und unter jedes Glas einen Untersetzer. Um es noch spannender zu machen, befahl ich Birgit, den Fernseher abzustellen. Ich wollte die Sensation meiner Fotos nicht durch irgendwelche Katastrophenmeldungen der Tagesschau beeinträchtigen lassen.

»Warum soll ich den Fernseher abstellen«, sagte Birgit, aber sie stellte dann wenigstens den Ton ab.

»Also los, mach schon«, sagte Julia.

Birgit fiel fast tot um, als sie die Fotos sah. »Wahnsinnig«, schrie sie, »wahnsinnig!«

»Wer ist das?« fragte Julia.

»Ich, ich«, schrie Birgit, »das bin ich.«

Ich, die Fotografin, lächelte bescheiden.

Birgit küßte mich vor Begeisterung.

»Wahnsinn«, sagte Julia.

»Das bin ich«, sagte Birgit immer wieder, sie war völlig entrückt. »Ich seh aus wie Cathérine Deneuve auf den Fotos, aber ich bin jünger!«

»Stimmt«, sagte Julia, »warum habt ihr nicht einfach ein Foto von Cathérine Deneuve ausgeschnitten? Das willst du für eine Annonce wegschicken...«

»Was willst du eigentlich«, sagte Birgit, »das bin ich.«

Ich gab Birgit die Rechnung für den Film und fürs Entwickeln. Sie bestand darauf, mir glatte hundert Mark zu geben – vierzig Mark mehr als es gekostet hatte!

Julia sagte: »Ihr seid total bescheuert. Zwei romantische Narzissen auf einem Haufen, das ist zuviel.«

»Ich weiß nicht, was du hast«, sagte Birgit, »die Fotos arbeiten doch sehr exakt meinen Charakter heraus.«

»Und auf welche Anzeige schreibst du nun?« fragte ich Birgit.

Birgit schien sich an nichts zu erinnern.

»Na, deswegen habt ihr schließlich die Fotos gemacht«, sagte Julia und sah Birgit mißbilligend an. Julia wirkte überhaupt ziemlich schlecht gelaunt, fiel mir auf.

Birgit sagte entschieden: »Ich gebe keines meiner schönen Fotos wieder her.«

Ich sah Birgit verblüfft an. Es war ihr Ernst. Aber dann fiel mir ein, daß man Abzüge machen lassen kann, und daß das nur zwei Tage dauern würde.

»Ja«, sagte Julia.

Abzüge wollte Birgit durchaus haben. Von jedem Bild drei, und von dem letzten Foto mit der Rose, davon wollte sie zehn haben, für ihre Mutter, ihren Vater, ihre Schwester, für ihre schöne Cousine, die ganz besonders staunen würde – jeder sollte eins bekommen. Und falls noch ein Foto übrig sei, sagte sie schließlich, dann könne sie das für eine Anzeige nehmen, eventuell.

Birgit sagte, ich solle die Abzüge bestellen und den Leuten vom Fotoladen sagen, wie die Abzüge werden sollten. Ich sei ein echter Profi. Aber weil Birgit nicht bereit war, mir nur einen Abzug mitzugeben als Farbmuster, sagte ich, sie solle selbst hingehen, ein Foto mitnehmen, es den Leuten zeigen und sagen, daß der Farbstich ins Rosarote gehen soll, die wüßten dann schon. Gut, das wollte Birgit tun.

Julia sagte die ganze Zeit kein Wort. Ich beobachtete sie heimlich. Sie sah nicht gut aus.

»Hast du schon mit Gottfried gesprochen?« fragte ich schließlich, weil sie nichts erzählte.

»Der ist doch weg.«

»Hat er dich nicht angerufen?«

»Nur ganz kurz. Von einer Telefonzelle aus. Für fünfzig Pfennig«, Julia runzelte die Nase. »Jedenfalls hörte das Gespräch sofort auf, und er rief dann nicht wieder an.«

»Und?«

»Ich bin mir total sicher, daß er mit seiner Frau unterwegs ist.«

»Und was sagst du ihm morgen?«

»Morgen schmeiß ich Gottfried raus.« Und dann sagte sie: »Vielleicht werde ich auch auf eine Annonce schreiben.«

»Soll ich dich auch fotografieren?« fragte ich sofort.

Julia sagte, so eilig hätte sie es nicht, außerdem hätte sie relativ neue Fotos. Und dann sagte sie noch mal, daß es mit Gottfried auf jeden Fall aus sei. Vorbei. Schluß.

Mehr wollte ich auch nicht wissen. Relativ zufrieden ging ich nach Hause.

43. Kapitel

»Kann ich dich nachher, wenn wir fertig sind, was fragen?« sagte Gottfried leise und hielt mir die Tür zum Seminarraum auf. Ich zögerte hineinzugehen und sah ihn an. »Warte am Auto auf mich«, sagte er noch leiser.

Chlodwig Schnell saß in der ersten Reihe, hatte bereits seine Skripte ausgebreitet und sah interessiert zu mir und zu Gottfried.

Während des ganzen Seminars überlegte ich, was er mich fragen wollte. Hatte Julia ihn gestern abend rausgeworfen?

Eine Frau, die in diesem Semester neu in Gottfrieds Theorieseminar war, hielt ein Referat über den Unterschied zwischen qualitativer und quantitativer Darstellung emotionaler Inhalte. Das Thema war, ob es den Zuschauer intensiver betroffen mache, wenn er Tausende leiden sieht, oder ob es ein psychologisches Bedürfnis sei, sich mit einer Person zu identifizieren. Die Frage war außerdem, ob es politisch vertretbar sei, gesellschaftliches Leiden zu individualisieren. Außerdem problematisierte sie die Frage, ob das Leiden des Subjekts standardisierbar sei und ob es eine ahistorische Bildsprache der Trauer gäbe, die die herrschenden Verhältnisse widerspiegele. – Ich blickte nicht so richtig durch, ich war betroffen genug von meiner subjektiven Problematik.

Wir hörten schon ein bißchen früher auf als üblich, weil niemand mehr Fragen hatte zu dem Referat, als es endlich fertig war.

Ich ging hinaus. Ich wußte nicht, hatte Gottfried gemeint, daß ich an meinem Mini-Fiat auf ihn warten sollte oder an seinem Mercedes? Sein Auto stand links hinten bei den Parkplätzen der Institutsangehörigen. Mein Auto stand auf der anderen Seite des Hofes – ich entschied mich, dazwischen unter der Platane auf ihn zu warten, das war auch am unauffälligsten. Ich mußte nur zehn Minuten warten. Gottfried kam zu mir unter die Platane.

Er sah mich bekümmert an. Er hatte dunkle Ringe unter den Augen, und mit seinem Leninbart wirkte er wie ein bedrohtes Robbenbaby. Ich sagte nichts, weil sich mein Herz zusammenschnürte.

»Deine Freundin Julia will nichts mehr von mir wissen«, sagte er.

Ich zupfte ein Haar von meinem Pullover, um ihn nicht ansehen zu müssen, und tat, als ob ich von nichts wüßte.

»Es ist wahr«, sagte er und räusperte sich, »du weißt ja, daß da eine gewisse Connection bestand.« Er räusperte sich noch mal: »Ich weiß nicht, was in ihrem Kopf vorgeht.«

»Hat sie Schluß mit dir gemacht?«

Er zuckte mit den Schultern. »Es war ein Mißverständnis, anders ist es nicht zu erklären. Ich weiß nicht einmal, was sie mir vorwirft.« Er sah mich fragend an.

»Stimmt es, daß du noch verheiratet bist?«

»Ehrlich, ich hab vergessen, es ihr zu sagen.« Er sah mich verzweifelt an.

Mein Herz schmolz.

»Nur weil ich vergessen habe, zu sagen, daß ich verheiratet bin, sich deshalb so aufzuregen. Manchmal verstehe ich euch Frauen wirklich nicht«, sagte er. »Und daß meine Frau jetzt mitgefahren ist, das hat sie nur meiner alten Eltern wegen gemacht! Daß Julia das nicht versteht!«

»Julia hat wohl sehr traditionsfixierte Ansichten«, sagte ich leise.

»Es würde mir leid tun, wenn es ihr Ernst wäre«, sagte er sehr leise. »Sie versteht nicht, daß ich mir eine Scheidung einfach nicht leisten kann.« Gottfried räusperte sich, dann sprach er wieder lauter: »Ich weiß nicht mal, was eine Scheidung kosten würde – ich bin auch nur ein Angehöriger der werktätigen Klasse, und solange ich hier nur einen befristeten Vertrag habe – was da gequatscht würde! Daß man da Rücksichten nehmen muß, versteht Julia einfach nicht. Oder sie will es nicht verstehen.«

»Ich versteh dich«, sagte ich und nickte mehrmals mit dem Kopf.

»Ich hab einfach vergessen, es ihr zu sagen.« Er sah mich

wieder verzweifelt an. »Schließlich ändert sich doch unsere Beziehung dadurch nicht.«

»Und was hat sie dazu gesagt?« fragte ich.

»Meine Frau?« sagte Gottfried.

»Nein, Julia.«

»Ach so«, er dachte nach. »Sie sagte, ich sei emotional bindungsunfähig, solange ich noch verheiratet sei.«

»Ich glaube nicht, daß man deine Problematik so verkürzt charakterisieren kann«, sagte ich.

»Ja«, sagte Gottfried und zupfte ein Haar von meinem Pulloverärmel, das ich nie gesehen hätte, »du, du verstehst das.«

»Was ist schon dabei, wenn du noch verheiratet bist«, sagte ich, »das spielt doch keine Rolle.«

Gottfried legte seine Hand auf meinen Arm. Das heißt nicht richtig – es sah so aus, als ob er seine Hand auf meinen Arm legte, dennoch spürte ich keine Berührung. »Glaubst du, es hat einen Sinn, noch mal mit ihr zu reden?« sagte er.

»Mit wem?« fragte ich – ich betrachtete meinen Pulli, 100 % Lambswool, kein Härchen war gekrümmt worden durch Gottfrieds Berührung, aber die Härchen auf meinem Arm standen senkrecht. Aber das konnte er zum Glück nicht sehen. Ich fragte mich, warum ich keine Berührung gespürt hatte.

»Mit Julia«, sagte Gottfried.

Es gab mir einen Stich. Sollte ich für ihn bei Julia um die Wiederaufnahme der Beziehung bitten? Ausgerechnet ich? Ich sagte, ich würde befürchten, daß es keinen Sinn hätte.

»Hat sie einen anderen kennengelernt?« fragte Gottfried und sah mich aufmerksam an.

»Nein«, sagte ich spontan. Dann dachte ich nach und fügte hinzu: »Das heißt, ich weiß nicht.« Ich wußte es ja wirklich nicht, also war es nicht gelogen.

»Kannst du sie nicht fragen?« sagte Gottfried dann. »Frag doch du sie und ruf mich an. Bitte.«

»Ich?« sagte ich.

»Warum nicht«, sagte er, »ich geb dir meine Telefonnummer, da kannst du bei mir zu Hause anrufen. Gerne auch zu völlig unkonventionellen Zeiten. Einfach öfter probieren.«

Seine Hände zitterten nicht, als er seine Nummer auf das

erste Blatt in meinem Ringbuch schrieb. Natürlich wußte ich seine Telefonnummer längst – ich hatte sie schon nach der Party bei Julia aus dem Telefonbuch herausgeschrieben, weil ich ihn eigentlich anrufen wollte und ihn fragen wollte, was das zu bedeuten hatte. Nun war ich froh, daß ich mich damals zurückgehalten hatte. Jetzt, nachdem er mir persönlich seine Nummer gegeben hatte, jetzt konnte ich ihn anrufen, ohne irgendwie aufdringlich zu wirken.

»Du kannst mich jederzeit anrufen«, sagte er noch mal, »aber ich muß jetzt gehen.«

»Fährst du zu deiner Frau?« Nun, da er mich mit seiner Problematik vertraut gemacht hatte, war es angemessen, daß ich ihn das fragte.

Er sah mich an, dankbar für mein Verständnis.

»Ja«, sagte er. »Ich muß ihr helfen. Sie hat sich bei Ikea ein Gewürzregal gekauft, zum Selberzusammenbauen, und sie schafft es nicht alleine. Ich muß ihr helfen. Da kann ich sie nicht allein lassen, in dieser Situation!«

Ich nickte nur. Er wußte, daß ich mein Verständnis auch nonverbal zum Ausdruck bringen konnte. Wieder sah er mich dankbar an.

Dann ging er mit bis zu meinem Auto. Als ich losfahren wollte, klopfte er an die Scheibe, um mir noch etwas zu sagen. Ich kurbelte das Fenster runter.

Er beugte sich zu mir und sagte leise: »Marx war schließlich auch verheiratet.«

»Ja«, sagte ich.

»Und trotzdem war er mit seiner Haushälterin liiert.«

»Ja«, sagte ich.

»Davon können wir nur lernen.«

Er winkte mir kurz hinterher, als ich vom Hof fuhr.

44. Kapitel

Bestimmt hatte es theoretische Gründe, daß Gottfried wollte, daß ich mit Julia sprach. Gottfried wußte, daß er meiner gesellschaftskritischen Überzeugung trauen konnte. Julia hatte durch ihren Ex-Mann vielleicht eine gewisse politische Bildung, aber kein fortschrittliches Problembewußtsein.

Ich überlegte lange, was ich ihr sagen sollte. Schließlich hatte ich auch eigene Interessen. Aber dann siegte meine Moral: Ich hatte es Gottfried versprochen. Also rief ich Julia an und sagte, daß ich wegen Gottfried von Frau zu Frau mit ihr reden müsse. Julia sagte, sie hätte keine Zeit für solchen Blödsinn.

Sie wechselte einfach das Thema und erzählte, sie würde am Wochenende auf ein Fortbildungsseminar fahren: ›Neue Testmethoden für Schulanfänger‹ – die Testmethoden würden sie zwar nicht die Bohne interessieren, aber unter den augenblicklichen Verhältnissen wäre es das beste, wenn sie einfach wegfahren würde. Und außerdem lerne man auf Seminaren Leute kennen, das hätte auch was für sich. Sie käme erst am Dienstag zurück, und wenn sie wieder Zeit hätte, würde sie sich bei mir melden.

Da konnte ich nichts machen.

Dann rief ich Albert an. Der war blendender Laune.

»Ach, hallo«, rief er, »kennen wir uns nicht irgendwoher?« Er schien den Abend, als er mit dieser Anna unterwegs war, völlig verdrängt zu haben. »Wie geht es sonst?« fragte er.

Ich erzählte dies und das. Dann fragte ich ihn, wie er es einschätzen würde, wenn jemand verheiratet ist.

»Willst du heiraten?« schrie Albert.

»Quatsch«, sagte ich und erklärte ihm, daß meine Frage theoretisch und grundsätzlich gemeint sei.

Albert sagte, manche Leute seien eben verheiratet. Sogar die meisten Leute seien verheiratet. Und es sei auch finanziell besser, verheiratet zu sein, weil die Ehe vom Staat belohnt würde. Wenn ich sonst noch Fragen hätte, ich könne mich jederzeit an ihn wenden. – Wie üblich war er zu keiner ernsthaften Diskussion bereit. Seine Hinweise auf empirische Fakten der bürgerlichen Gesellschaft waren ja nicht gerade erhellend.

»Und wie geht es deiner lieben Kollegin?« fragte ich dann beiläufig.

»Gut.«

Ich ließ ihm Zeit, mehr zu sagen über seine sogenannte liebe Kollegin, aber er sagte nichts mehr über sie. Dann fragte er, ob wir uns nicht mal wieder treffen sollten.

»Wann?«

Er wollte mich sofort wieder sehen. Gleich nachher könnte

er bei mir vorbeikommen. – Gut, wenn er es so eilig hatte mich zu sehen, mir sollte es recht sein.

Er kam in meine Wohnung – ehemals unsere Wohnung. Wir saßen in der Küche, wie früher. Sofort behauptete er, der alte Porzellan-Kaffeefilter gehöre ihm. Das war nicht wahr, und außerdem hatte er sich doch eine neue Kaffeemaschine gekauft, wozu brauchte er den alten Porzellan-Kaffeefilter! Er sagte, es sei ihm egal, er hätte lediglich aus Prinzip klarstellen wollen, daß der alte Porzellan-Kaffeefilter ihm gehören würde. Ich wechselte lieber das Thema.

»Wie geht es deiner lieben Kollegin?«

»Das hast du schon gefragt.«

»Seht ihr euch noch?«

»Natürlich.«

»Oft?«

»Täglich.«

»Täglich!«

»Weil sie zur Zeit auf der gleichen Station arbeitet wie ich.«

»Und sonst? Seht ihr euch sonst auch?«

»Sonst sieht man sich auch. Hast du sonst noch Fragen?«

»Was macht sie heute abend, deine Tusnelda?«

»Die Anna hatte sich für heute abend schon seit längerem mit einer alten Freundin verabredet, deshalb war's ganz praktisch, daß du angerufen hast.«

»Es war praktisch, daß ich angerufen habe?«

»Ja, sehr«, er lachte.

»Du hast von ihr Ausgang bekommen!« – In mir stieg die Wut hoch. War ich abhängig von der Gnade dieses Naturkindes? Ich ließ mir aber nichts anmerken. »Und sonst geht's dir gut?« sagte ich.

»Doch ja, es geht mir ganz gut. Ich hoffe, es geht dir auch gut.«

Die Wut stieg höher in mir. Ihm ging es besser als mir. Trotzdem fragte ich ganz sachlich: »Und wie ist sie so?«

»Ach«, sagte er, »sie ist ganz anders als du. Eher so ein sanfter Typ. Aber sehr nett.« Er lachte wieder.

Ich sah ihn prüfend an. Er sah übermüdet aus. Schien nicht viel Schlaf zu bekommen in letzter Zeit.

Er sah mich prüfend an und sagte: »Sag mal, Anna, hast du eigentlich noch meine Eieruhr? Die kleine Sanduhr?«

Anna hatte er zu mir gesagt! So schnell ging das also bei ihm. »Ich bin nicht deine Anna!« schrie ich ihn an.

»Wie kommst du darauf! Ich käme nicht im Traum darauf, Anna mit dir zu vergleichen«, sagte er.

»Warum nennst du mich dann Anna?«

»Hab ich das? Entschuldigung.«

Ich suchte im Küchenschrank nach der blöden Eieruhr und schmiß sie ihm vor die Füße. »Hier hast du deine blöde Eieruhr. Bring sie deiner blöden Anna.«

Der Sand verteilte sich auf dem Küchenboden.

»Das war's dann wohl wieder«, sagte Albert und ging.

Ich riß das Küchenfenster auf und warf den Porzellan-Kaffeefilter runter. Als Albert aus der Haustür rauskam, war der Filter bereits detoniert. Aus dem Küchenfenster brüllte ich ihm hinterher, daß er seine blöden Scherben gefälligst mitnehmen solle. Er drehte sich nicht mehr um.

Jeder Mensch hat Fehler. Aber der Neid gehört nicht zu meinen Fehlern. Gut, ich werde manchmal ein bißchen schnell wütend. Aber diese Wut ist nur Ausdruck meiner Ehrlichkeit. Ich bin immer ehrlich: anderen gegenüber und vor allem mir selbst gegenüber. Keiner kann mir da einen Vorwurf machen. Weil ich sonst nicht neidisch bin, konnte ich nun in meiner selbstkritischen Ehrlichkeit ganz offen darüber reflektieren, daß mich nun doch der Neid gepackt hatte. Albert hatte den nahtlosen Übergang geschafft. Warum war es mir nicht vergönnt, ohne Schmerzen glücklich zu werden?

Nichts klappte. Als ich Freitag nachmittag ins Institut ging, zum Frauenseminar wollte, hing ein Zettel an der Tür:

»Wegen Menstruationsbeschwerden fällt unser Seminar heute aus.   Eure Irmela.«

– Warum hatte frau mich nicht angerufen? Mir ging es auch nicht gut, und ich hatte mich extra hierher geschleppt!

Ich ging in den vierten Stock zum Dozentenzimmer und klopfte. Zögernd trat ich ein. Gottfried war da und einer, den ich nicht kannte, soweit ich wußte, war er neu und Dozent für Kunstgeschichte. Ich sah Gottfried an, sagte, daß ich eine Nachricht für ihn hätte.

»Ja bitte«, sagte Gottfried. Er sah mich so unbewegt an, als sei ich die Frau, die den Gaszähler abliest. Aber wohl deshalb, weil der andere im Raum war und natürlich zuhörte.

»Also, was ich sagen wollte«, sagte ich, »die Frau Lämmle ist bis Dienstag verreist, und deshalb kann ich den Bericht vorher nicht abgeben.« Ich blinzelte Gottfried zu. Schlau, wie ich das formuliert hatte, was?

»Ach ja, die Frau Lämmle«, sagte Gottfried. »Vielen Dank, daß du mir Bescheid gegeben hast.«

Ich dachte, daß er vielleicht mit mir rausgeht, um auf dem Flur weiterzuquatschen.

»Also, dann bis Mittwoch«, sagte Gottfried.

Ehrlich, wie ich mir selbst gegenüber bin, hatte ich den Verdacht, daß Gottfried mehr an einer Nachricht über Julia interessiert war als an meiner Person. Schmerzlich wurde mir bewußt, daß ich einen langen Leidensweg vor mir hatte. Sah er in mir nur die Maklerin zur Befriedigung seiner außerehelichen Grundbedürfnisse?

Am Samstagnachmittag rief Birgit an. Sie hatte die Abzüge abgeholt. Sie waren wieder so toll geworden. Ob sie sich endlich für eine Anzeige entschieden hätte, fragte ich.

»Ich weiß nicht«, sagte Birgit. »Aber ich habe vorhin flüchtig die Anzeigen angeguckt, die heute erschienen sind, also da war eine süße Anzeige.« Birgit raschelte mit einer Zeitung.

»Lies vor«, sagte ich.

»Soll ich?«

»Los.«

»Ritter von der blauen Blume der Romantik ... 33, 177, 67 Kilo sucht süßes Burgfräulein. Wer will mit mir auf mein Schloß kommen? Eigener Pkw vorhanden. Zuschriften mit Konterfei bitte an ...«, las sie vor. »Süß, was?« sagte sie dann.

Ich mußte heimlich lachen über Birgits romantische Ader, sagte aber trotzdem: »Süß, also schreib endlich, damit endlich was passiert.«

»Meinst du?« sagte Birgit. »Ich weiß nicht so recht. Ich will lieber warten, bis Julia zurückkommt, ich will sie erst fragen, was sie dazu meint.«

»Was mußt du erst Julia fragen«, sagte ich, »du bist alt genug, dich selbst zu entscheiden. Also los, schreib sofort.«

Ich wollte, daß endlich mal was Romantisches passierte, wenn schon sonst nichts los war. Und sonst war nichts los.

Es gab kein Ereignis, das mich aus meiner Depression erlöste. Jeden Morgen ging ich zum Briefkasten mit klopfendem Herzen, jedesmal, wenn das Telefon klingelte, schreckte ich zusammen, aber nichts – keine Antwort auf meinen Annoncenbrief.

Dienstag abend rief ich Julia an.

»Vor zehn Minuten bin ich zurückgekommen«, sagte sie.

»Wie war's?«

»Nur alte Ehemänner dort. Das hätte ich auch hier haben können.«

»Und inhaltlich?«

»Auch nichts Neues. Ich habe gehört, daß in diesem Jahr die meisten Schulanfängerinnen ›Julia‹ heißen. Ein Ende der ›Julia‹-Schwemme sei nicht abzusehen. Die Romantik hat Hochkonjunktur.«

»Und was bedeutet das für dich?«

»Für mich? Wenn künftig jemand ›Julia‹ ruft, reagiere ich nicht mehr. Ich bin eine von Millionen, wie soll ich da annehmen, ich sei die eine, die gemeint ist?« Julia lachte, fast schon hysterisch. »Und wie ist es dir ergangen?« fragte sie, als sie sich wieder beruhigt hatte.

»Inhaltlich auch nichts Neues«, sagte ich wahrheitsgemäß. Dann fragte ich: »Hast du nicht mal wieder Lust, ins Café Kaputt zu gehen?«

»Ja«, antwortete Julia, »morgen.«

»Wann morgen?«

»Mir wär's recht, wenn wir uns ziemlich früh treffen könnten. Ich käme gleich nach dem Job vorbei. Es ist nämlich so, ich muß mich auch unbedingt mit Karl-Heinz treffen, der könnte doch mitgehen, wenn's dich nicht stört. Und der könnte dann auch gleich nach der Firma hinkommen.«

Ich sagte, daß Karl-Heinz mich nicht stören würde, obwohl er mich störte. Aber andererseits, wenn Karl-Heinz dabei war, würde Julia sicher fest bei ihrem Entschluß bleiben, mit Gottfried nichts mehr zu tun haben zu wollen, der spießige Karl-Heinz würde ihr von der Fortsetzung einer so unbürgerlichen Beziehung abraten.

»Meinetwegen schon um halb sechs«, sagte Julia.

Mir fiel ein, daß das Café Kaputt erst um sieben aufmacht, wir entschieden uns deshalb für den Klingelkasten, da war's jetzt bei dem schönen Wetter netter. – Daß Albert wieder dort sein würde, befürchtete ich nicht, der würde sich mit seiner Tusnelda da nicht mehr hinwagen.

Erst als ich aufgelegt hatte, fiel mir ein, daß ich, wenn wir uns schon um halb sechs trafen, das Seminar bei Gottfried ausfallen lassen mußte. Oder hatte sich Julia extra deshalb so früh verabreden wollen, damit ich Gottfried nicht treffen konnte? Nein, so viel Berechnung konnte ich ihr doch nicht zutrauen. Schweren Herzens fand ich mich also damit ab, morgen nicht ins Seminar zu gehen. Vielleicht war es besser so: erst wieder bei Gottfried aufzutauchen, wenn ich meine Mission erfüllt hatte, wenn die letzte Ungewißheit überwunden war.

45. Kapitel

Julia und ihr Karl-Heinz saßen bereits im Klingelkasten, als ich kam. Obwohl ich Karl-Heinz bei Julias Party so geärgert hatte, begrüßte er mich mit zwei Küßchen pro Wange. Eigentlich legte ich wenig Wert auf seine Küßchen und noch weniger darauf, daß irgend jemand der Umsitzenden denken könnte, ich sei mit diesem Mann so innig befreundet wie er mich umarmte.

»Schön, dich zu sehen«, sagte Karl-Heinz, legte seine Hände auf meine Schultern und hielt mich von sich, um mir tief in die Augen zu blicken.

»Tag«, sagte ich und drehte mich von Karl-Heinz weg zu Julia hin. Julia begrüßte mich nur mit einem Winken über den Tisch hinweg. »Hallo, hallo«, sagte sie.

»Hallo, hallo«, sagte ich und winkte zurück.

»Soll ich dir was bestellen?« fragte Karl-Heinz und legte seine Hand auf meine Hand. Er bestellte den Wein für mich.

»Ich hab extra mein Seminar bei Schachtschnabel ausfallen lassen müssen, um pünktlich hier zu sein«, sagte ich.

Julia grinste mich an: »Wie geht es deinem verehrten Dozenten, dem Herrn Gottfried?«

Ihr Grinsen machte mich mißtrauisch: »Wahrscheinlich weißt du das besser als ich.«

»Nein, ich schwör es. Seit letzten Dienstag, als ich Schluß

gemacht habe, habe ich nichts mehr von ihm gehört. Ich will auch nichts mehr von ihm hören. Ich habe ihn an seine Gattin retourniert – zur gefälligen Weiterverwendung. Ich schwöre es!« Sie hob die linke Hand und legte den Daumen über den kleinen Finger. Sie schwor tatsächlich.

»Gottfried hat mir gesagt, er wüßte überhaupt nicht, warum...«, ich stockte, weil ich bemerkte, daß ich verraten hatte, daß ich mit Gottfried über seine Beziehung zu Julia gesprochen hatte, und ich war mir nicht sicher, ob es taktisch klug war, daß Julia das wußte.

»Das hat er dir erzählt! Das darf ja nicht wahr sein!« Julia lachte, Karl-Heinz schüttelte bedeutungsvoll den Kopf. »Wenn er es nicht weiß, dann will ich es dir sagen! Ich habe kein Interesse an einem Ehemann, der von seiner Frau für jene Gelegenheiten, für die sie selbst was Besseres hat, an andere Frauen verliehen wird. Noch dazu, wenn sie sich das Recht vorbehält, ihre Leihgabe jederzeit zurückzufordern.«

Es gefiel mir nicht, wie sie über Gottfried Schachtschnabel redete. Schließlich war er mein Dozent für Nicht-bürger-liche-Filmtheorie. »Gottfried lehnt die Ehe als Institution ab, falls ich dich daran erinnern darf.«

»Und er ist verheiratet«, sagte Julia.

»Aber seine Ehe hat keinerlei theoretische Bedeutung«, sagte ich und war stolz auf diese Erklärung. Insgeheim fühlte ich mich als echte Schachtschnabel-Schülerin.

»Constanze«, sagte Julia, »glaub doch nicht alles, was man dir erzählt. Constanze, denk mal nach, warum sich Gottfried nicht scheiden lassen will, obwohl er die Ehe ablehnt?« Sie sah mich an, als wäre ich ein verblödetes Schulkind.

»Weil es sein finanzieller Ruin wäre.«

»Wär das so teuer bei dem?« quatschte Karl-Heinz dazwischen.

»Glaub es bloß nicht«, sagte Julia, »überhaupt nicht. Es würde ihn nicht mehr kosten, als es mich gekostet hat; seine Frau ist doch auch berufstätig, und Kinder haben sie keine. Und Vermögen auch keines. Weißt du, was er mir gesagt hat?« Julia schlug mit der flachen Hand auf den Tisch: »Er sagte, daß er das Geld, das ihn seine Scheidung kosten würde, lieber für einen großen Farbfernseher ausgeben würde!« Julia fuchtelte mit den Händen auf dem Tisch herum, fast hätte sie mein

Glas umgestoßen. »Lieber einen großen Farbfernseher! Als er mir das erzählt hat, da waren meine letzten Zweifel beseitigt.«

»Wieso?«

»Wenn jemand behauptet, für einen Farbfernseher bliebe er sein Leben lang mit einer Frau verheiratet, mit der er angeblich nichts mehr zu tun hat, da stimmt doch was nicht!«

»Aber was ist der Unterschied? Ob er verheiratet ist oder geschieden? Wenn sie sowieso nicht mehr zusammenleben?«

»Ja, das ist ein Unterschied«, sagte Julia bestimmt. »Ich habe mich schließlich auch scheiden lassen.«

Ich ärgerte mich, weil Julia so tat, als müsse sich Gottfried scheiden lassen, nur weil sie geschieden war.

»Ach ja«, sagte Karl-Heinz und legte seine Hand nun auf Julias Arm, »unsere arme Julia hatte keine andere Wahl.«

»Hör mal«, sagte Julia und zog ihren Arm unter der Hand von Karl-Heinz weg, »ich hätte noch jahrzehntelang mit Ulrich Tauziehen spielen können.«

»Nein, da ist der Ulrich nicht der Typ dafür«, sagte Karl-Heinz.

»Ich bin auch nicht der Typ dafür«, sagte Julia. Dann sagte sie: »Mit Gottfried, das ist kein Problem. Je kürzer man sich kennt, um so leichter trennt man sich.«

Julia war wirklich die Expertin für schmerzlose Trennungen.

»Von dir kann ich viel lernen«, sagte ich. »Wie du das immer machst! Du hast dich auch so harmonisch von deinem Mann getrennt.«

»Na ja«, sagte Julia.

»Na ja«, sagte Karl-Heinz.

»Hättest du dich auch scheiden lassen, wenn du gewußt hättest, daß du Gottfried nach der Scheidung kennenlernen würdest und gewußt hättest, daß Gottfried verheiratet ist?« fragte ich, um herauszufinden, was Julia eigentlich dachte.

»Selbstverständlich hätte ich mich scheiden lassen«, antwortete Julia. »Blöde Frage, das hat doch nichts mit Gottfried zu tun.«

»Unsere arme Julia wurde nämlich schon vorher von ihrem Mann verlassen«, sagte Karl-Heinz.

»Das hat damit nichts zu tun«, sagte Julia und sah Karl-Heinz warnend an.

»Wie verlassen?« fragte ich.

»Der Ulrich hat jetzt eben eine andere«, sagte Julia.

»Eine andere? Was ist sie für ein Typ?« Das wollte ich wissen, wie die Frau aussah, deretwegen Julia, die raffinierte Psychologin, verlassen wurde.

»Sie ist ein Jahr älter als Ulrich. Ansonsten hat Ulrich mir nichts über sie erzählt, nur daß sie Sekretärin sei. Sie ist der ›Die-Liebe-meines-Lebens-Typ‹, die Tatsache, daß Schönheit vergeht, wird diese Beziehung nie gefährden.«

Sie lachte, ich lachte nicht mit. Ihr Sarkasmus gefiel mir nicht. Ich mußte an diese Anna Sittenfeld denken.

»Ich versteh es auch nicht«, sagte Karl-Heinz, »was der Ulrich an dieser Frau findet! Die hat keinerlei Sex-Appeal! Du hast doch damals das Foto gefunden, mir war auf den ersten Blick klar, daß diese Frau tendenziell frigide ist.« Karl-Heinz schüttelte entsetzt sein schütteres Haupt.

»Ich hab mal zufällig ein Foto von ihr in seiner Brieftasche gefunden«, erklärte mir Julia und fügte schnell hinzu: »Weil ich einen Zettel von der Reinigung suchte.«

Karl-Heinz lachte.

»Ich hätte alles durchwühlt, so lange, bis ich was gefunden hätte«, sagte ich großmütig, weil mir die Geschichte einen Stich versetzte und das schlaue Lachen von Karl-Heinz mich nervte. »Und wo ist dein Mann jetzt?« Ich wollte das Thema von vergangenen Leiden abwenden.

»Weggezogen. Der wohnt jetzt auf dem Dorf. Gleich bei seiner Heimatstadt – er hat sich dort um eine Stelle beworben und sie prompt bekommen, da geht keiner freiwillig hin. Aber er ist wegen ihr hingezogen, sie ist auch von dort. Ulrich hat in der Heimat das wahre Glück gefunden.«

»Dein Mann hat es gut«, sinnierte ich, »der hat sich wirklich schmerzlos getrennt. Der hat den nahtlosen Übergang geschafft. Einfach das Alte gegen Besseres getauscht.« – Sofort nachdem ich es ausgesprochen hatte, tat es mir leid, es gesagt zu haben. Julia hatte einen Zug von Selbstverachtung um den Mund. Ich versuchte, meine Bemerkung wieder auszubügeln: »Da find ich es besonders toll, daß du dich von ihm trotzdem so harmonisch getrennt hast.«

Karl-Heinz fragte: »Hat er eigentlich die silbernen Kerzenleuchter mitgenommen?«

»Nein, die hat er nicht gewollt, die sind nur versilbert. Er hat dafür das echte Silberbesteck mitgenommen, das zur Hälfte mir gehörte, aber die Quittung war auf seinen Namen ausgeschrieben«, sie zuckte mit den Schultern. »Aber die Kette von seiner Großmutter, die er mir zur Hochzeit geschenkt hat, die hat er nicht wiederbekommen. Da hatte er juristisch keine Chance. Nach dem Bürgerlichen Gesetzbuch können Hochzeitsgeschenke in dieser Größenordnung nicht zurückgefordert werden, wenn die Ehe juristisch vollzogen wurde. Ich konnte ihm klipp und klar beweisen, daß er die Kette nicht zurückbekommt. – Er dachte natürlich nicht im Traum daran, mir die Stereoanlage zurückzugeben, die ich ihm zur Hochzeit geschenkt habe, und die war etwas teurer.«

»Toll, wie du dich durchgesetzt hast«, sagte Karl-Heinz.

»Na ja, aber er hat auch das Auto bekommen, das war auf ihn angemeldet, da mußte ich passen. Aber dafür hab ich kurz vor der Scheidung unser gemeinsames Konto um dreitausend Mark überzogen – die Schulden gingen Halbe-Halbe, so war ich wenigstens etwas saniert.«

»Nicht schlecht«, sagte Karl-Heinz.

»Wie raffiniert du bist!« sagte ich, nur um etwas zu sagen. Eigentlich war ich nämlich sprachlos. Was Julia da erzählte, klang nach Scheidungskrieg, nicht nach harmonischer Trennung.

»Außerdem«, sagte Julia, »hat er sich sämtliche Bücher, die wir gemeinsam angeschafft hatten, unter den Nagel gerissen.«

»Immerhin hast du die Einrichtung bekommen«, sagte Karl-Heinz.

»Die alte Sitzgarnitur, die war nichts mehr wert! Die olle Einbauküche! Aber die alten Möbel, die wollte er nicht haben, die wären ihm beim Umzug zu teuer gekommen. Da hat er den Müll großzügig mir überlassen, und ich mußte ihn wegschaffen.«

Ich staunte nur noch. Das war es also, was sie mir monatelang als harmonische Trennung gepriesen hatte?! Da würde Gottfried aber aus allen Wolken fallen, wenn ich ihm das erzähle.

»Zum Glück hab ich alles schon fast verdrängt«, sagte Julia. »Ich habe mir vorgenommen, nicht mehr daran zu denken.«

Und diese Julia hatte mir empfohlen, Albert zu heiraten! – Und das nach so einer Scheidung! Ich verstand sie überhaupt nicht mehr.

»Wie kannst du mir raten, Albert zu heiraten, und andererseits Leute verdammen, nur weil sie verheiratet sind! Du bist dir deiner Widersprüche nicht bewußt!«

»Gottfried ist emotional total bindungsunfähig, falls du das immer noch nicht kapiert hast«, antwortete sie.

»Nein, das verstehe ich nicht«, sagte ich ehrlich und eisig.

»Warum kapierst du das nicht? Die Ehe schafft mehr Gemeinsamkeit als alle romantischen Wallungen. Und wenn das einzige, was zwei Leute verbindet, nur das momentane Gefühl ist, das ist viel zu stressig auf Dauer. Aber das hab ich dir wirklich schon gesagt«, Julia seufzte. »Natürlich kann eine Ehe schiefgehen, aber wenn man von vornherein Angst hat, eine Beziehung auszuleben, wird es sowieso nichts.«

»Und was ist mit Gottfried?«

»Genau das ist es mit Gottfried! Solange er verheiratet ist, wird er niemanden lieben als seine Frau.« Julia tat, als ob sie nachdenken würde, dann sagte sie: »Mehr als seine Frau liebt er sich selbst. Wäre er nicht so eitel, würden ihn die Demütigungen, die sie ihm zufügt, nicht so kalt lassen.«

Karl-Heinz mischte sich wieder ein: »Das siehst du zu eng. Wenn ich verheiratet wäre und würde ein hübsches junges Mädel treffen, das könnte ich durchaus lieben, obwohl ich verheiratet wär. Für mich gäb es da keine Probleme.« Er lächelte selbstgefällig, dann legte er wieder einmal seine Hand auf Julias Arm, und dann flüsterte er Julia ins Ohr: »Aber du, du bist schon über dreißig, da findest du so leicht keinen Partner mehr. Ich würde mir das an deiner Stelle noch mal gründlich überlegen.«

»Wenn ich ihm keine Scheidung wert bin, bin ich auch nicht dazu bereit, seine Seitensprünge emotional zu finanzieren.«

Einerseits hörte ich nicht ungern Julias Versicherungen, daß es mit Gottfried endgültig aus war. Andererseits konnte ich kaum glauben, wie berechnend Julia war. Obwohl es so warm war, war mir kalt.

»Wie spät ist es?« wollte Karl-Heinz plötzlich wissen. Es war halb acht. Er müsse dringend weg.

»Wo gehst du denn jetzt hin?« fragte Julia.

Er hätte noch eine Verabredung.

»Mit wem, wenn man fragen darf?«

Er lächelte nur geheimnisvoll.

Zum Abschied küßte er Julia auf die Wangen und mich fast auf den Mund. Es gelang mir aber, mein Gesicht wegzudrehen, er traf nur mein Ohr. Als er gegangen war, saßen Julia und ich schweigend herum – auf die anderen Leute im Lokal mußten wir den Eindruck machen, es hätte uns soeben unser gemeinsamer Liebhaber verlassen. Natürlich hatte er den Wein, den er für mich bestellt hatte, nicht bezahlt. Dieser Karl-Heinz wurde mir immer unsympathischer. Ich hielt ihn für ein ziemliches Arschloch. »Warum knutscht er mich ab?« fragte ich Julia. »Ich kenne ihn doch kaum!«

»Er wäre gern ein Frauenheld.«

»Kennst du eine Frau, die darauf steht?«

»Ja, Frauen, die sich selbst für minderwertig halten. Die einen Mann brauchen, um eine Existenzberechtigung zu haben.«

»Aber der ist doch ein Frauenfeind! Auch wenn er sich so betulich aufführt!«

»Du bist nicht frustriert genug. Du hast die Aggression nicht gegen dich selbst gewendet. Sonst wärst du glücklich, so herzlich abgeknutscht zu werden, egal ob Frauenfeind oder nicht. Hauptsache Mann.«

Ich befürchtete, Julia würde mir mit ihrer Schulpsychologinnen-Manier jetzt erklären, daß Frustration die wesentliche Voraussetzung für eine glückliche Gemeinsamkeit oder wahre Liebe oder Ähnliches wäre, und sagte deshalb, daß ich schnell nach Hause müßte, weil ich ein wichtiges Telefongespräch führen müßte. Julia war es auch recht, wir verabschiedeten uns bis demnächst irgendwann und gingen heim.

Eigentlich wollte ich Gottfried sofort anrufen. Aber es war genau 20 Uhr, und da kommt die Tagesschau. Menschen wie Gottfried Schachtschnabel, die sich politisch auf dem laufenden halten müssen, darf man nicht anrufen, solange die Tagesschau läuft. Ich wartete bis halb neun. Dann fiel mir ein, daß 20 Uhr 30 keineswegs eine unkonventionelle Zeit ist. Ich überlegte: Würde ich Gottfried Schachtschnabel schon jetzt anrufen, würde er denken, daß ich mit den Hühnern ins Bett gehe. Das wollte ich natürlich nicht, daß Gottfried das von mir denken würde. Ich überlegte weiter und stellte schließlich den Wecker auf 3 Uhr früh. Das war eine unkonventionelle Zeit. Ich würde bis dahin ein bißchen schlafen, um nachher fit zu sein. Dann dachte ich, daß 3 Uhr vielleicht doch ein bißchen zu spät wäre. Ich stellte den Wecker zurück auf 2 Uhr 30.

46. Kapitel

Als der Wecker um halb drei morgens klingelte, war ich gleich hellwach. Trotzdem rief ich Gottfried nicht sofort an. Denn wenn man mitten in der Nacht jemand anruft, dann ist es erforderlich, daß im Hintergrund Musik lärmt. Das ist so üblich, jedesmal wenn mich jemand so spät anruft, läuft laute Musik im Hintergrund. Ich sah meine Plattenvorräte durch. Eine Ewigkeit schwankte ich für und wider ›Don't cry for me Argentina‹ – das finde ich nämlich toll, obwohl das schon so alt ist; aber es paßte nicht richtig. Von Elvis ›Are you lonesome tonight‹ hätte zwar toll gepaßt, aber ich entschied mich dagegen, weil es mir etwas anzüglich vorkam. Dann hatte ich die Idee: ›Die Internationale‹! Die hatte ich auf Kassette, das war die ideale Hintergrundmusik: »Völker hört die Signale, auf zum letzten Gefecht!« – das war politisch und war um drei Uhr früh sehr originell. Ich drehte den Recorder auf volle Lautstärke, der alte Rentner in der Wohnung nebenan war sowieso schwerhörig. Nun war ich soweit.

Es dauerte allerdings eine Ewigkeit, bis Gottfried den Hörer abnahm.

»Werisnda«, flüsterte er.

»Gottfried!« Ich schrie, weil die Internationale so laut war. »Ich bin's, Constanze! Ich hab Julia getroffen, und sie will nichts mehr von dir wissen, und weißt du, was ich herausbekommen habe? Sie hat sich von ihrem Mann überhaupt nicht harmonisch getrennt! Wußtest du das?«

»Werisnda?« flüsterte Gottfried wieder.

»Hast du schon geschlafen?« fragte ich vorsichtig, weil er meine Stimme nicht erkannte. Er antwortete nicht, ich hörte nur ein Gähnen.

»Ich bin es, Constanze! Sie will nichts mehr von dir wissen, soll ich dir sagen.«

»Von wem sprichst du?« fragte er und seufzte. Ich machte den Recorder etwas leiser, um ihn besser verstehen zu können. »Von Julia! Schönen Gruß, und sie will nichts mehr von dir wissen!« Ich hörte ihn wieder gähnen.

»Wer spricht da, bitte?« fragte er schon wieder.

»Ich bin's, Constanze!« rief ich noch mal. »Julia will nichts mehr von dir wissen. Sie will dich nicht mehr sehen, soll ich dir sagen!«

»Ach so. Ja, ja. Na ja«, sagte er nur.

»Was sagst du dazu?«

»Da kann man nichts machen.« Er gähnte wieder.

»Also dann«, sagte ich und wartete darauf, daß er etwas sagen würde. Er sagte aber nichts.

»Schläfst du schon?« fragte ich deshalb.

»Nicht direkt«, antwortete er, sagte sonst aber nichts mehr.

Ich war relativ enttäuscht, daß er nichts mehr sagte. Wahrscheinlich hatte ihm der Schock über Julias Herzenskälte die Sprache geraubt. »Also dann, bis zum nächsten Seminar«, sagte ich.

»Halt, ich muß dir noch etwas sagen«, sagte er leise, aber lebhafter als zuvor.

Ich war gespannt. »Ja?«

»Du warst heute nicht im Seminar. Du weißt nicht, daß es übernächste Woche ausfällt. Ich habe es heute den andern schon gesagt. Ich muß weg, meine alten Eltern feiern goldene Hochzeit.«

»Wann?«

»Am übernächsten Mittwoch, dem dritten Juli, fällt es aus. Nur, damit du dich darauf einstellen kannst.«

Ich war ganz durcheinander. Wie sollte ich mich darauf einstellen? Ich vergaß sogar zu fragen, ob er mit seiner Frau hinfährt.

»Also gute Nacht«, sagte er dann.

»Also gute Nacht«, sagte ich.

47. Kapitel

Endlich kam die Antwort. Der Brief kam sogar in einem Umschlag der Zeitungsredaktion – ich war überrascht, aber angenehm: Da ich keine Annoncenerfahrung hatte, hatte ich nicht gewußt, daß ich, wenn ich auf eine Annonce schreibe, dann so diskret die Antwort des Inserenten zugeschickt bekomme – meine Briefträgerin mußte denken, die Zeitungsredaktion hätte mir geschrieben. Das war schlau.

Der Brief war vielversprechend dick, er hatte sogar mehr als das normale Porto gekostet! Ich eilte mit dem Brief an meinen Schreibtisch, holte mir schnell eine Tasse Kaffee aus der Küche, zündete mir schnell eine Zigarette an und beschloß, diesen Brief lieber im Bett zu lesen. Als ich den Umschlag aufriß, zitterten meine Hände so, daß der Umschlag ziemlich zerfetzte.

Im Umschlag befand sich der Umschlag, den ich auf die Bekanntschaftsannonce geschickt hatte – aufgerissen! – mein Brief, mein Foto waren darin, außerdem ein Schreiben mit dem Briefkopf der Zeitung und ein Zettel mit Zahlen drauf. Auf dem Blatt mit dem Briefkopf der Zeitung stand:

Betrifft: Chiffre 48 763 UZ vom 1.6.d.J.
Sehr geehrtes Frl. Wechselburger!

Wie Sie sicherlich wissen, ist unsere Zeitung seit Jahrzehnten ein bewährtes Organ der Partnervermittlung. Bei der Vielzahl der Inserate, die unsererseits allwöchentlich bearbeitet werden, sind gelegentliche Fehlleistungen jedoch nicht auszuschließen.

Bei o. a. Chiffre hat sich die Anzeige, die für die Rubrik unserer weiblichen Inserenten bestimmt war, irrtümlich im Satzspiegel verschoben und wurde demzufolge in der Rubrik männlicher Inserenten abgedruckt. Wir bitten, dieses Mißverständnis zu entschuldigen. Um unserer Inserentin Unannehmlichkeiten mit der Beantwortung zu ersparen, haben wir der Inserentin angeboten, die an sie gerichteten Zuschriften unsererseits zurückzusenden, wobei wir Ihnen unsere selbstverständliche Diskretion versichern dürfen.

Für den Fall, daß Sie den Wunsch haben, selbst zu den erfolgreichen Inserenten unserer Zeitung zählen zu wollen, überreichen wir Ihnen anbei unsere Anzeigenpreisliste zur gefälligen Kenntnisnahme.

Mit vorzüglicher Hochachtung...

Anlagen: 1 Anzeigenpreisliste
         1 handschriftliches Schreiben
         1 Lichtbild
         3 Anzeigenformulare

Ich weiß nicht, wie oft ich diesen Brief las – ich hielt ihn gegen das Licht, er wirkte wie ein Computerbrief, aber es war ein richtiger Brief! –, bis ich kapierte, daß ich auf die Anzeige einer Frau geschrieben hatte. So also sah meine verwandte Seele aus! War ich lesbisch? Nein. Es war ein Irrtum gewesen.

80 Pfennig Porto zum Teufel. Von meinen Hoffnungen ganz zu schweigen.

Wie immer, wenn mein Leben an einem Tiefpunkt angelangt ist, rief Sieglinde an. – Oder war es umgekehrt: Bedeutete jeder Anruf von Sieglinde einen Tiefpunkt in meinem Leben?

»Wie geht es«, sagte sie, »mir geht es entsetzlich.«

»Mir auch.«

»Stell dir vor, welche Schikane sich Wolf-Dietrich ausgedacht hat! Er erlaubt nicht, daß ich seine Zahnbürste benutze. Stell dir das vor! Ich habe extra meinen Chef gefragt, und mein Chef hat gesagt, wenn sich zwei Menschen lieben, dann ist es unter hygienischen Gesichtspunkten durchaus vertretbar, wenn sie dieselbe Zahnbürste benutzen. Aber Wolf-Dietrich mit seinen Abgrenzungen! Wichtig ist nur, sagt mein Chef, daß sie öfter gewechselt wird.«

»Wen soll man wechseln?« Ich machte auf doof, um Sieglinde zu ärgern. »Will sich Wolf-Dietrich vielleicht öfter mal die Zähne bei mir putzen?«

»Wolfi würde sich niemals bei dir die Zähne putzen«, sagte Sieglinde streng. In diesem Punkt verstand sie keinen Spaß. Sonst natürlich auch nicht, der Unterschied ist nur, daß sie es in diesem Punkt selbst zugibt. Trotzdem war es eine Frechheit, wie felsenfest überzeugt sie behauptete, daß Wolf-Dietrich meine Zahnbürste niemals benutzen wolle. »Da soll er sich bitte auch keine Hoffnungen machen, schönen Gruß von mir!« sagte ich deshalb genauso streng.

»Ich habe auch Albert gefragt, er hat auch gesagt, daß es eigentlich unnötig sei, ständig zwei Zahnbürsten zu kaufen.«

»Wann hast du Albert gesehen?«

»Ach, letzte Woche, er hat mich angerufen und hat mir seine neue Telefonnummer gegeben. Er soll jetzt eine sehr, sehr hübsche Wohnung haben.« Dann schwieg Sieglinde bedeutungsvoll.

»Hast du sonst noch Probleme?« fragte ich.

Ja, sie hatte noch mehr Probleme. Sie hatte Laura-Ashley-Bettwäsche entdeckt, aus Satin, in Mokkabraun, und die Frau ihres Chefs hatte die gleiche gekauft, natürlich, und ob ich wisse, bei wieviel Grad man Satin waschen muß und bei welcher Bügeleiseneinstellung bügeln? Der Stoff sei so empfindlich! Und sie hätte bereits mit der Frau ihres Chefs darüber gesprochen, natürlich, und die sei sich auch nicht sicher. Das Problem sei, daß die Bezüge eingehen könnten oder abfärben. Sieglinde seufzte.

»Warum kaufst du Bettwäsche in Mokkabraun – da sieht man doch alles drauf«, sagte ich in der Pause, als Sieglinde seufzte.

»Was soll man darauf sehen?« fragte Sieglinde, dann sagte sie schnell: »Ich merk schon, du kannst mir nicht helfen.« Und dann mußte sie aufhören zu telefonieren, weil sie einkaufen mußte, ich wurde lediglich noch mit der Information bedacht, daß sie ein tolles Eau de Toilette entdeckt hätte – nicht für sich, sondern für Wolf-Dietrich, ihren Adonis…

Wolf-Dietrich erlaubt Sieglinde nicht, seine Zahnbürste zu benutzen! Sorgen haben die Leute. Warum es mir entsetzlich ging, hatte Sieglinde natürlich nicht gefragt – ich hätte es ihr natürlich auch nicht gesagt. Ich setzte alle Hoffnung, die mir auf ein baldiges Glück geblieben war, auf den nächsten Tag.

Um Gottfried die Chance zu geben, mich nach Hause zu fahren, fuhr ich mit der U-Bahn in die Akademie. Während des ganzen Seminars dachte ich nach – die Frage war: Sollte ich ihm nachher sagen, daß ich gleich nach Hause will? Und dann, wenn wir vor meiner Haustür parken würden, dann Gottfried zu einem Kaffee einladen? Ganz spontan? Ich hatte extra zwei Flaschen Wein gekauft und ziemlich aufgeräumt. Oder sollten wir zuerst in ein kleines Lokal gehen, dort das Thema

Julia endgültig abhaken, und dann zu mir? Oder zu ihm? Obwohl ich mir schließlich dachte, daß es keinen Sinn hatte, solche spontanen Entwicklungen zu programmieren, konnte ich mich nicht auf das Referat konzentrieren, das ein Typ namens Jürgen vorlas. Er nuschelte so, daß man ihn nicht verstehen konnte, sondern alles mitlesen mußte. Ich tat, als würde ich Notizen machen, in Wahrheit schrieb ich aber nur mechanisch »Julia«, »Julia«, »Julia« in mein Ringbuch, und dann strich ich diesen Namen langsam wieder durch – so langsam und sorgfältig, daß Gottfried, wenn er mich beobachtete, denken mußte, ich würde wesentliche Stellen im Referattext unterstreichen. Endlich war es 18 Uhr 45. Um 18 Uhr 47 waren alle anderen Studenten weg.

Und da, als wir endlich allein waren, sagte Gottfried, daß er keine Zeit hätte. Und ausgerechnet heute fuhr er nicht nach Kreuzberg, sondern mußte sofort nach Lichterfelde. Es käme jemand zu ihm, mit dem er seine Steuererklärung durchsprechen müsse. Er mußte wohl mein enttäuschtes Gesicht bemerkt haben, er sagte noch mal, wie leid es ihm täte, aber da er schon am Wochenende zu seinen Eltern fahren müßte, könnte er den Termin nicht verschieben. Aber übernächste Woche, wenn er wieder da wäre, dann ganz bestimmt, das würde er sich jetzt schon vormerken, daß wir da nach dem Seminar unbedingt zusammen klönen müßten.

Obwohl Gottfried so freundlich gewesen war und natürlich nichts dafür konnte, daß er keine Zeit hatte, war ich total gefrustet. Sollte mein Leben ewig ereignislos bleiben? Nur ein Wechsel zwischen unerfüllten Erwartungen und erwarteten Enttäuschungen?

Um wenigstens nicht noch zu verhungern, überlegte ich es mir kurz vor der U-Bahn-Station anders, ging zum Italiener dort an der Ecke, aß eine Pizza mit Thunfisch, aber ohne Zwiebeln, und trank zwei Frascati. Dann ging es mir wieder etwas besser. Es war viel zu früh, um heimzugehen. Ich ging ins Cookies.

48. Kapitel

Martin oder so ähnlich hieß der Typ, mit dem ich nachts um 3 Uhr aus dem Cookies kam. Wir gingen zu ihm, weil er in der Nähe wohnte und keine U-Bahn mehr fuhr.

Ich wußte schon vorher, daß es mir peinlich sein würde, neben ihm aufzuwachen. Mit ihm zusammen auch noch Kaffee zu trinken, hätte meine soziale Kompetenz überstrapaziert. Er war der Typ, der nach jedem One-night-stand das Bett frisch bezieht.

Und falls ich ihn wiedersehe? Sag ich halt: »Schlechtes Wetter für die Jahreszeit.« – Falls ich mich an ihn erinnern werde.

Das ist alles, was es über diese Nacht zu sagen gibt.

49. Kapitel

Ich spüre noch seine Brusthaare an meinem Rücken. – Sexuelle Frustration, das klingt immer so, als seien nur die frustriert, die es nicht tun. Da kann ich nur lachen. Wie frustriert erst die sind, die es tun! Die es nicht tun, bewahren sich wenigstens die Illusion. Er hatte so komische Pickel auf dem Rücken gehabt, viel lieber, als mit ihm zu bumsen, hätte ich diese komischen Pickel ausgequetscht. Aber solche Intimitäten sind nicht drin, wenn man sich nicht kennt.

Wie es wohl mit Gottfried gewesen wäre? Ich war so frustriert, daß ich den ganzen Tag nichts Rechtes tun konnte.

Nachmittags schleppte ich mich und meine Wäsche in die Münzwäscherei, starrte die ganze Zeit auf die Trommel der Waschmaschine. Dieser ewige Kreislauf gab mir sehr zu denken. Ich versuchte mein Schicksal zu ergründen: Immer wenn die Trommel ihre Schleuderrichtung änderte und vorne lag etwas Blaues, dann bedeutete das, daß es zwischen Gottfried und mir bald was werden würde. Es kam aber ungefähr auf halbe-halbe raus, obwohl die meisten Sachen, die ich in die Waschmaschine gestopft hatte, blau waren. Es war wirklich alles total frustrierend. Wieder zu Hause, wusch ich meine Pullis im Handwaschbecken. Ich betrachtete die glückliche junge Frau, die auf dem Feinwaschpulverpaket ihren Angorapullover liebkoste. Alle anderen waren glücklich, nur ich nicht. Um mich wenigstens nicht auch noch durch kommerzielle Glücksphantasien manipulieren zu lassen, nahm ich weniger Waschpulver, als auf dem Waschpulverpaket angeraten wurde.

Später am Abend versank ich in eine tiefe Depression. Abgesehen davon, daß ich nun wieder saubere Unterwäsche, saubere Handtücher und saubere Pullover hatte und daß die Kaffeeflecken auf meinem Schreibtisch weg waren, war alles wie zuvor. Dieser ganze Aufwand, lediglich um das Bestehende zu erhalten, machte mich komplett desolat. Das ganze Leben lang schuften, nur um sich im gleichen Kreis weiterdrehen zu lassen, Tag für Tag neu das Errungene verteidigen zu müssen, und dennoch verging alles Irdische... Der Spitzeneinsatz an meinem Lieblingsslip war zerschlissen, bei zwei anderen Slips der Gummi ausgeleiert. Mein neonblauer Pulli war irgendwie aus der Form geraten... Wie verändert man sein Leben?

Am Freitag ging ich nicht zum Frauenseminar, weil ich endlich mal wieder meine Wohnung aufräumen mußte, gestern war ich nicht dazu in der Lage gewesen. Aufräumen ist gut, wenn man Zeit braucht zum Nachdenken. Ich mußte immerzu an Birgit denken: Ob sie auf die Annonce geschrieben hatte? Vielleicht gab es doch noch irgendwo die wahre Romanze.

Gegen Abend versuchte ich Birgit anzurufen, aber es war besetzt. Ich wollte wissen, ob wenigstens sie Hoffnung hatte, ihr Leben zu verändern. Aber den ganzen Abend war ihr Telefon ohne Pause besetzt.

Am Samstagnachmittag um halb drei, ich war dabei, die Küche zu putzen, rief Birgit mich an.

»Warum hast du gestern dauernd telefoniert? Hast du auf die Anzeige geschrieben?« fragte ich als erstes.

»Na ja.«

»Ja oder nein?«

»Also ja.«

»Und?«

»Ja also, wir treffen uns heute abend. Er kommt zu mir.«

»Was! Erzähl!«

»Ich hab's mir ja lange überlegt, ich wollte eigentlich nicht, aber weil du und Julia so dafür gewesen seid, hab ich also doch geschrieben, daß ich gerne einen Ritter von der blauen Blume der Romantik treffen würde. Rudi heißt er.«

»Auf diese Anzeige hast du geschrieben?«

»Ja, und vorgestern hat er mein Foto bekommen und mich sofort angerufen. Also, ich muß sagen, er hat eine sehr sympathische Stimme. Und er hat mich auch ohne Umschweife gefragt, was ich für ein Sternkreiszeichen habe. Er ist Stier. Und ich bin ja Fisch ... ich hatte mal einen Chef, der war auch Stier, und mit dem hab ich mich sehr gut verstanden.«

»Und er kommt zu dir?«

»Ja, in einem Lokal, das wäre zu unpersönlich, oder auf der Straße treffen – nein. Ich weiß überhaupt nicht, was ich anziehen soll. Soll ich ein Partykleid anziehen? Julia hat gesagt, ich soll mich nicht aufdonnern. Eine meiner Kolleginnen hat gesagt, ich soll mich am besten ganz lässig im Freizeitlook präsentieren, aber meine Schwester sagt, ich soll lieber was ganz Sachliches anziehen, das wäre besser, wenn jemand zu mir in die Wohnung kommt, den ich gar nicht kenne. Also, wenn nicht Julia hier wohnen würde, hätte ich direkt ein bißchen Angst. Aber sie hat gesagt, sie sei den ganzen Abend zu Hause, und wenn er mich umbringen wollte, käme sie rauf und würde mich retten. Wir haben überlegt, daß ich dem Mann gleich sage, daß unter mir meine Freundin wohnt und daß man alles hören kann, was in meiner Wohnung passiert. Weißt du, was ich anziehen soll?«

»Zieh dasselbe an wie auf dem Foto, damit er dich gleich erkennt.«

»Meinst du? Ich weiß nicht recht.«

»Wie vielen Leuten hast du denn schon erzählt, daß du auf die Anzeige geschrieben hast?«

Sie hätte sich doch informieren müssen, wie man sich in einer solchen Situation verhält, erklärte Birgit. Ich wunderte mich, daß sie nun so freimütig aller Welt darüber erzählte, nachdem sie sich erst so gesträubt hatte. Ich würde so was erst erzählen, wenn ich wüßte, daß mir der Mann gefällt. Aber solche Enttäuschungen schien Birgit nicht zu befürchten. Oder war ihr jeder Mann recht? Hauptsache Mann?

Birgit hatte keine Zeit, länger zu telefonieren, sie mußte sich noch die Haare waschen, was Kleines zum Essen vorbereiten und noch mal ihre Schwester anrufen und fragen, was sie anziehen sollte, sie versprach aber, mich morgen sofort zu informieren, wie alles gewesen war. Ich wünschte ihr viel Glück.

Ich war selbst ganz aufgeregt. Was das wohl für ein Mann war, ein Ritter von der blauen Blume der Romantik? Ich hätte auf diese Anzeige niemals geschrieben. Nun, für jeden Topf gab es angeblich einen Deckel.

Abends kaufte ich mir die Wochenendausgabe der Zeitung mit den meisten Heiratsanzeigen. Was sah ich als erstes? Diese Anzeige, auf die ich geantwortet hatte, sie stand nun an erster Stelle in der Rubrik ›Bekanntschaften weiblich‹. Ich hatte den Irrtum verschmerzt, konnte schon darüber lächeln. Meine verwandte Seele – eine Frau. War eigentlich logisch.

In der Rubrik ›Bekanntschaften männlich‹ entdeckte ich eine weitere Anzeige, die damals, vor vier Wochen auch drin war, Birgit hatte sie gut gefallen: die Anzeige mit der Überschrift »Nicht sagen, daß man aufrichtig ist, es einfach sein.« – Warum dieser Mann noch mal inserierte? Hatte er die Richtige nicht gefunden? Hatte niemand auf seine Anzeige geantwortet? Auf diese Anzeige hätte ich auch nicht geschrieben, dachte ich. Aber alle anderen Angebote waren ebenso indiskutabel. Nicht mal mit Albert konnten die Annoncen-Männer konkurrieren: Es waren alles ältere Typen, die eine Frau zum Bumsen und zum Vorzeigen suchten und ihr dafür eine Ganztags-Stelle als Putzfrau boten. – Gottfried konnte sowieso keiner das Wasser reichen. Und Gottfried war wieder frei. Ich hatte ein etwas schlechtes Gewissen, daß ich ihn betrogen hatte. Aber in Gedanken war ich ihm tadellos treu gewesen.

Birgit rief nicht an am Sonntagmorgen. Ich getraute mich nicht, sie anzurufen, schließlich konnte ich mir vorstellen, daß sie gestern nicht früh ins Bett gekommen war, außerdem hatte ich gestern deutlich gemerkt, daß ich in der Hierarchie ihrer Vertrauens- und Beratungspersonen nicht gerade an erster Stelle stand – sonst hätte sie mich nicht erst gestern in ihr mittlerweile öffentliches Rendezvous eingeweiht. Na ja, so lange kannten wir uns ja auch nicht. Um zwölf Uhr rief ich sie aber doch an. Es war besetzt. Um drei war ihr Telefon immer noch besetzt. Es war mir zu blöde, länger zu warten, ich beschloß, einen Sonntagsspaziergang zu machen und bei Birgit und Julia vorbeizugehen. Sonntagnachmittags darf man durchaus unangemeldet bei Freunden vorbeischauen.

Ich klingelte bei Birgit, sie drückte sofort auf den Summer, im Vorbeigehen, im zweiten Stock, klingelte ich bei Julia, sie war nicht da. Kein Wunder, sie war ein Stockwerk höher bei Birgit.

»Ach du bist es«, sagte Birgit. Sie schien nicht sonderlich erfreut, mich zu sehen, aber Julia sagte strahlend: »Aha, die zweite Romantikerin betritt die Kemenate.«

»Wie war's?« fragte ich Birgit hoffnungsfroh.

Auf ihrem abwaschbaren Couchtisch stand eine rote Rose, unter der Vase war ein Untersetzer.

»Hat er die mitgebracht?«

»Ja«, sagte Birgit.

»Und sonst?« Ich konnte es kaum erwarten, aber Birgit ging in die Küche, um mir eine Kaffeetasse zu besorgen. Während sie draußen war, flüsterte Julia mir zu: »Großer Reinfall der Stier von gestern.«

»Ja?«

»Wir müssen Birgit moralisch wieder aufbauen, sei bloß vorsichtig.«

Als Birgit mit der Kaffeetasse und einem Kaffeetassenuntersetzer wieder hereinkam, sagte ich deshalb nichts. Deshalb wohl merkte Birgit sofort, daß mich Julia vorgewarnt hatte. »Julia hat dir schon alles erzählt«, sagte sie zu mir, als sie sich setzte.

»Überhaupt nichts hat mir Julia erzählt«, sagte ich energisch, um nicht den Eindruck zu erwecken, daß wir hinter ihrem Rücken über sie geredet hätten, und außerdem wußte ich ja nicht, was passiert war. »Was hast du nun angehabt?« fragte ich.

»Ach, nur einen einfachen Party-Anzug, den man auch als Hausanzug tragen kann.«

Ich war platt. Was war denn das? So was hatte ich noch nie besessen. Vermutlich war es eine jener Boutique-Klamotten, bei denen ich mich seit Jahren frage, zu welchen Gelegenheiten man sie trägt. Ich konnte mir überhaupt nichts vorstellen unter einem kombinierten Party-Haus-Anzug und sah mich um im Zimmer, ob er irgendwo herumlag, aber bei Birgit war selbstverständlich alles ordentlich weggeräumt. Deshalb fragte ich sie, aus welchem Material der Anzug sei und welche Farbe er hätte.

»Aus schwarzem Georgette, und die Revers sind aus beige Satin, und an den Seiten, an der Hose, sind auch beige Satinstreifen. Sieht sehr süß aus«, sagte Birgit und lächelte in Erinnerung an ihren kombinierten Party-Haus-Anzug.

Ihr Lächeln bestätigte meine Vermutung, daß es sich bei diesem Anzug um eine hochelegante Klamotte handelte. Schwarzer Georgette und beige Satin. Oh, la la. Und dazu Birgits Wohnung: dieser ganze Plüschkram – sie mußte ausgesehen haben wie eine Barbiepuppe in ihrem Barbiepuppenbungalow.

»Und was habt ihr gemacht?«

Julia seufzte.

Aber Birgit erzählte mir sehr bereitwillig, was geschehen war. Sie hatten zusammen ferngesehen und etwas getrunken. Er hätte nicht schlecht ausgesehen: schlank, blond, mit Schnauzer. Was er von Beruf war, hatte Birgit nicht gefragt. Tischtennis und Skifahren seien seine Hobbies. »Er hat viele Zuschriften bekommen, aber mein Foto hat ihn ganz besonders berührt«, sagte Birgit und lächelte in Erinnerung an ihr Foto.

»Und dann?«

»Dann hab ich ihm die Fotos von der Geburt von dem Benjamin von meiner Schwester gezeigt.«

Ich schluckte. Ich dachte, daß das nun wirklich das Letzte wäre, was ich tun würde, in so einer Situation. Ich sah Julia an. Aber Julia glotzte interessiert auf den Fernseher, es lief die Kinderstunde, aber der Ton war abgedreht, es kam ein Trickfilm mit einer Biene, die einen Blumenhut beflirtete.

»Und dann?« fragte ich wieder.

»Na ja, dann kam er in Stimmung, und dann gingen wir in mein Schlafzimmer.«

»Was! Bist du mit ihm ins Bett gegangen?« Ich glaube, ich schrie fast. Ich konnte es nicht fassen. Birgit! Die perfekte brave Birgit tat so was! Ich glaube, der Mund blieb mir vor Staunen offen stehen. Birgit ging gleich am ersten Abend mit einem Mann ins Bett! Birgit sah mich strafend an. Ich riß mich zusammen und klappte meinen Mund zu.

»Du tust ja so, als sei ich noch Jungfrau«, sagte Birgit und machte eine Fingerspitze mit der Zunge naß und hob so einen Kuchenkrümel, der auf dem Teppich lag, auf und legte den

Kuchenkrümel in den makellos sauberen Aschenbecher. »Er sagte, daß man doch zuerst wissen müsse, ob man auf emotionaler Ebene miteinander harmoniert, und daß er es viel romantischer fände, wenn man gleich zueinander fände, und es stimmt ja auch, wenn man füreinander bestimmt ist, dann weiß man es gleich und muß nicht erst warten. Und darum ist auch nichts dabei.«

Ich sah Julia an, aber Julia sagte nichts, sie starrte ungerührt auf den sprachlosen Fernsehapparat, es kam nun ein anderer Kinderfilm, in dem gezeigt wurde, wie man Kaugummi macht.

»Es ist sowieso nichts passiert«, sagte Birgit.

»Nimmst du die Pille?«

»Ja«, sagte Birgit, »das meine ich aber nicht.«

»Was dann?«

»Es ging nicht, er war impotent, wie es so heißt. Er hat sich dann wieder angezogen und ist gegangen, er sagte, es hätte keinen Sinn. Ich war nicht sein Typ. Wir waren eben nicht füreinander bestimmt.« Birgit seufzte. »Aber mein Foto, das wollte er gerne behalten.«

Unwillkürlich mußte ich den Kopf schütteln. Birgit war mir ein Rätsel. Sie ärgerte sich nicht mal über diesen Ritter, der garantiert nur mit ihr hatte bumsen wollen! Und sie gab ihm noch ihr Foto! Damit würde der garantiert hausieren gehen! Ich war eben nicht sein Typ, sagte sie!

»War er denn dein Typ?« fragte ich.

»Weiß ich nicht, vielleicht schon, ich kenn ihn doch nicht.«

»Wieso weißt du dann, daß du nicht sein Typ warst?«

»Hat er doch gesagt. Er hat gesagt, ich sei zu passiv und nicht sein Typ.«

Die Kinderstunde war zu Ende. Julia schaltete energisch den Fernsehapparat ab, dann sagte sie zu Birgit: »Es hat keinen Zweck, daß du alle Schuld auf dich nimmst.« Das fand ich auch. »Du mußt es gleich noch mal versuchen, deinem Selbstbewußtsein zuliebe«, sagte Julia.

Birgit sagte, sie müsse zuerst ihre Gefühle verarbeiten. Das konnte ich nun auch verstehen.

Aber Julia sagte, man müsse nicht jedes Gefühl auswalzen, schon gar nicht solche unnötigen Frustrationsgefühle. Am besten wäre es, Birgit würde dieses Erlebnis einfach vergessen. »Du kannst deine Gefühle nicht ändern, ohne die Verhältnisse zu ändern«, sagte Julia, »das geht nicht, das wird immer Krampf.«

»Das war nicht der Deckel, der auf deinen Topf paßt, das war nur ein Topflappen«, sagte ich, um Birgit aufzuheitern. Aber nur Julia kicherte.

»Ja, aber was soll ich machen?« sagte Birgit.

»Die andere Annonce, die dir so gut gefallen hat, war gestern wieder in der Zeitung« – sie fiel mir gerade in diesem Moment wieder ein. »Die von diesem besonders aufrichtigen Mann! Ich hab dir gleich gesagt, daß du auf die schreiben sollst.«

Birgit schien sich mal wieder an nichts zu erinnern.

»Weißt du was«, sagte Julia, »ich geh mal runter und hol die Zeitung.«

»Nie wieder schreib ich auf ein Inserat«, sagte Birgit.

»Na, einmal kann man sich ja irren«, sagte ich zu Birgit, und ich sagte es überzeugend, ich wußte, wovon ich sprach.

Julia war sofort wieder da, hatte die Annonce auch schon gefunden und sagte: »Jetzt schreibst du einfach den Brief, den du an diesen Topflappen geschrieben hast, noch mal ab, legst wieder dein wunderbares Foto dazu, und dann sehen wir weiter.« Ich bewunderte Julia, für sie war alles so einfach. Sie war wirklich ganz unromantisch. Vielleicht war das ihre Eheerfahrung.

Birgit sträubte sich immer noch, aber nicht mehr so sehr. Sie schien froh, daß Julia für sie entschied. Birgit sagte, sie wüßte nicht mehr, was sie geschrieben hätte. Julia sagte, drei Sätze und die Telefonnummer würden genügen, ihr Foto würde ohnehin jeden umwerfen.

»Mehr braucht man nicht zu schreiben, man weiß ja nicht, was das für ein Typ ist«, sagte ich und sprach wieder aus Erfahrung.

»Aber du mußt die Verantwortung übernehmen«, sagte Birgit zu Julia.

»Wenn's weiter nichts ist«, sagte Julia.

Auch abgesehen davon, daß ich natürlich gespannt war, wie Birgits zweiter Versuch ausgehen würde, mußte ich in den nächsten Tagen immer wieder über Birgit nachdenken. Irgendwie tat sie mir ein bißchen leid. Sie war nett, aber so naiv. Ich blickte bei ihr einfach nicht durch. Sie war so ganz anders als ich. Sogar wenn es bei mir frisch aufgeräumt war, sah es unordentlich aus – im Vergleich zu Birgits Wohnung. Aber bei mir sah es nicht so kitschig-plüschig aus wie bei ihr. Sie hatte im Wohnzimmer so kleine Aquarelle aufgehängt, mit mandeläugigen Mädchen drauf, sie waren mir beim ersten Besuch gar nicht aufgefallen, entsetzlich. Und im Flur hing ein Porzellanteller mit Charles und Diana drauf. So was würde ich höchstens ins Klo hängen, da ist es wenigstens komisch.

Frauen wie Birgit… Woher kommen sie, was tun sie, bis sie mit einem selbsternannten Ritter von der blauen Blume der Romantik die Ehe eingehen… und in der Ehe eingehen? Birgits Sexualleben war mir ein Rätsel: sie hatte doch gar keines. Trotzdem hatte sie diesen One-night-Flop ziemlich ungerührt verkraftet. Sie war eben nicht sein Typ, und damit gab sie sich zufrieden. Vielleicht war sie gar nicht so artig, wie ich dachte? Warum nahm sie die Pille? War sie ewig gerüstet für den Fall der Fälle? Ich nahm ja auch die Pille, aber erstens war ich bis vor kurzem fest liiert, und außerdem hatte ich die bürgerlichen Moralvorstellungen hinter mir gelassen. Aber Julia war sicher auch mit Gottfried gleich ins Bett gehüpft. So was. Waren doch alle Frauen gleich?

Julia – sie hatte Gottfried mit keinem Wort erwähnt. Sie schien tatsächlich total mit ihm abgeschlossen zu haben. Aber was machte sie? Für sie war das Leben bestimmt am leichtesten. Sie hatte absolut keine Hoffnung auf Romantik. Vielleicht hatte sie nie wirklich geliebt? Wer nie geliebt hat, hat nie gelebt, dachte ich spontan. Aber wer geliebt hat, wird auch nur frustriert, sagte mir meine Erinnerung. Dann dachte ich: Eine Erfahrung weniger ist eine Verwundung weniger. Aber ohne Erfahrung gibt es auch keine Erlösung. – Ich wußte nicht, was diese Gedanken bedeuteten, sicher kamen sie aus meinem Unterbewußtsein und waren tief und wahr.

50. Kapitel

Es war mir die ganze folgende Woche so langweilig, und irgendwie war ich so depressiv, daß ich sogar Sieglinde anrief. Ihr schien es ebenfalls langweilig zu sein, denn sie war entzückt: »Das ist nett, daß du mich anrufst«, rief sie, »du mußt uns unbedingt besuchen! Kannst du gleich morgen nachmittag um drei zum Kaffee kommen? Das wär schön.«

Ich getraute mich nicht zu fragen, ob Kaffee auch Kuchen bedeutete. Aber vorsichtshalber aß ich dann vorher zwei Hanutawaffeln.

Ich wurde emphatisch begrüßt. Was war los? Ich vermutete, daß Wolf-Dietrich ein größeres Auto oder Sieglindes Chef ein größeres Mietshaus gekauft hatte. Oder hatte Wolf-Dietrich für Sieglinde endlich die Jacke aus Nerzpfötchen gekauft, die er ihr bereits letztes und vorletztes Jahr zu Weihnachten versprochen hatte? Oder hatte der Antiquitätenlieferant ihres Chefs, mit dem auch Sieglinde »befreundet« war, wie sie gerne betonte, wieder zufällig einen verrotteten Schrank im Hühnerstall eines Bauern entdeckt und seinen lieben Freunden für einige lumpige Tausender geradezu geschenkt? Sieglinde und Wolf-Dietrich sahen mich erwartungsvoll an. Sie wollten ausgefragt werden. Sieglinde lächelte ganz natürlich. Wolf-Dietrich lächelte ganz bescheiden. Ich ließ sie zappeln, fragte nichts.

»Hast du den neuen Film mit der Kinski gesehen?« fragte Sieglinde.

»Nein.«

»Ganz toll. Ganz sensible Schauspielerführung.«

Wolf-Dietrich grinste: »Die Kinski ist schon ein heißer Ofen.«

»Wie geht es unserem Herrn Doktor?« fragte Sieglinde dann.

»Keine Ahnung«, sagte ich, »interessiert mich auch nicht die Bohne.«

Sieglinde lächelte immer noch ganz natürlich.

»Habt ihr eure Laura-Ashley-Satinbettwäsche mittlerweile in der Maschine gewaschen?« fragte ich.

»Nein, das geht nicht«, sagte Wolf-Dietrich, »das Zeug ist viel zu empfindlich.«

»Gebt ihr das Zeug etwa in die Reinigung?«

»Nein«, sagte Sieglinde, »wir waschen es einfach von Hand.«

»Ist ja keine Arbeit«, sagte Wolf-Dietrich.

»Wir waschen es einfach in der Badewanne bei dreißig Grad«, sagte Sieglinde, »wir müssen nur hinterher die Badewanne wie wahnsinnig schrubben, weil der Stoff noch Farbe verliert.«

»Was?« schrie Wolf-Dietrich. »Das Zeug färbt ab?«

»Aber das legt sich«, sagte Sieglinde, »wir haben es doch erst einmal gewaschen.«

Dann erzählte Wolf-Dietrich von seiner Karriere. Und Sieglinde führte ihr neues Bügeleisen mit Teflonbeschichtung vor.

Sieglinde sah Wolf-Dietrich an. »Darf ich's sagen?« fragte sie ihn.

»Was denn?« brummte Wolf-Dietrich.

Sieglinde strahlte Wolf-Dietrich an, dann strahlte sie mich an: »Übrigens, wir werden heiraten.«

»Im wievielten Monat bist du?«

»Das hat meine Mutter auch als erstes gefragt«, sagte Sieglinde leicht beleidigt.

»Sieglinde ist nicht schwanger«, sagte Wolf-Dietrich entschieden.

»Übrigens, warum sagt ihr nicht gleich, daß ihr heiratet?«

»Wolf-Dietrich meint, es sei nicht so wichtig«, sagte Sieglinde.

»Ist es auch nicht«, sagte Wolf-Dietrich.

»Und was ziehst du an?« fragte ich Sieglinde.

»Wolf-Dietrich läßt sich einen leichten Anzug machen«, sagte Sieglinde, »in Hellgrau, aus einem englischen Tuch mit feinem Muster, aber eigentlich kein Muster, sondern so Struktur. Mein Chef hat auch so einen Anzug...«

»Heiratest du wenigstens in Weiß?«

»Kommt nicht in Frage«, sagte Wolf-Dietrich, »was soll die Alte mit einem weißen Lappen? Soll sie den nachher im Labor anziehen?«

»Also ich würde in Weiß heiraten«, sagte ich, »wenn schon, denn schon. Und die Brautjungfern müßten alle in Rosa kommen und alle Gäste auch und die Männer mit rosa Krawatten und überall rosa Blumen, rosa Luftballons und ein riesiger rosaroter Hochzeitskuchen...« Ich sah die Szene vor mir! »Ich könnte alles filmen, ich könnte eure Hochzeit in meinen Film integrieren.«

Das Brautpaar war jedoch an meinen Vorstellungen von einer richtigen Hochzeit nicht interessiert.

»Warum heiratet ihr dann überhaupt?« fragte ich.

»Ich habe in diesem Jahr zuviel verdient«, erklärte Wolf-Dietrich, »und Sieglinde verdient ja nicht viel, da heiraten wir und kommen in den Genuß des Ehegattensplittings. Und im nächsten Jahr, wenn ich dann die Klientel von Meyer-Foggenhausen mitübernehme, da läppert sich das dann ganz schön zusammen, wenn ich heirate, das macht diverse Tausender mehr pro Jahr. Nach Steuern! Wenn nicht mehr! Wir machen selbstverständlich Gütertrennung.« Außerdem erklärte Wolf-Dietrich, daß er den Ehevertrag von einem befreundeten Anwalt ausarbeiten lasse, der das für ihn selbstverständlich umsonst mache.

»Ach, ihr wollt nur Steuern sparen«, sagte ich.

»Es geht nicht nur um die Einkommensteuer«, sagte Wolf-Dietrich, »es geht dabei auch um ganz andere Dinge. Mein Vater will mir sein Haus schon jetzt überschreiben, das hab ich ihm beigebracht, daß das wegen der Erbschaftsteuer viel günstiger ist – und wenn ich außerdem verheiratet bin, kann ich da mit einem Trick noch was machen.«

»Also ich heirate aus Liebe«, sagte Sieglinde und räumte das Teflonbügeleisen weg. »Und daß Wolf-Dietrich so viel Geld hat und Hausbesitzer wird, das spielt für mich überhaupt keine Rolle. Und stell dir vor, seine Mutter schenkt mir zur Hochzeit ihr massiv goldenes Armband! 34 Gramm Gold sind das!« Sieglinde lachte laut.

»39 Gramm Gold«, berichtigte Wolf-Dietrich.

»Und wann soll das Ereignis stattfinden?«

»Das wissen wir selbst nicht genau, weil Wolf-Dietrichs Vater in seinem Feriendomizil ist, und meine Mutter hat den Fuß gebrochen, und die Freundin von meinem Bruder kriegt ein Kind. Und Sennebergs, die Trauzeugen sein sollen, die können nicht vor dem ersten September, weil solange Schulferien sind, und mein Chef kann nur Mittwoch nachmittags oder in der Mittagspause. Wolf-Dietrichs Vater kann aber erst ab Anfang Oktober, so lange will er nämlich mit seiner Freundin auf Mallorca bleiben. Und er will Wolf-Dietrich 2500,– DM zur Hochzeit schenken, aber natürlich nur, wenn wir ihn einladen und seine Freundin auch.«

»Mein Vater ist ein Arsch«, sagte Wolf-Dietrich.

»Wir können natürlich nicht die Freundin von Wolf-Dietrichs Vater und Wolf-Dietrichs Mutter einladen. Aber zum

Glück ist Wolf-Dietrichs Mutter nicht so und schenkt mir das Armband auch, wenn wir sie nicht zur Hochzeit einladen. Aber letztendlich hängt sowieso alles davon ab, wann meine Mutter den Gips abkriegt. Denn meine Eltern wollen nach der Trauung einen Empfang geben, und meine Mutter macht dann Partyschnittchen, und es gibt Champagner. Mein Vater hat Beziehungen, da kriegt er den Champagner günstiger, nicht wahr Wolf-Dietrich? Aber mit dem Gipsbein kann meine Mutter die Partyschnittchen natürlich nicht machen.«

»Verstehe«, sagte ich. »Sagt mir, wann das Ereignis stattfindet.«

»Der Empfang findet im engsten Familienkreis statt«, sagte Sieglinde, »und natürlich ist mein Chef eingeladen.«

»Verstehe«, sagte ich. »Ihr macht also kein Fest?«

»Nein«, sagte Wolf-Dietrich. »Wir machen auch keine Hochzeitsreise, das lohnt sich nicht. Außerdem müssen wir etwas sparen.«

»Verstehe«, sagte ich. Mein Magen knurrte laut. Aber es gab trotzdem keinen Kuchen. Sicher hatten sie den Kuchen im Kühlschrank versteckt.

»Was glaubst du, wie ich im Streß bin, ich muß noch die ganzen Papiere zusammenbekommen«, sagte Sieglinde und mimte die Verzweifelte. »Jetzt erst hab ich erfahren, daß ich einen extra Antrag stellen muß, um einen Doppelnamen tragen zu dürfen.«

»Du legst dir einen Doppelnamen zu?«

»Selbstverständlich. Klingt doch toll – Lamar-Schadler! Und heutzutage, wo man den Unterschied zwischen ›Fräulein‹ und ›Frau‹ nicht mehr so genau nimmt, da brauchst du schon einen Doppelnamen, damit die Leute wissen, daß du wirklich verheiratet bist.«

Ich verabschiedete mich dann bald, weil es nicht mal mehr Kaffee gab. »Adieu, Frau Lamar-Schadler«, sagte ich zu Sieglinde.

»Und wann heiratest du?« Sie strahlte mich an mit geschlossenem Mund und sah aus wie eine dieser Goldhamstersparbüchsen, die man geschenkt bekommt, wenn man ein Sparbuch eröffnet.

»Da kannst du lange warten«, sagte ich. Aus Höflichkeit fragte ich noch: »Und was wollt ihr von mir zur Hochzeit?«

»Och«, sagte Sieglinde und machte eine großzügig-wegwerfende Handbewegung.

– Eine Spendenquittung fürs Müttergenesungswerk werde ich ihnen zur Hochzeit überreichen! Die kann Wolf-Dietrich dann von der Steuer absetzen.

51. Kapitel

Sieglinde und Wolf-Dietrich – typisch, daß die heiraten. Eigentlich kommen solche Leute schon verheiratet auf die Welt. Aber es ist blanker Hohn, wenn Sieglinde sagt, sie heirate aus Liebe. Ausgerechnet Sieglinde. Wegen des Geldes tut sie es. Und Wolf-Dietrich sowieso.

Ich mußte es sofort Julia erzählen. Natürlich vermutete auch sie sofort, daß Sieglinde schwanger wäre. Aber dann sagte sie nur: »So was kommt vor, ich war ja auch nicht schwanger, als ich geheiratet habe«, und »man heiratet eben.«

Ich fand, Julia hätte wenigstens sagen können, wie spießig die beiden sind und wie geldfixiert. Und daß diese Ehe nicht lange gutgehen würde. Sie sagte aber überhaupt nichts mehr zu Sieglinde und Wolf-Dietrich, sondern erzählte, daß Birgit am letzten Sonntag noch den Brief auf die aufrichtige Annonce eingeworfen hätte, es jedoch bisher keine Reaktion gebe. Und ansonsten sei nichts Besonderes los.

Dann rief ich Albert an. Seit über drei Wochen hatte ich nichts von ihm gehört, seit damals, als er diesen Krach wegen seines blöden Kaffeefilters angezettelt hatte. Ich hatte mir zwar vorgenommen, ihn nicht mehr zuerst anzurufen, aber diese Neuigkeit mußte ich ihm erzählen: Schließlich waren Sieglinde und Wolf-Dietrich unsere gemeinsamen Bekannten. Obwohl es Sonntag abend war, war Albert zu Hause, er hing wie üblich vor dem Fernseher, ich konnte im Hintergrund irgendwelches Sportgelärme hören. Er schien durchaus erfreut, meine Stimme zu hören: »Was verschafft mir das Vergnügen deines Anrufs?«

»Ich war bei Wolf-Dietrich und Sieglinde, stell dir vor…«

»Er hat mich auch angerufen.«

»Du weißt es schon? Seit wann denn?«

»Seit letzter Woche.«

Das war typisch: Dem Herrn Doktor gaben sie ihre bevorstehende Vermählung natürlich zuerst bekannt! »Warum hast du mir das nicht erzählt, schließlich sind es unsere gemeinsamen Bekannten. Ich ruf dich gleich an…«

»So aufregend ist es auch wieder nicht«, sagte Albert.

»Ach«, sagte ich. Albert fand es nicht so aufregend! Ich konnte nur staunen, wie klang- und klaglos die bürgerliche Ehe in meinem Bekanntenkreis plötzlich akzeptiert wurde. War ich von Heiratswütigen umzingelt?

»Das geht vorüber«, sagte Albert.

»Meinst du auch, daß das nicht lange gutgeht? Wieviel gibst du ihnen?«

»Drei Tage.«

»Wieso drei Tage?«

»Solange dauert es immer.«

Ich fragte Albert, wie er denn darauf käme? Drei Tage, das konnte nicht sein Ernst sein!

»Spätestens in drei Tagen sind alle Filzläuse weg.«

»Filzläuse? Was für Filzläuse? Du sprichst von Filzläusen!« schrie ich. »Oh, du lieber Himmel.«

»Reg dich ab!« sagte Albert. »Ich hab Sieglinde auch erklärt, daß in drei Tagen alle weg sind.«

Ich blickte nicht durch. Albert erzählte, daß ihn Wolf-Dietrich angerufen hätte, weil er sich Filzläuse eingefangen hätte. Und er hätte – auf Wolf-Dietrichs speziellen Wunsch – Sieglinde ausführlich erklärt, daß man sich überall Filzläuse einfangen kann, auch auf dem Klo in einer Behörde zum Beispiel, und daß Filzläuse keine Geschlechtskrankheit seien. Sieglinde hätte sich dann wieder abgeregt. Sie hatte auch keine Filzläuse, nur Wolf-Dietrich.

»Und daß sie heiraten? Weißt du das auch?«

»Wer heiratet?«

»Sieglinde und Wolf-Dietrich!«

»Was! Die heiraten! Das darf nicht wahr sein. Ich lach mich kaputt«, sagte Albert und lachte sich kaputt.

Als ich Albert noch erzählte, daß Sieglinde gar nicht schwanger ist, bekam er einen Schluckauf vor Lachen. »Natürlich ist sie nicht schwanger«, kicherte er, »sie hat nicht mal Filzläuse.« Er kicherte hysterisch.

»Was ist daran so witzig, daß sie keine Filzläuse hat?«

»Weil die beiden bereits vor der Hochzeit nicht mehr miteinander schlafen.«

»Hat er dir das gesagt?«

»Nein, aber er hat gesagt, daß er ungeheuer viele Filzläuse hätte und über und über voll damit sei, weil er eine so starke Körperbehaarung hat.«

»Ist er fremdgegangen? Wo hat er die Filzläuse her? Wie sehen die aus? Jucken die? Igitt!«

»Nein«, sagte Albert, »ich hab's dir gerade gesagt, überall kann man sich Filzläuse holen, das ist keine Geschlechtskrankheit.« Dann beschrieb er, daß man sie kaum sehen würde, sie würden aussehen wie Sommersprossen und würden in den Schamhaaren hocken und in den Körperhaaren – aber nicht auf dem Kopf, das seien andere Läuse –, und die Filzläuse würden eigentlich kaum jucken; deshalb würde man kaum merken, wenn man Filzläuse hat. »Sie hüpfen auch nicht auf dem Körper herum wie Flöhe«, erklärte Albert, »sondern sie sind relativ immobil, weil sie sich an der Haut festsaugen. Guck mal, ob du welche hast. Sie grassieren zur Zeit.«

Mich schauderte, ich machte gleich meine Jeans auf und untersuchte meine Schamhaare. Gott sei Dank war nichts Sommersprossenähnliches zu sehen. Albert erklärte, ich müsse auch nach Nissen gucken, die Eier von den Filzläusen, und das seien nur ganz kleine Punkte, so als ob man einen Knoten in ein Haar machen würde. Ich guckte noch mal genauer, konnte aber zum Glück kein Haar mit Knoten entdecken. Vorsichtshalber fragte ich aber: »Und was macht man, wenn man sie hat?«

»In jeder Apotheke gibt es ein todsicheres Gel, das schmiert man drauf, und sofort sind alle tot. Man muß es aber drei Tage lang einreiben, denn den Nissen macht das Gel nichts aus, aber nach spätestens drei Tagen schlüpfen die letzten Filzläuse aus und werden dann sofort gekillt. Deshalb muß man das Mittel drei Tage lang einreiben. Das ist alles.« Albert sprach ganz sachlich, ganz der Herr Doktor. »Es ist alles nicht so aufregend«, sagte er, dann lachte er wieder: »Aber daß Sieglinde keine hat, das ist zum Totlachen.«

»Warum?«

»Na ja, so schnell vermehren sich diese Läuse nicht. Und wenn Wolf-Dietrich jetzt über und über voll von Filzläusen ist, dann hat er sie schon eine Weile. Hätte er in dieser Zeit irgendwelchen Körperkontakt zu seiner Partnerin aufgenommen – um es mal dezent zu umschreiben –, dabei krabbelt schon mal eine Filzlaus von einem Schamhaar auf ein fremdes. Wenn er natürlich absolut jeden Körperkontakt vermeidet und Sieglinde die sanitären Einrichtungen des Haushalts klinisch sauber hält, dann steckt man sich nicht an. Verstehst du's jetzt?«

Jetzt hatte ich es kapiert! Das war ja wirklich entlarvend. »Und Sieglinde sagt, sie heirate aus Liebe!« sagte ich.

»Ja, die Liebe hat viele Gesichter«, sagte Albert.

Durchs Telefon hörte ich, daß es bei Albert klingelte: »Was ist das?« fragte ich.

»Ich glaube, ich bekomme Besuch«, sagte er. »Ich muß jetzt Schluß machen. Tschüs, war nett, mal wieder mit dir zu telefonieren. Mach's gut, bis bald vielleicht mal.«

»Mach's gut«, sagte ich, »tschüs.«

Ich hätte zwar ganz gerne noch etwas länger mit ihm telefoniert, und vor allem hätte ich sehr gerne gewußt, wer ihn da besuchen kam, sonntagabends. Hatte er jetzt eine Frau, die zu ihm kam, statt ihn aus der Wohnung zu treiben? Vielleicht kochte sie sogar für ihn, sah mit ihm zusammen die Sportschau. Lebte er nun in seinem Idealzustand? – Fernsehen, Vögeln und Finanzen – mehr Interessen hatte er nie gehabt. Zu wenig für mich. Trotzdem war es ganz nett gewesen, mit ihm zu reden.

52. Kapitel

Ich stand am Mittwoch schon ganz früh auf, ich mußte mir noch die Haare waschen, die Augenbrauen zupfen, die Fußnägel lackieren, und natürlich mußte ich mich auch seelisch vorbereiten auf die Verabredung mit Gottfried. Wenn es heute wieder nicht klappen würde, dann würde ich nicht länger auf ihn warten, das hatte ich mir seit Tagen geschworen. Aber gestern hatte ich ihn im Flur im vierten Stock getroffen, und er selbst hatte mich daran erinnert, daß wir heute verabredet sind! Er hatte mich gefragt, ob es mir recht sei, wenn wir zusammen nach dem Seminar ins Kino gingen. In einen politischen Film über Grönland wollte er gehen, natürlich interessierte mich der Film brennend. Und nach dem Kino, hatte er gesagt, würden wir selbstverständlich noch irgendwo hingehen. Die Sterne standen so günstig wie noch nie: Obwohl ich nicht an Horoskope glaube, hatte ich mir gestern abend im Café Kaputt bei dem Zeitungsverkäufer, der durch die Kneipen zieht, die Abendpost mit dem Horoskop für heute gekauft; ich bin Schütze, und in meinem Horoskop stand: »Eine große Überraschung erwartet Sie. Probleme, die Ihnen große Sorgen bereitet haben, erledigen sich zu Ihrer vollkommenen Zufriedenheit.« – Das war eindeutig.

Noch ehe ich Kaffee machte, wusch ich mir die Haare. Ich wollte sie nicht trocken fönen, sondern auf Wicklern trocknen und dann wieder glattfönen – ich hatte nämlich gelesen, daß nur dadurch, daß man die Haare unter Spannung trocknet, dieser wunderbare Glanz entsteht, den die Haare der Fotomodelle in den Illustrierten haben. Mein Friseur hatte es mir bestätigt.

Als ich an den Spiegel ging, um meine Haare auszukämmen, traf mich der Schlag: Mein Gesicht war über und über mit kleinen roten Punkten übersät. Unwillkürlich schloß ich die Augen. Als ich sie wieder aufmachte, stellte ich fest, daß mein Gesicht über und über übersät war mit Pickeln. Von der Stirn bis zum Kinn. Ich nahm meinen Vergrößerungsspiegel, hastete in mein Arbeitszimmer, wo besseres Licht ist. Nun konnte ich es genau sehen: Mein Gesicht war über und über übersät mit riesigen Pickeln. Ich war wie gelähmt.

Die Pickel ließen sich nicht ausquetschen. Sie saßen tief unter der Haut, standen aber dennoch millimeterhoch ab; wenn man draufquetschte oder drumherum quetschte, passierte überhaupt nichts – außer daß die Pickel statt hellrot dunkelrot wurden. So was hatte ich noch nie gesehen. Noch optimistisch, probierte ich, ob sich die Pickel überschminken ließen. Es war unmöglich. Nachdem ich jeden einzelnen mit Abdeckstift betupft hatte, war mein Gesicht eine abdeckstiftfarbene Vulkanlandschaft. Es war entsetzlich. Ich rief Albert an. Er war schon in der Klinik. Die diensthabende Schwester sagte, er hätte im Moment keine Zeit. Ich sagte der Diensthabenden, daß er mich anrufen solle, sofort, es sei ganz dringend. Sie hörte die Verzweiflung in meiner Stimme und versprach, es dem Herrn Doktor sofort auszurichten. Eine halbe Stunde später rief Albert an: »Was ist los?«

Ich heulte fast, als ich ihm erklärte, was los war. Er sagte, rote Pickel im Gesicht, das könnte alles und nichts sein. – »Nichts ist es ganz bestimmt nicht«, rief ich. »Was ist es? Du bist Arzt!«

Albert tippte auf Masern. Die hatte ich aber als Kind schon gehabt, das wußte ich genau, weil ich die einzige in meiner Klasse gewesen war, die die Masern ausgerechnet in den Osterferien gehabt hatte. Albert fragte, ob ich Fieber hätte. Es war mir ganz heiß. War es Aufregung oder Fieber? Ich solle Fieber messen und ihn wieder anrufen. Ich sagte ihm, daß ich kein Fieber messen könnte, weil er das Thermometer mitgenommen hatte! Er sagte, ich solle in die nächste Apotheke gehen und mir eines kaufen. Ein Fieberthermometer würde ich sowieso brauchen. Dann solle ich ihn wieder anrufen.

Ach, was sollte ich tun? Meine Haare waren in der Julihitze mittlerweile fast getrocknet, aber ich hatte sie in der Aufregung nicht gekämmt! Grauenerregend sah ich aus: das Gesicht verpickelt, die Haare verzottelt. Um die Haare überhaupt wieder auskämmen zu können, mußte ich sie noch mal naß machen und die doppelte Menge Cremespülung reinschmieren. Wenn ich mein Gesicht im Spiegel sah, wurde mir schlecht. Ich band mir einen Schal um die nassen Haare, setzte eine riesige Sonnenbrille auf und rannte so schnell ich konnte zur Apotheke. Es war Glück in der Misere, daß ich niemanden traf, der mich kannte.

Ich maß an drei verschiedenen Stellen Fieber, hatte aber keines. Ich rief Albert wieder an. In der Zwischenzeit hatten sich die Pickel vermehrt. Albert meinte, ich solle in die Hautklinik gehen. Dann fiel ihm ein, daß die nur dienstags und donnerstags Sprechstunden für ambulante Patienten haben. Schließlich fiel ihm ein, daß bei mir um die Ecke ein Hautarzt ist, da solle ich hingehen. »Aber beeil dich«, sagte Albert, »Mittwoch nachmittags haben alle geschlossen.«

Albert hatte recht gehabt: Ich stand vor verschlossener Praxistür. Dieser Arzt hatte überhaupt nur morgens Sprechstunde, nur von acht bis zehn; und nur montags, dienstags, donnerstags. Ich klingelte trotzdem, schließlich war ich ein Notfall. Niemand machte auf.

Ich rief wieder Albert an. Er sagte, er könne nichts sagen,

er müsse sich zuerst ansehen, was das für Furunkel seien. Um fünf komme er aus der Klinik. Um fünf! Da fing das Seminar an. Aber ich hatte keine andere Wahl. Ich sagte Albert, daß ich zu ihm in die Wohnung käme, um keine Zeit zu verlieren. Er war einverstanden. Bis um drei Uhr waren die Pickel noch schlimmer geworden. Vielleicht auch, weil ich daran herumgequetscht hatte. Auf jeden Fall war es hoffnungslos. Ich mußte Gottfried anrufen und ihm sagen, daß ich heute nicht kommen konnte, weil ich krank war.

Höflich wie er war, fragte er nicht mal, was ich hatte.

»Ach, wie schade«, sagte er, »dann muß ich allein in diesen Film gehen, er läuft nämlich nur heute.« Dann wünschte er mir herzlich gute Besserung und sagte: »Aber ich hoffe, daß wir uns spätestens nächsten Mittwoch wiedersehen.«

Ja, das hoffte ich auch. Und wie ich es hoffte. Wie schmerzlich war die Erkenntnis, ohnmächtig einem widrigen Schicksal ausgesetzt zu sein. Wahrscheinlich hatte auch Gottfried schon viel gelitten. Gewiß. Es wurde einem wahrhaft nichts geschenkt. Man mußte ewig, Tag für Tag, um sein Glück kämpfen.

Viertel vor fünf war ich bei Albert, und er war zum Glück schon zu Hause.

»Oje, oje, du siehst ja aus«, sagte er, »au weia, mein Armes, schrecklich!« Ich antwortete nichts, sein Mitleid machte mir meine entsetzliche Lage nur noch bewußter. »Kann es sein, daß du in die Pubertät kommst?« sagte Albert. Ich sagte ihm, daß ich in meiner Situation sein blödes Geschwätz nicht ertragen könnte. Deshalb sagte er ernsthaft: »Wahrscheinlich hast du eine Allergie.«

»Gegen was?«

»Erdbeeren, Parfüm, Blumenkohl, Sperma, Katzenhaare, Hausstaub, Wein, Kosmetika, Milch, Hitzepickel, Käsewürfel… oder es ist psychisch bedingt.«

»Hör auf«, sagte ich, »du weißt es ja gar nicht.«

»Nein, ich weiß es nicht.« Dann sagte er, es sei das Klügste, ich ginge morgen früh zum Hautarzt.

»Und was soll ich bis dahin tun?«

»Abwarten.«

Ich sagte ihm, daß ich so lange nicht warten könne, es müsse was geschehen, sofort. Er kramte in seiner Hausapo-

222

theke herum und zeigte mir schließlich eine Tube mit einer rotbraunen Salbe. Er sagte, er wisse nicht, ob sie was helfe, aber er sei ziemlich sicher, daß sie nicht schaden könne – es sei denn, ich wäre allergisch gegen Jod, in diesem Falle müßte er mir davon abraten. Warum sollte ich allergisch sein gegen Jod?! Ich wollte mich sofort damit eincremen, aber er sagte: »Nimm das Zeug erst, wenn du zu Hause bist, du mußt noch Autofahren, und mit dieser Salbe wirst du aussehen wie ein Indianer mit Pickeln, mein Armes.« Da er ohnehin nicht sicher war, ob die Salbe was nützte, gab ich sie ihm zurück und sagte ihm, er solle mir etwas anderes geben, was Farbloses – das fehlte mir noch, auszusehen wie ein pickliger Indianer! Während er herumkramte, kontrollierte ich seinen Allibertschrank: Kein Lippenstift, kein Make-up, auch auf der Ablage über der Badewanne nichts, was auf eine Frau hindeutete. Doch dann entdeckte ich unten in der Ecke eine Dose mit Feuchtigkeitscreme.

»Wozu brauchst du Feuchtigkeitscreme?«

Albert nahm mir die Dose aus der Hand: »Weil die Haut über dreißig zunehmend an Feuchtigkeit verliert«, sagte er. »Wie du vielleicht noch weißt, werde ich nächsten Monat dreißig, höchste Zeit vorzubeugen.«

»Blödes Geschwätz«, sagte ich.

Albert sagte, wenn ich es nicht glauben würde, könnte ich es selbst lesen, es würde genauso auf der Dose stehen. Ich würde doch sonst auch alles glauben, was ich lesen würde. Natürlich glaubte ich ihm kein Wort, garantiert hatte sein Naturkind diese schlichte Feuchtigkeitscreme hier deponiert.

»Und wo ist dein Silberflitter?« fragte ich.

»In deinem Zustand solltest du dich nicht aufregen, Ärger schadet der Haut«, sagte Albert.

Zur Beruhigung bot er mir einen farblosen Schnaps an, dann fuhr ich nach Hause. So wie ich aussah, war es mir sogar peinlich gewesen, wenn mich Albert ansah.

Donnerstag früh war ich die erste Patientin beim Hautarzt an der Ecke. Schon Viertel nach sieben saß ich im Wartezimmer, ich hatte die ganze Nacht kaum geschlafen, hatte immer wieder zu meinem Handspiegel gegriffen, die Pickel gezählt: Es waren ständig mehr geworden, nun war auch mein Hals befallen. Das Wartezimmer war um acht brechend voll, aber der Arzt kam erst Viertel vor neun. Er war schon etwas älter, die Ausstattung seiner Praxis ebenso, und die Illustrierten, die herumlagen, hatten auch schon viel durchgemacht. Obwohl ich als erste dagewesen war, kamen drei Patienten, die später gekommen waren, vor mir dran – Privatpatienten, das war klar. Da die Privatpatienten aber deutlich kränker aussahen als die anderen Leute im Wartezimmer, gönnte ich ihnen die bevorzugte Abfertigung. Um halb zehn war ich endlich dran.

»Was haben Sie denn?« fragte der Arzt.

»Das wollte ich Sie fragen«, antwortete ich.

»Es wirkt relativ unspezifisch«, sagte er. »So was hab ich noch nie gesehen.«

Ich erschrak. Obwohl ich sonst Wert darauf lege, eine außergewöhnliche Frau zu sein, wäre es mir in diesem Fall ehrlich lieber gewesen, ich hätte etwas ganz Durchschnittliches, etwas ganz Gewöhnliches gehabt! Aber obwohl der Arzt gesagt hatte, daß er so etwas noch nie gesehen hätte, untersuchte er die Pickel nicht weiter, sondern sagte, er würde mir Antibiotika verschreiben, und dann würde man weitersehen. Ich fragte, wie lange es dauern würde, bis die Pickel weg sind. Er sagte, das könne er nicht sagen. Dann fragte er, in welcher Kasse ich bin. Ich sagte ihm, daß ich in der gesetzlichen Krankenkasse bin. Er sagte, das sei schade, er könnte eine sehr erfolgversprechende Behandlung durchführen, aber leider würde diese Behandlung von den gesetzlichen Kassen nicht bezahlt. Mir kamen die Tränen. »Wenn Sie wüßten, was für mich auf dem Spiel steht.«

»Nun lassen Sie den Kopf nicht hängen, mein Fräulein«, sagte er mit gütiger Stimme, »wir können diese Behandlung auch bei Ihnen durchführen, ich verspreche es Ihnen, wenn Sie selbst für die Finanzierung aufkommen können.«

»Danke«, sagte ich, glücklich über die neue Hoffnung.

Er stand auf, stellte sich vor mich, sagte, er würde es zunächst mit zwanzig Spritzen eines neuen Präparates versuchen, das schon bei sehr unspezifischen Krankheitsbildern erstaunliche Erfolge gezeigt hätte. Er sah sich meine Pickel nun etwas näher an und sagte: »Man wird bei Ihnen vermutlich nicht einmal Narben sehen, wenn die Entzündung durch die Behandlung abgeklungen ist.«

Ich versuchte ein tapferes Lächeln und fragte, was das kosten würde. Pro Spritze würde er fünfzig Mark in Rechnung stellen müssen, erklärte er. Ich rechnete nach: Zwanzig Spritzen à fünfzig Mark, das waren tausend Mark. Ich überlegte alles durcheinander. Ob mir meine Mutter das Geld leihen könnte, ich könnte in den Semesterferien wieder jobben und es ihr zurückgeben, ich fragte den Arzt, bis wann ich das Geld haben müßte.

Er sagte, es sei aus therapeutisch-abrechnungstechnischen Gründen notwendig, daß ich schon vor der Behandlung bezahlen würde, und er glaube sagen zu können, daß sich bereits nach zehn Spritzen eine entscheidende Besserung bei mir einstellen würde. Er erklärte dann, daß ich jeden Tag eine Spritze bekommen würde, denn als Selbstzahler würde ich Privatpatienten-Status genießen, und für Privatpatienten habe er auch mittwochs und freitags Sprechstunden. Und warten müßte ich überhaupt nicht mehr, die Sprechstundenhilfe nämlich würde mir die Spritzen geben. Und je schneller wir mit der Behandlung anfingen, desto günstiger sei die Abheilung. »Und wir wollen ja keine Narben zurückbehalten«, sagte er zum Schluß seiner Rede. Nein, alles, nur das nicht!

Ich konnte nicht bis um sechs warten, um meine Mutter wegen des Geldes anzurufen, auf die paar Mark, die ein Ferngespräch tagsüber mehr kostet, kam es nun nicht mehr an. Meine Mutter war aber nicht daheim. Ich vermutete, daß sie bei meiner Tante sei, aber da ging auch niemand ans Telefon. Ich ließ Albert in der Klinik wieder ans Telefon holen und erzählte ihm, was der Hautarzt gesagt hatte. Warum ich nicht gefragt hätte, was er denn eigentlich spritzen wolle? Ich könne mir doch nicht einfach so tausend Mark für irgendeine Behandlung abknöpfen lassen! Ihm käme das komisch vor! Ich solle zuerst in die Hautklinik der Universität. Dann sagte er, er würde versuchen, einen Kollegen zu finden, der sich auf diesem Gebiet auskennt, und mich dann wieder anrufen.

Erst abends endlich rief er wieder an und sagte, der Kollege hätte ebenfalls geraten, ich solle zuerst in die Uniklinik, ehe ich mich auf eine teure Privatpatientenbehandlung einließe. Ich wußte nicht, was ich tun sollte. Sicher war es besser, noch einen anderen Arzt zu Rate zu ziehen. Aber in die Uniklinik konnte ich erst am Dienstag gehen. Andererseits war es natürlich möglich, daß der Hautarzt an der Ecke eine dieser niedergelassenen Hyänen war, die in ihrer muffigen kleinen Goldgrube auf Beute lauern. Tausend Mark waren eine Menge Geld. Andererseits konnte bis Dienstag alles zu spät sein. Ich konnte mich nicht entschließen. Schließlich entschied ich nur, meine Mutter noch nicht wegen des Geldes anzurufen, sie hätte sich wahnsinnig aufgeregt und mir außerdem Vorträge gehalten, daß alles nur vom Rauchen käme.

Wenigstens wurden die Pickel am Freitag und am Samstag nicht schlimmer – oder wurden sie nur heimtückischer? Gingen tiefer unter die Haut, um nachher noch tiefere Narben zu hinterlassen? Ich stand stundenlang vor dem Spiegel und betrachtete ihre Entwicklung. Sie ließen sich immer noch nicht ausquetschen. Aber ich spürte deutlich die Knoten unter der Haut. Ich rief Julia und Birgit an.

Beide erklärten, sie hätten auch schon Pickel gehabt. Keine wollte – oder konnte – nachfühlen, was ich durchmachte. Julia empfahl mir einen Hautarzt, der bei einer Kollegin eine schwere Akne geheilt hatte, Birgit meinte, ich solle ausschließlich Naturkosmetik verwenden. Fast hätte ich gesagt, daß ich bei ihnen vorbeikäme, um ihnen zu beweisen, daß meine Pickel schlimmer waren als alle Pickel, die sie bisher gesehen hatten. Aber so, wie ich aussah, schämte ich mich, unter die Leute zu gehen. Ich sagte Julia nichts davon, daß diese Erkrankung meine feste Verabredung mit Gottfried vereitelt hatte – sie fragte nicht nach ihm, und ich wollte auch nicht mit ihr über ihn reden, sie hätte mich nur ausgelacht. Statt dessen mußte ich mir anhören, daß sie sich schon sehr auf die Sommerferien freue, Freitag in einer Woche fahre sie zuerst zu ihrem Vater und ihrer Stiefmutter und anschließend wahrscheinlich nach Italien.

Dann sprachen wir darüber, daß Sonne immer gut gegen Hautkrankheiten ist. Vielleicht würde die Sonne mich heilen? Ach, die Sommerferien! Anfang August fingen die Semesterferien an. Ich hatte mir noch nicht überlegt, was ich tun sollte, letztes Jahr war ich mit Albert in der Bretagne gewesen, damals hatten wir uns nicht viel gestritten, ich mochte nicht dran denken. Bisher hatte ich den Gedanken an die Semesterferien verdrängt, weil ich niemanden hatte, mit dem ich hätte verreisen wollen, und allein hatte ich keine Lust. Aber nun war alles anders. Krank wie ich war, konnte ich alles vergessen. Ob ich mit diesen Pickeln überhaupt einen Ferienjob finden würde, um die Behandlung zu bezahlen? Den Leuten grauste es ja, wenn sie mich ansahen. Julia fragte, ob wir uns nächste Woche vielleicht noch einmal sehen würden, sagte aber im gleichen Satz, daß sie eigentlich kaum Zeit hätte, sie müsse noch so viel erledigen, ehe sie wegfuhr. Und ich sagte, daß ich noch nicht wisse, wie sich meine Krankheit weiterentwickeln würde, und daß ich mit den Pickeln unmöglich aus dem Haus könnte. Sie wünschte mir wenigstens mit einigem Mitgefühl gute Besserung und versprach schon jetzt, aus ihrem Urlaub eine Postkarte zu schreiben.

Am Abend rief mich Birgit an. Ich hatte gerade wieder versucht, die Pestbeulen mit Puder zu überdecken, um meinen Anblick im Spiegel ertragen zu können, aber leider konnte ich Birgit nur von der Vergeblichkeit meiner Bemühungen berichten. Birgit war ganz aufgeregt: »Der Mann von der Annonce hat angerufen.«

Ich vergaß meine Pickel.

Er hätte gesagt, daß er sich sehr über ihre Zuschrift gefreut hätte, und hätte gesagt, daß er sie unbedingt kennenlernen wolle, nur sei er in dieser und in der nächsten Woche geschäftlich total eingespannt, leider auch abends, aber danach, in der darauffolgenden Woche, da wolle er sie unbedingt treffen, und sie möge bitte, bitte, solange Geduld mit ihm haben, hätte er gesagt. Julia hätte gesagt, sie solle auf jeden Fall vorsichtig sein. Und falls Julia bei Birgits Rendezvous schon weggefahren wäre, dann solle sie sich auf keinen Fall mit diesem Mann in ihrer Wohnung treffen und schon gar nicht in seiner, sondern in einem Lokal oder irgendwo in der Öffentlichkeit.

Das Problem sei, sagte Birgit dann, daß sie übernächstes Wochenende keine Zeit hätte, da müsse sie zum Geburtstag ihrer Cousine Marion, das sei ihr aber erst hinterher eingefallen, und was sie machen solle, sie hätte nämlich vergessen, den Mann nach seiner Telefonnummer zu fragen. Julia hätte auch gesagt, das sei blöd von ihr gewesen, denn jetzt müsse sie die ganze Zeit herumwarten, bis er sich wieder meldet.

»Such doch die Nummer aus dem Telefonbuch raus, ruf ihn an und sag ihm, daß du übernächstes Wochenende keine Zeit hast, so einfach ist es«, sagte ich – Birgits Gerede wurde mir allmählich zuviel, meine Pickel waren mir wieder eingefallen.

Birgit erklärte, sie könne den Mann nicht anrufen, er hieße nämlich Karl-Heinz Müller – Karl-Heinz mit Bindestrich –, und Karl-Heinz Müller gäbe es im Telefonbuch drei Spalten, die könne sie nicht alle durchtelefonieren. Und Julia hätte gesagt, bei diesem Namen müsse sie sehr vorsichtig sein, das könne ein Tarnname sein! »Julia hat zuerst gedacht, es könnte vielleicht ihr alter Freund Karl-Heinz sein, der die Annonce aufgegeben hat, der heißt ja auch Müller mit Nachnamen, aber der kann's nicht sein, denn der ist einundvierzig, und in der Anzeige stand ›Anfangsdreißiger‹. Außerdem stand in der Anzeige, daß der Mann Golf spielt, und Julia sagte, der Karl-Heinz Müller, den sie kennt, der spielt nicht Golf.«

»Erst sagt dir Julia, du sollst schreiben, und dann macht sie dir Angst«, sagte ich, weil ich Julias Warnungen vor den Männern überflüssig fand.

»Ja, und außerdem sagte sie sogar, ich solle für alle Fälle gleich noch auf eine andere Annonce schreiben! Aber das mach ich nicht!« sagte Birgit entschieden. »Wenn es mit diesem Mann nicht klappt, schreibe ich nie wieder auf eine Annonce.«

Also das fand ich nun wieder nicht so gut, ich sagte Birgit, daß sie nicht alle Hoffnung auf diesen einen Mann setzen solle, es seien noch genügend Restexemplare vorrätig.

»Ich kann nichts anderes tun als warten«, sagte Birgit.

»Was macht er denn, wenn er so wenig Zeit hat? Vielleicht ist er sogar verheiratet.«

Birgit hatte natürlich nicht gefragt, was er macht, war aber überzeugt, daß er nicht verheiratet sei: »Nein, das kann nicht sein«, sagte sie, »die Anzeige war so aufrichtig.« – Dann erging sie sich in Überlegungen, was sie anziehen sollte zu dem bevorstehenden Ereignis. Das anzuhören hatte ich keine Lust, außerdem begannen meine Pickel wieder grauenhaft zu jucken, ich sagte Birgit, das käme aufs Wetter an, was sie anziehen könnte, und sie müßte eben abwarten. Birgit empfahl mir dann Kamillenkompressen aufs Gesicht zu legen, das sei ein Naturprodukt und gut gegen Entzündungen aller Art. Ich solle ein Handtuch in heißes Wasser tauchen, dann Kamillentinktur draufträufeln, das nasse Handtuch aufs Gesicht legen und ein trockenes Handtuch drüber, um die Hitze zu halten. Kamillentinktur hatte ich vorrätig. Ich machte so lange Kompressen, bis ich fast erstickt war und erschöpft einschlief.

Als ich am Sonntagmorgen in den Spiegel sah, traute ich meinen Augen nicht. Alle Pickel waren weg. Sie waren weg. Sie waren so weggegangen, wie sie gekommen waren: über Nacht. Zwar sah ich sorgenschwer aus und übernächtigt, aber pickelfrei. Selbst im Vergrößerungsspiegel war keiner mehr zu sehen.

Ich rief Albert an, berichtete ihm von der überstandenen Gefahr, fragte ihn, ob es die Kamille gewesen sei, er wußte es nicht, war aber auch froh. Dankbar für seine Beratung und glücklich, daß ich tausend Mark gespart hatte, lud ich ihn zum Mittagessen ins Bistro ein, er sagte aber, er müsse nachmittags in die Klinik und abends sei er schon verabredet. Ich war so glücklich, daß es mir egal war. Birgit sagte, Kamille helfe immer, und Julia sei mit einem Bekannten spazierengegangen, aber sie würde es ausrichten, daß ich geheilt war. Und sie würde eventuell ihr beige Baumwollkleid mit dem weißen Batistkragen zu dem Treffen mit Herrn Müller tragen.

Ich rief auch meine Mutter an, um ihr mitzuteilen, in welcher Gefahr ihr einziges Kind geschwebt hatte, aber sie sagte erwartungsgemäß nur, das käme vom Rauchen. Und wann ich sie besuchen käme? Und mein Vater sei im Schrebergarten und müßte die Bäume spritzen, und ich hätte doch bald Ferien und da solle ich kommen und helfen, den neuen Zaun aufzubauen, mein Vater hätte in letzter Zeit so Ärger mit seiner Bandscheibe. Ich sagte, daß ich in den Ferien arbeiten müßte, und war überhaupt sauer, daß nicht einmal meine eigene Mutter meine geheimnisvoll-gefährliche Krankheit einer ausführlicheren Besprechung würdigte. Aber so ist es immer: Wenn man eine Gefahr überstanden hat, ist sie nichts mehr wert.

Die nächsten drei Tage bis zu Gottfrieds Seminar schonte ich mich, um zu verhindern, daß die Krankheit wieder ausbrechen könnte. Ich hatte Glück, nichts geschah. Am Mittwochmorgen rief ich Gottfried zu Hause an, sagte, daß ich endlich wieder gesund sei, und fragte, ob es bei dem Treffen heute abend bliebe. »Aber ja«, sagte er.

Das Wetter war strahlend schön, und ich war es auch. Ich hatte Schlimmes durchgemacht und genoß mein neues Lebensgefühl ganz bewußt. Ich fuhr mit der U-Bahn ins Seminar, um nicht nachher durch mein Auto gehandikapt zu sein.

Gottfried hatte sich schon überlegt, wo wir hingehen könnten: Wir fuhren mit dem Mercedes in ein wunderbares Gartenlokal, in dem ich noch nie gewesen war. Er war unendlich reizend. Wir aßen Leberkäs mit Bratkartoffeln und tranken Rotwein. Es wurde erst gegen neun Uhr dunkel, dann wurde der Garten durch unzählige rote, gelbe und blaue Glühbirnchen beleuchtet.

»Ist es nicht unrealistisch«, sagte Gottfried, »daß nur das Kitschige romantisch ist?«

Ja, es war unrealistisch.

»Möchtest du noch einen Kaffee bei mir trinken? Ich wohne gleich hier in der Nähe – es sind nur zweihundert Meter.«

»Gerne«, sagte ich. Ich war nur zweihundert Meter von meinem Ziel entfernt.

53. Kapitel

Gottfrieds Wohnung war einfach toll. So viele Bücher! Und überall hingen politische Plakate und Lithographien von anerkannten Künstlern. Ein Litho von Picasso war sogar signiert und numeriert! Und alle, sogar die politischen Plakate, waren gerahmt mit Aluminiumleisten unter nichtreflektierendem Glas. Es war mehr als eine Wohnung, es war ein nicht-bürgerliches Ambiente!

Gottfried ging zu seinem Designer-Plattenspieler und fragte, was ich hören wolle: »Joan Baez oder Bach?« Ich ließ ihn entscheiden. Er fragte, ob ich Jazz liebe, er hätte was ganz Heißes: Mozarts Zauberflöte in einer Interpretation von Louis Armstrong mit Mahalia Jackson als Königin der Nacht – die Aufnahme sei eine Parodie des bürgerlichen Kulturbanausentums. Leider fand er die Platte dann nicht und legte was von Bob Dylan auf. Auch schön.

Er holte zwei Gläser, holte Rotwein, wir ließen uns auf seinem Sofa – Naturholz mit naturfarbenem Leinenbezug – nieder. Gottfried zeigte mir, daß in der filmkritischen Fachzeitschrift, die auf dem Naturholz-Couchtisch lag, ein Aufsatz von ihm abgedruckt war. Der Aufsatz sei zwar zwei Jahre alt – und das Heft war schon ziemlich zerfleddert –, aber seine damals veröffentlichten Thesen würden stündlich aktueller, erklärte er, und er hätte in diesem Artikel analysiert, daß die Auseinandersetzung mit den Bedürfnissen der Massen nicht zur Anpassung an die Masse führe, sondern im Gegenteil die Voraussetzung zur Abgrenzung von den gesellschaftlich Unterprivilegierten sei. Nur als Elite könnten die Intellektuellen ihrer Funktion, über den Massen zu stehen, gerecht werden. Und nur indem eine kritische nicht-bürgerliche Filmtheorie und ebensolche Praxis über den Massen stehe, könne sie die Übergriffe aufstiegsorientierter Kulturbanausen auf die echte Kultur verhüten. »Wir Intellektuellen dürfen die stumme Aufforderung der arbeitenden Klasse, uns als ihre Interessenvertreter erkennen zu geben und zu bekennen, nicht länger überhören«, dozierte Gottfried.

Ich blickte ihn bewundernd an. Wie intellektuell er war! »Genau«, sagte ich, »die Leute sind nämlich doof, sie brauchen jemand, der ihnen sagt, was gut für sie ist, sie wollen einen Führer ...«

»So drastisch würde ich es zwar nicht ausdrücken«, sagte Gottfried, »aber man darf vor diesem Problem nicht länger die Augen verschließen.«

Ich zeigte auf eine besonders interessante Stelle in Gottfrieds Aufsatz, wo er über ›Kommunikationsübermittlung‹ geschrieben hatte, darüber, wie den unterprivilegierten Massen durch eine kritische nicht-bürgerliche Filmtheorie und ebensolche Praxis die Kultur praktisch beigebracht werden könnte, und bat Gottfried, mir seinen Ansatz zur ›Transparenzverstärkung antagonistischer Kultursensibilität‹ genauer zu erklären, aber er lächelte und sagte: »Jetzt sollten wir unsere gesellschaftlichen Probleme mal vergessen.« Er sah mir direkt in die Augen und sagte: »Constanze, was für ein schöner Name. Wie sind deine Eltern auf die Idee gekommen, dich Constanze zu taufen?«

Ich holte tief Luft. Gottfried Schachtschnabel sollte nichts von der oberflächlichen Mentalität meiner Mutter erfahren. »Mein Vater liebte Mozart abgöttisch«, hauchte ich.

»Mozart?«

»Constanze, so hieß die Gattin Mozarts«, hauchte ich.

Gottfried nickte verstehend. »Wie schön.«

»Hm«, sagte ich nur. – Das war gut gewesen. Gottfried war beeindruckt.

»Wärst du ein Junge geworden, dann hätte dein Vater dich Amadeus genannt«, sagte er.

Gottfried kannte meinen Vater nicht! Amadeus – niemals! Allenfalls Wolfgang. Mozart war meinem Vater sowieso ziemlich egal. Aber all das brauchte Gottfried nicht zu wissen. Er sollte mich für eine gleichberechtigte Intellektuelle halten. Deshalb sagte ich nur zurückhaltend: »Hm.«

Gottfried lehnte sich auf dem Sofa zurück, ergriff meine Hand und sagte: »Was du für schöne Fingernägel hast.«

Mein Herz schlug bis zum Hals, mir wurde richtig schwindelig. Vor Aufregung mußte ich kurz aufs Klo und malte mir gleich die Lippen noch mal an. Als ich zurückkam, hatte Gottfried die Deckenstrahler ausgeknipst und eine Kerze angezündet. Aha, dachte ich.

Vorher hatten wir schon eng nebeneinander gesessen auf dem Sofa – es war ein Sofa für drei Personen –, aber es wäre unschicklich gewesen, wenn ich mich nun wieder in die Mitte des Sofas gesetzt hätte, zumal Gottfried ebenfalls ein bißchen von der Mitte weggerückt war, also rückte ich auch ein bißchen weiter zurück auf meine Seite, so daß jetzt der Platz zwischen uns frei war. Über diese Distanz lächelte ich Gottfried so charmant an, wie es mir gegeben war.

»Ich weiß nicht, ob man das sagen darf«, sagte Gottfried verlegen.

»Ja?« sagte ich und atmete ein, während ich fragte.

»Es irritiert mich, wenn du mich so anlächelst.«

»Warum?« lächelte ich und atmete wieder ein, während ich diese Frage stellte.

»Du hast Lippenstift an den Zähnen«, sagte er.

So ein Mist, daß mir das ausgerechnet jetzt passieren mußte! Ich hätte mich am liebsten unter den Flokati-Teppich verkrochen. Ich tastete nach meiner Handtasche, kramte nach dem Handtaschenspiegel, wischte mir über die Zähne. Obwohl es so dunkel war, konnte jeder Blinde sehen, daß ich knallrot geworden war. »Komm, ist doch nicht so schlimm«, sagte Gottfried und legte ganz sachte seine Hand auf meine Schulter. »Ich find's im Grunde genommen ganz richtig, wenn sich Frauen für Männer hübsch machen.«

Ach, wie verständnisvoll er war. Die Kerze flackerte. Gottfried näherte sich mir. Das Kerzenlicht spiegelte sich in seinen Augen. Küßt er mich zuerst oder küsse ich ihn zuerst? – Das war nicht die Frage, zwischen uns gab es nichts Taktierendes, nichts Berechnendes. Das Telefon klingelte.

Gottfried fuhr auf, lachte, sagte: »Ich geh' nicht ran. Nicht jetzt.«

Ich war kaum irritiert, daß nachts um halb eins jemand bei ihm anrief – ich wußte ja, daß man unkonventionelle Menschen zu unkonventionellen Zeiten anruft, ich war irritiert, weil es überall klingelte: nicht nur neben dem Sofa klingelte das Telefon, auch in dem Zimmer daneben, in dem Gottfrieds Bett war und der Fernsehapparat, klingelte es, und auch in dem hinteren Raum, in dem Gottfrieds Schreibtisch und das Bücherregal standen, klingelte ein Telefon.

»Ich hab im Schlafzimmer und in meiner Bibliothek zusätzliche Anschlüsse, das ist sehr praktisch«, sagte Gottfried. Er griff nach meiner Hand und führte sie an seine Lippen. Die Telefone klingelten immer noch. Er legte seine Hand auf mein linkes Knie und fuhr mit seinem Zeigefinger von meinem Knie bis zur Mitte meines Oberschenkels. Ich trug keine Strümpfe und keinen Unterrock. Ich fuhr Gottfried mit der Hand durchs Haar. Die Telefone klingelten immer noch.

»Sag mal«, sagte Gottfried und drehte einen Knopf an meiner Bluse hin und her.

»Ja«, flüsterte ich.

»Sag mal, nimmst du eigentlich die Pille?«

Ich wurde schon wieder rot: »Ja, natürlich.«

Die Telefone hatten aufgehört zu klingeln. Gottfried ging zum Plattenspieler, schaltete ihn aus. »Sag mal, ist es nicht zu ungemütlich hier?« fragte er, ohne sich umzudrehen.

Irgendwie hatte er mich bei der Hand genommen, und irgendwie lagen wir dann in seinem Schlafzimmer, auf seinem

Bett. Es war dunkel, nur der schwache Schein der Kerze drang vom Nebenzimmer herüber. Das Telefon neben dem Bett klingelte zweimal, hörte wieder auf, aber noch ehe das Echo der anderen beiden Telefone verklungen war, klingelte es wieder.

»Hallo, ich hab' Besuch«, sagte Gottfried sehr kurz angebunden in den Hörer. Ich muß gestehen, daß ich mir ein Lächeln des Triumphes nicht verkneifen konnte. Ich richtete mich ein bißchen auf in den Ikea-Bettbezügen und sah Gottfried verstohlen von der Seite an. Es war so dunkel, daß ich ihn nur als Schattenriß wahrnehmen konnte. Plötzlich sackte sein Kopf auf seine Brust.

»O Gott«, stöhnte er.

O Gott, hat er einen Herzanfall?

»Seit wann weißt du es?« stöhnte Gottfried. »O Gott! Natürlich. Sofort.«

Er legte den Hörer auf und schaltete das Licht an. Ich sah ihn an und erschrak: Er war um Jahre gealtert.

»Meine Frau ist schwanger«, sagte er.

Ich biß mir auf die Lippen. »Und was machen wir jetzt?« fragte ich.

»Wir müssen darüber reden, was wir machen. Ich fahr sofort zu ihr.« Er sprang auf und zog seine Turnschuhe an. Ich tat schweigend ein gleiches.

In rasendem Tempo nach Kreuzberg. An jeder Ampel stöhnte Gottfried leise.

»Bist du der Vater?« fragte ich ihn vorsichtig.

»Bist du wahnsinnig! Wie kommst du denn auf diese Idee?« rief er entsetzt. »Meine Frau und ich, wir haben seit Ewigkeiten eine rein partnerschaftliche Beziehung ohne Besitzansprüche! Die Inge ist doch mit diesem Obermacker von der Baubehörde zusammen. Inge sagte mir eben, er hätte gesagt, er würde sich nicht wegen des Kindes scheiden lassen, er könne es sich auch nicht leisten, für ein Kind zu sorgen! Das muß man sich mal vorstellen!« Gottfried schüttelte verbittert den Kopf. » Dieser Mann verdient mehr als dreimal soviel wie ich! Netto!«

Ich nickte verständnisvoll. Gottfried sagte mit einem tiefen Seufzer: »Vielleicht werde ich es adoptieren.« Nach einigem Nachdenken fügte er hinzu: »Allerdings würde ich dann erwarten, daß Inge ihre Beziehung zu mir neu definiert.«

»Ja«, sagte ich verständnisvoll und überlegte, was er damit meinte.

Gottfried schwieg bis zur übernächsten Ampel, dann sagte er: »Eigentlich hätte ich immer gern ein Kind gehabt – es muß nicht mein eigenes sein, wenn ich es erziehen würde, könnte schon was aus ihm werden. Wir werden erst durch die Gesellschaft zu dem gemacht, was wir sind.« Jetzt lächelte er wenigstens ein bißchen, aber gleich darauf stöhnte er wieder: »Wenn ich nur an die Schwierigkeiten denke, ein Kind zu adoptieren! Grauenhaft. Es muß grauenhaft sein, was man sich da an Fragen gefallen lassen muß. Diese Adoptionsbürokratie ist so unmenschlich!«

Ach, wie froh war ich, daß ich Gottfried wenigstens in diesem Punkt trösten konnte: »Du brauchst es nicht zu adoptieren«, sagte ich und sah ihn aufmunternd an, »ihr seid verheiratet, du bist automatisch der Vater.«

»Aber ich bin nicht der Vater, kapierst du denn das nicht!« sagte Gottfried gereizt.

»Macht nichts, du bist trotzdem der Vater vor dem Gesetz.« Ich sagte Gottfried, daß ich das ganz genau wisse, weil neulich im Frauenseminar eine ziemlich schwangere Frau es uns ganz genau erklärt hatte: »Der Gesetzgeber geht davon aus, daß ein Kind, das während einer Ehe geboren wird, ein eheliches Kind ist, das weiß ich definitiv.«

»O Gott!« schrie Gottfried, »ich laß mich scheiden! Ich laß mir doch nicht von irgendeinem Typen von der Baubehörde ein Kuckucksei ins Nest legen! Der baut sich einen Bungalow, und ich zahl für sein Vergnügen! Aber nicht mit mir!!«

»Aber wenn du dich jetzt scheiden läßt, dann ist es trotzdem dein eheliches Kind. Wenn ein Kind bis zu 302 Tage nach der Scheidung geboren wird, wird vom Gesetzgeber der Ex-Ehemann automatisch als Vater angenommen.«

»Wieso denn das?!«

»Die bürgerliche Gesetzgebung unterstellt, daß ein Kind, das während einer Ehe gezeugt wird, den Ehemann als Vater hat.« – Ich wußte es noch so genau, weil ich zuerst nicht kapiert hatte, warum im Bürgerlichen Gesetzbuch ausgerechnet 302 Tage angegeben sind, aber das ist eben die längstmögliche Zeit, die ein Kind braucht, bis es fertig ist. »Sogar wenn du das Kind zwei Stunden vor der Scheidung zeugst und es kommt zehn Monate nach der Scheidung zur Welt, dann bist du immer noch der Vater – vorausgesetzt nur, die Frau heiratet in der Zwischenzeit nicht. Dann ist der nächste Ehemann der Vater.«

»Aber der ist doch selbst verheiratet! Der schläft doch mit meiner Frau herum, obwohl der verheiratet ist! Dieser verantwortungslose Hund!!!« stieß Gottfried mit zusammengebissenen Zähnen hervor.

»Du kannst gegen die Vaterschaft Einspruch erheben. Sogar wenn der wirkliche Vater die gleiche Blutgruppe hat wie du, läßt sich schon nach zwei Jahren mit 95%iger Sicherheit ermitteln, daß du es nicht warst. Und dann kannst du alle geleisteten Unterhaltszahlungen von dem Typen zurückverlangen. – Vorausgesetzt, deine Frau gibt zu, daß ihr Macker als Vater in Betracht kommt.«

Gottfried raste wie ein Berserker, er hielt sich die Hand vor Augen, obwohl der Tacho 160 Stundenkilometer anzeigte, und stöhnte immer wieder. »O Gott! O Gott!« Dann stöhnte er: »Stell dir vor, was das für ein Gerede gäbe, wenn ich gegen die Vaterschaft Einspruch erheben würde, bei meiner eigenen Frau! Da würden sich die lieben Kollegen das Maul zerreißen, das kann ich mir nicht leisten in meiner beruflichen Situation.« Er war fix und fertig. Ich bat ihn, langsamer zu fahren oder wenigstens die Hand von den Augen zu nehmen. »Und so lange muß ich für diesen Arsch zahlen!« keuchte er. Bis wir vor meiner Haustür waren, stöhnte er noch einmal: »Wie ich diese bürgerlichen Zwänge hasse.« Und ich wußte, daß er das nicht einfach so dahinsagte. Noch ehe ich die Tür seines Mercedes richtig zugemacht hatte, raste er schon weiter zu seiner schwangeren Frau.

54. Kapitel

Es war zwei Uhr morgens gewesen, als ich nach Hause kam, ich konnte mir denken, daß Gottfried noch viel, viel später ins Bett gekommen war – der Arme, was mußte er durchmachen! Deshalb wartete ich bis zum späten Nachmittag, ehe ich ihn anrief. »Ich bin völlig geschafft«, sagte er. »Inges

Freund will das Kind nicht. Sie hat so gehofft, daß er sich scheiden läßt, des Kindes wegen, aber er hat ihr gestern eiskalt erklärt, daß er das nicht tun wird. Inge ist völlig fertig! Gräßlich für sie, daß er sie ausgerechnet jetzt hängenläßt. Er hat gesagt, wenn Inge das Kind bekäme, würde er sich nie wieder bei ihr blicken lassen, denn falls seine Frau davon erfahren würde, würde sie die Scheidung einreichen, und damit sei er ruiniert. Das war der schlimmste Schlag für Inge. Sie hat natürlich angenommen, ihr Kindsvater hätte Gütertrennung mit seiner Frau vereinbart, hat er aber nicht – das heißt, er müßte alles verkaufen, um seine Frau auszahlen zu können. Da bleibt nichts übrig. Inge muß das Kind abtreiben lassen.« Dann sagte Gottfried mit flehender Stimme: »Bitte, Constanze, erzähl es niemand weiter, du weißt ja, was wäre, wenn meine Kollegen davon erfahren.« Gottfried schwieg erschöpft.

»Abtreibung«, sagte ich nur – ich mußte nicht beteuern, daß ich es keinem Menschen erzählen würde, Gottfried konnte sich auf mich vollkommen verlassen.

»Wir fahren nach Holland. Inge hat eine Adresse von einer Klinik dort, die praktizieren schon die Natürliche Abtreibung, der Partner darf dabei sein. Eine Abtreibung ist ein unheimlich wichtiges gemeinsames Erlebnis.«

»Du fährst mit? Du bist doch nicht der Vater!«

»Daß das Kind von dem Baubeamten ist, darf niemand wissen, und wenn die Leute annehmen, das Embryo sei von mir und ich laß meine Frau allein zur Abtreibung fahren, wie stehe ich denn dann da!« rief Gottfried, etwas ruhiger fügte er hinzu: »Wir fahren aber erst nächsten Donnerstag, vorher war in der Klinik kein Doppelzimmer frei. Die machen das nämlich nur stationär, und der Partner übernachtet im gleichen Zimmer wie die Embryomutter und paßt auf, daß alles natürlich abläuft.« Gottfried seufzte, aber es war schon eher ein Seufzen der Erleichterung, daß in absehbarer Zeit alles vorüber sein würde. »Ich seh dich noch, ehe wir wegfahren«, seufzte er dann.

»Wo?« fragte ich.

»Im Seminar, am Mittwoch«, sagte Gottfried.

»Ach so, ja klar«, sagte ich und wagte nicht mehr zu fragen, was er denn am Wochenende vorhatte.

Gerne hätte ich Julia erzählt, was geschehen war, aber wenn Gottfried nicht wollte, daß jemand erfuhr, daß seine Frau ein Kind von einem anderen bekam, dann sollte es Julia ganz bestimmt auch nicht wissen. Es wäre ein Vertrauensbruch gegenüber Gottfried... Ich überlegte, wie ich Julia den Fall irgendwie abstrakt unterbreiten könnte – als Geschichte irgendwelcher Bekannten –, aber wenn sie rein theoretisch darüber reden würde, würde Julia garantiert sagen, daß wenn eine Ehefrau ein Kind von einem anderen Ehemann bekommt, es abtreiben läßt, weil der andere Ehemann seine Geliebte vor seiner Ehefrau verheimlichen will, und die Ehefrau, die das Kind von dem anderen Ehemann bekommt, mit ihrem Ehemann zur Abtreibung fährt, weil der andere Ehemann keine Zeit hat, daß sich dann die Geliebte des Ehemanns – also ich – keine Hoffnungen zu machen brauche auf irgendwas. Könnte Julia, überlegte ich, das Verhalten von Gottfried als Beweis ihrer Behauptung werten, daß die Stabilität der Institution Ehe die Grundlage des Glücks sei? Nachdem ich lange nachgedacht hatte, kam ich zu dem Schluß, daß es unmöglich war, das Problem in der angemessenen Weise mit einer Außenstehenden zu erörtern. Denn man mußte schon die ganz speziellen Umstände kennen, um zu wissen, daß im Grunde Inge schuld war an allem. Wäre sie nicht schwanger geworden, hätte Gottfried jetzt nicht diesen Ärger.

Trotzdem rief ich dann am Sonntagnachmittag Julia an, vielleicht würde sich im Gespräch das Thema ganz von alleine auf meine Probleme bringen lassen. Unauffällig selbstverständlich. »O Göttin«, rief Julia, kaum daß ich nur meinen Namen gesagt hatte, »du glaubst nicht, wie blöde das Leben spielt. Gestern abend hat sich unsere Birgit mit dem aufrichtigen Mann, der dieses aufrichtige Inserat aufgegeben hatte, getroffen, und wer war es? Es war tatsächlich Karl-Heinz Müller!«

»Dein Karl-Heinz Müller etwa?«

»Mein Karl-Heinz Müller. Wenigstens ist mir jetzt klar, woher er seine vielerlei Damenbekanntschaften bezieht.«

»Dieser alte Frauenhasser gibt Inserate auf!« schrie ich, »und nennt sich aufrichtig!«

»Frauenhasser sind immer auf Frauen fixiert. Er bezeichnet seinen Haß eben als ehrliches Gefühl«, sagte Julia.

Ich registrierte leicht wütend, daß Julia ihren Karl-Heinz wieder einmal in Schutz nahm, fragte aber nur, ob Birgit auch mit Karl-Heinz am ersten Abend ins Bett gehüpft war.

»Nein.«

»Was dann?«

»Ich war nicht dabei. Ich weiß nur, was Birgit erzählt hat... Sie hatte sich mit ihm im Bistro verabredet, und sie hat erzählt, daß sie sich zuerst furchtbar erschreckt hätte, als sie feststellte, daß der Mann am Tisch links hinten – den hatten sie nämlich als Treffpunkt ausgemacht –, daß das der Karl-Heinz war, den sie schon zweimal bei mir gesehen hatte. Aber dann sei sie eigentlich froh gewesen, daß es dieser Karl-Heinz war, weil sie ihn ja schon kannte und ihn nett fand. Aber von ihm war es heimtückisch, er hat natürlich gleich gewußt, daß sie die Freundin von mir ist, er hat es an der Adresse gemerkt. Er hätte sie überraschen wollen, hat er behauptet.«

»Und dann?«

»Soweit Birgit erzählt hat, muß er unablässig an ihr herumgemeckert haben.« Julia seufzte: »Es wird immer schlimmer mit Karl-Heinz, ich kenn ich schon seit Ewigkeiten, aber nun muß ich es ihm endlich sagen, daß er mir auf den Wecker geht. Es ist immer hart, wenn man jemanden lange kennt und dann feststellen muß, daß man keine Gemeinsamkeiten mehr hat außer den Erinnerungen.«

Ich freute mich heimlich, daß Julia eingesehen hatte, daß ihr Kerl-Heinz ein elender alter Chauvi war. Ich fragte aber nur: »Und was hat Birgit sonst gesagt?«

»Ist doch klar, was sie sonst gesagt hat – sie würde nie wieder auf eine Annonce antworten, hat sie gesagt. Und ich muß gestehen, ich glaub mittlerweile auch, daß es bei ihr keinen Zweck hat: Sie ist zu bereitwillig, sich jedem an den Hals zu werfen, nur um verheiratet zu sein. Für sie ist es wohl wirklich besser, wenn sie wartet, bis eines Tages der Mann kommt, der von ihrem Blondhaar verblendet ist, und dafür wird sie ihn ewig lieben, und er wird sie so lange lieben, wie er von ihrem Blondhaar verblendet ist. Es kann halt nur noch etwas dauern, bis dieser Mann auftaucht.«

Ich staunte heimlich, wie oft diese Psychologin ihre Meinung änderte, sagte aber wieder nichts außer: »Was hat Birgit sonst noch gesagt?«

»Frag sie selbst, wenn sie zurückkommt, im Moment ist sie bei ihrer Schwester, um der alles haarklein zu erzählen. Bestimmt gibt sie auch dir einen ausführlichen Bericht ab. Bis ich am Freitag wegfahre, muß ich es mir sicher noch einige Male in allen Details anhören.«

Ach ja, Julia fuhr ja weg, ich hatte es fast vergessen. »Wann fährst du weg?« fragte ich.

»Jetzt am Freitag fahr ich zuerst zu meinem Vater und seiner jungen Gattin, höre mir das Gejammer meiner Stiefmutter über das Genörgel meines Vaters an und das Genörgel meines Vaters über das Gejammer seiner Frau, und falls ich das überlebe, fahre ich vielleicht zur Erholung nach Italien.«

»Allein?«

»Ich weiß nicht, ob es klappt mit Italien. Aber wenn, dann schreib ich dir wie versprochen eine Postkarte.«

»Au ja«, sagte ich, denn Postkarten bekomme ich gern. Eine Postkarte bedeutet, daß jemand an mich gedacht hat, daß ich geliebt und geachtet werde. Deshalb liebe und achte ich Postkarten – obwohl es natürlich spießig ist, Postkarten zu schreiben. Andererseits muß man Postkarten schreiben, weil die Leute einem nur Postkarten schreiben, wenn man ihnen auch Postkarten schreibt, deshalb mache ich es immer so, daß ich allen Leuten, die mir Postkarten schreiben, auch Postkarten schreibe und immer dazuschreibe, daß ich Postkartenschreiben blöde finde, und mit Absicht kaufe ich nur kitschige Karten.

Julia ermahnte mich noch, auf Birgit aufzupassen. Ein wenig fühlte ich mich geschmeichelt, daß sie mich für zurechnungsfähiger hielt als Birgit. Aber vor allem fand ich Julia ziemlich tantig mit ihren ewigen Ermahnungen und Belehrungen. Ob sie sich Gottfried gegenüber auch so verhalten hatte? Der Ärmste konnte mir nur leid tun.

Ich wünschte Julia einen schönen Urlaub, und als ich aufgelegt hatte, war ich froh, daß ich mich beherrscht und das Thema Gottfried in keiner Weise angesprochen hatte. Gegenüber einer Psychologin mußte man auch mit allen unbewußten Äußerungen sehr vorsichtig sein, da war es besser, über gewisse Themen überhaupt nicht zu sprechen.

Um nicht ständig an Gottfried denken zu müssen, beschloß ich am Montagnachmittag, Birgit in ihrer Stadtbücherei zu besuchen. Da sie mich nicht angerufen hatte, ging ich eben zu ihr – ich muß zugeben, daß ich ziemlich neugierig war, was denn nun mit diesem Karl-Heinz gewesen war. Unglaublich, was man alles erleben kann, wenn man auf eine Heiratsannonce antwortet, dachte ich immer wieder. Und daß die Traumprinzen der Anzeigen in Realität Männer wie Karl-Heinz Müller waren, das gab mir sehr zu denken – ich wußte nur noch nicht richtig, was.

Da Birgit wußte, daß ich mich für Bücher interessiere, hoffte ich, sie würde mich nicht für so neugierig halten wie ich war. In der Stadtbücherei Schöneberg war ich noch nie gewesen, aber sie war wie alle Büchereien. Ich fragte eine der Bibliothekarinnen an der Ausgabe nach Frau Birgit Döpp.

»Fräulein Döpp ist unten in der Kinderabteilung«, flüsterte die Bibliothekarin.

Birgit saß an einem Pult und machte Kreuzchen in einer Fernsehillustrierten. »Ach hallo«, flüsterte sie mir zu.

»Du hast dich mit Karl-Heinz getroffen! Wie war's denn?« rief ich.

»Pssst«, sagte Birgit, »nicht so laut.«

Ich sah mich um. »Es ist niemand da, der uns hören kann«, sagte ich zu meiner Entschuldigung.

»Trotzdem«, flüsterte Birgit, »man darf hier nicht laut reden, die internationale Bibliotheks-Hausordnung gilt auch für Stadtbüchereien.«

»Ach so«, flüsterte ich, »sag endlich, wie's war!«

»Julia hat dir bestimmt schon alles erzählt«, flüsterte Birgit.

»Gar nichts hat sie erzählt, bloß daß es ihr Karl-Heinz Müller war. Wahnsinn!« flüsterte ich so leise, daß eigentlich nur die Bewegung meiner Lippen zu hören war. »Julia hat doch gesagt, das könnte nicht der Karl-Heinz sein, den sie kennt, weil der doch viel älter ist, als in der Anzeige stand.«

»Mir hat er gesagt, das sei ein Druckfehler gewesen – statt ›Anfangsvierziger‹ hätten die aus Versehen ›Anfangsdreißiger‹ gedruckt –, aber da er aussehen würde wie höchstens dreißig, sei es ihm egal gewesen«, flüsterte Birgit.

»Ein Druckfehler? Nie im Leben glaub ich das! Was hat er sonst noch erzählt?« flüsterte ich.

»Daß ich nicht so gut aussehen würde wie auf dem Foto. Und daß ich in meinem Alter Torschlußpanik haben muß, und daß es für mich höchste Zeit sei, einen richtigen Mann zu finden.«

»Das hat er gesagt?« zischte ich, »der hat es nötig!«

»Er hat gesagt, er sei ganz aufrichtig, und Beige würde mir nicht stehen, und es wäre vorteilhafter, wenn ich die Haare länger tragen würde. Und er hat gefragt, ob ich als Bibliothekarin versauern will, Bücher seien doch keine Umgebung für eine Frau, er würde niemals eine dieser intellektualisierten Frauen heiraten, die würden nicht taugen für die Ehe, ich hab ihm aber gesagt, daß ich gar nicht Bibliothekarin bin, sondern nur Bibliotheksangestellte…«

»Hat er dich wenigstens eingeladen?« flüsterte ich, weil mir einfiel, daß er, als ich ihn das letzte Mal mit Julia zusammen gesehen hatte, so getan hatte, als würde er mich selbstverständlich einladen, aber dann doch nur seine Zeche zahlte.

»Nein, ehe wir gingen und zahlen wollten, da hat er mich gefragt, ob ich emanzipiert bin, und ich hab gesagt, daß ich nicht emanzipiert sei, und da hat er gesagt, ein bißchen Emanzipation könnte mir nicht schaden. Und dann hat er gesagt, er fände es würdelos, wenn Frauen sich verkaufen. Also habe ich ihn eingeladen. Er hat ja auch betont, wie teuer die Anzeige gewesen sei.«

»Und was hat er sonst noch gesagt?«

»Ach so, er sagte, daß er nicht Golf spielt, sondern einen Golf fährt.«

»Was?!«

»Leise! Er sagte, es sei ihm unklar, wie ein normal intelligenter Mensch das anders interpretieren könnte…, aber du und Julia, ihr habt ja auch geglaubt, daß er Golf spielt.«

»Natürlich! Kein normal intelligenter Mensch schreibt in eine Anzeige das Wort ›Golf‹ und meint damit die Automarke!«

»Vielleicht doch, man liest es ja häufiger in Anzeigen«, sagte Birgit, bemüht, im Tun der Männer Vernunft zu entdecken.

»Und was hat er noch gesagt, dieser Angeber?«

»Er hat gesagt, daß er öfter Anzeigen aufgeben würde, und daß ihm die tollsten Frauen scharenweise nachlaufen würden, und er hätte es nicht so eilig, sich zu entscheiden.«

»Aber in der Anzeige stand doch, daß er für ein Abenteuer nicht zu haben sei«, zischte ich.

»Er sagt, er wolle keine Frau, die viel mit Männern herummacht, er lege Wert auf Exklusivität. Falls er mal heiraten würde, käme für ihn eigentlich nur eine Jungfrau in Frage.«

»Der hat ja nicht mehr alle gestreiften Murmeln im Sack!« schrie ich empört.

»Leise!« zischte Birgit. »Er hat mich nach früheren Bekannten ausgefragt. So bin ich seit dem Abitur nicht mehr ausgefragt worden. Dann hat er gesagt, daß man merken würde, daß ich Schweres durchgemacht hätte und von den Männern frustriert sei. Und dann hat er noch gesagt, vom Warten würde ich auch nicht schöner...«

»Warum hat er dir nicht gleich das erste Mal, als er angerufen hat, gesagt, daß er der Freund von Julia ist?« unterbrach ich flüsternd Birgit.

»Er hat gesagt, Julia sei ja schon in dem Alter, wo sie manches falsch einschätzen würde, und er wollte nicht, daß Julia weiß, daß er Annoncen aufgibt. Er hat gesagt, er hätte sie gegebenenfalls überraschen wollen.«

»Was heißt denn gegebenenfalls?«

»Das konnte ich nicht fragen! Es war mir die ganze Zeit peinlich, daß er mir im Bistro unter den Rock gefaßt hat, die Kellnerin guckte ganz komisch.« Birgit sah sich um, ob jemand unser Geflüster hören konnte. »Er hat dann gesagt, er würde mich nach Hause bringen, Julia sei ja verreist. Ich hab ihm gesagt, daß Julia erst diesen Freitag fährt und daß sie sich bestimmt unheimlich freuen würde, wenn wir noch bei ihr reinschauen würden. Da war er zuerst ganz verblüfft und sagte, er hätte geglaubt, Julia sei schon letzten Freitag weggefahren. Dann hat er gefragt, ob Julia bei mir Mutterrolle vertritt und ob ich mich bei ihr unbedingt zurückmelden muß, da hab ich natürlich gesagt, daß ich das nicht muß...«

»Und dann?«

»Dann hat er mich nach Hause gefahren, und unterwegs hab ich ihn gefragt, ob er auch so gerne Kinder haben möchte wie ich und daß ich gerne möglichst bald Kinder haben möchte, und hab ihm von dem süßen Baby meiner Schwester erzählt.«

»Und dann?«

»Er hat gesagt, er wolle so schnell keine Kinder, und er sei müde und fahre doch lieber sofort nach Hause.«

»Habt ihr euch noch mal verabredet?«

»Er sagte, er hätte in nächster Zeit viel zu tun, und gegebenenfalls würde er sich wieder bei mir melden.«

»Gegebenenfalls? Was soll das heißen?«

»Weiß ich doch nicht!« zischte Birgit. »Es bleibt mir sowieso nichts anderes übrig, als zu warten. Julia hat es gestern selbst gesagt.«

»Wir gehen zusammen weg, Männer aufreißen«, flüsterte ich Birgit aufmunternd zu.

»Auf keinen Fall!« rief Birgit.

»Pssst«, zischte ich.

»Fräulein Döpp, wir suchen Sie die ganze Zeit!« sagte plötzlich neben uns eine Bibliothekarin – sie hatte sich vollkommen lautlos an uns herangeschlichen. »Hier, das müssen Sie sich unbedingt sofort ansehen«, flüsterte sie und gab Birgit eine aufgeschlagene Illustrierte. Und plötzlich war noch eine weitere Bibliothekarin da, die Birgit aufgeregt fragte: »Wie finden Sie das?« Es war ein Bildbericht über den letzten Staatsbesuch Prinzessin Dianas. Zur Diskussion stand die Garderobe ihrer Königlichen Hoheit, die auf sechs Doppelseiten vorgestellt wurde. »Unsere Leserinnen wählen Dianas schönstes Kleid«, stand über den Fotos. Weil sich die Kolleginnen links und rechts von Birgit postiert hatten, konnte ich die Fotos nur von oben sehen. Alle schwatzten flüsternd durcheinander. Die, die zuerst gekommen war, meinte, dieser ganze Schleifchenkram an den Kleidern, wer denn das bügeln solle? Die andere fand ebenfalls die schlichten Kleider eleganter, meinte aber, Diana mit ihrer Figur könne alles tragen. Beide waren der Meinung, daß Diana ziemlich gestreßt aussehe. Birgit sagte mit Kennerblick: »Beige steht ihr als Blondine nicht so gut.«

Weil niemand mehr von mir Notiz nahm, verkrümelte ich mich, Birgit sagte nur kurz tschüs, ich hörte noch, daß sie erklärte, Diana würde besser aussehen, wenn sie ihr Haar länger tragen würde.

Ich ging ein Stockwerk höher in die Erwachsenenabteilung. Ich hatte sowieso vorgehabt, mir ein Buch auszuleihen, was Anregendes für mein Drehbuch – ich hatte fest vor, in den Semesterferien sehr intensiv daran zu arbeiten. Es gab ein ganzes Regal mit kritischer Frauenliteratur, ich blätterte mehrere Bücher durch: alles Berichte von Frauen, die ihren Mann verlassen und ein neues Leben begonnen hatten, alles Anleitungen, wie frau sich emanzipiert. Das interessierte mich nicht – so emanzipiert war ich längst, auch ich hatte meinen Mann nach schwerem Leidensweg verlassen, was mich nun interessierte, war eine Anleitung, wie man es als emanzipierte Frau mit Männern aushält. Ganz oben in der Ecke fand ich ein älteres Buch ›Die Hohe Schule des Charmes‹. Das Foto auf dem Titel faszinierte mich: Es zeigte eine Dame, die sich mit strahlendem Lächeln und durchgebogenem Kreuz rückwärts zu Boden sinken ließ, in der Absicht, irgendwie in den Mantel zu kommen, den ihr ein Mann hinhielt. Ich betrachtete das Foto lange und stellte fest, daß mir dieses Urvertrauen fehlte, mich rückwärts ins Ungewisse fallen zu lassen, lediglich gestützt vom Glauben, irgendwo würde ein Mann mich mit meinem Mantel auffangen. Wenn das Charme war, dann war es mir zu riskant, charmant zu sein. Ich stellte das Buch zurück. Dann fiel mir ein, daß ich keinen Leserausweis für die Bücherei hatte, und ich vermutete, daß die internationale Bibliotheksordnung ein polizeiliches Führungszeugnis und ähnliche Referenzen verlangt, ehe sie es gestattet, ein Buch zu entleihen, außerdem fiel mir ein, daß ich zu Hause noch einige ungelesene Bücher hatte. So beschloß ich, wieder runter zu gehen in die Kinderbuchabteilung, um noch ein bißchen mit Birgit zu plaudern, aber Birgit und ihre Kolleginnen waren spurlos verschwunden; ich ging nach Hause und dachte über Birgit nach.

Sämtliche Studenten waren schon da, als Gottfried am Mittwoch eine halbe Stunde zu spät ins Seminar kam. Wir hatten gerade beschlossen, wieder zu gehen. Gottfried entschuldigte sich für die Verspätung, er hätte noch sein Auto in die Werkstatt bringen müssen, er würde nämlich morgen in aller Frühe nach Holland fahren, er räusperte sich, auf einen Cineasten-Kongreß würde er fahren, sagte er. Und es sei ein sehr arbeitsintensiver Kongreß, bis Anfang August, das heiße, nächste Woche würde das Seminar ausfallen, und dann seien bereits Semesterferien, wir würden uns also erst im nächsten Semester wiedersehen.

»So was«, sagte ich unwillkürlich, aber leise, und sah Gottfried enttäuscht an. Er lächelte froh.

Wieder wartete ich unter der Platane auf ihn.

»Wie geht's?« fragte er fröhlich.

»Und dir?« antwortete ich und versuchte ebenfalls zu lächeln. »Fährst du tatsächlich auf einen Cineasten-Kongreß? Ich dachte…«

»Du darfst niemand was davon erzählen, Constanze. Selbstverständlich fahre ich auf den Kongreß. Wir werden beides miteinander verbinden. Ich konnte doch der Institutsleitung nicht sagen, daß ich das Seminar ausfallen lasse wegen… naja. Außerdem ist es sehr günstig, daß ich zu diesem Kongreß fahre, er findet zwar auf einem Kuhdorf statt, wo absolut nichts los ist, aber wenn ich teilnehme, bekomme ich vom Institut die Reisekosten nach Holland erstattet plus Spesen. Und dann anschließend fahren wir nach Spanien – da will die Inge an einem Ferien-Seminar für alternative Kreativität teilnehmen, wir machen Töpfern, aber nicht mit Ton, sondern mit Lehm, den man nicht brennen muß, sondern einfach in der Sonne trocknen läßt, was ja viel natürlicher ist. Lehm ist überhaupt ein viel natürlicheres Material als Ton.«

»Du fährst mit deiner Frau in Urlaub?«

»Wir haben wahnsinnig lange darüber geredet, welchen Einfluß es auf unsere Beziehung hat, wenn Inge und ich zusammen wegfahren, aber dann haben wir einfach gesagt, daß wir es ganz spontan erfahren wollen.«

Ich sagte nichts, ich sah Gottfried nur betroffen an. Er merkte es wohl, denn er sagte: »Man darf das nicht so eng sehen, man kann durchaus auch mal mit seiner Ehefrau in Urlaub fahren.«

»Und wann kommst du wieder?«

»Weiß ich nicht, kommt darauf an, wie sich alles entwikkelt. Inge weiß auch nicht, wie lange sie bleiben will. Hoffentlich klappt alles.« Dann sah er mich aufmunternd an und sagte: »Constanze, ich schreibe dir eine Postkarte.«

Wir wünschten uns gegenseitig zum Abschied »alles Gute!«

Ich winkte ihm nach, als er vom Hof fuhr.

55. Kapitel

In der folgenden Nacht, als Gottfried mit seiner Frau bereits in Holland war, träumte ich, ich würde in der Sonne sitzen und eine Plastik aus Lehm formen. Ich hatte ein sich liebendes Paar geschaffen: Die Frau und der Mann waren aus einem Stück modelliert, ihre Körper miteinander verwachsen. Es war ein echtes Kunstwerk: Obwohl die beiden Figuren irgendwie ineinander übergingen, wirkten sie irgendwie frei und irgendwie eigenständig. Ich träumte, daß ich gerade dabei war, mein Werk zu signieren, meinen Namen mit einem Stäbchen in den Lehm ritzte, als mich eine Frau am Arm riß, mir meine Skulptur aus der Hand riß, sie zu Boden warf und darauf trat. Ihr nackter Fuß traf meine Plastik genau in der Mitte, trennte mein Paar; wo die Brüste der Frauenfigur gewesen waren, blieb nur ein Loch, entstanden durch den Abdruck der großen Zehe. Es sah aus, als sei der Frau das Herz aus dem Leib getreten worden.

So plötzlich, wie sie gekommen war, verschwand die Frau. Ich hatte ihr Gesicht nicht sehen können, aber ich wußte, wer es war: Gottfrieds Ehefrau! Schweißgebadet wachte ich auf. Oh, diese tiefe Symbolik!

Noch lange lag ich wach und dachte nach. Seltsam, so viel geschah, und nichts ereignete sich. Es war nun schon viereinhalb Monate her, daß Albert ausgezogen war, doch meine Hoffnung, mein Leben würde dadurch einen neuen Sinn bekommen, hatte sich nicht erfüllt. Jedenfalls noch nicht.

Was sollte ich tun bis dahin? Ein gutes Buch lesen? Schon wieder war ein Semester zu Ende gegangen, noch ehe ich wußte, was ich dazugelernt hatte. Gut, ich hatte Erfahrungen gesammelt. Aber wohin würden diese Erfahrungen führen? Ich ahnte: Das Warten auf bessere Zeiten hat keinen Sinn, wenn man nicht weiß, was man von den besseren Zeiten erwartet. Was meinem Leben fehlte, war ein Ereignis von bleibendem Wert. Mein Leben könnte zerrinnen wie der Sand in einer Eieruhr. Ein Hin und Her der Nichtigkeiten, und am Ende war jedesmal alles wie zuvor. Nein, ich wollte Großes denken, tun, erleben. Die meisten Leute haben das Lebensziel, Geld zu verdienen. Aber wenn sie das Geld endlich haben, dann wissen sie nicht mehr, wozu sie es eigentlich wollten, sondern machen sich nur noch Sorgen, daß sie es wieder verlieren könnten. Eine Weltreise machen oder ein Haus bauen, das waren anerkannte Lebensziele, aber auch diese Ziele waren nur eine Frage des Geldes. – Einen Film machen, das war eigentlich mein Ziel, aber war das ein richtiges Lebensziel? Dann müßte es ein sehr außergewöhnlicher Film sein, und da war wieder das Geldproblem. Und außerdem: ein Film reicht nicht für ein ganzes Leben. Und würde der erste Film ein Flop – ob man dann noch die Chance hätte, einen zweiten zu machen? Und wenn der zweite ebenfalls kein Erfolg wäre, würde sowieso alles vorbei sein. Aber sogar wenn der erste Film ein Erfolg wäre, müßte man sich Sorgen machen, daß der zweite ein Fehlschlag würde... Besteht der Sinn des Lebens nur darin, daß man weiß, um was man sich Sorgen zu machen hat?

Am besten wäre ein Ereignis, das alles von Grund auf verändert. Und zwar sofort. Ich dachte nach, was das sein könnte – ein Unfall mit bleibenden Folgen, fiel mir spontan ein, das wäre ein Ereignis, das alles verändern würde. Das neue Lebensziel wäre es dann, die Folgen zu überwinden, oder wenn die Folgen nicht zu überwinden wären, dann hätte man wenigstens die Gewißheit, daß ab diesem Moment das Leben keinen Sinn mehr hatte. Aber ein Unfall war nicht erstrebenswert. Würde ich heiraten oder ein Kind bekommen, das wäre ein Ereignis von bleibendem Wert, das würde meinem Leben einen neuen Sinn geben – sicher, aber was würde das für ein Sinn sein? Blieb auch mir nichts anderes übrig als die Resignation oder das ewige Warten auf die Revolution bürgerlicher Besitzstrukturen? Oder gab es sonst noch ein Ereignis, auf das es sich lohnte zu warten?

56. Kapitel

Natürlich, es war keine Lösung meines Problems, aber ich mußte unbedingt mal wieder zu meinen Eltern fahren.

Abgesehen von der Notwendigkeit, meinen Pflichten als Tochter nachzukommen, war die Zeit zum Verreisen günstig. Montag und Dienstag mußte ich noch in die Akademie, aber dann war nichts mehr los – Gottfried war sowieso schon weg.

Überhaupt waren die Straßen wie leergefegt, alle Welt war in den Ferien. Albert war zwar noch im Lande, ich hatte erst vorgestern mit ihm telefoniert, aber wir hatten uns nichts zu sagen gehabt, hatten lediglich Informationen über das internationale Kulturleben ausgetauscht. Offenbar wurde sein Bedarf immer noch von dieser Anna gedeckt.

Mittwoch abend kam ich bei meinen Eltern an. Um meinen Vater zu ärgern, trug ich mein Pop-T-Shirt, auf dem die eine Frau sagt: »Die Männer sind alle Egoisten«, und die andere: »Oh Schwester, sie werden nie von uns lernen«. Erwartungsgemäß fand mein Vater das T-Shirt unmöglich.

Er fing sofort mit seinem Lieblingsthema an: Er konnte sich meine Zukunft nicht anders denken als in der finanziellen Abhängigkeit von irgendeinem seines Geschlechts. Ich sagte ihm, wenn das sein einziges Problem sei, dann könnte ich ja auf den Strich gehen. »Aber nicht in diesem T-Shirt, Kind«, sagte meine Mutter, »das kommt bei Männern nicht gut an.«

Was sollte ich tun? Es hatte keinen Zweck, meinen Eltern die Rolle der Frau in der heutigen Gesellschaft zu erklären. Um das Familienleben ertragen zu können, nähte ich mir einen Rock auf der Nähmaschine meiner Mutter. Den Stoff hatte ich in ihrem Wäscheschrank gefunden, schwarz mit weißen Tupfen, nichts Besonderes, aber ganz nett. Meine Mutter meinte, der Stoff würde für ein ganzes Kleid reichen, aber das war mir zu kompliziert, und Kleider trug eh kein Mensch mehr. Weil aber meine Mutter unablässig wegen des übriggebliebenen Stoffs jammerte, nähte ich noch ein Top mit Spaghetti-Trägern zu dem Rock, das war ohne Abnäher einfach zu nähen und sah schick aus. Dann waren immer noch eineinhalb Meter Stoff übrig, und meine Mutter mit ihrer Resteverwertungs-Mentalität meinte, mit etwas Mühe könnte ich mir daraus leicht eine hübsche Bluse nähen. Aber hübsche Blusen trug eh kein Mensch mehr, und ich sagte meiner Mutter, sie könne von dem Rest mit etwas Mühe leicht ihren alten Regenschirm hübsch beziehen. Dann war endlich Ruhe, und sie räumte den Stoffrest weg.

Dann färbte ich die Bettwäsche, die ich meiner Mutter zum Waschen mitgebracht hatte. Das hatte ich längst machen wollen, aber in den Münzwäschereien ist das nicht erlaubt, weil man angeblich danach die Maschine extra reinigen muß. Ich färbte zwei Bezüge und zwei Kissen rosa; zwei Garnituren knallrot; zwei lila. Eigentlich wollte ich meine gesamte Aussteuerbettwäsche, die meine Mutter für den Tag X hortet, einfärben, aber meine Mutter rückte sie nicht raus. Die würde ich erst bekommen, wenn ich heiraten würde, und bis dahin sei vielleicht weiße Bettwäsche wieder modern, und es sei eine Schweinerei, Bettwäsche in der Waschmaschine zu färben. Die Gummidichtungen seien total verfärbt, wer die jetzt wieder saubermachen würde?

Mein Vater regte sich über die rote Bettwäsche auf, wozu ich die brauchen würde? Er ist wirklich wie alle Männer seines Alters: Nichts als Sex im Kopf! Ich sagte aber nichts zu seinen Kommentaren, sonst hätte es wieder Krach gegeben.

Ansonsten war überhaupt nichts los. Einmal wollte ich abends in den Jugendtreff, die einzige Scene, die es in L. gab, als ich jedoch die Schulkinder vor der Tür des Jugendtreffs herumlungern sah, reichte es mir schon, und ich ging zurück zu meinen Alten, vor den Fernsehapparat. Was sollte ich mit diesen Teenies! Die hatten nichts im Kopf als ihre Akne, ihre Mathearbeit und ihr Motorrad. Kindisch.

Einkaufen konnte man in dem langweiligen Kaff auch nichts, was meinem Standard entsprochen hätte. Das einzige, was ich kaufte, war ein ganz billiger Rest Seidenstoff in Türkis. Weil ich schon mal dabei war, nähte ich mir noch einen Rock und noch ein Top mit Spaghetti-Trägern. Mein Vater fand es »richtig damenhaft«, meine Mutter sagte, wenn ich nicht zu faul gewesen wäre, einen Reißverschluß reinzunähen, dann hätte ich das Top enger machen können, und es hätte meine hübsche Figur besser zur Geltung gebracht. Ich sagte, wenn ich demnächst auf den Strich ginge, könnte ich es immer noch enger machen, aber daß ich jetzt meine Zeit lieber dafür nutzen würde, braun zu werden, denn zu Spaghetti-Trägern muß man braun sein, sonst kann man es gleich vergessen.

Nach zwölf Tagen bei meinen Eltern hielt ich es nicht mehr aus. Ich hatte meinem Vater beim Aufbau seines spießigen Schrebergarten-Gartenzaunes geholfen, meine Mutter hatte alle fehlenden Knöpfe an die Bettwäsche genäht, meine Tante Katharina hatte mir zwei weitere alte Kaffeetassen von ihrer

Großmutter geschenkt, und mein Vater hatte tatsächlich großzügig Geld herausgerückt. Das war es wieder mal gewesen.

Sonntag früh fuhr ich zurück, noch ein komplettes Wochenende in meines Vaters Schrebergarten hätte ich nicht ertragen. Außerdem hatte ich meiner Mutter gesagt, daß am Freitag Alberts dreißigster Geburtstag sei (was stimmte), daß mich Albert eingeladen hätte (was zwar nicht stimmte, aber es war gut möglich, daß er es noch tun würde), weil wir uns ganz harmonisch getrennt hätten (was stimmte, soweit es meine Absichten betraf), und daß ich für Freitag noch einen Kuchen für Albert backen müßte (was total gelogen war – aber Mütter hören so was nun mal gerne). Meine Mutter gab mir ein Glas selbstgemachter Marmelade für Albert mit. Ich hatte lange überlegt, was ich Albert zum Geburtstag schenken könnte, das heißt, ich hatte lange überlegt, ob er überhaupt ein Geschenk wert sei, dann hatte ich mich entschlossen, ihm das Buch über konstruktives Streiten zu kaufen, das ich auch hatte. Das war das Richtige für ihn mit seiner emotionalen Blockierung.

Auf der Rückfahrt dachte ich intensiv darüber nach, welchen Sinn so ein Familienleben hat. Meine Mutter sagt »Mein Mann«, mein Vater sagt »Meine Frau«; ich war »Unser Kind«. Ging es ihnen darum, jemanden zu besitzen? Ich war mir nicht sicher. Eher schien ihr Lebenssinn darin zu bestehen, irgend jemand zu gehören, nur um die Verantwortung für sich selbst aufgeben zu können.

Sofort als ich zurück war, rief ich Albert an. Er sei an seinem Geburtstag nicht da, auch er müsse zu seinen Eltern fahren, seine Mutter sei mal wieder krank. Seit Albert Arzt war, war seine Mutter leidenschaftlich gerne krank. Er wollte schon am Donnerstag sehr früh hinfahren. Aber gleich morgen hätte er Zeit.

Er lud mich ein in ein mittelvornehmes Restaurant, das in seiner Nähe neu eröffnet hatte. Ich hatte das Buch über konstruktives Streiten in weißes Lackpapier eingewickelt, drumherum eine schwarze Schleife: todschick und sehr originell. Dazu schenkte ich ihm rote Rosen... jawohl: rote Rosen! Zuerst hatte ich weiße kaufen wollen, weil das unserem Verhältnis angemessener war, aber dann dachte ich, daß diese

Anna bestimmt stocksauer sein würde, wenn sie sehen würde, daß eine andere »ihrem« Albert rote Rosen geschenkt hatte. Ha ha. Ich hatte aber nur zehn Stück gekauft – dreißig, wie es sich eigentlich zum dreißigsten Geburtstag gehört, waren mir zu teuer gewesen, schließlich waren wir nur noch gute Freunde – und zehn rote Rosen reichten durchaus, um dieser Anna Alberts Geburtstag zu vermiesen.

Ich kam etwas zu spät zu unserer Verabredung. Denn in letzter Minute hatte ich das türkis Top und den türkis Rock wieder ausgezogen und mich für das schwarzweißgetupfte Ensemble entschieden – weil es besser zum Geschenkpapier paßte... Ich in Schwarzweiß, das Buch in Schwarzweiß, mein knallroter Lippenstift passend zu den roten Rosen und dazu noch meine goldenen Stilettos – ich sah aus wie eine Lippenstift-Reklame, als ich loszog.

»Oh la la«, sagte Albert entzückt, als er meiner ansichtig wurde.

Albert freute sich sehr über die roten Rosen. Über die Kirsch-Himbeer-Marmelade meiner Mutter freute er sich fast noch mehr als über das Buch. Er fragte, was es zu bedeuten hätte – vor allem die Widmung, die ich reingeschrieben hatte – »Daß Du vielleicht doch noch was im Leben dazulernst, wünscht Dir Deine alte Liebe Constanze«. Da ich das Buch selbst noch nicht richtig gelesen hatte und es mehr wegen des Themas für Albert gekauft hatte, sagte ich, daß er das merken würde, wenn er es lesen würde, und daß es ein wichtiger Ansatz sei. Dann wechselten wir das Thema.

Was ich in den Ferien vorhätte? Ich sagte, daß ich es noch nicht weiß und daß ich eigentlich an meinem Drehbuch arbeiten müßte. Albert sagte, er sei gezwungen, bald Urlaub zu nehmen, wegen der Urlaubsordnung, alle seine Kollegen hätten schon Urlaub genommen, und vielleicht würde er im Urlaub seine Doktorarbeit fertigschreiben, endlich. Dann erzählte ich von meinen Eltern, er erzählte von seinen Eltern.

»Was macht deine Anna?«

»Keine Ahnung, man sieht sich zur Zeit nicht so häufig.«

»Warum nicht?«

»Weiß nicht.«

Aha, dachte ich und fragte nicht weiter nach ihr, ich konnte es mir schon denken: Er hatte genug von ihr. Ihre Zeit war abgelaufen.

Dann entstand zwischen uns jene spezielle Langeweile, die immer dann entsteht, wenn jeder lieber über etwas anderes reden würde, sich aber nicht traut. Ich konnte Albert nichts von meinen immer noch unerfüllten Hoffnungen auf Gottfried Schachtschnabel erzählen. Und Alberts Leben schien auch nicht der Rede wert zu sein. So plapperten wir angestrengt drei Stunden lang über Nichtigkeiten. Wir verabschiedeten uns mit Küßchen. Ich sagte sogar, er solle seine Eltern, die ich nicht leiden kann, von mir grüßen. Er ließ meinen Eltern Grüße ausrichten und besonderen Dank an meine Mutter für die Marmelade. Es war ein netter Abend gewesen. So harmonisch hatten wir uns unterhalten. Man hätte es auch unverbindlich nennen können.

57. Kapitel

Ich schleppte mich durch die Augusthitze, um die überlebensnotwendigsten Konserven zu beschaffen, und traf Sieglinde. Sie kam aus ihrer Praxis, sagte, wie gut ich es hätte, soviel Zeit wolle sie auch mal haben, und sie sei entsetzlich im Streß wegen der Vorbereitungen zu ihrer Hochzeit. Erst gestern sei sie mit Wolf-Dietrich bei der Bank gewesen, um Wolf-Dietrich die Vollmacht über ihr Konto eintragen zu lassen, und da hätte sie schon jetzt mit »Lamar-Schadler« unterschreiben müssen. Ein Gefühl sei das gewesen! Ich schlug vor, ein Eis essen zu gehen. Sieglinde wollte kein Eis, sie müsse bis zur Hochzeit noch vier Kilo abnehmen, sie bestellte sich nur einen Espresso, holte ein kitschiges Silberdöschen aus ihrem Handtäschchen und tat zwei Stückchen Süßstoff in ihren kalorienlosen Kaffee.

Am 18. September sei die Hochzeit, das sei jetzt sicher. Keine Rede von einem Fest für Freunde! Sieglinde sprach nur von dem Empfang für Familienangehörige und Honoratioren. Und daß sie ein äußerst repräsentatives Jil-Sander-Kostüm entdeckt hätte, nur fände es Wolf-Dietrich zu teuer, aber vielleicht würde er es doch genehmigen, weil sie dieses

Kostüm ausgezeichnet zu anderen Verpflichtungen tragen könnte. Endlich erkundigte sie sich mal nach mir und fragte, was ich den ganzen Sommer über vorhätte. Ich zuckte vielsagend mit den Schultern.

»Albert ist ja bereits verreist«, sagte Sieglinde.

»Er ist bereits wieder zurück, er war nur übers Wochenende bei seinen Eltern.«

»Nein, er ist verreist.«

»Wie verreist?« rief ich unvorsichtigerweise, und Sieglinde merkte sofort, in welcher Position sie war. Sie legte ihre Hand auf meinen Arm und fragte, mit tiefem Mitleid im Blick: »Weißt du es denn nicht, du Arme?«

Zuerst fiel mir nichts ein. Dann sagte ich: »Ich wußte nicht, daß du weißt, daß Albert verreist ist.«

Es nutzte nichts. Sieglinde wußte, daß ich es nicht gewußt hatte, und lächelte gütig. »Er ist mit Anna weggefahren. Anna möchte Österreich entdecken.«

Das war zuviel. »Kennst du Anna? Woher!?«

»Sie war erst kürzlich bei uns«, sagte Sieglinde, als sei es die natürlichste Sache der Welt, daß mein Ex-Mann mit irgendeiner Diät-Gurke bei ihr dinierte.

»Warst du etwa auch schon bei ihr eingeladen?«

»Nicht direkt. Sie waren bei uns. Aber Anna hat mein Rezept abgeschrieben für gebackenes Tatar à l'américain.«

»Du meinst für Hamburger«, sagte ich langsam und verachtungsvoll, um Sieglinde in ihre Schranken zu verweisen.

»Albert hat es ausgezeichnet geschmeckt!« Sieglinde blieb unerbittlich. Ich hätte mir denken können, daß Sieglindes und Wolf-Dietrichs Bekanntschaft mit einem Arzt durch meine Trennung nicht gefährdet worden war. Noch dazu, wo die Neue auch am Glanz dieser hochgeschätzten Berufsgruppe teilhaben durfte. Mich lud sie nicht mehr ein. Ich durfte erst wieder auftauchen, wenn ich einen neuen Mann vorzuweisen hatte, und dann würde meine Wiederaufnahme in den Lamar-Schadlerschen Bekanntenkreis noch davon abhängen, ob der Neue genügend Status zu bieten hatte. Das war doch klar, mir konnte Sieglinde nichts vormachen.

Sieglinde lächelte so zufrieden wie eine Anakonda, die einen Wurf junger Schweine geschluckt hat. Ich starrte sie an und überlegte, welche Feinde die Natur gegen dieses Reptil geschaffen hat. – Ein Geier wäre zu schwach, den fetten Schlangenbrocken Sieglinde durch die Lüfte zu schleifen und dann gegen einen Felsen zu schmettern. Ein Elefant müßte sehr genau zielen, um mit dem ersten Tritt ihren Kopf zu zerquetschen, noch ehe sie zubeißen konnte. Ob ein Alligator einer Anakonda gewachsen wäre? Fraglich. Aber eine Giftspinne! Wahrscheinlich waren es irgendwelche kleinen Insekten, die diese Riesenbiester zu Fall bringen konnten... zum Beispiel... Filzläuse! Die Vorstellung, daß auch die Macht der Anakonda Lamar-Schadler ihre Grenzen hatte, beruhigte mich wieder.

»Ich war letzte Woche bei Albert«, sagte ich und log dazu: »Er wollte seinen Geburtstag mit mir verbringen.«

Sieglinde sagte nichts dazu, schien es jedoch zu glauben. Deshalb sagte ich, um intime Kenntnisse vorzutäuschen: »Albert hatte großen Krach mit dieser Anna, es würde mich sehr wundern, wenn er mit der in Urlaub gefahren wäre.«

»Ich bin sicher, daß sie vorgestern weggefahren sind. Ich habe extra deshalb am Dienstagmorgen noch einen Extra-Sondertermin für Anna bei meinem Chef vermittelt. Sie brauchte eine Füllung auf Eins-Vier, ansonsten hat sie ausgezeichnete Zähne.« Sieglinde sah mich triumphierend an und fügte hinzu: »Kurzfristige Meinungsverschiedenheiten kommen in den besten Verhältnissen vor.« Dann wollte sie zahlen und gehen.

Ich brauchte ewige Sekunden, um zu verwinden, wie gut diese Anna in meinen Bekanntenkreis eingeführt war. Aber dann, als der Kellner zum Kassieren kam, hatte ich mich gefangen. Als er direkt neben uns stand, legte ich meine Hand auf Sieglindes Arm und fragte sehr laut: »Wie geht es euren Filzläusen?«

Sieglinde wurde knallrot, murmelte: »Ich habe nie im Leben Filzläuse gehabt.«

»Du Arme, ich weiß, daß dein Wolf-Dietrich dich nicht angesteckt hat mit seinen Filzläusen«, sagte ich sehr laut und lächelte wie die Mona Lisa.

Zack zack. Päng päng. Jacketkrone um Jacketkrone. Ich hatte mich nicht schlecht gehalten. Aber Sieglinde hatte gewonnen, sie als Steuerberatersgattin in spe. Mist.

58. Kapitel

Er war zu feige gewesen, mir zu sagen, daß er mit dieser Anna wegfährt!

Es mußte etwas geschehen. Ich rief mitten in der Nacht Gottfried Schachtschnabel an – wie ich befürchtet hatte, war er nicht zurück, war noch mit seiner Ehefrau unterwegs. Gottfried war wenigstens ehrlich gewesen zu mir. Aber sein Versprechen, mir mindestens eine Postkarte zu schreiben, hatte er noch nicht erfüllt. Täglich hoffte ich, und mit meiner täglichen Enttäuschung wuchsen meine Befürchtungen, die spanische Sonne, der spanische Wein und die gemeinsame Arbeit mit Lehm könnten die Ehe von Gottfried und Inge Schachtschnabel kitten.

Es mußte sofort etwas geschehen. »Liebe ist machbar« – das war es doch, was Julia predigte. Mein Opfer hieß Joseph. Seine Freunde nannten ihn Joschi. Er war zwar nicht mein Typ, zu groß, zu blond, zu sehr Sportler, zu jung – er war erst 23 Jahre alt, und er war Elektriker. »Technischer Angestellter eines internationalen Nachrichten-Konzerns« dürfte er sich nennen, sagte Joseph lachend. Er war nicht mein Typ, aber er war nett, weil er Frauen wie seinesgleichen behandelte. Ich hatte ihn schon oft im Café Kaputt gesehen. Wir hatten auch einige Male einige Worte miteinander geredet, hatten manchmal an einem der großen Tische nebeneinander gesessen oder einander gegenüber, so daß jeder die Unterhaltungen des andern mithört, ohne eigentlich zuzuhören, mehr unterbewußt kannte ich ihn schon länger. Ich wußte auch, daß die blonde Dagmar ihn umschwärmte, schon lange, sie liebte ihn und wurde jedesmal rot, wenn er kam, aber sie hatte keine Chancen bei ihm. Wie das Leben eben spielt. Er bevorzugte Frauen wie mich, und er war froh, von mir erhört zu werden.

Joschi sollte mit mir auf bessere Zeiten warten. Weil er mich liebte und ich ihn nicht, hatte ich ein schlechtes Gewissen. Er war vier Jahre jünger als ich, so machte er mich automatisch zur älteren Frau. »Was willst du mit der Oma?« fragte ihn sein Kumpel Didi eines Abends leise, aber ich hatte es hören sollen. Egal, die Freunde von Joseph waren nicht mein Problem. Mein Problem waren meine Freunde. Sieglinde würde mich garantiert fragen, was ich mit einem Elektriker wolle – als hätte ich mich das nicht selbst gefragt.

Aber wir brauchten keine gemeinsamen Freunde, wir waren eine Notgemeinschaft. Ich brauchte einen festen Liebhaber als Alibi, um emanzipiert bleiben zu dürfen, schließlich lernt heute jedes Schulkind, daß alle emanzipierten Frauen frustriert sind. Warum Joschi mich brauchte, wußte ich nicht. Vielleicht war ich einfach sein Typ. Unsere Beziehung funktionierte nur auf sexueller Ebene – wenn man das akzeptiert, kann man sich nicht als Sexualobjekt fühlen. Ich bin versorgt, aber auf dem Sprung.

Es ist nicht das erste Mal, daß ich eine derartige Beziehung habe. Nach Roland, meiner drei Jahre währenden Jugendliebe – die Liebe zu Roland zerbrach an den Umständen: Roland mußte zur Bundeswehr, dann zog er weg zum Studium, mit der räumlichen Trennung kam die emotionale Entfremdung – bis ich Albert kennenlernte, hatte ich auch ein Jahr so durchgemacht, ohne feste Beziehung. Aber damals war ich zweiundzwanzig, so alt wie Joschi jetzt, damals war die Welt neuer gewesen, hatte Abwechslung noch erfreut. Abwechslung hieß heute Notlösung.

Wir trafen uns täglich in der ersten Woche unserer Liaison. Mal im Café Kaputt, mal anderswo, er lud mich oft ein, er war großzügig, wir tranken viel, stritten uns nie – worüber auch? Nachts gingen wir zu mir oder zu ihm. Er war wirklich nett im Bett. Sex: ja – sogar mit einer gewissen Schüchternheit, um die Beziehung von einem One-night-stand zu unterscheiden, verliebte Küsse: nein.

Es war alles unproblematisch, wenn wir zusammen waren, außer daß Joseph mich langweilte; nicht sehr, aber tendenziell zunehmend. Und es verfolgte mich die Angst, ich würde Joschi aus Versehen Albert nennen. Joschi sollte nicht merken, daß er nicht gemeint war, ich wollte ihn nicht verletzen. Und auch mich hätte ein Vergleich von Joschi mit Albert verletzt, denn Joschi hatte keine Chance. Eines Tages passierte es doch: »Weißt du, Albe...«, sagte ich zu Joschi, brach erschrocken ab, aber er hatte es gemerkt, deshalb blickte er demonstrativ in die Ferne und fragte nicht mehr, was ich hatte sagen wollen. Es war peinlich. Es gibt keine elegante Überleitung von Albert zu irgendwas. »Weißt du, Albe... anien ist politisch eine unbekannte Größe«, hätte ich sagen können, aber das fiel mir erst viel später ein.

Es war schon Ende August, als die versprochene Karte von Julia ankam. Zwei knutschende Schafe waren drauf. Ich fragte mich, was das zu bedeuten hatte, und stellte außerdem fest, daß die Karte aus Irland kam. Julia schrieb:

Liebe Constanze,
ich hoffe, es geht Dir so gut, wie es mir geht. Nächste Woche bin ich zurück und melde mich sofort bei Dir. Ich habe eine Riesenüberraschung!
Make it well till then.
Lots of love from Julia.

Ich rief Birgit an. Sie hatte eine Karte mit Lady Diana und der Queen Mother bekommen, auch aus Irland und mit demselben Text. Da konnte es sich bei der Riesenüberraschung kaum um Gottfried Schachtschnabel handeln, wie ich Sekundenbruchteile lang befürchtet hatte. Das wäre auch zu absurd gewesen. Aber daß irgendein Mann dahintersteckte, war ziemlich wahrscheinlich. Auch Birgit konnte schwören, daß Julia gesagt hatte, sie würde nach Italien fahren – eventuell, aber von Irland hatte sie nie eine Silbe gesagt. Birgit sagte, daß Julia nächste Woche zurück sein müßte, allerspätestens am Sonntag, denn am 9. September fing die Schule an. Nun, so lange konnte ich warten, bis ich Julias Überraschung präsentiert bekam. Ich vermutete, daß sie in ihrer Heimatstadt, als sie ihren Vater besuchte, jemand getroffen hatte, der nach Irland fuhr und Julia eingeladen hatte mitzufahren. Ein alter Schulfreund, eine alte Jugendliebe, vielleicht sogar ihr alter Ehemann? Solche spontanen Aktionen gehen nur mit aufgewärmten Männern. Da kann mir keine was vormachen.

Am nächsten Tag kam eine Karte von Albert. Aus Österreich. Sieglinde hatte also recht gehabt! Auf der Karte war eine Kuh. – Tierpostkarten schienen Mode zu sein... wenn ich verreisen würde, würde ich ihm eine Karte schicken mit einem Dackel drauf! Albert schrieb:

Liebe Constanze!!!
Diese Kuh macht muh nur für Du!!!!!!

Es ist sehr nett hier, man wandert viel und wundert sich über die Österreicher. Das Wetter ist so trocken wie der Wein. Das Buch über Konstruktives Streiten ist auch dabei und gibt viel Anlaß zu Gelächter.
Allerliebste Grüße von Albert.

Auf jede Ecke der Karte hatte er noch MUH! MUH! MUH! geschrieben.

Dieser Feigling: »Man« wandert, schrieb er. Wer war denn »man«? Anna, die Unperson. Diese blöde Kuh. Am Abend trank ich soviel Rotwein, bis ich ganz verliebt war in Josephi.

59. Kapitel

Mit Joschi in Urlaub zu fahren stand nicht zur Diskussion. So strapazierfähig war unsere Beziehung nicht. Worüber hätten wir uns einen ganzen Tag lang unterhalten sollen? Die Geschichten aus seiner Firma waren manchmal lustig, aber meistens nicht der Rede wert. Er reparierte Tag für Tag irgendwelche Maschinen; interessant an seinem Job waren nur die Kollegen, mit denen er sich herumärgerte, die mit Absicht einen Schraubenschlüssel in eine Maschine krachen ließen, um ihm Überstunden zu bescheren, weil er als Angestellter die Überstunden nicht bezahlt bekam.

Mein Problem war, den Sommer sinnvoll herumzubringen. Ich rief Jürgen an, ob ich wieder Konkurrenzbeobachtung machen könne. Jürgen sagte, er hätte keine Ahnung, ob man jemand brauchen würde, er selbst sei ab Montag in Urlaub, aber ich solle doch einfach in die Agentur gehen und fragen. Er erkundigte sich, wie es mir sonst ginge, und ich fragte, wie es ihm sonst ginge, und da es uns beiden prima ging, gab es nicht viel zu reden. Also ging ich am Montag in die Agentur – das war ein guter Termin, um nach einem Job zu fragen, weil es Monatsanfang war; ich kam mit sauberen Fingernägeln und frischgewaschenem Haar und hoffte, daß ich gleich dort bleiben könnte.

Der Personalchef erinnerte sich genau an mich. Ja, ja, ich sei sehr fleißig gewesen. Allerdings wußte er nicht, ob es Konkurrenz zu beobachten gebe. Er ging aber gleich fragen. Ich mußte eine Dreiviertelstunde in seinem Büro warten, bis er wiederkam und ziemlich nach Schnaps roch. Ja, es gebe vielleicht etwas für mich zu tun, die Aufgabe sei jedoch sehr kompliziert, deshalb käme der Creativ-Direktor und würde es mir persönlich erklären.

Ein Creativ-Direktor! Ich war ganz aufgeregt. Es kamen sogar zwei Männer, beide nicht sehr viel älter als ich. Der Creativ-Direktor hieß Herr Nickel. Er trug ein Polohemd von Lacoste, Jeans von Levis, Turnschuhe von Adidas, eine Uhr, der man ansah, daß sie ein Statussymbol war, er rauchte Marlboro, sein Schnauzbart trug zwar kein Markenzeichen, wirkte aber trotzdem, als würde er einer DIN-Norm entsprechen. Der zweite sah abgesehen von der Haarfarbe genauso aus – aber er trug eine Uhr, der man ansah, daß sie kein Statussymbol war. Also war der zweite offensichtlich ein Untergebener, und der Personalchef sprach ihn auch nicht mit Namen an.

Herr Nickel, der Creativ-Direktor, sah mich an und sagte: »Gut.« Dann fläzte er sich in einen der superchicen Ledersessel, sah zur Decke und sagte: »Wir brauchen ein Gutachten gegen den Vorwurf, die Werbung sei frauenfeindlich.« Er sah mich an und fuhr fort: »Es wird in letzter Zeit ungeheuerliche Stimmungsmache gegen uns publiziert. Soeben ist die Studie eines sogenannten Frauenforschungszentrums erschienen, und die behaupten, der größte Teil der Werbung wäre frauendiskriminierend. Mehr als zwei Drittel aller in der Werbung gezeigten Frauen wären in frauendiskriminierenden Posen oder in sexistischer Aufmachung dargestellt! Absolut lächerlich, aber wenn das so weitergeht, wird sich das creativitätshemmend auf unsere Creativität auswirken. Wir brauchen endlich Beweise.«

»Beweise brauchen wir«, sagte der Personalchef, »daß diese Vorwürfe aus der Luft gegriffen sind!«

»Ich darf meinen Vorschlag von neulich wiederholen«, sagte der andere, »wir untersuchen einen repräsentativen Querschnitt des Anzeigenaufkommens, damit wir anhand konkreter Zahlen konkret beweisen können, daß es sich bei der sogenannten frauenfeindlichen Werbung allenfalls um gelegentliche Ausrutscher handelt.«

»Gut«, sagte Herr Nickel, der Creativ-Direktor.

»Gemäß meinem Vorschlag«, sagte Nr. 2, »werden wir das

Anzeigenmaterial ausgewählter Zeitschriften ordnen, entsprechend den gängigen Frauentypen, nämlich: Hausfrauen, Frauen in der Mutterrolle und Frauen als sogenannte Sexualobjekte.«

»Gut«, sagte der Creativ-Direktor. Dann sagte er zum Personalchef: »Fällt Ihnen sonst noch eine Sorte Frauen ein?«

Der Personalchef dachte nach, es fiel ihm keine weitere Sorte ein. Weil er mich ansah, sagte ich: »Berufstätige Frauen.«

»Gut«, sagte Herr Nickel, »machen wir eine weitere Kategorie, nämlich: Frauen als gleichberechtigte Partnerinnen im Beruf.«

»Nach diesen Typen ordnen Sie die Anzeigen«, sagte Nr. 2 zu mir.

»Sie müssen aber zuerst produktspezifisch ordnen, weil wir immer zuerst produktspezifisch ordnen«, sagte der Personalchef zu Nr. 2.

»Selbstverständlich«, sagte Nr. 2 zum Personalchef.

Der Creativ-Direktor sagte zu mir: »Ordnen Sie die Anzeigen zunächst produktspezifisch.«

»Selbstverständlich«, sagte ich.

»Und welche Werbeträger schlagen Sie vor?« fragte Nr. 2 den Personalchef.

Der massierte sich das Kinn, worauf auch der Creativ-Direktor das Bedürfnis verspürte, die Qualität seiner Rasur zu überprüfen. Aufgrund eines schon früher vorgetragenen Vorschlags von Nr. 2 entschieden die Herren zunächst, sämtliche Anzeigen des letzten Jahrgangs diverser Werbeträger zu analysieren. Werbeträgermäßig, wie sie sagten, entschieden sie sich dann für eine Frauenzeitschrift mit der Zielgruppe »typische Unterschichtsfrau«; und für eine Frauenzeitschrift für die »typische Durchschnittsfrau«; und für eine Frauenzeitschrift für die »Frau mit gehobenem Anspruchsniveau« – dazu erklärte mir der Personalchef: »Das heißt, für Damen, die nicht nur Modebildchen ansehen, sondern sogar ab und zu ein Artikelchen lesen.« Die Herren lachten herzlich, ich aber nicht, das war mir doch zu blöde.

Außerdem, meinte Nr. 2, sei es vielleicht günstig, der Produktvielfalt wegen, eine Familienzeitschrift einzubeziehen, außerdem eine Fernsehzeitschrift und vielleicht eine Publikumszeitschrift oder zwei.

»Gut«, sagte der Creativ-Direktor. »Sonst noch Vorschläge?«

»Der Objektivität wegen könnten wir außerdem den Spiegel reinnehmen, damit wir auch was Männertypisches dabeihaben«, schlug Nr. 2 vor.

Ich machte auch einen Vorschlag: »Der Objektivität wegen vielleicht noch ein Herrenmagazin?«

Der Creativ-Direktor schüttelte den Kopf: »Geht nicht, haben wir nicht im Werbeträger-Archiv, so was wird bei uns sofort geklaut.«

Die Herren waren sehr erheitert. Sie waren sich einig, daß nun alles klar wäre. Ich fragte, ob ich die Anzeigen, wie gehabt, ausschneiden und aufkleben solle. Nr. 2 schüttelte den Kopf. Aus Effizienzgründen sei das nicht nötig. Ich solle nur alle Anzeigen kopieren und auf der Rückseite der Kopien jeweils eine Abkürzung für den Zeitschriftentitel schreiben und dazu immer die Nummer des Heftes. Ob ich das kapiert hätte. Ich bejahte. Und die Abkürzung für die Zeitschriftentitel dürfte ich mir selbst ausdenken.

»Gut«, sagte der Creativ-Direktor.

»Es handelt sich hierbei um eine völlig andere Aufgabe als Konkurrenzbeobachtung«, sagte der Personalchef mit erhobenem Zeigefinger zu mir. Die Uhr des Creativ-Direktors gab mehrere schrille Piepstöne von sich. Ich sah auf meine Uhr, es war exakt zwölf. »Höchste Zeit zum Mittagessen«, sagte der Creativ-Direktor. Nr. 2 ging mit ihm.

Als ich dann allein mit dem Personalchef war, kam das Härteste. Weil ich hoffte, daß ich mit der neuen, völlig anderen Aufgabe mehr Geld verdienen würde, fragte ich, was ich denn dieses Mal als Stundenlohn bekäme. Ach ja, ich würde 10 Mark pro Stunde bekommen.

»Das kann nicht sein«, sagte ich, »ich habe schon im April 12 Mark bekommen.«

»Das kann nicht sein«, sagte der Personalchef verblüfft, »Konkurrenzbeobachtung ist eine typische Aufgabe für Frauen, da haben wir sehr genaue Richtlinien für die Entlohnung von Aushilfskräften.« Dann fragte er mich auch noch, was wir denn da machen könnten!

Ich fragte zurück, ob er keinen geschlechtsneutralen Job hätte? So was gebe es nicht, sagte er, wie ich mir das vorstellen würde? Ich sagte, daß ich immerhin Erfahrungen mit der Arbeit hätte. Er sagte, in diesem Bereich käme es nicht auf Erfahrung an, sondern auf Schnelligkeit. Und vor allem müsse ich bedenken, daß diese Studie nicht von einem Auftraggeber finanziert sei, sondern eine Image-Kampagne für die deutsche Werbewirtschaft sei, und die Agentur bekäme dafür kein Geld, sondern im Gegenteil, bezahle mich aus eigener Tasche, nur um endlich wissenschaftliche Beweise zu haben. Schließlich sagte er, daß er mir fünfzig Pfennig pro Stunde mehr geben könne, das sei das Äußerste. Er tat, als müßte er diese fünfzig Pfennig privat draufzahlen.

Das kann ich leiden! Ich hatte aber keine Wahl. Anderswo hätte ich nicht mehr verdient, und der Job war nicht schlecht. Weil ich nun weniger Geld bekommen würde, schwor ich mir, weniger zu arbeiten. Ehrensache. Diese Untersuchung bot zudem interessantere Lektüre als damals die blöden Insektenblätter.

Zunächst aber mußte ich vom Speicher die Zeitschriften herunterschleppen in die sogenannte Bibliothek. Die Sekretärin meinte, ich könnte gleichzeitig die alten Zeitschriften hinauftragen, die in der Bibliothek im Regal links gestapelt waren, die brauche man sobald nicht mehr. Sie ging zum Personalchef, er bestätigte ihre Meinung. Es war eine elende Schlepperei. Außerdem verdreckte ich mit den verstaubten Zeitschriften meine weißen Jeans. Eigentlich hätte ich Schmutzzulage verlangen müssen!

Erst am Dienstagnachmittag konnte ich mit der eigentlichen Arbeit anfangen. Aber zum Illustriertenlesen kam ich immer noch nicht. Ich stand Ewigkeiten am Kopierer, und dann hatte ich große Probleme mit dem Ordnen. Am Freitagnachmittag kam Nr. 2 an den Kopierer und fragte, was unser Frauenforschungsprojekt mache. Er ging mit mir in die Bibliothek, und ich zeigte ihm, daß ich auf die Idee gekommen war, jeweils einen Zettel mit der Produktbezeichnung quer zwischen die Fotokopien zu legen; die Unterteilung nach Frauensorten würde ich zum Schluß machen, als Feingliederung sozusagen. Ich zeigte ihm, wie viele verschiedene Produkte ich allein beim Buchstaben ›K‹ gefunden hatte:

Kaffee, Kamillenextrakt, Kartoffelchips, Käse, Katzenfutter, Kaugummi, Klaviere, Klebstoff, Kleider, Kloreiniger,

Kneippkuren, Knoblauchpillen, Kochtöpfe, Kondensmilch, Kopfhörer, Kosmetik, Krankenkassen, Krawatten, Krebsvorsorge, Kredite, Kreuzfahrten, Krüger-Rand-Münzen, Küchenmöbel, Kugelschreiber, kugelsicheres Glas.

Bei Kosmetik hatte ich schon viele Anzeigen, bei Klavieren, Klebstoff und kugelsicherem Glas aber nur eine.

Nr. 2 sagte: »Was Sie da machen, ist Quatsch.«

Ich war bestürzt. Er hatte doch gesagt, ich solle zuerst nach Produkten ordnen. Nr. 2 sagte, ich solle warten, bis er zurückkäme. Er kam zurück mit seiner Nr. 1, dem Creativ-Direktor. Schweigend betrachteten sie meine Stapel kopierter Anzeigen von »Abführmittel« bis »Zündkerzen«.

»Das ist viel zu kompliziert«, sagte Nr. 2.

Der Creativ-Direktor sagte nichts.

»Wir brauchen größere, universale Kategorien, sonst werden wir nie fertig!« sagte Nr. 2.

Der Creativ-Direktor sah auf seine Uhr.

»Alle Nahrungs- und Genußmittel könnte sie doch zusammenfassen«, sagte Nr. 2 über meinen Kopf hinweg zu Nr. 1.

»Gut«, sagte der Creativ-Direktor zu Nr. 2. Zu mir sagte er: »Legen Sie alles, was eßbar ist, zusammen und alles Trinkbare dazu, den ganzen Alkohol dazu, und Zigaretten auch dazu. Haben Sie das kapiert?«

»Ja.«

»Und Autos und Zündkerzen und Motorräder, das ist alles Verkehr, das alles zusammen«, erklärte Nr. 2.

»Gut«, sagte Herr Nickel. Dann fragte er mich: »Wissen Sie, was Investitionsgüter sind?«

Ehe ich »nein« sagen konnte, fing Nr. 2 an zu erklären, was Investitionsgüter sind: »Das sind die teuren Anschaffungen, die lange halten, also Eigenheime, große Elektrogeräte, Geldanlagen aller Art, Autos, echter Schmuck, Maschinen und solche Sachen.«

»Sollte ich Autos nicht zu Verkehr tun?« fragte ich.

»Autos kommen zu Verkehr«, sagte der Creativ-Direktor. »Und Kosmetik ist ebenfalls eine eigene Branche.«

»Gut«, sagte Nr. 2.

Die Uhr des Creativ-Direktors piepste. »Zeit zum Nachmittagstee«, sagte er. »Sonst noch Fragen?«

»Was ist Kloreiniger?«

Beide dachten nach. »Hausfrauenbedarf«, sagte der Creativ-Direktor.

Nr. 2 sagte dann: »Sie müssen Überbegriffe finden, abstrakt denken! Wenn Sie nicht weiterkommen, fragen Sie mich.«

»Sie können ihn jederzeit fragen«, sagte der Creativ-Direktor und zeigte auf Nr. 2. Dann zogen sie ab.

Den Rest des Tages verbrachte ich mit dem Ändern der Kategorien. Die nackte Frau in der Heimsauna ordnete ich den Investitionsgütern zu, die Nackte mit dem unvergänglichen Diamantring ebenfalls zu Investitionsgütern; ich schuf eine Kategorie »Medizin und Gesundheit«, in die ich dann die Nackte, die für Verhütungsmittel warb, einordnete und die Frau, die nichts trug als ein Hühneraugenpflaster. Es war mir schon klar, später bei der Feinordnung nach Frauensorten würden die alle zu sexistischer Werbung kommen.

Bisher hatte ich mir nie viel Gedanken über sexistische Werbung gemacht. Klar, ich hatte schon Millionen viertel-, halb- und ganznackter Reklamefrauen gesehen, aber bei mir hat solche Werbung keine Wirkung. Deshalb war sie mir egal. Aber natürlich, es mußte einen Grund haben, daß die Werbung so sexistisch war... wahrscheinlich handelte es sich um eine höchst gefährliche, unterschwellige Manipulation von Unterschichtsfrauen und Unterschichtsmännern. Wahrscheinlich wird so die Arbeiterklasse manipuliert, ihr hart erarbeitetes Geld zum Fenster rauszuwerfen, für Hühneraugenpflaster! Aber ich würde hier daran arbeiten, die Praktiken der Herrschenden zu entlarven! Jawohl. Gottfried wird stolz auf mich sein können!

Am Samstagmittag meldete sich Julia zurück. Gestern sei sie zurückgekommen, und sie lachte, als ich fragte, warum sie in Irland war statt in Italien, und was denn die große Überraschung wäre, und kichernd sagte sie, wenn ich Lust und Zeit hätte, könnte ich sie gerne sofort besuchen kommen. Da ich nicht wußte, wie lange ich bei ihr bleiben würde, rief ich Joschi an und sagte ihm, daß ich abends keine Zeit für ihn hätte.

Eine Stunde später war ich bei Julia. Auf Julias Sofa saß ein Mann, ca. 30 Jahre, mittelgroß, mitteldick, mit hellblonden, glatten Haaren. Er trug eine grau in grau karierte Hose und ein blauweiß gestreiftes Hemd, das nicht zu der Hose paßte.

»Hallo Constanze, nett dich kennenzulernen«, sagte er

und stand sogar auf, um mir die Hand zu schütteln. »Ich bin Jürgen Stöcklein.«

Julia sah mich erwartungsvoll an, als sei anzunehmen, daß ich in Jubel ausbrechen oder vor Überraschung tot umfallen würde. Es war aber ein Mann wie jeder andere.

»Mein neuer Lebensabschnittsbegleiter«, sagte Julia mit Besitzerstolz.

»Aha, und ihr wart zusammen in Irland?«

»Richtig.«

Dieser Jürgen goß mir Kaffee ein, er spielte den Hausmann, Julia begutachtete ihn verliebt. Ich fragte, wie es in Irland gewesen sei. Toll war es erwartungsgemäß gewesen. So viele Schafe. Und alles grün dort. Und die Menschen einfach reizend.

»Wie lange kennt ihr euch eigentlich schon?«

Großes Gekicher. »Seit dem 29. Juni«, sagte Julia.

»Näher kennen wir uns erst seit dem 5. Juli«, sagte Jürgen.

– So genau wollte ich es nicht wissen, dachte ich und sah zu Boden – ich bin keineswegs prüde, aber es gibt noch andere Themen auf der Welt!

»Ich meine, am 5. Juli haben wir uns zum erstenmal getroffen«, sagte Jürgen.

»Wo habt ihr euch kennengelernt?«

»Ich bin Chiffre AZ 8314«, erklärte Jürgen, Julia kicherte. »Wir haben uns über eine Heiratsanzeige gesucht und gefunden.«

»Du hast auf eine Heiratsannonce geschrieben?! Warum hast du nichts davon erzählt? Wann denn?«

»Als wir Birgit bequatscht haben, es noch einmal zu versuchen, da dachte ich, ich sollte es selbst auch einmal versuchen. Natürlich hätte ich nicht auf jede Anzeige geschrieben, nur auf deine«, bekicherte Julia Jürgen.

»Und was hat er geschrieben?«

»Was hat er geschrieben?« sagte Julia, »Moment, ich hole das Dokument aus meinem Reliquienschrein.« Sie ging in ihr Schlafzimmer und kam wieder mit einer winzigen ausgeschnittenen Anzeige.

»Vorsicht«, sagte sie, »ein wertvolles Erinnerungsstück.«

Ich las:

»Soziologe, 31, 174 cm, mit vielen Interessen (Reisen,

Kultur), sucht keine außergewöhnliche, aber nette und verständnisvolle Partnerin für eine gemeinsame Zukunft. Chiffre AZ 8314.«

Ich war ziemlich enttäuscht. »Das ist alles?«

»Ein voller Erfolg!« sagte dieser Jürgen.

»Na, hör mal«, sagte Julia, »das ist doch außergewöhnlich, daß einer eine nette und verständnisvolle Partnerin sucht, statt der Standard-Super-Traumfrau. Und da Jürgen darauf verzichtet hat, eine Altersgrenze anzusetzen, habe ich ihm geschrieben, obwohl ich fast seine Mutter sein könnte.« Großes Gekicher. »Ich bin nämlich 5 Monate älter als Jürgen!«

Ich sah diesen Jürgen genauer an. Er sah ganz normal aus, nichts deutete darauf hin, daß er Heiratsanzeigen aufgab. »Warum gibst denn du Inserate auf?« fragte ich ihn ganz unverblümt.

»Meinen Job hab ich über ein Inserat bekommen, mein Auto, meine Wohnung… außerdem gebe ich ständig Inserate auf.«

Ich vermute, daß ich ihn leicht entsetzt angesehen habe. »Stellenausschreibungen inseriert Jürgen«, erklärte Julia, »Jürgen ist nämlich Personalchef.«

»Ich dachte mir, wenn man so Wichtiges wie seinen Vorgesetzten über ein Inserat sucht und findet, warum dann nicht den Lebenspartner?«

»Wir sind das perfekte Team«, sagte Julia, »er testet Erwachsene, und ich teste Schulkinder.«

»Und Julia ist zuständig für die Defekte der menschlichen Seele, und ich bin zuständig für das normale Verhalten.«

»Jürgen sagt«, rief Julia dazwischen, »mein Ziel sei es, die Probleme von Verhaltensgestörten zu verstehen, sein Ziel sei es, mit anderen normalen Menschen Probleme zu definieren. Hat Jürgen gesagt!«

Das Geturtel ging mir auf den Wecker. »Erst so kurz kennt ihr euch, und dann seid ihr miteinander in Urlaub gefahren«, bog ich das Thema um.

»Kindlicher Leichtsinn«, sagte Julia.

»Ich bin Julia hinterhergereist, habe sie aus ihrer Familie herausgerissen und nach Irland verschleppt.«

»Und dabei wolltet ihr doch zuerst nach Italien!«

»Ja, ich wollte nach Italien, aber Jürgen nach Skandinavien.

Dann haben wir uns auf die Mitte geeinigt. Und als wir dort waren, da hat Jürgen mir gestanden, daß er gar nicht nach Skandinavien gewollt hätte, sondern genau nach Irland! Skandinavien hat Jürgen nur gesagt, damit der Kompromiß auf das hinausläuft, was er sowieso wollte. Nicht wahr, mein Schätzchen!« Julia zog ihren Jürgen an den Haaren.

»Nächstes Mal muß ich mir was anderes ausdenken«, sagte er.

»Ich bin gewarnt«, sagte sie und kicherte mal wieder.

Oh, dieses Geturtel! Wir tranken noch ein Gläslein irischen Whiskey auf das junge Glück, dabei erfuhr ich, daß sich das Paar beim »ersten Einstellungsgespräch«, wie Jürgen sagte, keineswegs sympathisch gewesen war. »Als erstes hat sie mich gefragt, ob ich schon geschieden sei«, sagte Jürgen.

»Nein, er sei noch nicht geschieden, hat er gesagt. Erst später hat er mir gestanden, daß er noch nie verheiratet war! Und er hat gesagt, er wolle keine frisch geschiedene Frau, die würden nur ihren alten Ehemännern nachjammern. Aber dann haben wir uns doch irgendwie verständigt.«

Das konnte ich sehen. Das frischverliebte Paar mit der typischen Attitude, der Mittelpunkt der Welt zu sein, war unerträglich. Ich verabschiedete mich. Es gibt keine langweiligere Gesellschaft als Liebespaare.

Ich war froh, daß ich Joschi nicht mitgenommen hatte. Er hätte bestimmt vor Julia und vor diesem Jürgen einen Heidenrespekt gehabt. »Ich habe nicht mal Abitur, was soll ich da mit Akademikern reden?« hatte er einmal gesagt, als ich ihm von Gottfried Schachtschnabel erzählt hatte. Natürlich, da war eine große Kluft.

Ich rief Joschi an, als ich wieder zu Hause war, teilte ihm mit, daß ich abends doch Zeit hätte. Wie immer war er froh, mir zur Verfügung stehen zu dürfen. Joschi fand überhaupt nichts Besonderes an der Geschichte von Julia und Jürgen. Er hat keinen Sinn für Dramatik.

Jede Illustrierte besteht ungefähr zur Hälfte aus Werbung, stellte ich fest. Immer, wenn ich vier Hefte durchkopiert hatte – das waren jedesmal 400–500 Kopien –; konnte ich mich eine Weile hinsetzen und das Kürzel für die Zeitschrift und die Heftnummer auf die Rückseite der Kopien schreiben. Das war der einzige Teil der Arbeit, bei dem ich nebenbei nachdenken konnte. Vor allem fragte ich mich, warum manche Leute – wie zum Beispiel Julia – immer Glück haben und andere – wie zum Beispiel ich – nie zum Zug kommen. Sogar Sieglinde Schadler würde nächste Woche am Ziel ihrer Wünsche angelangt sein. Und Gottfried Schachtschnabel hatte immer noch nicht geschrieben.

Die entfremdete Arbeit des Kopierens und Sortierens – entfremdete Arbeit ist, wenn man machen muß, wozu man keine Lust hat, sagt Gottfried Schachtschnabel – ließ mir jedoch kaum Ruhe zum Nachdenken. Nachdem ich meine Zettel mit den Produktarten weggeworfen hatte und wie gewünscht nur noch nach sieben Grobkategorien einordnete, stellte ich fest: die Vereinfachung machte alles komplizierter. Je mehr Anzeigen ich kopiert hatte, desto weniger konnte ich unterscheiden. Denn wodurch unterschied sich jene Blondine, die einen Topf Margarine anlächelte, von jener, die einen Herrn wegen seines Rasierwassers anlächelte, und von jener, die lächelte, weil sie dank eines Computers nicht mehr arbeiten mußte? Einmal, nachdem ich eine Anzeige mehrmals bei Kosmetik eingeordnet hatte, stellte ich fest, daß es eine Anzeige für Motorenöl war: Ich mußte aufpassen. Um zu wissen, für welches Produkt die Werbung war, mußte ich jedesmal den Text durchlesen. Dann mußte ich die entsprechende Grobkategorie durchsuchen, ob ich dieses Produkt schon eingeordnet hatte, wenn ja, die Anzeige dazulegen. Nach drei Tagen kam ich darauf, daß das Einsortieren am einfachsten war, wenn ich alles wieder alphabetisch nach Produktarten ordnete. Zettel mit den Produktbezeichnungen legte ich aber nicht mehr dazwischen, für den Fall, daß man mich wieder kontrollieren käme.

Donnerstag war eine Karte von Albert im Briefkasten. Die Karte kam aus Wien, es war ein Wiener Schnitzel drauf. Zum Schnitzel gab es Pommes frites, und daneben stand eine Flasche Cola. Wie geschmackvoll. Albert schrieb:

Liebe Constanze!
Das österreichische Kulturerbe läßt schön grüßen und ich auch.
Dein ewiger Albert.
P. S.: Gleich werde ich eine Sacher-Torte essen.

– Blödes Geschwätz. Er tat immer noch, als sei er alleine unterwegs. Hielt er mich für naiv?! Den ganzen nächsten Tag, während ich am Kopierer stand, überlegte ich, ob ich nicht auch eine Bekanntschafts- oder sogar eine Heiratsanzeige aufgeben sollte. Aber keine so kurze wie dieser Jürgen, so was auf keinen Fall. Wenn, dann mußte es eine ganz besondere Anzeige sein, denn ich wollte einen ganz besonderen Mann finden. Obwohl es Ewigkeiten dauerte, bis endlich Feierabend war, hatte ich am Abend keine Idee, was ich in einer Anzeige schreiben könnte.

Um mein Schicksal wenigstens etwas voranzutreiben, kaufte ich mir in einer sehr edlen, sehr teuren Wäscheboutique einen sehr edlen, sehr teuren seidenen Unterrock. Viel zu teuer für meine Verhältnisse, aber wofür arbeitete ich eigentlich? Nachtblau war der Unterrock, mit cremefarbener Spitze. Er paßte zu vielen Sachen, die ich hatte: Phantastisch sah er aus unter meiner dunkelblauen Bluse, wenn ich die ersten drei Knöpfe der Bluse offenließ, konnte man den schönen Spitzeneinsatz gut sehen. Joschi fand das Dessous auch ganz toll.

Samstag kam wieder eine Postkarte von Albert. Es war eine gezeichnete Kröte darauf, riesige Tränen tropften aus ihren Glotzaugen, über der Kröte eine Sprechblase, die Kröte sprach: »Schluchz! Was kann ich tun gegen meine glatte und reine Haut? Alle anderen Kröten haben Warzen und Pickel, bloß ich nicht! Schluchz! Schluchz!«

Albert schrieb:
Liebste Constanze!
Natürlich mußte ich an Dich denken, als ich diese Karte sah. Ich hoffe, daß Du immer noch geheilt bist.
Alles Gute! Bis bald!! Ein Küßchen in Ehren!!!
Dein Albert.

Ich war gerührt. Es war nett von Albert, sich um meine vollständige Heilung zu sorgen. Gott sei Dank, die Pickel waren nicht wieder aufgetaucht. »Ein Küßchen in Ehren« schrieb er... liebte er mich noch? Oder war er so in diese Anna verliebt, daß er die ganze Welt und mich lediglich als eine von Millionen hätte umarmen mögen? Letzteres war wahrscheinlicher. »Machen wir uns nichts vor«, seufzte ich, selbstkritisch wie ich bin.

»Alle anderen sind glücklich, nur ich nicht«, flüsterte eine Stimme. Wer sprach da? Es war der Neid.

Am Nachmittag stritt ich mich mit Joseph wegen einer Kleinigkeit. Seine ewige Zuvorkommenheit ging mir auf die Nerven. Fast unterwürfig war sein Benehmen. Als ich ihm sagte, daß ich keine Lust hätte, mit ihm abends wegzugehen, weil ich meine Ruhe haben wolle, schickte er sich artig in sein Schicksal und fragte nur, wann er sich dann wieder melden solle. Ich sagte ihm, ich würde ihn dann anrufen. Mein Wunsch war ihm Befehl. Langweilig. Er würde dann eben mit seinen Kumpels weggehen, zum Kegeln vielleicht oder nur in die Kneipe. »Viel Vergnügen mit deinen Quatschköpfen«, sagte ich zum Abschied. Ich konnte seine kindischen Kumpels nicht leiden und sie mich auch nicht. Ich lag das ganze Wochenende im Bett und ärgerte mich: Über Joschi – in Maßen, er konnte im Grunde nichts dafür, daß er nett, aber langweilig war; über Albert – der feige Geizhals; über Gottfried Schachtschnabel – der hatte immer noch nicht geschrieben. Vor allem ärgerte ich mich über die gesellschaftlichen Verhältnisse, die mir den Lebenssinn meines Vaters aufgezwungen hatten: Ich verdiente Geld – sonst hatte mein Leben keinen Sinn.

In der dritten Woche hatte ich endlich alles kopiert und konnte mit der Feingliederung anfangen. Nr. 2 kam und diktierte mir, »um alle Mißverständnisse auszuschließen«, wie er betonte, die Frauentypen, nach denen ich zu ordnen hatte:

1. Hausfrauen
2. Frauen in der Mutterrolle
3. Die Frau als gleichberechtigte Partnerin im Beruf
4. Frauen als sogenannte Sexualobjekte.

Wenn ich unsicher sei, wo ich was einordnen solle, dann solle ich die »mehrdeutigen Anzeigen«, sagte Nr. 2, gesondert unter »Sonstige Frauen« ablegen.

Vorschriftsmäßig fing ich bei »Hausfrauen« an, durchsuchte zuerst die Stapel »Hausfrauenbedarf« nach Hausfrauen. Ich staunte nicht schlecht – ich fand keine Hausfrau! Es gab zwar viel Reklame, in welcher eine Putzmittelflasche durch ein Wohnzimmer schwirrte, über einen Küchenboden wirbelte, über dem Klobecken schwebte, über Fensterscheiben fegte, aber das taten diese Putzmittel ohne Mitwirkung einer Hausfrau: im Text stand jeweils, daß die Mittel »selbsttätig« arbeiteten. Oder es waren Wannen-Wichtel, Waschmittel-Ritter, Klo-Riesen oder Klo-Heinzelmännchen, Geschirrspül-Generäle, die putzten – unter solchen Anzeigen stand, daß das jeweilige Putzungeheuer der Hausfrau sämtliche Arbeit abnehme. Offensichtlich waren die Hausfrauen überflüssig, da war nur logisch, daß sie auf den Anzeigen gar nicht in Erscheinung traten. Ich suchte nach Menschen, die in der Reklamewelt arbeiteten – ich fand Männer, Männer, nur Männer! Wenn jemand kochte, dann war es ein Mann; Männer tapezierten; jet-setteten von Termin zu Termin; mähten den Rasen, hüteten Rinder; hüteten Kinder; pflückten Obst – und den Rest der Arbeit übernahm der Einmachtopf selbsttätig. Männer waren sehr fleißig im Haushalt. Und wenn sie ausnahmsweise nicht selbst Hand anlegten, dann erklärten sie den »sehr verehrten gnädigen Damen und lieben Hausfrauen«, wie man bügelt oder Silber putzt.

Es kam mir seltsam vor. Ich wußte nicht, was ich tun sollte, ging zum Personalchef, sagte, daß ich Probleme hätte mit den Hausfrauen. Er telefonierte den Creativ-Direktor herbei. Es kam jedoch nur Nr. 2 und teilte mit, der Creativ-Direktor habe ihn ermächtigt. Der Personalchef sagte: »Gut.«

Nr. 2 ging mit mir an meinen Arbeitsplatz. Er glaubte nicht, was ich ihm erzählte, blätterte in den Stapeln »Hausfrauenbedarf« herum – davon hatte ich mittlerweile ungefähr 5000 Kopien –, schließlich fand Nr. 2 ein weibliches Waschpulverungeheuer. Er hielt mir die Kopie unter die Nase und rief: »Na seh'n Sie, da haben wir sie doch, die typische Hausfrau!«

Ich sagte ihm, daß ich diese Anzeige in die Rubrik »Die Frau als gleichberechtigte Partnerin im Beruf« hätte einordnen wollen, da die Frau auf der Anzeige vermutlich von Beruf Waschmittelberaterin sei, keinesfalls jedoch Hausfrau, denn keine Hausfrau seit Beginn des 20. Jahrhunderts läuft so herum, mit Spitzenhäubchen und langer Rüschenschürze. Und keine trägt Stöckelschuhe in der Küche!

Nr. 2 sah mich vernichtend an und sagte: »Sie haben keine Ahnung von Werbewirkung. Das ist keine berufstätige Frau! Das ist das Selbstbild der deutschen Hausfrau! Eindeutig!«

Ich gab nicht zu, nicht gewußt zu haben, daß dies das Selbstbild der deutschen Hausfrau war, sondern sagte nur, daß aber ansonsten keine Hausfrauen abgebildet seien. Nr. 2 blätterte die anderen Stapel durch, dann sagte er, daß diese Einordnung nach Produktkategorien Quatsch sei. Ich hätte von Anfang an nach Frauentypen ordnen müssen. Ich sagte ihm, daß doch er es so angeordnet hatte. Er sagte, er würde jetzt in aller Deutlichkeit klarstellen, daß es so nicht ginge. Und ich solle warten, bis er zurückkäme.

Es dauerte geschlagene zwei Stunden, bis er mit seinem Creativ-Direktor zurückkam. Ich hatte mich nicht getraut, wegzugehen, und war fast verhungert. Der Creativ-Direktor sah sich die Stapel »Investitionsgüter« und »Kosmetik« durch und sagte, es hätte keinen Sinn, die Anzeigen nach Produkten zu ordnen, ich solle sie von nun an ausschließlich nach Frauentypen ordnen. Dann verschwanden die beiden wieder. Ich holte tief Luft und mir zuerst was zu essen.

Als ich wiederkam, stand Nr. 2 schon wieder in der Bibliothek herum. Man hätte beschlossen, teilte er mir mit, eine weitere Kategorie einzuführen: Ich solle alle Anzeigen zusammenlegen, auf denen nur das Produkt abgebildet ist beziehungsweise auf denen keine Personen abgebildet sind – das wäre die neue Kategorie »Sachliche, informative Werbung«.

Also sortierte ich die Anzeigen aus, auf denen keine Leute waren. Der Stapel »Hausfrauenbedarf« löste sich auf, weil die Hausfrauen ja nicht abgebildet waren, weil die Produkte alles ganz allein putzten… all diese Anzeigen kamen nun zur Kategorie »Sachliche, informative Werbung«. Na ja.

Josephi sagte am Abend auch, daß der größte Teil seiner Arbeitszeit damit draufginge, die Anordnungen seines Chefs rückgängig zu machen.

Als ich die Stapel »Investitionsgüter« nach Hausfrauen durchsuchte, fand ich die Anzeige einer Bausparkasse: Im Hintergrund das Eigenheim, vorn im Garten ein Mann, der die Rosensträucher kontrollierte und daneben im Liegestuhl eine Frau, die ihn teilnehmend beobachtete. Ich klassifizierte die Dame als Hausfrau, weil die Idylle mich an meine Eltern erinnerte – obwohl mein Vater garantiert einen Tobsuchtsanfall bekäme, läge meine Mutter gemütlich im Liegestuhl, während er sich mit seinen Rosen wichtigmacht. Sonst fand ich keine hausfrauenähnliche Person weiblichen Geschlechts. Ich legte eine Gedenkminute ein für Sieglinde Lamar-Schadler, die ab heute für unbestimmte Zeit verheiratet sein würde. Ob Wolf-Dietrich das teure Kostüm genehmigt hatte? Wie Sieglinde als Hausfrau aussehen würde?

Nach den Hausfrauen suchte ich » Die Frau als gleichberechtigte Partnerin im Beruf« – es sah schlecht aus mit der berufstätigen Partnerin im Beruf. Zwei fand ich nur: eine prominente Modeschöpferin, die behauptete, ihren Teint mit einer Seife für 98 Pfennig zu waschen, und eine prominente Autorennfahrerin, die berichtete, daß sich ihr Leben entscheidend verändert hätte, seitdem sie sich an ihren »kritischen Tagen« auf ihre supersichere Damenbinde verlassen könnte.

All die anderen Frauen auf den Anzeigen hatten mit Arbeit so wenig im Sinn wie die Hausfrauen. Man merkte es schon an der Garderobe. Das Schlichteste, was an Ausstattung geboten wurde, waren Klamotten, die den Vorschriften für die Garden-Parties der Queen genügt hätten. Die Damen trugen lediglich dann keine Juwelen, wenn sie in ihren Marmorbadewannen herumplatschten. – Meine Badewanne müßte auch mal wieder gründlich geschrubbt werden, fiel mir ein.

Die Reklamefrauen, die in der Kategorie »Verkehr« auftraten, waren zwar nicht ganz so edel, taten aber auch nichts Vernünftiges. Entweder himmelten sie den Mann am Steuer an, vermutlich weil er die Führerscheinprüfung bestanden hatte. War eine Frau allein auf einer Autoreklame zu sehen, dann saß sie nicht am Steuer, nein, alle Weiber in der Autoreklame turnten auf der Motorhaube herum. Ich kannte keine Frau, die mutwillig Dellen in ihr Auto machen und mit Stökkelschuhen den Lack zerkratzen würde. Alle Frauen aus der Kategorie »Verkehr« konnte ich nur als »Sonstige Frauen« bezeichnen. Ich überlegte, ob ich einen Mann kannte, der keine Anzeige wegen Sachbeschädigung erstattete, würde er eine Frau erwischen, die auf seinem Auto herumtrampelte. Nein, ich kannte keinen. Tief im Herzen vermutete ich, daß sogar Gottfried Schachtschnabel nicht emotional neutral bleiben würde beim Anblick eines Kratzers im jeansblauen Lack seines Mercedes.

Ich machte mich an die nächste Sorte Frauen, die in der Rolle als Mutter. Eigentlich war ich schon nicht mehr erstaunt, daß ich kaum Mütter fand. Doch eigentlich war ich schon erstaunt, aber so war es. In der Reklame gab es entweder alleinstehende Kinder – sie wurden von den selbsttätigen Produkten versorgt – oder es waren wieder die Männer am Werk. Klar, die Frauen hatten keine Zeit, sich um ihre Kinder zu kümmern, die Frauen lagen am Strand oder in der Badewanne, blödelten in Bars oder Boutiquen herum – wenn sie nicht gerade Autos demolierten. Oder sie bewunderten Männer und taten mit den bewunderten Männer Dinge, die nicht mal auf eine eheähnliche Beziehung schließen ließen: Wenn ein Mann eine Frau abknutscht, weil sie so guten Kaffee kocht, dann ist doch klar, daß er gerade zum erstenmal bei ihr übernachtet hat! Daß ein Mann zweimal dieselbe Frau für denselben Kaffee lobt, das gibt es doch nicht!

Freitag, als endlich Feierabend war, hatte ich große Stapel »Sonstige Frauen« aussortiert, aber nur wenige Mütter. Es war nicht meine Schuld.

Es war ein Glück, daß ich nach der Agentur sofort nach Hause ging... Gottfried Schachtschnabel hatte mir geschrieben! Oh, es war eine Postkarte von Picassos Guernica. Natürlich wußte ich, daß dieses Gemälde nicht nur von einem anerkannten Künstler ist, sondern auch einen einzigartigen politischen Stellenwert in der Kunstgeschichte hat. Gottfried Schachtschnabel hatte die ganze Karte mit seiner wundervollen kleinen Schrift vollgeschrieben. Gottfried Schachtschnabel schrieb:

Hallo Constanze,
mein Versprechen gerne einlösend, übermittle ich Dir hiermit die besten Grüße aus der Heimat Goyas, Don Quixotes und – last but not least – Picassos. Unsere Faszination durch die hiesige Kunst und Kulinarik fand ihren Höhepunkt im Prado, wohin endlich Picassos grandiose Anklage des Bürgerkriegs aus einem US-amerikanischen Museum zurückgebracht wurde. Meine Rückkehr findet in Kürze statt.
Mit freundlichen Grüßen Gottfried S.

Wie ein Schwamm saugte ich Gottfried Schachtschnabels Worte in mich auf. Durchdrungen von hohen Werten hatte er eine Postkarte formuliert – für mich. Das einzige, was mir nicht gefiel, war die etwas unpersönliche Anrede »Hallo« – da hätte er ruhig schreiben können »Liebe«! Aber andererseits, so war er eben, so angenehm zurückhaltend. Ich rechnete nach. Das Semester fing in drei Wochen wieder an, da mußte er doch endlich bald zurückkommen.

Heimlich seufzend verbrachte ich das Wochenende mit Joschi. Er war bemitleidenswert konkurrenzunfähig. Trotzdem ließ ich ihn bei mir übernachten. Sonntagmorgens, Joschi lag noch in meinem Bett, rief Albert an. Er sei schon seit einer Woche zurück und hätte schon öfter versucht, mich zu erreichen. Obwohl ich ins andere Zimmer ging, um mit Albert zu telefonieren, störte mich Josephis Anwesenheit. Eigentlich wollte ich zunächst von Albert erklärt bekommen, was er sich dabei gedacht hatte, mit dieser Anna wegzufahren, ohne mir vorher etwas davon zu sagen. Mich in Sieglindes Messer laufen zu lassen! Hatte ich ihm nicht oft genug gesagt, daß wir uns harmonisch getrennt hatten! Aber weil Joschi im anderen Zimmer war und weil die Wände meiner Wohnung dünn sind, rief ich nur entzückt ins Telefon: »Aha, du bist wieder da!« Und: »Nett, daß du mich sofort anrufst!« Und: »Vielen Dank für die vielen Postkarten!« Und: »Ja, wir müssen uns unbedingt treffen!« Dazu lachte ich laut und viel ins Telefon. Albert war erfreut über meine Freude, wir verabredeten uns gleich für den Abend. Josephi sagte ich, er solle sich mit seinen Kumpeln treffen.

Albert und ich, wir hatten uns in einem Lokal verabredet, in dem wir beide noch nie gewesen waren. Es war mein Vorschlag gewesen – es ist immer von Vorteil, sich auf unbekanntem Terrain zu treffen, wenn man nicht weiß, was man sich zu sagen haben wird. »Terra incognita, das ist der Raum, in dem sich die Hoffnung mit dem Vergessen trifft«, sagte mal ein Cowboy in einem Western, an den ich mich sonst nicht mehr erinnere. Oder war es eine psychologische Abhandlung gewesen? Egal, das hatte ich mir jedenfalls gemerkt.

Obwohl es nichts mehr zu bedeuten hatte, trug ich extra für Albert mein türkisfarbenes Seidentop und den Rock dazu. Er steht, wie mein Vater, auf damenhafte Eleganz. Albert wartete vor dem Lokal auf mich. Ich erschrak, als ich ihn sah. Er war braun, aber dennoch blaß. Er hatte sich Koteletten wachsen lassen und sah aus, als sei er mittendrin in der Midlife-

Crisis. Er trug eine dunkelblaue Hose und dazu schwarze Schuhe! War er farbenblind geworden? Wir begrüßten uns herzlich und bemühten uns dabei heftig, jede plumpe Vertraulichkeit zu vermeiden.

Österreich war schön. Aber teuer. Wien war sehr schön, aber die Wiener waren alle irgendwie komische Käuze. Alberts Auto war unterwegs, nachts, kaputtgegangen, zum Glück keine große Reparatur. Einmal fand »man« im Hotelzimmer eine riesige Spinne. »Man« hatte viel gefaulenzt. Albert hatte drei Kilo zugenommen, aber eins schon wieder abgenommen.

»Worüber hast du dich mit Anna gestritten?« fragte ich tückisch, wie ich sein kann, wenn ich will.

Albert fiel prompt auf meine Unterstellung herein, er zögerte aber etwas, ehe er seufzte: »Anna ist ziemlich geizig.«

Ich lachte mich fast kaputt.

»Ich wußte, daß dich das amüsieren würde«, sagte Albert. »Sie rechnet jeden, aber jeden Pfennig ab, das ging mir mächtig auf die Nerven. An der Autoreparatur hat sie sich nur mit 10 Prozent beteiligt, sie meinte, daß der neue Anlasser viel länger halten würde als nur für die Reise.«

Ich lachte mich kaputt.

»Aber sonst haben wir uns gut verstanden«, sagte Albert, und der Trotz in seiner Stimme war unüberhörbar. »Weil sie auch im Krankenhaus arbeitet, haben wir viel Gemeinsamkeiten und Gesprächsstoff in beliebiger Menge.«

»So«, sagte ich nur. Irgendwie kamen wir dann auf Joschi zu sprechen, der sehr großzügig ist. (Darauf, daß Joschi Elektriker ist, kamen wir nicht zu sprechen.) Als ich Albert später noch fragte, was denn seine Anna ihm zum Geburtstag geschenkt hätte, winkte Albert nur ab.

»Jeder hat seine Fehler«, sagte er.

»Wie du meinst«, sagte ich großzügig.

Wir gingen auseinander, ohne uns gestritten zu haben. Albert zahlte für mich mit. »Ich lade dich ein«, sagte er und tat so selbstverständlich, daß ich mich fragte, ob das eine selbstauferlegte Buße für seinen früheren Geiz mir gegenüber war? Oder war es Rache an Anna? Ja, wie das Leben so spielt. Ein Geiziger gerät an eine Geizige. Gleich und gleich gesellt sich gern, ha ha ha. Geschah ihm recht. Er tat mir fast ein bißchen leid: Hatte er wirklich geglaubt, er fände anderswo das ungetrübte Glück?!

Von Schadenfreude beflügelt, begann ich am nächsten Morgen, »Frauen als sogenannte Sexualobjekte« auszusuchen. Ich entschied mich, nicht nur die völlig Nackten zu den sexistischen Anzeigen zu ordnen, sondern auch die vielen, auf denen jeweils mehrere Frauen einen Mann anhimmelten, als hätte dieser Typ soeben das Kaffeepulver erfunden. Sexistisch war eigentlich auch die Anzeige, auf der ein Schlaumeier einer Frau den Unterschied zwischen einer Tube Schuhcreme und einem Sonnenschutzmittel erklärte. Und all die Blondinen, die ein Paket Kanarienvogelfutter oder eine Flasche mit Weichspüler oder eine Dose Haarspray abknutschten, die hätte man alle für unzurechnungsfähig erklären müssen. Aber die konnten ja nichts für die Werbung, diese Werbung hatten sich Männer ausgedacht, da war ich sicher. Ich konnte nur den Kopf schütteln: Wie blöde muß ein Mann sein, um eine Frau für so doof zu halten?

Am Dienstag, als ich gerade überlegte, ob ich eine auf einer Waschmaschine tanzende Disco-Göre zu »Frauen als sogenannte Sexualobjekte« oder zu »Sonstige Frauen« legen sollte, erschien Nr. 2. Er fragte, wie die Arbeit voranginge, ich sagte ihm, daß die Arbeit gut vorangingte. Wann ich endlich fertig wäre? Die Untersuchung müßte bis Ende des Monats fertig sein, ich müßte notfalls abends länger dableiben. Ich fragte, ob es dann Überstundenzuschlag gebe, er sagte, für solche Fragen sei er nicht zuständig.

Nr. 2 betrachtete die vielen Stapel »Sonstige Frauen« und fragte, was denn das zu bedeuten hätte. Ich berichtete ihm, daß es nur sehr wenige Mütter in der Werbung gebe. Er sagte, das könnte nicht sein, dann hätte ich nicht sorgfältig gearbeitet. Da wurde ich aber wütend! Ich zeigte ihm den großen Stapel Väter, den ich extra gesammelt hatte und den Zettel, den ich dazugelegt hatte: »Männer in der Rolle als Mutter.« Egal ob Krankenkasse, Vitaminpille oder Haferflocken, immer waren es die Väter, die sich mit den Kindern beschäftigten. Er sah sich die Anzeigen durch und schien dann beruhigt, daß ich nicht geschlampt hatte. Dann fragte er: »Finden Sie als Frau es nicht begrüßenswert, daß die Werbung die Rolle der Mutter so aufwertet?«

Ich antwortete nichts auf diesen Quatsch, sondern sagte, daß ich insgesamt lediglich drei berufstätige Frauen gefunden hätte.

»Also, das dürfen Sie mir nicht weismachen!« rief er.

Ich zeigte ihm vom Stapel »Frauen als sogenannte Sexualobjekte« eine nackte Blondine an einem Computer und eine Brünette, die nur mit Büstenhalter bekleidet zwischen Herren im Maßanzug an einem Konferenztisch saß, und fragte ihn, ob er behaupten wolle, dies wären berufstätige Frauen.

»So, wie Sie das machen, hat das keinen Sinn!« rief Nr. 2. Dann sagte er, ich solle nicht weitermachen, bis er wiederkäme.

»Gut.« Ich ging aufs Klo, kämmte mich ein bißchen, putzte meine Fingernägel und tuschte die Wimpern nach. Als ich wiederkam, standen Nr. 2 und der Creativ-Direktor ungeduldig in der Bibliothek.

»Da sind Sie ja endlich!« rief Nr. 2.

Mist. Geht man einmal weg, kommt prompt die Kontrolle. Der Creativ-Direktor hatte eine Anzeige vom Stapel »Sonstige Frauen« genommen, auf der Anzeige sonnten sich zwei Schönheiten, es war eine Anzeige für tiefgefrorene Kartoffelpuffer, im Text unter dem Bild stand: »Eine schmackhafte Mahlzeit, die Sie ohne Arbeit zubereiten können.« Der Creativ-Direktor sagte: »Die zwei Hasen da, das sind doch zwei schnuckelige Sekretärinnen in den Ferien, die tun Sie schön zu den berufstätigen Frauen.« Dann wollte er wissen, warum ich die Anzeigen, auf denen Frauen auf den Motorhauben diverser Autos posierten, nicht bei den berufstätigen Frauen eingeordnet hätte. Ich fragte, was diese Frauen denn arbeiten würden? Das könne er so konkret auch nicht sagen, aber diese Frauen seien doch so jung, da sei nicht anzunehmen, daß sie Hausfrau und Mutter seien, und wenn auf den Anzeigen nicht einmal ein Mann zu sehen ist, dann wäre doch eindeutig, daß diese Frauen für sich selbst sorgen müßten.

»Also sind diese Frauen berufstätig«, schlußfolgerte Nr. 2. »Ich schlage vor«, fügte er hinzu, »wir ordnen alle Frauen unter dreißig, die ohne Mann präsentiert sind, in die Kategorie ›Berufstätige Frau‹.«

»Das ist logisch«, befand der Creativ-Direktor.

»Ich kann mir nicht vorstellen, was diese Dame hier beruflich macht«, sagte ich und zeigte auf eine, die in einem Kahn auf mondbeschienenem See herumgondelte und dabei ein Abendkleid aus Spitze trug.

»Die ist Fotomodell von Beruf«, sagte der Creativ-Direktor schlau, und Nr. 2 lachte sich tot. »Einwandfrei eine berufstätige Frau.«

»Ich dachte, es handele sich um eine wissenschaftlich exakte Untersuchung«, sagte ich frech und ungebeugt.

Der Creativ-Direktor sah mich verblüfft an, runzelte die Stirn, dann rieb er sich das Kinn. Nr. 2 sah mich sehr mißbilligend an. Ich lächelte charmant.

»Ja, dann machen wir es doch einfach so«, sagte der Creativ-Direktor, »wir erweitern die Kategorie!« Er lächelte mich an: »Die Kategorie heißt von nun an ›Die Frau als gleichberechtigte Partnerin in Beruf und‹…« er machte eine bedeutungsvolle Pause, »…›Freizeit!‹ Jetzt paßt es rein! Was sagen Sie dazu?!«

Nr. 2 war platt: »›Die Frau als gleichberechtigte Partnerin in Beruf und Freizeit‹ – das ist die Lösung! Das wird ein phantastisches Untersuchungsergebnis!« Es war ihm anzusehen, daß er sich ärgerte, daß ihm das nicht eingefallen war.

Ich war auch platt. »Genausogut kann man behaupten, daß alle Frauen, die innerhalb eines Hauses abgebildet sind, Hausfrauen sind!« rief ich empört.

»Sieh mal einer an«, sagte der Creativ-Direktor, »Sie haben ja creatives Potential. Ganz genau so ordnen Sie ein.« Er lächelte mich an, und Nr. 2 lächelte mit. »Die Frauen, die im Haus sind, sind Hausfrauen, und die, die draußen sind, sind gleichberechtigte Partnerinnen in Beruf und Freizeit.«

»Frohes Schaffen!« sagten die beiden, als sie gingen.

Dann war ich allein mit meinem Gewissen. Ich hatte ihnen noch vorgesagt! In dieser Nacht konnte ich kaum schlafen, immer wieder mußte ich mich fragen, ob ich mich mitschuldig gemacht hatte an der Diskriminierung meines eigenen Geschlechts. Was Gottfried Schachtschnabel wohl dazu sagen würde? Au weia.

Aber ich hatte keine andere Wahl. Innerlich rebellierend ordnete ich in den nächsten zwei Tagen alles um, gemäß den Wünschen der Herren. Den Stapel »Frauen als sogenannte Sexualobjekte« mußte ich zwar drastisch reduzieren, aber es blieben doch noch eine Menge Anzeigen übrig, auf denen Frauen halb- bis total nackt zu sehen waren, ohne daß eine häusliche Atmosphäre oder irgendwelche Freizeitrequisiten mich zwangen, sie in die Kategorie »Hausfrauen« oder »Die Frau als gleichberechtigte Partnerin in Beruf und Freizeit« einzuordnen.

Dann ging ich zum Personalchef, um den Herren ausrichten zu lassen, daß ich mit dem Umsortieren fertig war.

Nr. 2 kam sogar in Begleitung des Creativ-Direktors, das einzige, wofür sie sich interessierten, war der Stapel mit sexistischer Werbung. Warum ich die Frau, die nichts anhatte außer einer ganz durchsichtigen Strumpfhose, zur sexistischen Werbung getan hätte? Das sei doch Produktdemonstration. Und die Nackte, die kniend ihre Zehennägel lackierte, das sei auch Produktdemonstration. Und Produktdemonstration, das sei eine neutrale Darstellung, rein sachlich durch das Produkt bedingt. Und der nackte Mensch an sich, der sei ja nicht unanständig.

»Können Sie sich nicht vorstellen, daß auch Sie unbekleidet mit einem Mann zusammen sind?« fragte der Creativ-Direktor und taxierte meine Beine von den Knöcheln bis zur Taille.

Die Wut stieg in mir hoch. Der Prüderie lasse ich mich nicht bezichtigen! Ich sah die beiden verachtungsvoll an und sagte, daß ich bisher nicht geglaubt hätte, daß die Männer so doof sind, daß sie sogar bei einer nackten Frau in einer Illustrierten den Verstand verlieren. In meinem Bekanntenkreis gebe es keine solchen Männer. Einen Mann, den das stimuliere, der müsse schlimme Defizite haben, fügte ich höhnisch hinzu und betrachtete dabei interessiert den Bierbauch des Creativ-Direktors. So, ha ha ha.

Die Herren blickten konsterniert zurück. Diese Werbung sei für Frauen konzipiert, das sehe man allein an den Produkten. »Sicherlich gibt es Frauen, die zwanghaft ihre Weiblichkeit zu verdrängen versuchen«, sagte Nr. 2, »aber unsere Aufgabe als Werbeschaffende ist es, die durchschnittliche Frau anzusprechen.«

Es fiel mir nichts dazu ein!

»Also, nun fangen Sie noch mal an«, sagte der Creativ-Direktor zu mir, als spräche er zu einem Kleinkind, »und nun ordnen Sie die Frauen aber bitte richtig ein.«

Als die beiden die Tür hinter sich zugemacht hatten, streckte ich ihnen die Zunge heraus. Wieder voll Widerwillen ordnete ich wieder um, war aber am nächsten Morgen damit fertig. Der Job ging mir auf die Nerven. Ich wollte so schnell wie möglich fertig werden. Die Vielfalt der Insekten, die ich vor vier Monaten sortiert hatte, war interessanter gewesen.

Ich bat die Herren zu mir in die Bibliothek. Ungefähr 500 Kopien hatte ich noch bei »Frauen als sogenannte Sexualobjekte«. Mit leichter Hand verteilte der Creativ-Direktor diese Kopien auf die Stapel »Sachliche, informative Werbung« und »Die Frau als gleichberechtigte Partnerin in Beruf und Freizeit.« Übrig ließ er nur eine Anzeige, die insgesamt viermal in den Frauenzeitschriften erschienen war, es war eine Anzeige für Taschenlampen, darauf eine Nackte, seitlich fotografiert, sie hielt die Taschenlampe in Phallushöhe. »Dieser Arsch von der ist eine Zumutung«, sagte der Creativ-Direktor und legte die vier Kopien zurück auf den einstigen Stapel sexistischer Anzeigen. Alle anderen Anzeigen hatte er wegsortiert. Das war zuviel!

»Und was ist mit dieser?!« rief ich und nahm die Anzeige, die er als letzte zu »Sachliche, informative Werbung« gelegt hatte. Es war eine Frau darauf, die, soweit sie sichtbar war, nackt war, sie trank mit einem Mann Champagner.

»Eindeutig Produktdemonstration«, sagte Nr. 2. »Es ist eine Anzeige für Champagner, und die Frau trinkt Champagner.«

So konnte er mir nicht kommen. »Der Mann trinkt doch auch Champagner, der macht doch auch Produktdemonstration und ist trotzdem nicht nackt!«

»Gut«, sagte der Creativ-Direktor und legte diese Anzeige, von der es drei Kopien gab, zurück, »schließlich wollen wir objektiv sein«, sagte er lächelnd. Dann seufzte er, steckte die Hände in die Hosentaschen und sagte: »Nun kommt der wissenschaftliche Teil der Untersuchung… nun müssen die Anzeigen alle gezählt werden, damit wir die Anteile unserer Frauensorten ermitteln können.«

»Den ganzen Mist zählen!« rief ich. Ich hatte für meine Bedürfnisse genügend Geld verdient, und mein schlechtes Gewissen, mich der Frauendiskriminierung schuldig gemacht zu haben, quälte mich noch immer. Ich überlegte, ob ich unter diesen Umständen fristlos kündigen sollte.

»Natürlich«, sagte der Creativ-Direktor, »es muß eine wissenschaftlich exakte Untersuchung werden. Es darf Ihnen kein Fehler beim Zählen unterlaufen! Die Zahlen werden den Frauenverbänden präsentiert. Sie wissen bestimmt, wie pingelig die sind.«

»Und Sie müssen auch die mitzählen, auf denen keine Frauen abgebildet sind. Vergessen Sie die nicht!« ermahnte mich Nr. 2.

»Was, die auch?« sagte der Creativ-Direktor erstaunt. »Es geht doch nur um Frauendarstellungen.«

Nr. 2 flüsterte den Creativ-Direktor von der Seite an, ich konnte ihn aber trotzdem verstehen: »Je mehr Anzeigen wir insgesamt haben, desto geringer ist der Anteil sexistischer Werbung... in Prozenten ausgedrückt... verstehen Sie?«

»Aha«, sagte der Creativ-Direktor, »klar!« Dann sagte er zu mir: »Sie müssen sämtliche Anzeigen zählen, auch die, auf denen keine Frauen drauf sind!«

Nr. 2 lächelte stolz.

Was war das wieder für eine Tücke? Egal. Ich war froh, daß die beiden endlich abzogen. Ich zählte und zählte. Ich schichtete die Kopien in Bündeln von fünfzig Stück längs und quer übereinander. Ich zählte bis nachts um elf, weil ich fertig werden wollte und weil der Personalchef mir Überstundenzuschlag versprochen hatte. Die blöden Kopien klebten an meinen Fingern. Freitag ab neun zählte ich schon weiter. Zwei Stunden später war es endlich geschafft. Ich hatte die letzte, die größte Kategorie durchgezählt – und ich konnte es kaum fassen: Ich hatte nur 3 berufstätige Frauen gefunden, aber jetzt waren es 13 419 gleichberechtigte Partnerinnen in Beruf und Freizeit geworden! Jetzt begriff ich, warum Nr. 2 gejubelt hatte, es würde ein phantastisches Untersuchungsergebnis... Mich packte die Wut! Dann die Verzweiflung. Was sollte ich tun?

Ich schwor mir, nie wieder Produkte mit sexistischer Werbung zu kaufen. Von nun an würde ich all die Anzeigen, die ich sonst achtlos überblätterte, genau ansehen und mir genau merken, welche Produkte ich nicht kaufen würde. Jawohl.

Etwas gefaßter schrieb ich eine Liste mit den Ergebnissen der Auszählung:

Sachliche, informative Werbung	5826 Anzeigen
Hausfrauen	6827 Anzeigen
Männer in der Rolle als Frau	2453 Anzeigen
Frauen in der Mutterrolle	82 Anzeigen
Die Frau als gleichberechtigte Partnerin in Beruf und Freizeit	13419 Anzeigen
Frauen als sogenannte Sexualobjekte	7 Anzeigen

Aus Angst, ich könnte mich verrechnet haben, kontrollierte ich das Endresultat viermal, dann war ich sicher: Es waren insgesamt achtundzwanzigtausendsechshundertundvierzehn Anzeigen. 28 614! Uff!

Ich schleppte mich zum Personalchef, gab ihm die Liste.

»Haben Sie ehrlich exakt gezählt?« fragte er und sah mich scharf an.

»Ja«, sagte ich mit fester Stimme, obwohl ich mir nicht sicher war, ob nicht manchmal Kopien aneinander kleben geblieben waren.

»Hm«, sagte der Personalchef, »Achtundzwanzigtausendsechshundertundvierzehn, das ist eine stolze Zahl. Die macht Eindruck. Und davon nur sieben Anzeigen, auf denen Frauen als sogenannte Sexualobjekte zu sehen sind, das macht einen sehr guten Eindruck.«

Ich sagte nichts dazu. Ich war todmüde. Ich wollte nach Hause, mein Job war beendet. Ich ging zu der Sekretärin und achtete darauf, daß sie meine Überstunden in meine Anwesenheitskarte eintrug. Dann ging sie zum Personalchef, ließ die Karte abzeichnen. Endlich kam sie wieder, sagte, der Chef sei prima Laune und für die Überstunden bekäme ich sogar einen Zuschlag von 75 Pfennig pro Stunde. Grandios. Ich überlegte, ob ich dem Personalchef auf Wiedersehen sagen sollte, als plötzlich ein wilder Schrei durch die Etage gellte: »Champagner für alle!«

Es war der Personalchef, der gebrüllt hatte, er kam aus seinem Zimmer, der Creativ-Direktor und Nr. 2 waren bei ihm. Nr. 2 schrie: »Wir haben es ausgerechnet! 0,0245 Prozent der Anzeigen haben sexistische Tendenz!

»Wissen Sie, was das bedeutet?!« rief der Personalchef.

»Nicht einmal ein dreihundertstel Prozent aller Werbung ist sexistisch!« rief Nr. 2.

»An diesen Zahlen ist nicht zu rütteln!« rief der Personalchef.

»Wegen einem dreihundertstel Prozent machen die Emanzen ein Theater! Ist doch nicht zu fassen, wie wirklichkeitsfremd die sind!!« rief der Creativ-Direktor und brach in wildes Gelächter aus.

»Es ist nicht einmal ein dreihundertstel Prozent!« rief Nr. 2.

Eine Tür öffnete sich, es kam eine junge Frau auf den Flur, sah die lachende Meute und sagte: »Champagner, ich hab was von Champagner gehört.«

»Wir haben bewiesen, daß es keine sexistische Werbung gibt! Wissenschaftlich exakt! Nur 0,0245 Prozent!«

»So was«, schrie die Frau und begann ebenfalls hysterisch zu lachen. »Und was machen wir mit der Studie des Frauenforschungszentrums, in der steht, mehr als zwei Drittel der gesamten Werbung seien frauendiskriminierend?«

»Diese Untersuchung können Sie in den Müll werfen! Nicht einmal exakte Zahlen!« rief Nr. 2. »Es sind exakt 0,0245 Prozent! Über zwei Drittel, ha ha ha ha, wer weiß, was sich diese Weiber für Kriterien ausgedacht haben!«

»Wir haben ein weiteres hervorragendes Ergebnis zu präsentieren«, schrie der Creativ-Direktor, »46,89 Prozent aller in den Anzeigen abgebildeten Frauen sind als gleichberechtigte Partnerinnen in Beruf und Freizeit dargestellt!«

»Und zusätzlich 24,15 Prozent in der ehrenwerten Rolle als Mutter und Hausfrau!« schrie Nr. 2.

»Mann, ist das toll!« kreischte die Frau, die wegen des Champagners gekommen war, und hüpfte auf und ab.

Die Uhr des Creativ-Direktors piepste. »Wo bleibt unser Champagner!« rief er.

Die Frau hüpfte immer noch auf und ab und rief: »Mann, bin ich froh, daß es Champagner und keine sexistische Werbung gibt!«

Ich sah die Frau verstohlen von der Seite an. Wie konnte sie nur auf diese Männer reinfallen? Oder war sie Alkoholikerin, bereit, für ein Glas Champagner ihre Seele zu verkaufen?

»Trinken Sie ein Gläschen mit uns?« fragte mich der Creativ-Direktor und betrachtete freundlich meine Beine.

Nein, ich hatte keine Lust. Ich wollte nur noch mein Geld. Ich trank mit meinen Feinden keinen Champagner, soweit konnten sie mich nicht demütigen. Ich schleppte mich heim ins Bett.

Noch abends, als ich mich mit Josephi im Café Kaputt traf, war ich fix und fertig. Es war auch plötzlich so kalt geworden, war es der Wetterwechsel, der mir so zu schaffen machte, oder waren es meine Nerven? Ich besoff mich, und Josephi tröstete mich. Ach, wie nett er war. Er rechnete mir vor, daß ich durch meinen mutigen Einsatz den Anteil sexistischer Werbung von 0,014 Prozent auf die 0,0245 Prozent erhöht hatte. Na ja, aber was war das schon? Erst als er mir vorrechnete, daß ich damit den ursprünglichen Anteil um 57 Prozent erhöht hatte, konnte ich wieder lachen. Er hatte recht, darauf konnte ich stolz sein!

60. Kapitel

Gottfried Schachtschnabel war rückgekehrt!

61. Kapitel

Die Bluse, die ich trug, als ich Gottfried Schachtschnabel in meiner Wohnung empfing, verhüllte nur notdürftig meinen nachtblauen Seidenunterrock.

Wie er mich anlächelte mit seinem Leninbart! Wie ein glückliches Robbenbaby. Wie reizend er schon gestern gewesen war, als er mich anrief! Er hatte von der picassoesken Kraft der spanischen Landschaft geschwärmt – welch wunderbare Kulisse für jeden Film! Er hatte erzählt, daß er im Camp zuerst probiert hätte, Picassos Guernica als Lehmplastik nachzuempfinden, doch dann hätte er gelernt, dem archaischen Material Lehm nachzugeben, und gelernt, Lehm so zu gestalten, wie Lehm sich selbst gestalten würde, und er hätte dann wunderschöne Gefäße geschaffen, die er im nächsten Jahr auf seine Terrasse stellen und bepflanzen würde. Und die Sache mit seiner Frau sei einwandfrei abgelaufen. Er hatte mich auch gefragt, wie es meinem Drehbuch ginge. Ich hatte ihm erzählt, was ich in den letzten Monaten gemacht hatte und daß mir die Inspiration gefehlt hatte – so wie er mir gefehlt hatte –, aber das habe ich ihm nicht gesagt, das habe ich nur gedacht.

Er hatte vorgeschlagen, mich zu besuchen, und hatte ganz offen gesagt, daß er zuerst bei seiner Frau vorbei müsse, dort schnell etwas abliefern, aber dann... schon so gegen acht könnte er bei mir sein. Seit seinem Anruf hatte ich die Wohnung geputzt, fast hätte ich auch die Fensterscheiben geputzt, zum Glück fiel mir rechtzeitig ein, daß das einen spießigen Eindruck machen würde.

Gottfried fühlte sich bei mir spontan wie zu Hause. Wir setzten uns in die Küche, weil es da am gemütlichsten ist; ich hatte auch extra meinen Kassettenrecorder in der Küche angeschlossen und meine Lieblingskassetten rausgesucht. Nach zwei Glas Wein war es zwischen uns, als sei Gottfried Schachtschnabel nie weggewesen.

»Hast du deine Beziehung zu deiner Frau neu definiert?« fragte ich vorsichtig.

»Wie meinst du das?« fragte er zurück.

»Ich meine«, sagte ich etwas verlegen, weil ich nicht wußte, wie ich es ausdrücken sollte gegenüber Gottfried Schachtschnabel, »ob in eurem Verhältnis neue Strukturen dazugetreten sind?«

»Ja«, sagte er, »natürlich. Es war alles unheimlich offen im Camp. Inge hat sich gleich am ersten Tag heillos in einen schönen Spanier verliebt. Der hat die tollsten Plastiken von uns allen gemacht. Inge hat einen sehr unverfälschten künstlerischen Geschmack. Für Inge ist Kunst ein rein sinnliches Erlebnis.«

»Und du?«

Gottfried lachte. »Man kann nicht immer nur Lehm kneten.«

»Hast du mit deiner Frau...?«

»Doch nicht mit Inge! Inge ist sehr treu. Natürlich mal ein

kleiner Urlaubsflirt... Aber doch nicht mit mir, ihr Typ von der Baubehörde ist wahnsinnig eifersüchtig. Der darf nicht mal wissen, daß ich dabei war in Spanien.«

Aha, sie hatten also nicht miteinander geschlafen. Sehr gut.

Es kam, wie es kommen sollte. Ich weiß, es ist kitschig, aber solche Momente verbinden sich in meinen Erinnerungen immer mit Musik. Als wir gemeinsam aus der Küche zu meinem Bett gingen, spielte der Recorder einen meiner All-time-favorites:

> »And then he asked me to be his bride...
> and always be right by his side...
> I felt so happy I almost cried...
> and then he kissed me!!!...«

...Und so war es dann auch. Ich trug nichts mehr außer meinem nachtblauen Seidenunterrock. Wir lagen auf meiner rotgefärbten Bettwäsche. Gottfried trug eine schwarze Unterhose! Oh la la. Gottfried legte sein ganzes Gewicht auf meinen rechten Hüftknochen. Aua.

»Ich liebe dich«, keuchte er.

Meint er wahrhaftig mich? dachte ich einen kurzen Augenblick lang. Oder meinte er dieses Ich-liebe-dich nur in einem literarisch umschreibenden Sinne? Oder war es wirklich endlich wahr? Ich war entrückt. So entrückt, daß ich das Läuten des Telefons erst beim dritten Läuten als Läuten des Telefons erkannte. Dann wußte ich sofort, daß es Albert war – Joschi konnte es nicht sein, den hatte ich mit seinen Kumpels in die Disco geschickt, der war beschäftigt. Ich, die ich so lange alleine gewesen war – zwar nicht allein, doch ohne den wahren Geliebten –, ich genoß diesen Moment des vollkommenen Wandels; ich, die ich endlich in den Armen des wahren Geliebten lag, wurde jetzt auch noch bestürmt von meinem früheren Geliebten, der schmerzlich erkannt hatte, was er verlor. Es war Eitelkeit, die mich verführte, den Hörer abzunehmen, ich weiß. Aber ich brauchte diesen Trost, zu lange hatte ich gelitten. Obwohl ich eigentlich nicht abnehmen wollte, konnte ich nicht widerstehen. Die Nacht der Rache war gekommen. Ich küßte meinen Gottfried liebevoll, flüsterte »So sorry, Love« und huschte zum Telefon.

»Schachtschnabel«, sagte eine liebliche Frauenstimme, »darf ich mal kurz meinen Mann sprechen.«

»Warum rufen Sie hier an?!« rief ich, weil ich fassungslos war.

»Nur ganz kurz, es ist unheimlich dringend.«

Der Hörer glitt mir aus der Hand. »Deine Ehefrau«, sagte ich mit letzter Kraft.

»Ja«, sagte Gottfried, »Moment«, und zog sich unter der Decke seine Unterhose an. »Ja, du hast recht«, sagte er in den Hörer, »meine Geranien... ja... sicher ist sicher... ja, die Kästen sind zu schwer... ja... bis gleich.«

Als er aufgelegt hatte, hatte ich meinen nachtblauen Seidenunterrock bereits wieder angezogen.

»Inge hat recht«, sagte Gottfried Schachtschnabel und sah aus dem Fenster, »es könnte Nachtfrost geben. Meine Geranien stehen bei ihr auf dem Balkon, man muß sie reinholen.«

»Woher hat sie meine Nummer?«

»Ich nehme an, einfach aus dem Telefonbuch«, sagte Gottfried Schachtschnabel, während er sich anzog. »Wahrscheinlich habe ich Inge gegenüber mal deinen Namen erwähnt.«

Erwähnt! Er hatte meinen Namen erwähnt! »Aha«, sagte ich nur.

»Du, weißt du, Constanze«, sagte er, »ich fahre schnell rüber zu Inge, helfe ihr, die Geranien in den Keller zu tragen, dann komme ich wieder.«

»Das wird nicht nötig sein«, sagte ich cool.

»Du verstehst doch, daß ich Inge in dieser Situation helfen muß. Sie befindet sich in einer sehr schwierigen Identitätsphase.« Er sah mich an. »Und sie hat recht, es gibt Nachtfrost. Es sind vier Kästen mit Geranien, und die kosten ganz schön was.« Zärtlich legte er seine Hand auf meine Schulter: »Ich weiß, daß du das verstehst. Es ist erst halb elf. In einer Stunde bin ich wieder da.«

»Das wird nicht nötig sein«, sagte ich eisig.

Als ich die Haustür hinter Gottfried Schachtschnabel abgeschlossen hatte, hatte ich ein Kapitel meines Lebens abgeschlossen.

62. Kapitel

Das kann er nicht mit mir machen! Was bildet der sich ein! Geranien! Igitt!!! Es fiel mir wie Schuppen von den Augen, mir war glasklar, was dieser Schachtschnabel für ein Typ ist, seine Topfpflanzen waren ihm wichtiger als ich, das gibt es doch nicht, wichtiger als meine nicht-bürgerliche Sensibilität, Geranien, spießiger geht's wirklich nimmer, soll er doch weiter Lehm kneten, dieser Kleingärtner, der will revolutionär sein, ha ha ha, da stöhnt der kurz »Ich-liebe-dich«, und warum? Weil er Angst hat, er wird in die Hölle verdammt, wenn er mit einer Frau aus purer Wollust schläft, so hat der das im Religionsunterricht gelernt, jede Wette. Genauso hätte er sagen können »Komm-Herr-Jesus-sei-unser-Gast-und-segne-was-du-uns-bescheret-hast«. Meine Güte, wie geschmacklos er war! Ein christliches Lamm im Wolfspelz revolutionären Gedankenguts! Geranien! Igitt, igitt! Was hatte dieser alte Angeber geschrieben auf seiner Postkarte? »Unsere Faszination durch die hiesige Kunst und Kulinarik« hatte er geschrieben, ich kramte meinen Duden hervor: Das Wort »Kulinarik« gibt es gar nicht! Ha ha ha, das hatte ich mir gleich gedacht. Das Wort war mir doch gleich so seltsam vorgekommen, dieser Schachtschnabel konnte nicht einmal Deutsch, aber den Intellektuellen mimen! Ha! Ich zerfetzte die blöde Postkarte. Picassos Guernica! Warum nicht gleich von Dürer die Betenden Hände! Und zuerst Guernica aus Lehm nachbasteln wollen, aber dann Blumenübertöpfe kreieren. Garantiert für Geranien! Das sah dem ähnlich. Ha ha ha. Der mit seinen Parolen gegen die Ehe! Ausgerechnet dieser ergebene Lakai der bürgerlichen Institutionalisierung der Gefühle. Dieser verheiratete Kleingärtner!! Sand hatte er mir in die Augen gestreut. Ich als unverheiratete Frau war für diesen angepaßten Karriere-Geier lediglich eine gesellschaftliche Randgruppe. Der spekulierte doch nur mit meiner sozialen Ohnmacht. Jawohl! Pfui! Damit war jetzt Schluß. Jawohl. Und daß dieser Schachtschnabel ein schlechter Liebhaber war, war sonnenklar. Josephi würde sich nie mit voller Wucht auf meinen armen Hüftknochen werfen und sich, ohne die Zähne zu putzen, zu mir ins Bett legen! Igitt! Igitt! Und diese abgewetzten Cordhosen... aber dazu schwarze Unterhosen... wer weiß, wie lange er die trug! Ich rief Julia an und erzählte ihr die ganze Geschichte von vorn bis hinten. Haarklein. Alles. Julia lachte sich tot. Das hätte sie die ganze Zeit vermutet, daß sich dieser Schachtschnabel wieder an mich ranmachen würde, nachdem sie ihn rausgeschmissen hatte. Ich ärgerte mich etwas, weil Julia so tat, als würde ich ihre abgelegten Bettgenossen auftragen, aber es versöhnte mich, daß Julia noch viel mehr darüber lachte, daß dieser Schachtschnabel mit seiner Angetrauten zur Abtreibung gefahren war, nur damit keiner seiner Kollegen denken möge, das Embryo sei nicht von ihm produziert. Und Julia sagte, daß dieser Schachtschnabel sich allenfalls scheiden lassen würde, wenn eine andere Frau ein Kind von ihm bekommt, denn nur dann wäre er sicher, daß er sofort wieder heiraten dürfte. Schachtschnabel braucht die Institutionalisierung der Gefühle, um seine Bindungsunfähigkeit zu tarnen. Der ist so eitel, daß er sich selbst genug ist. Die anderen sind für den nur Dekoration. Und Julia sagte, daß sie die Bindungsunfähigkeit von Gottfried Schachtschnabel nur deshalb ertragen hätte, weil sie damals ihre Scheidung noch nicht verwunden hätte. Und dann vermutete sie, daß ich vielleicht ebenfalls auf eine solch distanzierende Beziehung fixiert gewesen wäre, weil ich die Trennung von Albert noch nicht verwunden hätte. Das glaubte ich zwar nicht. Aber Julia hatte recht, dieser Schachtschnabel würde sich nie scheiden lassen. Er lebte nur für seine Eitelkeit. Und für seine Geranien, ha ha ha! Deshalb war es ihm auch recht, daß seine Gattin ihn als Lückenbüßer benutzte, da durfte er sich dann einbilden, er sei unersetzbar. Was bildete der sich ein! Jede Frau, die nur ein Minimum an Verstand besitzt, wird ihn sitzenlassen, sobald sie durchblickt, was dieser Schachtschnabel für ein Typ ist. Glaubte er etwa, er könnte mich hinters Licht führen? Ha! Da hatte sich dieser alte Chauvinist aber mächtig geirrt. Und Julia sagte, auch solange sie mit ihm zusammen gewesen sei, hätte ständig die Gattin angerufen, und jedesmal hätte er sich bei der Gattin entschuldigt, daß er gerade mal nicht soviel Zeit für sie hatte: »Ich hab Besuch«, hätte er jedesmal gesagt und hätte sich nicht mal getraut zu sagen, daß es Damenbesuch ist, geschweige denn Julias Namen zu erwähnen, nur damit sich die Gattin in ihrer Hauptrolle nicht gestört fühlte. »So, so«, sagte

Julia, »es freut mich, daß deine Wünsche in Erfüllung gegangen sind, sonst hättest du ewig deinen Illusionen vom Helden Schachtschnabel nachgeträumt.« – Vielleicht hatte sie recht damit, sie war ja auch auf ihn reingefallen. Auf dieses verheiratete Nichts. Schluß. Dieser Mann hat keine Zukunft, nur Vergangenheit. »Ein Lebenslügner«, sagte Julia. Schachtschnabel tat, als wäre er Revolutionär, dabei wollte der doch nur auf bessere Zeiten warten, ohne ein Opfer zu bringen, wollte bequem herumhocken, bis ein Wunder geschehen würde. Revolutionär mit Pensionsanspruch wollte er sein, und das einzige, wofür er zu kämpfen bereit war, war sein Pensionsanspruch. Aus solchen Typen würden später die größten Reaktionäre, würde Julias Jürgen sagen. Und Julia hatte er erzählt, er hätte bloß vergessen ihr zu sagen, daß er verheiratet sei! Bloß vergessen!! Und mir hatte er noch frecher weiszumachen versucht, daß es überhaupt keine Rolle spiele, daß er noch verheiratet sei. Noch verheiratet sei!! Ha ha ha. Der hatte nicht mehr alle gestreiften Murmeln im Sack. Gottfried Schachtschnabel, der große Kritiker der bürgerlichen Ehe, der blieb verheiratet um jeden Preis. Ein Schoßhund war er, der brav wartete, bis er seinem Frauchen die Pantoffeln bringen darf. Oder die Geranien in den Keller tragen darf! Nur die ehelichen Pflichten seiner Gattin, die wollte er uns unverheirateten Frauen aufbürden. Um das Alibi zu haben, daß es ihm in seiner Ehe an nichts mangelt! Das war es, was er wollte, ein Alibi für seine Ehe! Dieser Ausbeuter! Und dieser unmögliche Mercedes. Seine revolutionäre Praxis bestand nur darin, gemeinsam mit der Gattin Jeansbezüge für seine Kapitalisten-Kutsche zu basteln! Ha ha ha! Eine Schießbudenfigur der Bewegung war der. Nie wieder würde ich zu Schachtschnabel ins Seminar gehen. Darauf konnte er Gift nehmen. Auch Julia riet mir dringend davon ab. Es war ein Glück, daß ich noch nicht weiter an meinem Film gearbeitet hatte. Alles wäre umsonst gewesen! Ein Film nach den Vorstellungen von Gottfried Schachtschnabel wäre garantiert ein solcher Mißerfolg geworden wie das Leben von Gottfried Schachtschnabel. Ich bin ja durchaus tolerant – aber Geranien! Schachtschnabels Phantasien kann man keinem Publikum zumuten! Für das bißchen Geld, was ihn seine Scheidung kosten würde, wollte er sich lieber einen größeren Fernsehapparat kaufen! Wenn ich Ihnen einen guten Tip geben darf, Herr Schachtschnabel: Sparen Sie besser gleich für Ihr Familiengrab! Und als Grabbepflanzung empfehle ich Ihnen Geranien!

63. Kapitel

Drei Tage, nachdem ich mit Schachtschnabel ein für allemal abgeschlossen hatte, kam Josephi eine dreiviertel Stunde zu spät ins Café Kaputt und sagte: »Es ist aus zwischen uns.«

Ich nahm seinen Abschied sofort an.

Es war okay. Meinen Badeschaum, der noch in seiner Wohnung stand, konnte er gerne behalten. Joschi war angetrunken, und sein Freund Didi wartete verlegen an der Tür, bis wir unsere Beziehung in gegenseitigem Einvernehmen beendet hatten.

Es hatte ein Intermezzo sein sollen. Und es war ein Intermezzo geworden. Meine Erwartungen hatten sich erfüllt. Wer mehr erwartet hatte, war seinen Illusionen erlegen. Das war eine Trennung, bei der es keinen Sieger und keinen Verlierer gab. Wahrscheinlich hatte Joschi nun selbst eingesehen, daß ein gemeinsames Bett keine gemeinsame Basis ist. Oder er war dem Zureden seiner Freunde erlegen, die von Anfang an gegen unsere Beziehung gewesen waren, weil sie fürchteten, ihren Kegelkumpan zu verlieren? Egal. Nichts gegen Joschi. Ich hatte von vornherein gewußt, daß es nicht lange gutgehen würde. Warum hätte es dann trotzdem lange gutgehen sollen?

So einfach ist eine harmonische Trennung, wenn einem der andere nichts bedeutet, dachte ich. Und was mir außerdem zu denken gab: Erst hatte ich so lange gewartet, daß endlich etwas passiert – aber wenn sich dann die Ereignisse überschlagen, hat man auch nichts davon.

64. Kapitel

Von jetzt an sollte alles anders werden. Alles.

Nach langen Kämpfen hatte unser Institut endlich die dringend geforderte Stelle für »Strukturkritik ästhetischer Rezeption« bewilligt bekommen. Die »Strukturkritik ästhetischer Rezeption« fand donnerstags statt, deshalb beschloß ich, in diesem Semester meinen freien Tag von Donnerstag auf Mittwoch zu verlegen. Man muß flexibel bleiben.

Der neue Dozent hieß Wolfgang Klein und war der Typ, den jeder sofort duzt. Wolfgang brachte seinen Sohn mit ins Seminar, und der hieß Daniel. Achtzehn Monate war der Daniel alt, und Wolfgang erklärte, daß die Kindsmutter – also seine Freundin – Studentin sei und derzeit ungestört an ihrer Doktorarbeit schreiben müßte, und es sei überhaupt kein Problem, wenn er den Daniel ins Institut mitbringe, denn der Daniel sei ein Kind, das man überall hin mitnehmen könnte, der Daniel würde alles mitmachen. Der Daniel schlief tatsächlich die erste halbe Stunde des Seminars friedlich in seiner Tragetasche, dann begann er zu wimmern. Wolfgang nahm den Daniel auf den Arm, und sofort war der Daniel wieder still. Eine Frau, die schräg vor mir saß, wischte sich mit ihrer Stricknadel gerührt eine Träne aus dem Auge. Wolfgang erklärte, sein Ansatz bestehe darin, zu vermitteln, daß das Private das Politische sei. Und wir sollten gemeinsam herausfinden, welches die naturgewachsenen Strukturen unserer psychologischen Phantasien seien. Und er wolle uns nichts aufoktroyieren, es müsse alles aus uns selbst kommen. Ich atmete auf. Gott sei Dank! Bei Wolfgang konnte ich wenigstens sicher sein, nicht ideologisch manipuliert zu werden.

»Also, was wollt ihr machen?« fragte Wolfgang und schaukelte den Daniel.

Eine Kommilitonin sagte, sie hätte eine tolle Idee, es wäre toll, wenn Kinder einen Film für Erwachsene machen würden, bisher sei es immer umgekehrt gewesen. Wir könnten aus der spontanen unverfälschten Phantasie der Kinder lernen, was spontane unverfälschte Phantasie ist. Und die Katrin, nämlich ihre Tochter, die könnte sie auch überall mitnehmen, und die könnte in dem Film mitspielen – vorausgesetzt natürlich, die Katrin hätte Lust dazu. Aber die Mutter von der Katrin war relativ sicher, daß die Katrin einverstanden sein würde.

Es stellte sich heraus, daß noch einige der Anwesenden Kinder hatten, die man überall hin mitnehmen konnte, und die versprachen auch, ihre Kinder zu fragen, ob sie Interesse hätten, einen Film für uns Erwachsene zu machen.

»Was machen diejenigen, die keine Kinder haben?« fragte eine Frau, die in der ersten Reihe saß und ziemlich mürrisch wirkte.

»Die können in ein anderes Seminar gehen«, sagte die Mutter von der Katrin. Die Frau aus der ersten Reihe ereiferte sich, das sei eine subtile Diskriminierung, sagte sie zu der Mutter von der Katrin, ob sie denn eine Zwei-Klassen-Gesellschaft aufbauen wolle, Mütter gegen Frauen? Das biologische Schicksal als gesellschaftliches Schicksal zu bewerten, da müßte man doch, bitteschön, drüber weg sein.

Die Mutter von der Katrin sah hilfesuchend Wolfgang an. Wolfgang schaukelte den Daniel. »Also, was wollt ihr machen?« fragte Wolfgang.

Eine andere Frau sagte, sie wolle jetzt ganz spontan sagen, daß sie es eine unheimlich tolle Idee fände, daß Kinder einen Film für Erwachsene machen. Und sie sei auch Mutter.

Das Baby von Wolfgang lachte, und Wolfgang sagte: »Das gefällt dem Daniel. Der Daniel hat ein unheimlich ausgeprägtes Gespür dafür, was ihm gefällt. Da ist der total autonom.« Dann stellte er noch fest, daß man noch viel reden müßte über den Film, und er fände auch, es sei ein tolle Idee. Die Frage wäre, ob man die finanziellen Mittel bekäme. Und was wir außerdem vielleicht machen wollten?

»Wir könnten die Strukturkritik ästhetischer Rezeption theoretisch aufarbeiten«, es war Chlodwig Schnell, der diesen Vorschlag einbrachte. – Was hatte denn der hier zu suchen? War der etwa auch Schachtschnabel abtrünnig geworden? Oder versuchte er, Schachtschnabels überflüssige Theorien hier einzuschmuggeln? Ich murmelte beifällig, als eine Frau fragte, wozu denn die theoretische Aufarbeitung gut sein solle, das hätte doch keinen Sinn.

Wolfgang sagte, Theorie sei gut und schön, aber sie müßte Bezug zu uns haben. Was er wolle, sei eine Theorie der persönlichen Betroffenheit. »In Afrika sterben Millionen an Hunger – das ist schlimm, aber Afrika ist für viele Menschen zu weit weg, um sie persönlich zu berühren. Und wir müssen uns doch fragen, wieviele Menschen hier täglich an Liebeskummer sterben. Was wollten wir dagegen tun? Gegen das Elend in unseren Gefühlen?«

Ich war betroffen wie nie zuvor.

Dann fragte Wolfgang, ob vielleicht auch eine Frau ein Referat machen wolle? Sollte ich? Eintauchen in die neue Ideenwelt, die sich hier vor mir auftat? Ich meldete mich tollkühn. Wolfgang notierte meinen Namen. »Die Constanze Wechselburger«, sagte er und fügte hinzu: »Toll, du, und worüber möchtest du das Referat machen?«

Ja, das wußte ich nicht. Ich dachte, er würde ein Thema sagen. Wir vertagten deshalb die Frage nach den Inhalten möglicher Referate auf einen späteren Zeitpunkt, wenn wir klarer sehen würden, was die Strukturkritik ästhetischer Rezeption eigentlich beinhaltet. So eilig war es nicht, das Semester hatte erst begonnen. Wir hörten schon ein bißchen früher auf mit dem Seminar, weil der Daniel zu heulen anfing und sich nicht mehr beruhigte.

65. Kapitel

»Lahmarschadler«.

»Lahm-Arsch-Adler? Wer spricht da?«

»Lamar-Schadler!«

Ach so! Ich hatte schon befürchtet, jemand wolle mich beschimpfen, hatte schon überlegt, ob heutzutage sogar Frauen obszöne Telefonanrufe machen... aber es war Sieglinde. Sieglinde Lahmarsch-Adler, ha ha ha! Daß mir das bisher nicht aufgefallen war! Ha ha ha... liebe gnädige Frau Lahmarsch-Adler, da haben Sie aber einen schönen Doppelnamen. Ich grinste wie wild vor mich hin, während mir Frau Lahmarsch-Adler erzählte, ihre Hochzeitsfotos seien fertig. Ich sollte morgen abend kommen und mir die Fotos ansehen.

»Alles klar, Frau Lahmarsch-Adler«, sagte ich. Sieglinde merkte nichts. Ha ha ha.

Ich hatte sie schon kurz nach der Hochzeit angerufen, die Berichterstattung ihrer Hochzeit über mich ergehen lassen, und sie hatte angekündigt, mich einzuladen, wenn die Fotos fertig wären. Zwar war das vor ungefähr zwei Wochen gewesen, aber ich hatte trotzdem noch kein Hochzeitsgeschenk für Sieglinde. Morgen war Samstag, da mußte ich vormittags schnell was kaufen. Was schenkt man einer verheirateten Frau? Wie üblich ein gutes Buch? Lesen verheiratete Frauen überhaupt Bücher? Wenn dauernd ein Ehemann herumtrampelt, kann man dann noch die Ruhe zum Lesen finden? Ein Kochbuch, das war eine Idee… schließlich war Sieglinde eine leidenschaftliche Köchin, und ein Kochbuch kann man immer brauchen, wenn man verheiratet ist. Ich ging in die Buchhandlung am Rathaus und sagte der Buchhändlerin, daß ich ein Kochbuch wolle.

»Was für ein Kochbuch?« fragte die Buchhändlerin.

Das wußte ich auch nicht. Mein Blick fiel auf ein Regal mit Frauenliteratur, deshalb sagte ich schnell: »Ein Frauenkochbuch.«

Kochbücher speziell für Frauen gebe es nicht, sagte die Buchhändlerin und führte mich an ein Regal, das von oben bis unten mit Kochbüchern vollgestellt war. »Sieh dich mal um«, befahl sie mir.

Ich sah mich um. Entweder waren die Kochbücher zu teuer oder es waren keine Bilder drin. Ich konnte mich nicht entscheiden. Ich beobachtete einen Mann, der mit einem Kleinkind im Tragetuch vor seinem Bauch am Regal mit den Büchern über alternative Ernährung und gesundes Leben stand. Das Kleinkind griff nach einem Buch und feuerte das Buch auf den Boden. »Nichtraucher in 30 Tagen« hieß das Buch. Die Buchhändlerin stürzte herbei und sagte zu dem Vater: »Du, paß bitte auf, was dein Kind macht.«

Der Vater sagte: »Du, da mußt du mit der Julia selbst drüber sprechen.«

Die Buchhändlerin hob das Buch auf. »Die Julia blickt schwer durch«, sagte der Vater stolz, »Rauchen ist Scheiße.«

Ich hatte mich entschieden, kein Buch für Sieglinde zu kaufen. An der Tür hörte ich, wie der Vater zu der Buchhändlerin sagte: »Du, du reagierst unheimlich hektisch.« Die Buchhändlerin antwortete nicht. Und dann fragte er sie: »Tust du auch rauchen?«

Für Sieglinde kaufte ich schließlich zwei Küchenhandtücher, so was kann man immer brauchen, wenn man verheiratet ist. Die Handtücher waren schlicht weiß, nur der Aufhänger war bunt, weil da der Name des Designers daraufstand, und es hing ein großes buntes Schild an den Handtüchern, auf dem stand, daß dieser Entwurf von der Modezeitschrift Vogue ausgewählt sei.

Die Küchenhandtücher gefielen Sieglinde gut, nachdem sie das Pappschild von Vogue gesehen hatte. Dann holte Sieglinde die Fotos. Zwei ihrer kackbraunen Plastikalben hatte sie vollgeklebt, und zwischen den Fotos klebten Etiketten der Weinflaschen, die anläßlich des Empfangs kredenzt worden waren.

Sieglinde hatte bei Wolf-Dietrich das teure Jil-Sander-Kostüm durchgesetzt, es stand ihr zwar nicht, aber es sah sogar auf den Fotos teuer aus… Sieglinde im holzgetäfelten Zimmer des Standesamts… scheußlich die Holztäfelung… Sieglinde mit Brautstrauß – lachsrosa Rosen und Mimosen… nicht mein Geschmack… Sieglinde mit Wolf-Dietrich… auch nicht mein Geschmack. Der Bräutigam lächelte auf keinem Foto. Die Brautmutter strahlte auf jedem Foto bis zum letzten Backenzahn. Der Vater des Bräutigams war sichtlich betrunken. Sieglindes Chef auch. Während Sieglinde die Verwandtschafts- und Vermögensverhältnisse der Hochzeitsgäste erläuterte, drehte sie ständig an ihrem Ehering. Wolf-Dietrich, der bei der Fotovorführung daneben saß, als ginge ihn das alles nichts an, sagte, der Ehering sei aus bestem Gold, nicht dreihundertdreiunddreißiger oder fünfhundertfünfundachtziger, nein, aus siebenhundertfünfziger Gold sei der Ehering. Es war aber trotzdem ein mickriger Ehering. Und nur Sieglinde hatte einen, Wolf-Dietrich hatte sich seinen gespart.

Endlich gab es was zu essen. Das Telefon im hinteren Zimmer klingelte in dem Moment, als mir Sieglinde überbackene Broccoli auf den Teller gab. Ihr Mann ging ran. Ich war dafür, trotzdem anzufangen, weil die Broccoli sonst kalt würden. Sieglinde sagte, sie würde warten, bis ihr Mann wiederkommt. Selbst schuld. Ich aß langsamer, hatte aber den Teller bald leer, Wolf-Dietrich telefonierte immer noch.

»Beeil dich bitte, unser Essen wird kalt«, rief Sieglinde über den Flur. »Halt's Maul!« rief Wolf-Dietrich und knallte die Zimmertür hinter sich zu. Sieglinde fing auch an zu essen. Wir waren beide längst fertig, als Wolf-Dietrich wiederkam. »Ratet mal, wer angerufen hat? Albert hat angerufen!« schrie er triumphierend.

»Albert? Warum hast du mich nicht ans Telefon geholt?« Ich war leicht sauer.

»Ratet mal, was er wollte!«

»Deine Broccoli sind kalt geworden und die Sauce, die gute…«

»Albert heiratet!«

»Was?!«

»Anna bekommt ein Kind von Albert!«

»Was!?«

66. Kapitel

Ich hatte auf das Dessert verzichtet – es hätte sowieso nur Obst und Käsewürfel gegeben –, ich war sofort nach Hause gegangen, hatte Wolf-Dietrich und Sieglinde gesagt, ich müsse sofort Albert anrufen, das könne nicht wahr sein. Und Wolf-Dietrich hatte mir hinterhergerufen, ich solle Albert ausrichten, er würde ihm den Muster-Ehevertrag schicken, gleich morgen, und Albert solle dann zu Wolf-Dietrich kommen, zur Beratung. Und Sieglinde hatte dreimal gesagt: »Ach, wie ich mich für Anna freue.«

Albert war kleinlaut. Ja, es sei wahr. Anna sei im ersten Monat schwanger. Dann fragte er mich: »Wie findest du das?«

»Du läßt dich zur Ehe erpressen!«

»Ich weiß gar nicht, ob wir heiraten. Wolf-Dietrich hat gesagt, daß ich eine Menge Steuern spare, weil Anna nicht so viel verdient, und wenn ich Alimente zahlen muß, das kommt aufs gleiche raus…«

»Du heiratest nur wegen des Geldes und deine geizige Anna auch!«

»Nein, Anna würde das Kind auch alleine aufziehen, aber wenn ich sowieso Alimente zahlen muß…«

»…da ist es günstiger, du sparst Steuern und bekommst dazu gratis eine Putzfrau!«

»So kann man das nicht sehen. Es ist auch die Verantwortung für das Kind. Ich bin der Vater!… Es ist aber noch gar nicht entschieden, ob wir heiraten…«

Ich schmiß den Hörer auf die Gabel. Er rief nicht zurück, um mich zu besänftigen.

Unglaublich, einfach unglaublich, wie raffiniert sich diese

Anna Albert gekapert hatte. Die bekam einfach ein Kind. Mit Albert konnte sie es machen! Die schreckte vor nichts zurück. Die Verantwortung für das Kind! Ausgerechnet Albert! Der konnte nicht mal für sich selbst Verantwortung übernehmen. Ambivalent wie er war, war er ein Spielball der Ereignisse, die andere inszenierten.

Um mich zu trösten, legte ich eine meiner All-time-favorites-Cassetten auf. Das letzte Stück auf dem Band war »Only the Lonely«. Mir wurde ganz schlecht, so einsam fühlte ich mich. Nur die Einsamen wissen, was es bedeutet, allein zu sein. Albert würde Anna heiraten, nur weil Anna schwanger war. Wenn ich die Pille nicht nehmen würde, wäre ich auch schon längst schwanger, verheiratet, aus dem Schneider ... Alle Probleme meines Lebens wären gelöst ... dann hätte ich einen Beruf, den schönsten Beruf der Welt: Mutter! ... dann würde mich keiner mehr zu fragen wagen, was ich mit meinem Studium denn später mal machen will ... dabei könnte ich später immer noch machen, was ich wollte, wenn das Kind aus dem Gröbsten raus wäre – auf später warten, wie alle Frauen. Ich könnte einen Film machen über das Leben meines Kindes, ich könnte anfangen mit der Geburt ... und niemand würde fragen »Warum?« und ob es einen Sinn hat, einen solchen Film zu machen. Wenn man ein Kind hat, dann weiß man, was man hat: eine Zukunft. Weil das Kind eine Zukunft hat, hat man selbst eine. So einfach ist das ... Albert und ich ... wann hatten wir das letzte Mal miteinander geschlafen? Im April war es gewesen ... wenn ich gewollt hätte, könnte ich schon im sechsten Monat sein ... ich steckte mir ein Kissen unter den Pullover, um festzustellen, wie ich aussehen würde als Schwangere ... durchaus überzeugend ... ganz natürlich ...

»Wir müssen jetzt sehr tapfer sein«, sagte ich zu meinem ungeborenen Sofakissen, »dein Vater hat uns verlassen.«

67. Kapitel

Die Hochzeit zwischen Albert und Anna fand im Mai statt.

Albert trug einen schwarzen Anzug, leicht tailliert, mit nur zwei Knöpfen, der Stoff war nicht gemustert, hatte jedoch eine leichte Struktur, deren Licht- und Schattenreflexe dem Gewebe einen eleganten Schimmer verliehen, ohne daß man genau hätte sagen können, woher dieser Schimmer kam. Die Schultern waren etwas gepolstert, Albert erschien dadurch mächtiger, ohne jedoch massiv zu wirken. Das perlweiße Hemd mit den feinen Biesen signalisierte durch seinen transparenten Glanz dem Kenner, daß es sich um feinsten Baumwollbatist mit mindestens 30 % Seidenanteil handelte. Zum Hemd perfekt korrespondierend: eine schmale aquamarinblaue Fliege mit klassisch gebundener Schleife. Im Gegensatz zu den meisten Männern trug Albert zum festlichen Anzug nicht diese ordinären Slipper, sondern viel eleganter – weil passender – Schuhe, die zweimal geschnürt wurden. Selbstverständlich keine Lackschuhe – Alberts Schuhe wirkten sogar eher seidenmatt. Auch hatten die Schuhe keine durchgefärbte Sohle, wie es bei billigen Schuhen der Fall ist; bei seinen Schuhen war zwischen Absatz und Sohle das helle Naturleder zu sehen. Und er hatte sogar das Preisschild, das da immer zwischen Absatz und Sohle klebt, abgemacht! Ich wußte, daß seine Socken aus reiner Seide waren und die Knöpfe seines Hemdes aus handgeschliffenem Perlmutt. Seine Frisur schien wie immer, doch ich bemerkte, daß seine Schläfen grau geworden waren – graue Haare, die er früher nie gehabt hatte. Alberts Uhr war auch neu: das Gehäuse aus dunkel oxydiertem Chrom, auch das Band aus diesem Material, der Verschluß der Uhr war aus 14karätigem Gold. Die Braut trug einen weißen Lappen.

Vor der Kirche hatte sich eine staunende Menge angesammelt, Frauen meist, die sich im stillen fragten, wie solch eine Frau zu solch einem Mann kommt. Anna lächelte das Lächeln derer, die ihre Feinde am liebsten tot sehen; sie lächelte wie Salome, als diese den Kopf Johannes des Täufers forderte. Albert folgte ihr, ging einen Schritt hinter ihr. Er sah aus wie ein Gefangener seiner selbst.

»Hier geht dein Vater«, sagte ich zu meinem ungeborenen Kind, als Albert vorüberging, ohne mich – ohne uns! – zu bemerken, »sieh nur, wie glücklich er ist.«

Zur Trauungszeremonie waren nur geladene Gäste zugelassen. Ich, die das Erstgeborene des Bräutigams unter dem Herzen trug, war nicht geladen. Der Lakai am Portal der Kirche wies mich ab. So betete ich auf den Stufen der Kirche, auf dem kalten Granit, für das Glück meines einstigen Geliebten. Für ihn hatte ich einen Strauß Vergißmeinnicht gekauft. Die Blumen in meinen Händen welkten, wie ich nie zuvor Blumen hatte welken sehen. Blättchen für Blättchen schlossen sich die blauen Blüten. Ich weiß nicht, wie lange ich dalag, im Gebet versunken.

Als sich das Kirchenportal wieder öffnete, durchschnitten die letzten Klänge eines Chorals die Luft: »... Mecum omnes plangite!« – Ich wußte nicht, was dies hieß, ahnte aber, daß es Schreckliches zu bedeuten hatte. Das bunte Licht der Kirchenfenster, das nun aus den geöffneten Kirchentüren strahlte, blendete mich wie die Laserlights in der alten Disco am Carl-Orff-Platz.

Anna lächelte wie Salome, nachdem sie den Kopf Johannes des Täufers bekommen hatte. Plötzlich, in diesem Augenblick, begann es zu schneien, obwohl es zu dieser Jahreszeit seit Menschengedenken nicht geschneit hatte.

»Ein böses Omen«, flüsterte eine alte Bettlerin neben mir und bekreuzigte sich.

»Wenn das Herz der Braut aus Eis ist, schneit es zu jeder Jahreszeit«, sagte ein alter Mann. Ich konnte sein Gesicht nicht erkennen, er trug einen schwarzen Umhang, der ihn völlig einhüllte, ihm weit über die Augen fiel. In der Hand hielt er eine Sense. War er ein bäuerlicher Verwandter von Anna? Für sie nicht fein genug, um an ihrer Hochzeit teilnehmen zu dürfen?

Das getraute Paar schritt die vielen Stufen hinab.

»Lange lebe die Liebe!« riefen einige bezahlte Jubelfunktionäre – ich erkannte unter ihnen Sieglinde und Wolf-Dietrich, aber sie schienen mich nicht zu kennen. Die arbeitende Klasse stand schweigend.

Eine Sturmwolke zerrte an Annas Schleier; wie ein wildes Tier bäumte sich der Schleier auf, verfing sich in den immergrünen Ziersträuchern, die in Kübeln neben der Kirchentreppe aufgestellt waren. Anna zerrte an ihrem Schleier. Der Schleier zerriß mit einem klagenden Ton, der die Herzen aller lähmte. Der Himmel verfinsterte sich.

»Scheiß auf den Schleier«, sagte Anna.

Die Menge vor der Kirche raunte.

»Wenn das Herz der Braut aus Eis ist, erstarrt die Liebe«,

sagte der Mann mit der Sense leise. Seine Stimme war seltsam hohl.

Als ich in meinem einfachen, aber geschmackvollen Leinenkleid vor das getraute Paar trat, verschwamm alles vor meinen Augen. Der Himmel war fahlgelb geworden. Albert sah mich an, in seinem Blick war alle enttäuschte Liebe dieser Welt. Es war der Blick eines Menschen, der die Liebe für die Scheinsicherheit des Kapitals verkauft hat. Es war der Blick eines Verräters. Des Verräters ewiger Liebe. Ich konnte diesen Blick nicht ertragen, senkte meine Augen auf die Vergißmeinnicht in meinen Händen. Die letzten blauen Blüten schlossen sich. Es war, als würde ein Sternenhimmel erlöschen.

Ohne daß später jemand hätte erklären können, woher es gekommen war, erklang plötzlich ein altes Lied. Auch ich kannte das Lied aus meiner Jugend. – Waren es die Schneeflocken, die es sangen?

> ...Only the lonely...
> dam, dam, dam, dam di du ah...
> only the lonely...
> oh yeah, oh yeah di du ah...
> can feel the way I feel tonight...
> dam, dam, dam, dam di du ah...
> Only the lonely...
> ...the only lonely...
> ......the lonely only...

Der Himmel wurde schwefelgelb. Nur ein einziger Sonnenstrahl hatte die Kraft, die giftigen Wolken zu durchbrechen. Er fiel auf mein Haar, das so schön glänzte, wie das Haar aller Schwangeren glänzt, fiel auf meinen makellosen Teint, der so makellos strahlte, wie der Teint aller Schwangeren strahlt. Trotz meiner schweren Schwangerschaftsübelkeit lächelte ich, hob meine schmalen Hände, um Albert mein Sträußchen aus Vergißmeinnicht zu schenken.

»Ruhe! Was ist das für ein Lärm!« schrie Anna.

»Es ist das Lied eines einsamen Herzens, unter dem noch ein einsames Herz schlägt«, sagte ich leise, aber tapfer.

Die alten Frauen ringsum fielen in das Lied ein, das von irgendwo gekommen war: »Dam, dam, dam, dam di du ah... oh yeah, oh yeah, di du ah...« erklangen ihre mahnenden Stimmen.

Die Vergißmeinnicht glitten mir aus der Hand, fielen zu Boden. Albert, der wie in Trance war, wollte sich bücken, doch Anna trat mit ihren billigen Lackschuhen – die, obwohl sie neu waren, bereits altbacken wirkten und schon aufgerissene Absätze hatten! – auf die unschuldigen Blüten, zerstampfte sie zu einer blaugrünen Masse. Nur eine Rispe blieb unversehrt, ich hob sie auf, drückte sie an meinen Bauch, wie um mein ungeborenes Kind vor der Kälte dieser Frau zu schützen.

»Im Verzicht liegt die wahre Liebe«, sagte der Bauer mit dem schwarzen Umhang und der Sense.

»Wer ist dieses Weib!« schrie Anna. »Ist sie etwa eine ledige Mutter?« Dann flüsterte sie schnell Albert zu: »Gib ihr fünf Mark und die Adresse von Pro Familia.« Albert reagierte nicht. »Schafft mir dieses Weib aus den Augen«, schrie Anna, »ich bin eine verheiratete Frau!« Albert reagierte immer noch nicht.

»Erbarmen, Gnädigste!« rief die Bettlerin.

»Wenn das Herz der Braut aus Eis ist, erfriert der Bräutigam«, sagte der Sensenmann, sein Gesicht war so weiß wie das Gesicht von Albert.

Anna stieß mich zurück. Die harte Kante ihres Eherings traf mein ungeborenes Kind. Ich fiel die Stufen hinab wie der Kinderwagen in ›Panzerkreuzer Potemkin‹.

»Only the lonely«, klagten die Schneeflocken.

Und die alten Frauen sahen Anna an und sangen so leise, daß es fast wie ein Summen klang: »Oh yeah, oh yeah, di du ah …«

Annas Blick schnitt durch meine Seele wie ein Skalpell durch die Flügel eines Schmetterlings. Ihr Gesicht war aus Beton, nur ein Pickel auf ihrer Nase leuchtete. Die letzte Blüte der letzten Rispe des Vergißmeinnichts schloß sich für immer. Ich fühlte, wie mir die Sinne schwanden. Nur das ungeborene Leben unter meinem einfachen, aber geschmackvollen Leinenkleid regte sich noch. »Mama! Mama!« rief mein kleines Baby, »Gib nicht auf, ich werde alles für dich sein!« rief das neue Leben in mir.

»Ich weiß es Liebling, wir werden immer zusammenbleiben, mein Liebling«, hauchte ich.

Mit meinen tränenblinden Augen konnte ich nicht mehr sehen, wie sich Albert über mich beugte, aber ich erkannte ihn, als ich spürte, wie er meinen Kopf von den Granitstufen hob und mein Gesicht gegen die feinen Biesen seines Hemdes drückte. »Constanze, du bist schwanger, du?« flüsterte mir Albert ins Ohr. »Warum hast du das nicht gesagt? Warum, o Constanze?«

»Wir werden uns ganz alleine auf dieser Welt zurechtfinden... ich werde die Kraft für uns beide haben... ich werde dein Kind zu einem glücklichen Kind heranziehen«, flüsterte ich, »...und wenn es ein Junge wird, dann soll er Daniel heißen.« Meine Stimme versagte.

Albert sah mich an und in seinen Augen erwachte eine ferne Zärtlichkeit.

»Geh mit ihr, werde mit ihr glücklich«, vermochte ich noch zu hauchen. Noch einmal hörte ich, wie aus weiter Ferne, die

Klänge: Only the lonely...
              can feel the way I feel...
              ... only the lonely...
              ...... the only lonely...
              .... the lonely only....

Das Lied gab mir die Kraft, noch einmal zu sprechen: »Geh, aber versprich mir eines, Albert... was immer auch geschehen mag... verliere nie den Glauben an eine harmonische Trennung.«

Dann sank ich ohnmächtig zusammen.

68. Kapitel

Als ich wieder zu mir kam, dämmerte der Morgen herauf. Ich schaltete den Cassettenrecorder ab. Ich war ratlos wie nie zuvor. Albert war von seinem Schicksal ereilt worden. Er lebte für sein Geld, und für sein Geld mußte er sterben. Langsam und qualvoll sterben in einer Ehe mit dieser Anna. Und Annas Kind, das würde später Alberts Erbe verprassen. Jedenfalls würde das Albert recht geschehen.

Um Albert zu ärgern, rief ich ihn in den nächsten Wochen ständig an, fragte jedesmal, ob ihm diese Anna den Hochzeitstermin schon befohlen hätte. Er behauptete, von Heiraten sei keine Rede, Anna hätte gesagt, sie würde das Kind gegebenenfalls alleine aufziehen, und er wisse auch nicht, ob es sinnvoll sei zu heiraten. Sinnvoll! So denkt keiner, der glücklich ist. Ja, sein Geiz hatte ihn verraten und verkauft. Es war nur gerecht, daß er unglücklich geworden war.

Aber irgendwie tat er mir trotzdem leid. Erstens hatte ihn diese Anna reingelegt, und im Grunde konnte er nichts dafür, daß er so geizig war. Alle Ärzte sind geizig. Wann ist ein Arzt ein guter Arzt? Wenn er reich geworden ist. Je mehr er verdient, desto besser der Arzt. Albert sagt selbst, daß die Wertschätzung der Ärzte nur die Wertschätzung ihres Einkommens ist. Er als Mensch existiere für die Leute nicht. Ich bin die einzige Frau, die sich für ihn als Mensch interessiert – hatte Albert selbst gesagt. Jawohl.

Diese Anna mißbrauchte ihn nur als Kindsvater. Sie kannte Albert doch erst seit Wochen! Wie konnte sie ihm das antun? Albert sagte, diese Anna hätte gesagt, wenn er keine Bindung zu dem Kind aufbauen könne, dann wolle sie ihn nicht dazu zwingen. Albert sagte, er sei froh, daß diese Anna Verständnis für seine Situation hätte. War er verblendet?! Er nahm diese Frau sogar in Schutz, sie, die bereit war, ihn in den Ruin zu treiben?

»Das legt sich«, sagte Julia, als ich erzählte, wie sehr Albert unter dieser Anna litt. »Männer werden nicht als Väter geboren, sondern dazu erzogen.« Wenn das Baby erst da sei, würde Albert ein begeisterter Vater werden. So sei das normalerweise. Ich müsse ihn nicht bedauern, wenn er jetzt erzählte, daß er unglücklich ist, er würde schon noch glücklich werden. Vor allem, wenn er emotional so zurückhaltend sei, wie ich immer behauptet hätte, dann würde er dem Charme eines Babys erliegen.

»Dem Charme eines Babys?« fragte ich entgeistert.

»Seine Hilflosigkeit – das ist der Charme eines Babys.« Julia behauptete, das Baby würde ein Gefühl der eigenen Bedeutung vermitteln. Niemand, der ein Herz hätte, und schon gar niemand, der emotional selbst unsicher sei, könne dieser Hilflosigkeit widerstehen. Vor allem: Wenn Albert und Anna ein Baby hätten, dann hätten sie einen ernsthaften Grund, zusammenzubleiben. Sie hätte es immer gesagt: verliebte Gefühle seien keine dauerhafte Grundlage. Wenn ich nur auf Gefühle hören wollte, dann würde ich mein Leben lang von einer Beziehung zur nächsten ziehen.

Ich war so depressiv, daß ich nicht mal wütend wurde über Julias Reden. Ja, Julia hatte recht: Diese Anna würde Albert zur Heirat zwingen. Und ich, was sollte ich tun?

Birgit sagte, die Bewegungen meines Sternzeichens seien zur Zeit nicht günstig für Veränderungen. Schützen sollten sich zurückhalten und abwarten. Obwohl gerade das Abwarten den Schützen schwerfalle. Welche Aszendenten ich denn hätte? Auch das wußte ich nicht.

Einmal, als ich Albert wieder nach dem Hochzeitstermin fragen wollte, war eine Frau am Telefon. Bestimmt war es diese Anna. Ich legte wieder auf. Anna würde Mutter werden, und ich war machtlos gegen sie. Sie hatte die Unterstützung des Finanzamtes, der Kirche und von Alberts Eltern hinter sich. Alberts Eltern wäre als Mutter ihres Enkelkindes eine ehemalige Diätassistentin lieber als eine zukünftige Filmemacherin. So spießig waren die.

Das Leben war mir verleidet. Nichts machte Spaß. Das Seminar bei Wolfgang Klein bot keine neue Orientierung für mein Leben. Es kamen ständig neue Frauen in dieses Seminar, fast alle mit Kindern. Wolfgang sagte, wir sollten unsere Gefühle den Gefühlen unserer Kinder anpassen. Wir müßten lernen, von unseren Kindern zu lernen. Ich kam mir überflüssig vor. Ich war neidisch. Neidisch auf die Mütter, Mütter wie Anna. Wolfgang Klein schien an meinem Referat kein Interesse mehr zu haben, und eine Anwesenheitsliste führte er selbstverständlich nicht, wer einen Schein wollte, bekam ihn auch so. Also warum überhaupt hingehen?

Ich saß im Café Kaputt herum. Joschi kam nicht mehr her, er hatte seine Scene verlagert. Ich quatschte mal mit diesem, mal mit jenem. Alles war sinnlos. Oberflächliches Kneipengewäsch – früher hatte es mich nie gestört, aber jetzt. In drei Wochen würde ich achtundzwanzig werden. Welche Zukunft hat man als Frau mit achtundzwanzig? Hat man überhaupt noch eine Zukunft? Oder sollte ich mich besser sofort um einen Platz in einem netten Altersheim bemühen?

Ich begann, mich von der Welt zu isolieren. Das ganze Wochenende verbrachte ich am Bügelbrett, ich bügelte sogar meine Slips. Das Leben hatte mir nichts mehr zu bieten. Als ich überlegte, ob ich auch die Kanten der Frotteehandtücher bügeln sollte, so wie es meine Tante Katharina tut, bäumte ich mich gegen mein Schicksal auf. Nein, soweit würde es nicht kommen. Ich beschloß, jetzt auf eine Heiratsannonce zu schreiben, und schaltete das Bügeleisen ab.

Der Herbstwind schlug mir ins Gesicht, als ich mich zum Kiosk an der U-Bahn durchkämpfte, der auch sonntagabends geöffnet hat. Julia hatte mit einer Anzeige das Glück gefunden – Birgit zwar nicht, trotzdem: objektiv, nach meinem Bekanntenkreis beurteilt, standen die Chancen 50 : 50. Ich kaufte die Wochenendausgabe jener Zeitung mit den meisten Heirats- und Bekanntschaftsanzeigen.

Was ich fand, war immer noch derselbe kalte Kaffee. Die Männer hatten sich im letzten halben Jahr nicht geändert. Es hatte keinen Zweck, einem dieser jünger aussehenden Lustgreise zu schreiben. Es wäre besser, selbst eine Anzeige aufzugeben. Nur, was sollte ich schreiben? War ich eine attraktive Mädchenfrau? Oder eine mädchenhafte Intellektuelle? Sollte ich schreiben, daß ich nicht kochen kann? Und keinen Sport treibe? Nein, da würde ich gegenüber den anderen Anbieterinnen zu schlecht abschneiden. Ewigkeiten sinnierte ich über meine positiven Eigenschaften, ohne mich festlegen zu können.

Was hatte damals diese Frau geschrieben, auf deren Anzeige ich geantwortet hatte? Ich hatte die Anzeige ausgeschnitten und hatte sie auch nicht weggeworfen, als ich damals meinen Brief von der Zeitung zurückbekam. Also mußte ich die Anzeige noch haben. Nur wo? Endlich fand ich sie, sie lag hinten im Küchenschrank, in dem Römertopf, den ich nie benutze. Die Anzeigenformulare und die Anzeigenpreisliste lagen dabei. Sehr ordentlich. Ich bin gar nicht so schlampig, wie Albert immer behauptet hat.

Wieder war ich sofort von dieser Anzeige fasziniert:

Deine Vorzüge lassen sich nicht im Anzeigenton formulieren... Du hast Deinen Weg jenseits von abgeklärtem Stillstand gefunden... Du fühlst vieles, was die anderen verdrängen... Du suchst den Kampf gegen das Bürgerliche an sich... Für Dich ist Sein wichtiger als Haben. Dein freier Geist mag keine Normen und hat Raum für den tieferen Sinn des Daseins. Du magst Politik... Toleranz und Ästhetik sind für Dich so lebenswichtig wie für mich: Du bist intellektuell aus innerster Seele. Die Gesetze der Erotik sind bekannt...

Ich 32/170/65 begeisterungsfähig und motivierend, flexibel und kontrolliert, aber völlig undogmatisch und trotz allem greifbar, habe gelernt, mich in absoluten Freiräumen zu orientieren, Ordnungen selbst zu entdecken. Ich liebe klare Sprache und klare Menschen; unorthodox schaue ich mir Dinge gerne andersherum an als in ihren eingestanzten Bedeutungen. Wir suchen uns, um selbstverständlich zu sein...

– Ob diese Frau etwas dagegen haben würde, wenn ich ihre Worte für meine Anzeige ausleih? Diese Frau, sie war mir wesensverwandt – und ich an ihrer Stelle würde nichts dagegen haben, wenn sie an meiner Stelle... Nur die Äußerlichkeiten mußte ich ändern. Ich war 27 – nicht mehr lange, es war höchste Zeit – 164 cm, 53 kg. Alles andere traf genau auf mich zu, charakterisierte genau den Mann, den ich suchte, einen freien intellektuellen Geist, einen ästhetischen Toleranten. Um die Chance nicht ungenutzt zu lassen, nicht nur einen Mann zu finden, der das gleiche dachte wie ich, sondern auch noch das gleiche machte wie ich, fügte ich am Schluß zwei Worte dazu, nämlich: »Hobby: Kino.« Das wäre optimal.

Ich zählte die Zeilen, verglich mit der Anzeigenpreisliste. Teuer würde das werden. Konnte ich mir das leisten? Sollte ich die Anzeige kürzen? Einen Satz streichen? Aber welchen? Ich konnte auf kein Wort verzichten. Jedes war wichtig, jedes war aussageschwer, geradezu relevant. Gut, die Anzeige würde einiges kosten, aber ich hatte eben erst von meinem Vater das Geld für November bekommen, und zu meinem Geburtstag würde ich extra Geld von meiner Mutter und von meiner Tante bekommen.

Diesmal würde ich mir zum Geburtstag einen neuen Mann schenken lassen. Meine Mutter wollte zwar, daß ich mir einen elektrischen Rührquirl kaufe, das sei praktisch, aber eindeutig noch praktischer war ein neuer Mann!

Als ich die Anzeige fehlerfrei auf die Formulare übertragen hatte – ich brauchte zwei Formulare, weil meine Anzeige so lang war –, zitterten meine Hände, und noch eine Stunde, nachdem ich den Brief eingeworfen hatte, klopfte mein Herz wie wild. Es war Dienstag abend, ob meine Anzeige schon in der nächsten Samstagausgabe erscheinen würde? Wie viele mir schreiben würden? Sollte ich mich mit jedem treffen, der schrieb? Vielleicht wäre eine Vorauswahl klüger. Abwarten. Wann die Antworten wohl kommen würden? Vielleicht schon Montag? Kaum. Die Anzeige erschien unter Chiffre: Die Männer mußten zuerst an die Zeitung schreiben, und dann mußte die Zeitung die Briefe an mich schicken, so ging das. Aber wenn die Männer sofort am Samstag schreiben würden, wären die Briefe am Montag bei der Zeitung; wenn die Zeitung sie sofort an mich weiterschicken würde, hätte ich am Dienstag die Antworten. Oder am Mittwoch erst? Abwarten.

69. Kapitel

Chiffre 23 841 BP, das war ich. Tatsächlich war meine Anzeige schon am Samstag in der Zeitung. Ich war total hektisch und getraute mich kaum, meinen eigenen Text zu lesen. Die Anzeige war nicht zu übersehen. Ob Albert die Anzeige sehen würde? Oder Julia? Oder Birgit? Oder dieser Karl-Heinz? Ob sie merken würden, daß ich das war? Vielleicht hätte ich »Hobby: Kino« doch nicht dazu schreiben sollen, das war zu deutlich auf mich gemünzt. Aber nun war es geschehen. Ich blieb wieder das ganze Wochenende zu Hause. Ich hatte Angst, die Typen im Café Kaputt würden mich als die begeisterungsfähige, undogmatische, flexible Intellektuelle (27, 164 cm, 53 kg) identifizieren und blöde Sprüche machen. Darauf hatte ich keine Lust.

Dann, aber erst am Mittwoch, war ein unauffälliger, größerer, brauner Umschlag im Briefkasten. Der Umschlag war ohne Absender, aber ich erkannte den Portostempel der Zeitung. Im Umschlag war ein Kuvert – feinstes Briefpapier –, das Kuvert war an die Zeitung adressiert, und unter der Adresse stand: »Betrifft Chiffre 23 841 BP vom 9.11.« Ich zündete mir eine Zigarette an, ehe ich den Umschlag aufmachte. Ich las:

»Liebe Suchende,
erstaunt war ich sehr über ›Deine‹ Annonce. Dieselbe erschien schon Monate zuvor in eben jener Zeitung. Ich selbst schrieb sie damals, nach einer gescheiterten Ehe einen wahren Neubeginn suchend. Ich schreibe Dir, weil meine Wünsche in Erfüllung gegangen sind. Eine Erfüllung, die einen

vollkommenen Wandel meines Lebens bedeutete. Ich verdanke mein Glück dem Irrtum eines Mannes bei der Zeitung, seinetwegen erschien mein Inserat falsch placiert... war abgedruckt, fremdkörperartig inmitten suchender Männer... ich erhielt 17 Zuschriften von Frauen, eine jede glaubend, meine Annonce sei diejenige eines Mannes. Damals wagte ich... nach langem Zaudern... einer Frau zu antworten, deren Zeilen mich intuitiv zutiefst berührt hatten... ich kann die Totalität unserer Gefühle nicht analysieren... heute sind wir mehr als ein Paar – zu einer Einheit verschmolzen sind wir.

Dir, die Du noch suchst, dies auf den Weg:

SAGE DEN MÄNNERN ADIEU!

Zwei glückliche Frauen

PS: Die Zeitung druckte damals meine Annonce ein zweites Mal noch... in der richtigen Rubrik. Kein einziger Mann antwortete. Ich vermochte darüber nicht zu trauern... im Gegenteil... ich erfuhr die Gewißheit, daß jener Teil meiner Existenz, den ich nun bewußt aufgegeben habe, nur Beengung gewesen war. Wir befreiten uns gemeinsam aus dem Gefängnis der Konventionen.«

– Was sollte das bedeuten? Kein Mann hatte dieser Frau geantwortet? Aber außer mir 16 andere Frauen! Warum? Was war der Unterschied zwischen Männern und Frauen? Und nun war diese Frau mit einer Frau zusammen... war lesbisch geworden... das konnte doch nicht wahr sein! Oder doch?

Die Frau hatte recht, auch mir hatte kein Mann geschrieben. Und mir riet sie, auch lesbisch zu werden.

Warum nicht lesbisch werden? fragte ich mich. Nein, ich wußte doch gar nicht, wie man lesbisch wird. Oder war es nur meine bürgerliche Erziehung? Nein, ich war nicht spießig. Hatte ich nicht schon damals gedacht, als ich feststellte, daß ich auf die Annonce einer Frau geantwortet hatte, daß ich auch lesbisch sei? – Ja. Wäre das eine Lösung meiner Probleme? – Nein. Ich kannte doch gar keine Frau, mit der ich lesbisch hätte werden können.

Am übernächsten Tag bekam ich noch einen Brief von der Zeitung. Er enthielt die Rechnung. Inklusive Mehrwertsteuer 256 Mark und 48 Pfennig. Verloren.

70. Kapitel

Samstags, auf der Supermarkt-Promenade, traf ich Sieglinde.

»Ich habe es sehr, sehr eilig! Mein Mann ist verreist! Endlich habe ich mal richtig Zeit zum Putzen!« verkündigte sie.

»Wo ist er?«

»Mein Mann ist in Paris.«

»Was, alleine nach Paris? Hat er dich sitzenlassen?«

»Mein Mann ist geschäftlich in Paris. Mit Kollegen meines Mannes, und die haben ihre Frauen auch nicht mitgenommen. Abends gehen die Männer gerne in Kneipen, da würden wir Frauen nur stören.«

»Wenn er das selbst sagt, dann wird es ja stimmen.«

Sieglinde musterte mich vom Busen bis zum Mantelsaum und fragte: »Wie geht es Alberts Anna? Ich freu mich ja so für die beiden. Mein Mann hat gesagt…«

»Fragt sie doch selbst, wie es ihr geht. Ihr seid doch so gut miteinander bekannt.«

»Warum bist du so aggressiv?« sagte Sieglinde höchst überrascht. Dann fragte sie sanft: »Hast du Lust, mit zu uns zu kommen? Wir haben uns lange nicht gesehen. Du kennst noch gar nicht unseren neuen Teppich im Wohnzimmer.«

»Gut«, sagte ich gnädig, »auf eine Tasse Kaffee kann ich mitkommen, Frau Lahmarsch-Adler.«

Sieglinde lächelte. Meine Güte, war die schwer von Begriff!

In der Lamar-Schadlerschen Wohnung war es eiskalt. An der Heizung sparten sie also auch. Brrr. Der neue Teppich war auf antik getrimmt, in muffigen Farben und verbreitete im ganzen Wohnzimmer etwas penetrant Muffiges. Überall lagen Prospekte herum: ›Schöner Wohnen mit gutem Licht‹, ›Behaglicher leben mit echten Teppichen‹, ›Ein Leben mit Möbeln aus echtem Holz‹, ›Die elegante Einbauküche‹ und so weiter.

»Es ist nämlich so«, erläuterte Sieglinde, »mein Mann und ich tragen uns mit der Absicht, eine Eigentumswohnung zu erwerben. Mein Mann muß nur noch prüfen, wie das steuerlich am günstigsten zu machen ist.«

»Mein Magen und ich, wir könnten einen Kaffee gut vertragen, bei der Kälte hier«, sagte ich. – Ich war nicht mitgekommen, um mir die neuesten Steuerersparnis-Tips anzuhören. Ich schüttelte mich demonstrativ vor Kälte und sah Sieglinde durchdringend an.

»Ich habe Irish coffee entdeckt«, sagte sie, »hast du das schon mal getrunken?«

»Nein.«

»Schmeckt sehr lecker. Ich hab das Rezept von der Frau meines Chefs, und es hat bei meinen Gästen schon viel Anklang gefunden.«

Ich schüttelte mich wieder demonstrativ vor Kälte und sah Sieglinde wieder durchdringend an.

»Soll ich einen Irish coffee machen für uns?« fragte sie endlich.

»Gute Idee!«

Sieglinde streute sich einen zusätzlichen Löffel gestoßenen Zucker über die Schlagsahne. Dann kam sie wieder auf das Wohnungsthema. »Mein Mann will in der neuen Wohnung unbedingt Teppichboden haben, überall Teppichboden. Ich bin für Parkettboden, darauf kann man zusätzlich Teppiche legen. Das wirkt repräsentativer. Aber mein Mann meint, das könnten wir uns noch nicht leisten. Was meinst du dazu?«

Offenbar war sie jedoch an meiner Meinung nicht interessiert, denn sie stand auf, ging in die Küche und kam mit einer Schachtel Pralinen zurück. Es waren nur vier Pralinen in der Schachtel. »Bedien dich«, sagte Sieglinde mit einer großzügigen Handbewegung.

Ich nahm die mit der Haselnuß.

Als ich wieder in die Schachtel griff, war sie leer. Gemeinheit. Für jede zwei Pralinen, das wäre gerecht gewesen. »Kann es sein, daß du in letzter Zeit dicker geworden bist?« fragte ich tückisch. Strafe muß sein!

»Ich habe seit meiner Heirat kaum zugenommen… lediglich soviel, wie ich vorher abgenommen hatte. Diese ewigen Diäten, du glaubst nicht, wie das an meinen Nerven gezehrt hat.« Sieglinde seufzte unwillkürlich, als sie an die entbehrungsreiche Zeit vor ihrer Ehe dachte.

»Willst du vielleicht einen zweiten Irish coffee?« fragte sie dann.

»Oh, ja.«

Aufgewärmt und freundlich gestimmt durch den Kaffee

und den Alkohol fragte ich Sieglinde, was sie von ihrem Göttergatten zu Weihnachten bekäme.

»Eine Fuchsjacke, bei Pelz-Couture habe ich die gesehen, erstklassige Verarbeitung! Die wollte mein Mann eigentlich für mich kaufen. Aber nun, da wir wahrscheinlich bald hohe Ausgaben für die Eigentumswohnung haben werden, sagt mein Mann, käme die Fuchsjacke nicht mehr in Frage. Vielleicht im nächsten Sommer, zum Sommerpreis, weißt du«, Sieglinde lächelte.

»Weißt du, ich hätte lieber im Winter eine Pelzjacke«, sagte ich gnadenlos.

»Du mußt einsehen, daß das nicht geht, wir müssen auf jeden Fall sparen, denn mein Mann braucht ein größeres Auto. Wenn wir in eine bessere Gegend ziehen, braucht mein Mann ein repräsentativeres Auto.« Plötzlich setzte sich Sieglinde sehr aufrecht, zog einen Fußschemel vor ihren Sessel, stellte ihre Beine sittsam auf den Schemel und sagte: »Mein Mann mag es nicht, wenn ich die Beine übereinanderschlage!« Sie strahlte mich an.

Ich konnte nur den Kopf schütteln.

Als ich den zweiten Irish coffee ausgetrunken hatte, konnte ich das Ehefrauen-Getue von Sieglinde nicht länger ertragen. Außerdem fiel mir ein, daß ich eigentlich die Küche putzen wollte. Ich sagte Sieglinde, daß ich jetzt gehen muß, weil ich jetzt arbeiten müsse. Sieglinde sagte, sie müsse jetzt putzen.

»Was macht ihr denn an Weihnachten?« fragte ich, als wir schon an der Tür standen.

»Mein Chef und seine Frau fahren zum Skilaufen nach Sankt Moritz.«

»Ach so. Und dann wollte ich dich noch was fragen...«

»Ja?«

»Wie heißt dein Mann mit Vornamen?«

»Wolf-Dietrich! Hast du das etwa vergessen?«

»Ich dachte, du hättest es vergessen.« Dann machte ich, daß ich wegkam.

Ich dachte noch lange darüber nach, warum Sieglinde ständig betont, was ihr Herr Gatte wünscht, was ihr Herr Gatte mißbilligt. Ihm ist doch völlig egal, was sie tut oder nicht – Hauptsache, er spart Steuern. Warum spielt sie dann dieses Theater? Sie versucht, die Defizite zu übertünchen!

Sieglinde hatte geheiratet, um den Status einer verheirateten Frau zu bekommen – den Status hatte sie bekommen, mehr nicht. Im Grunde war sie ein sehr anspruchloses Frauchen. Sieglinde war freiwillig in die Sklaverei gegangen. Sie existierte nur noch durch ihren Mann.

Ich war trotzdem milde gestimmt gegenüber Sieglinde. Frauen wie sie zeigen, daß es sich immer noch lohnt, auch als Frau eine eigene Identität zu haben. Im Vergleich zu ihr ging es mir besser, denn eine ungewisse Zukunft ist besser als gar keine.

71. Kapitel

Ausgerechnet in diesem Jahr fiel mein Geburtstag auf Totensonntag. Das hatte mir gerade noch gefehlt in diesem Jahr. Trotzdem entschloß ich mich am Mittwochmorgen, es war Buß- und Bettag und das Wetter entsprechend, am Sonntag meinen Geburtstag zu feiern. Kein großes Fest, lieber ein Kaffeekränzchen. Zuerst rief ich Julia an. Ich hatte sie seit Ewigkeiten nicht gesehen – sie war verliebt und verschwunden. Typisch! Julia erzählte, sie und ihr Jürgen seien wahnsinnig mit Wohnungssuche beschäftigt.

»Was, ihr wollt zusammenziehen!«

»Der Jürgen und ich sehen da keine Probleme.«

»Mich wundert bei dir überhaupt nichts mehr!« Dann teilte ich ihr meinen Entschluß mit, am Sonntag meinen Geburtstag zu feiern.

Julia sagte, daß sie sehr gerne käme und daß ihr Jürgen auch Zeit hätte und ob der auch kommen dürfe?

Natürlich, gerne. Sonntag, vierzehn Uhr. Abgemacht.

Birgit lud ich auch ein. Ich fragte, ob sie einen Mann mitbringen wolle, erwartungsgemäß nicht. Ich überlegte dann, ob ich für Birgit den Bernhard, mit dem ich mich manchmal in der Mensa unterhalte, einladen sollte, er war nett, obwohl nicht mein Typ... oder ob ich sonst jemand aus dem Institut einladen sollte, die Beate oder den Klaus... oder vielleicht Rosemarie aus dem Café Kaputt? Aber wenn man Leute einlädt, die nur den Gastgeber kennen, dann muß man immer aufpassen, daß sie sich nicht langweilen. Und überhaupt war es besser, keinen aus dem Institut einzuladen, denn vielleicht würde Julia auf Gottfried Schachtschnabel zu sprechen kommen, und das könnte peinlich werden für mich.

Sieglinde und ihren Mann einzuladen, hatte ich keine Lust. Aber Albert rief ich kurzentschlossen an.

Ja, natürlich wüßte er, daß ich Geburtstag habe am dreiundzwanzigsten. Und er käme gerne am Sonntag um zwei.

»Mußt du nicht zuerst deine Anna um Erlaubnis bitten?«

Nein, er könne es allein entscheiden. Und er wäre mir dankbar, wenn ich am Sonntag vor den anderen Leuten nicht ständig über Anna herziehen würde.

»Ist schon gut«, sagte ich.

Am gleichen Abend noch rief Julia an, sagte, ich solle keine Torte backen für mein Geburtstagsfest, auf gar keinen Fall. Sie würde eine Überraschung mitbringen. Sie könne zwar nicht sagen, was, weil es ja eine Überraschung sei, aber auf gar keinen Fall solle ich eine Torte backen oder kaufen. Und wie alt ich überhaupt würde?

»28.«

»Alles klar«, sagte Julia.

»Alles klar«, sagte ich.

Einen Tag vor meinem Geburtstag rief Julia wieder an, sagte, es täte ihr schrecklich leid, aber Jürgen und sie müßten morgen ungefähr um fünf schon wieder gehen, sie hätte eben auf ein Wohnungsinserat angerufen, und da sei morgen ab achtzehn Uhr Besichtigung. Da konnte man nichts machen, ich hatte zwar schon für morgen diverse Sachen zum Abendessen gekauft, aber zum Glück nichts, was schnell verdirbt. Wir verabschiedeten uns also bis morgen, nachdem mir Julia ausführlich erzählt hatte, wie schwierig es ist, eine schöne Wohnung zu finden.

Am Sonntag, im Morgengrauen, riefen meine Eltern an und überhäuften mich mit Glückwünschen und mit Ratschlägen für eine gesunde Lebensführung. Und meine Tante Katharina berichtete eine halbe Stunde das Neueste aus ihrem Leben. Den ganzen Morgen ging das Telefon. Auch Ilona Reuter hatte meinen Geburtstag nicht vergessen, und sonstige Uralt-Bekannte gratulierten. Christine rief sogar kurz aus Frankreich an, sie sei nicht mehr mit dem Französisch-Lehrer zusammen, und in drei Monaten käme sie mich besuchen und würde mir alles genau erzählen.

Pünktlich um zwei kam Julia mit einer riesigen Eierlikör-Torte, Jürgen und Birgit im Schlepptau. Ganz toll! Auf der Torte stand, mit Schokolade aufgespritzt: »Für Constanze zum 28!« Ganz toll. Das war wirklich unheimlich nett.

Typisch Birgit – sie schenkte mir ein Buch: ›Die Schütze-Frau und ihre Männer‹. Toll. Sie hätte informationshalber schon darin geblättert, es sei sehr, sehr aufschlußreich. Toll. Und Julias Jürgen schenkte mir eine weiße Amaryllis im Blumentopf. Ich liebe Amaryllis, nicht nur, weil sie so schön aussehen, auch weil sie schnell wachsen, man kann zusehen, wie sie wachsen. Ganz toll.

Viertel nach zwei war Albert noch nicht da. »Sicher läßt ihn diese Anna nicht gehen«, orakelte ich.

Ich machte eine der zwei Flaschen Sekt aus dem Geburtstagspaket von meinen Eltern auf. Prost auf meinen achtundzwanzigsten.

»Wir wünschen dir all das, was du dir selbst wünschst«, sagte Jürgen.

»Was wünschst du dir?« fragte Birgit.

Da war ich etwas verlegen: »Ich hab keine konkreten Wünsche.«

»Einen neuen Mann vielleicht?« fragte Julia neckisch.

»Aber bitte nicht irgendeinen!« sagte ich.

»Natürlich«, sagte Julia, »nicht irgendeinen! Den Mann, bei dem alles anders wird.«

»Du mußt das Buch lesen, das ich dir mitgebracht habe, das wird dir weiterhelfen!« rief Birgit.

Um halb drei war Albert noch nicht da. Der Kaffee war fertig, und weil ich mir natürlich hatte denken können, daß Julias Überraschung eine Torte wäre, hatte ich einen Liter geschlagene Sahne im Kühlschrank parat.

Also fingen wir an mit der Eierlikör-Torte, obwohl sie eigentlich viel zu schön aussah, um sie zu zerschneiden.

Köstlich war die Torte.

Um drei kam Albert.

Er war ziemlich verlegen, besonders als er Julia guten Tag sagte. Birgit himmelte Albert sofort an. Albert schenkte mir einen wirklich hübschen Strauß, ganz in Rosa: Rosarote Rosen, rosarotes Schleierkraut, kleine Nelken und diese runden, gefüllten Blumen, deren Namen ich mir nie merken kann. Wirklich hübsch. Und dazu ein riesiger Fotoband über die Hollywood-Stars der fünfziger Jahre! Hui, so ein teures Buch! Da war er aber spendabel gewesen. Ich küßte Albert – aber nur auf die Wange.

Er wurde noch verlegener und sagte: »Es tut mir leid, aber ich muß sofort wieder gehen. Anna geht es sehr schlecht.«

»Wieso?« fragte jemand.

»Sie hat Magenkrämpfe.«

»Meinst du, euer Kind kommt heute auf die Welt? Ausgerechnet an meinem Geburtstag!?«

»Quatsch nicht so blödes Zeug«, sagte Albert. »Es geht ihr wirklich nicht gut. Ich war schon vorher bei ihr, deshalb komme ich zu spät.«

»Aber ein Stück Torte kannst du mit uns essen«, sagte Jürgen und fügte stolz hinzu: »Julia hat sie selbst gebacken.«

Ja, soviel Zeit hatte er gerade.

»Ist jetzt klar, wann du heiraten mußt?« fragte ich Albert.

Klagend sah er Julia, Birgit und Jürgen an: »Dauernd fragt sie mich das. Ich weiß es nicht. Es ist alles nicht so einfach.«

»Das glaube ich dir«, sagte Julia.

»Meine Schwester hat im Heilig-Geist-Hospital entbunden, da würde sie immer wieder hingehen«, sagte Birgit.

»Soweit ist es noch nicht«, sagte Albert.

»Im wievielten Monat ist sie?« fragte Birgit.

»Anna ist erst in der sechsten Woche schwanger.«

»Da hast du genügend Zeit, noch ein Stück Torte zu essen«, sagte ich.

»Nein, ich muß gehen, ich habe es versprochen.«

Ein Glas Sekt trank er wenigstens noch mit uns.

»Schade, daß wir uns erst jetzt und nur so kurz kennengelernt haben«, sagte Julia, als Albert sich verabschiedete. Auch Birgit war tief betrübt, daß der schicke Herr Doktor schon gehen mußte. Albert wünschte Julia und Jürgen viel Glück bei der Wohnungssuche, und zu mir meinte er, daß wir uns demnächst vielleicht ausführlicher unterhalten könnten. Dann hetzte er davon.

Alle, Julia, Jürgen und Birgit mußten zugeben, daß Albert keinen glücklichen Eindruck machte. Julia und Jürgen fanden es auch nicht toll, daß diese Anna ein Kind von Albert in die Welt setzte, obwohl sie ihn erst seit einigen Monaten kannte. Aber Birgit mußte wieder mal auf ihre Schwester verweisen, die nach siebenmonatiger Bekanntschaft schwanger und glücklich geworden war. Und sie fügte hinzu: »Ihr beiden zieht doch auch zusammen, und ihr kennt euch sogar erst seit drei Monaten.«

»Eine gemeinsame Wohnung erscheint mir etwas unproblematischer als ein gemeinsames Kind«, antwortete Jürgen ziemlich scharf.

»Eine gemeinsame Wohnung kann man kündigen, wenn man sich trennt«, erklärte ich Birgit, die Jürgen verständnislos und erschrocken ansah.

»Diesmal heirate ich nicht wegen der Wohnung«, sagte Julia. »Man kann mir nicht nachsagen, daß ich meine Fehler wiederhole.« Sie lachte.

»Diesmal heiratest du wegen mir«, sagte Jürgen.

»Aber ich dachte, du wolltest nie wieder heiraten! Willst du... wollt ihr heiraten?«

»Nicht sofort. Keine Aufregung bitte. Aber jetzt, da ich keine Illusionen über die Ehe mehr habe, könnte ich prima heiraten«, sagte Julia.

»Ich mache mir noch Illusionen«, sagte Jürgen.

»Welche denn?« fragte ich.

»Wenn ich verheiratet bin, habe ich jemanden, den ich als Alibi vorschieben kann. Wenn meine Kollegen ihre Strategiediskussionen bis in die Nacht fortsetzen, dann kann ich sagen, ich müßte nach Hause, weil meine Frau auf mich wartet, sonst gäbe es Krach.« Er grinste froh. »Außerdem brauch ich eine Frau, die mein Auto in die Werkstatt bringt. Ich muß immer so tun, als hätte ich Ahnung, dabei kann ich lediglich ein Moped von einem Mercedes unterscheiden. Eine Frau muß nicht den Experten mimen. Wenn mich ein Monteur bescheißen will, tut er es sowieso. Nur über mich macht er sich zusätzlich lustig.«

»Dann mußt du das Fleisch kaufen, wenn ich Braten mache. Da habe ich jedesmal Angst, daß sie mir die schlechtesten Stücke andrehen. Ich getraue mich nie zuzugeben, daß ich keine Ahnung habe.«

»Fleischkaufen ist meine Spezialität, ich hab noch nie

schlechtes bekommen«, sagte Jürgen lässig, »wenn man als Mann Fleisch einkauft, wird man automatisch für einen Meisterkoch gehalten.«

»Und wenn wir verheiratet sind, mußt du dir die Betriebsgeschichten meines Vaters anhören!«

»Dafür mußt du dich mit meiner Mutter über Astrologie unterhalten – meine Mutter hält Astrologie für gleichbedeutend mit Psychologie.«

Julia lachte mal wieder.

»Aber deshalb braucht ihr nicht zu heiraten!« rief ich. »Du kannst genausogut mit Jürgens Mutter reden und sein Auto wegbringen, wenn ihr nicht verheiratet seid. Wenn ihr euch wieder trennt, dann ist das unverheiratet viel einfacher!«

»Du kennst meine Überzeugung«, sagte Julia, »ich finde es besser, wenn man sich darauf verläßt, daß man zusammengehört, statt täglich neu um die Gemeinschaft zu kämpfen. Leute, die von vornherein sagen, sie wollen kein Risiko eingehen, weil die Beziehung irgendwann in die Brüche gehen könnte, die können sich genausogut sofort trennen... früher oder später werden sie sich trennen, unter solchen Vorzeichen lebt man nur auf die Trennung hin!«

– Warum ereiferte sich Julia so? War es der Eifer der Bekehrten? »Was habt ihr eigentlich für Gemeinsamkeiten?« fragte ich leicht irritiert.

»Wir haben keine Gemeinsamkeiten!« Jürgen lachte dröhnend. »Wir ergänzen uns lediglich!«

»Man muß nicht alles gemeinsam machen, man braucht schon Distanz. Aber es gibt keine ideale Distanz. Und es gibt nur zwei Möglichkeiten... entweder man verringert die Distanz oder man vergrößert sie. Und weil wir die Distanz verringern wollen, werden wir heiraten. Irgendwann.« Sagte Julia.

»Demnächst«, sagte Jürgen.

So einfach machen es sich manche Leute! Ich seufzte heimlich. Um das Thema abzubiegen, fragte ich: »Glaubt ihr, daß Albert mit dieser Anna glücklich wird?«

Julia war nicht mehr so optimistisch, wie sie neulich gewesen war. Jürgen auch nicht. Nur Birgit, natürlich.

»Auf mich machte Albert einen recht hilflosen Eindruck,

er sollte abwarten, wie sich die Dinge entwickeln«, sagte Jürgen.

Julia sah mich mit ernstem Gesicht an. Ich wußte, was sie dachte: Sie dachte, daß ich mit dieser Entwicklung nichts mehr zu tun haben würde. »Was macht eigentlich dein Film?« fragte sie ganz unvermittelt.

Mein Film, ach ja. »Er stagniert.« Ich mußte es zugeben. »Ich dachte«, sagte ich unbedacht, »daß ich meine persönlichen Probleme zuerst lösen sollte, ehe ich mit dem Film weitermache. Das wäre besser, oder?«

»Du willst mit deinem Filmprojekt warten, bis du einen neuen Mann hast! Erstens hast du dann erst recht keine Lust, an dem Projekt zu arbeiten, und außerdem solltest du einen Mann nicht so hoch bewerten!« rief Julia.

»Du theoretisierst herum!« sagte Jürgen.

Julia ließ sich nicht beirren. »Ich finde, du solltest an deinen Film denken, nicht an die Männer. Die Männer kommen von alleine. Besonders wenn man nicht an sie denkt.«

»Du theoretisierst herum!« solidarisierte ich mich mit Jürgen. »Eigentlich wollte ich einen Film machen über die Trennung von Albert, aber mittlerweile bin ich nicht mehr so überzeugt, daß das ein gutes Thema ist.«

»Du mußt einen Film machen über eine Frau, die den Mann fürs Leben findet!« rief Birgit und strahlte erwartungsfroh.

»Zum Beispiel über diese Anna?! Niemals!!«

»Wir müssen jetzt gehen«, sagte Jürgen, »wir sind auf der Suche nach dem Hausherrn fürs Leben.«

Wie immer, wenn Jürgen einen Scherz machte, lachte Julia herzlich.

Dann waren Birgit und ich allein. Während ich mit Birgit über dies und das plauderte, dachte ich über Julia nach. Erst ließ sie sich scheiden, sagte, sie wolle nie wieder heiraten, dann liierte sie sich mit einem Mann, der ebenfalls nie wieder heiraten wollte – weil er schon verheiratet war, dann trennte sie sich von diesem Mann, eben weil er verheiratet war, dann antwortete sie auf eine Heiratsanzeige, und jetzt wollte sie wieder heiraten! So was Unlogisches! Und so was war Psychologin!

Sicher, dieser Jürgen war ganz nett. Aber war er wirklich der Mann ihrer Träume, oder nahm sie ihn nur, weil sie zu faul war, länger zu suchen? Mein Typ war er nicht, dieser Jürgen. Er hatte so was Entschiedenes an sich, sicher war er autoritär. Und sein demonstratives Geturtel mit Julia. Und wie laut er lachte. Und Männer mit blonden, glatten Haaren mag ich sowieso nicht.

Birgit blätterte in dem Buch, das sie mir geschenkt hatte.

»Was prophezeit es mir für die Zukunft?«

»Es sind keine Prophezeiungen, es steht drin, welcher Mann am besten zu dir paßt.«

»Da ich den Mann, der am besten zu mir paßt, noch gar nicht kenne, muß es sich auf jeden Fall um eine Zukunftsprophezeiung handeln.«

Birgit widersprach, vielleicht würde es sich erweisen, daß Albert der Mann ist, der am besten zu mir paßt.

Da war sie garantiert auf dem Holzweg, und außerdem glaube ich sowieso nicht an Horoskope, schon gar nicht, wenn was drinsteht, was mir nicht gefällt.

In dem Buch stand, mein idealer Partner sei ein Skorpion, oder ein Krebs, oder Fische. Jedenfalls einer, der aus dem Wasser kommt.

»Da siehst du es: Albert ist Löwe. Wahrscheinlich ist er deshalb ein so trockener Typ.«

Birgit las weitere wesentliche Stellen vor: »Der ideale Partner der Schützefrau ist ein Mann, der ihren Tatendrang nicht bremst, sondern sanft zu unterstützen weiß.«

»Ob das auf Albert zutrifft oder nicht, kommt ganz drauf an, wie man es sehen will: weder bremst er mich, noch unterstützt er mich.«

»Der ideale Gefährte der Schütze-Frau ist großzügig.« Birgit machte eine Pause.

Ha ha ha. Allerdings mußte ich Birgit insofern recht geben, daß Alberts Geburtstagsgeschenk großzügig war. Vor allem, wenn man berücksichtigte, daß unsere Beziehung allenfalls noch eine freundschaftliche war.

»Manche Menschen können eben nur geben, wenn man nichts von ihnen verlangt.«

Solch demutsvolle Weisheit war mal wieder typisch für Birgit. »Lies weiter«, sagte ich nur.

Birgit las weiter, daß auch ideal wäre, wenn mein Partner sachlich sei, um das leidenschaftliche Temperament der

Schütze-Frau auszugleichen. Das war wenigstens ein Aspekt, unter dem Albert die passende Ergänzung wäre. Er geht mit seinen Gefühlen so um wie mit seinem Geld. Er ist so sachlich wie ein Zwanzig-Mark-Schein.

Birgit sagte nichts dazu, sie zitierte weiter: »Die Schütze-Frau ist eine raffinierte Liebhaberin... wenn sie einen Mann bezaubern will, trägt sie mit Vorliebe Blau. Die Schütze-Frau weiß nämlich instinktiv, daß sie damit das Naturell der Männer anspricht, ohne jedoch ihre eigene Natur zu verleugnen...«

»Blau! Warum denn Blau?«

»Steht hier«, erklärte Birgit.

Ach ja – mein blauer Seidenunterrock fiel mir ein. Ach nein – der hatte mir kein Glück gebracht. »Lies weiter.«

»Niemals wird die Schütze-Frau das Vertrauen, das man in sie setzt, enttäuschen!« Und plötzlich wurde Birgit vertrauensselig. Sie legte das Buch beiseite. Sie müsse mir unbedingt erzählen, daß in letzter Zeit, jeden Mittwoch, immer nachmittags um halb drei, ein ganz süßer Mann in die Stadtbücherei käme. Ich könne mir nicht vorstellen, wie er sie jedesmal ansehen würde, so süß! Und dieser Mann leihe jedesmal nur zwei Bücher aus. »Bestimmt liest er jedes Buch, das er ausleiht!« sagte Birgit wohlgefällig. »Und weißt du, was er ist?!«

»Was ist er?«

»Er ist Schütze, genau wie du!«

»Du kennst ihn schon näher.«

»Natürlich nicht. Das Geburtsdatum steht doch auf der Leserkarte. Nächsten Donnerstag hat er Geburtstag.«

»Was für Bücher leiht er aus?«

»Er nimmt immer einen Krimi und einen Science-fiction-Roman. Aber neulich hat er statt des Krimis ein Buch über Aquarienfische mitgenommen. Also ich vermute, daß er ein Aquarium hat.«

»Hast du nie mit ihm geredet?«

»Er gibt seine Bücher pünktlich zurück. Wenn keine Verlängerungsgebühr fällig ist, was kann ich dann zu ihm sagen?«

»Du kannst ihn doch einfach ansprechen!«

»Ich kenne ihn doch nicht!«

»Gratuliere ihm zum Geburtstag nächste Woche! Da freut er sich garantiert.«

»Dann denkt er, ich will mich ihm aufdrängen.«

O je. Es war hoffnungslos mit Birgit. Ich goß ihr etwas Wein nach.

»Ich bin eben ein passiver Typ«, jammerte sie. »Letzte Woche habe ich einen großen Persönlichkeitstest gemacht in einer Illustrierten, da kam raus, daß ich ein passiver Typ bin.«

»Hast du das vorher nicht gewußt?« Vor Lachen verschüttete ich mein Glas. Machte nichts, ich hatte genügend Wein im Kühlschrank.

»So bin ich eben, ich kann mein Naturell nicht ändern«, sagte Birgit jammernd, wirkte aber eigentlich recht zufrieden.

Ich sah Birgit an. Alles drehte sich etwas komisch. Ich hatte etwas Wichtiges sagen wollen, es war mir entfallen. Ich mußte nachdenken. Es fiel mir ein, daß ich noch jede Menge Käse, Schinken und Salami, Gürkchen und eine Dose Ölsardinen im Kühlschrank hatte.

Wir aßen jede Menge Käse, Schinken, Salami, Gürkchen und machten die Ölsardinen auf. Dann fiel mir wieder ein, was ich hatte sagen wollen. »Paß auf«, sagte ich frisch gestärkt zu Birgit: »Ich habe so allmählich das Gefühl, daß man als Frau erst glücklich werden kann, wenn man geschieden ist. Es ist nämlich so: Alle, die allein sind, sind unglücklich. Alle, die eine feste Beziehung haben, sind unglücklich. Alle, die verheiratet sind, sind unglücklich. Glücklich sind immer nur die Geschiedenen – ich habe es so oft gehört! Deshalb hab ich mir gedacht, ich muß mal heiraten, und dann laß ich mich scheiden, und dann bin ich glücklich. Prost auf meine Scheidung!«

»Und von wem willst du dich scheiden lassen?« fragte Birgit langsam.

Hm, das war tatsächlich ein Problem. Ich versank wieder in Nachdenken. »Ich such mir einfach irgendeinen reichen Typen, die sind leichter zu heiraten, wegen der Steuer sind die alle wild aufs Heiraten. Es ist auch praktischer, wenn ich mich von einem reichen Typen scheiden lasse.«

»Aber für die Kinder ist es nicht gut, wenn man sich scheiden läßt«.

»Ich will keine Kinder, ich will glücklich werden!« Ich war wütend auf Birgit, weil sie mich an diese Anna erinnerte. »Du willst auf den Vater deiner Kinder warten, ich weiß. Und der ist dann für dich der Richtige! Einfach der, der dich will! Gar nicht der, den du willst!«

»Ich versteh dich nicht«, sagte Birgit langsam.

»Du mußt dir endlich mal darüber klar werden, was du willst, du denkst nur daran, was die Männer wollen!«

»Aber…«

Ich war in Fahrt, und ich wußte sowieso, was Birgit sagen wollte, also unterbrach ich sie: »Weißt du, was ich mal gelesen habe? Eine Frau, die versucht, nach den Vorstellungen der Männer eine gute Frau zu sein, ist wie ein Jude, der versucht, nach den Vorstellungen der Nazis ein guter Jude zu sein! – Es ist zwar geschmacklos, aber wahr!«

Verglichen mit Birgit konnte sogar ich mich als Radikal-Feministin fühlen. Ein schönes Gefühl! »Solange sich die gesellschaftlichen Verhältnisse nicht ändern, werden sich die Männer nicht ändern«, sagte ich mit erhobenem Zeigefinger, »du hast also nur zwei Möglichkeiten, entweder du läßt die Finger von den Männern, bis du durchblickst, oder aber du mußt so viele Erfahrungen machen wie ich, damit du endlich durchblickst.« Ich ließ den Zeigefinger sinken und erhob statt dessen mein Glas.

Birgits Blick besagte, daß Birgit überhaupt nicht durchblickte. »Aber in meinem Jahreshoroskop stand, daß ein neuer Mann in mein Leben tritt«, murmelte sie langsam.

»Vielleicht ist er bereits wieder ausgetreten.«

Birgit sah unglücklich auf ihr Glas: »Ich muß mal für kleine Mädchen.«

Ich goß noch etwas Wein nach. Birgit kam wieder, auf dem Klo mußte ihr ihre Schwester eingefallen sein, denn als erstes sagte sie: »Meine Schwester will so schnell wie möglich noch ein Kind haben. Wenn der Benjamin als Einzelkind aufwächst, das ist nicht gut für ihn.«

»Mir hat es nie was ausgemacht, ein Einzelkind zu sein«, sagte ich und aß den letzten Lachsschinken.

Dann klingelte das Telefon. Es war Julia.

»Wir haben die Wohnung!!!«

»Phantastisch!!!« brüllte ich zurück.

»Stell dir vor, die Hausbesitzerin hat gefragt, wo ich arbeite, und als ich sagte, daß ich an der Lessing-Schule bin, war die Sache klar, denn das Enkelkind unserer Hausbesitzerin geht in die Lessing-Schule!!«

Ich schrie zu Birgit hinüber: »Sie haben die Wohnung bekommen!!«

»Phantastisch«, sagte Birgit langsam.

»Ihr müßt unbedingt wieder herkommen und mit uns den Mietvertrag feiern!«

»Auf keinen Fall, wir mußten bei der Hausbesitzerin diverse Gläslein selbstgebrannten Apfelschnaps trinken. Wir sind komplett hinüber. Aber die Hausbesitzerin ist sehr nett.«

»Wir sind komplett nüchtern«, kicherte ich.

Julia und Jürgen wollten aber nicht mehr kommen. Ich sagte noch ein paarmal »tschüs« und »herzlichen Glückwunsch« und »hicks«; ich hatte plötzlich Schluckauf.

Also tranken Birgit und ich alleine auf die Wohnung von Julia und Jürgen. Birgit war tief gerührt, daß Julia und Jürgen den Mietvertrag dem Enkelkind der Hausbesitzerin zu verdanken hatten. »Ich will auch ein Kind«, sagte sie wehleidig. Dann versank sie in Selbstmitleid, weil sie in Zukunft ganz alleine wohnen würde, und jetzt, in noch näherer Zukunft, ganz alleine nach Hause gehen mußte.

Birgit jammerte noch ein bißchen rum. Ja, man hat es nicht leicht als Frau in dieser Gesellschaft, schon gar nicht, wenn man eine Fische-Geborene ist. Es war schon elf, als ich ein Taxi für Birgit bestellte. Als ich die Haustür hinter ihr abschloß, hatte ich Schwierigkeiten, das Schlüsselloch zu finden.

Weil der Schluckauf nicht aufhörte, versuchte ich zur Ablenkung, noch ein bißchen aufzuräumen. Die Blumen von Albert sahen schon ziemlich schlapp aus. Er hätte mich ruhig noch mal anrufen können. Nicht nur dieser Anna ging es schlecht. Mir selbst war speiübel.

72. Kapitel

Noch am nächsten Morgen war mir so schlecht, daß ich mich nicht auf den Beinen halten konnte. Es hatte überhaupt keinen Sinn aufzustehen. Mein Kopf dröhnte. Als das Telefon klingelte, verkroch ich mich unter der Decke. Ich konnte nicht sprechen, mit niemandem. Gegen Nachmittag schleppte ich mich zum Kühlschrank. Es war noch eine ganze Schüssel Schlagsahne übrig. Mir wurde sofort wieder schlecht.

Jetzt war ich achtundzwanzig. Ich legte mich wieder ins Bett und wartete auf die Torschlußpanik. Viele Frauen, die bis achtundzwanzig ihr Leben nicht geordnet haben, bekommen die Torschlußpanik – hatte ich kürzlich gelesen. Es war mir aber bloß schlecht.

Erst am Mittwoch fühlte ich mich wieder völlig okay. Ja, ich mußte mir vornehmen, an meinem Drehbuch zu arbeiten. Abgesehen davon, daß ich nun achtundzwanzig war, wurde es allmählich Zeit, wenn ich einen eigenen Film machen wollte. Wenn ich mich nicht nur einem Team anschließen wollte, dann mußte ich bald der Finanzierungskommission das Drehbuch vorlegen.

Zwar war ich immer noch unsicher, ob die Trennung von Albert wirklich das optimale Thema war, aber ich hatte keine bessere Idee, und andererseits, so was Persönliches interessiert die Leute. »Das Private ist das Politische«, hatte Wolfgang Klein gesagt – insofern brauchte ich meine Ansprüche überhaupt nicht zu reduzieren. Ich war froh, mich von der abstrakten Theorie Schachtschnabels befreit zu haben.

Damals, als ich den Film bei Schachtschnabel hatte machen wollen, hatte ich nicht gewußt, wie ich anfangen sollte – das war mir auch jetzt noch nicht klar, aber jetzt war mir vor allem unklar, wie ich die Geschichte enden lassen sollte. Sicher, es ist nicht die Lösung aller Probleme, wenn man den Mann seines Lebens gefunden hat. Aber den Mann seines Lebens nicht gefunden zu haben, macht auch nicht besonders glücklich.

Und ein Drehbuch schreiben, das ist, als ob man eine Botschaft verkündet. Ich hatte keine Botschaft. Ich war eine verlassene Frau mit vager Hoffnung auf gesellschaftliche Rehabilitierung. Sicher, ich würde darstellen können, daß ich auch als alleinstehende Frau zu respektieren war. Ich würde darstellen können, in welch tiefen Verstrickungen ich mich befunden hatte. Aber wie sollte ich darstellen, daß nun alles besser war?

Sollte ich das Ende des Films einfach offen lassen? Oder mit symbolischer Bedeutung erfüllen, die für sich selbst spräche? Vielleicht ein Trickfilm... ich als Raupe, zuerst dahinvegetierend auf einem welken Blatt, dann mich verpuppend, dann den Kokon durchbrechend und als strahlender Schmetterling in die Welt hinausfliegend? Oder wäre das zu kitschig? Das Symbol des Schmetterlings war gut, aber ich als Raupe, das wäre meiner Situation nicht angemessen. Vielleicht eine Mumie, die sich in einen Schmetterling verwandelt? Das wäre ein schönes Symbol... wir Frauen lieben die Symbole... dieses Tiefgründige... Bedeutungsvolle...

Immerhin hat ein Film die Aufgabe, das Geheimnis des Lebens zu entdecken oder die Wahrheit schonungslos darzulegen – eins von beiden, das ist das mindeste. Ich wollte beides. Aber würde das Medium Film überhaupt genügen, mein Verhältnis zu den Problemen unserer Zeit in seiner ganzen Komplexität darzulegen? Mich schauderte vor der Gefahr, als Opfer der Banalität des Alltäglichen zu enden.

Wenn ich die Liebe zeigen würde in meinem Film, dann müßte es eine nicht-alltägliche Liebe sein... ein Film werden, in dessen Titel das Wort »Obsession« vorkäme.

Ich wollte einen Film machen, der werden sollte, wie mein Leben werden sollte. Aber was wäre ein angemessenes Happy-End für mich? Vielleicht gibt es die Verschmelzung der zwei Hälften nur in Romanen. In Realität war diese Verschmelzung nur ein Zusammenkleben... Vielleicht ist die Realität wirklich so realistisch? Waren die Wirrungen meines Lebens Irrungen? Hätte ich Albert doch nicht gehen lassen sollen? Ihn nicht in sein Unglück laufen lassen sollen? Albert war zwar nicht die Liebe gewesen, wie ich sie mir erträumt hatte, aber vielleicht waren meine Träume nur Theorien gewesen...

Ein Film über verlorene Liebe. Verlorene Liebe, das klingt wie verlorene Hausschlüssel – konnte man sie wiederfinden?

Oder war verlorene Liebe wie verlorene Eier? – Eine Absicht, die zum Wesenszustand wird?

Was sollte ich tun? Jetzt? Später? Für dieses Jahr hatte ich mein Ziel erreicht. Ich hatte mir vorgenommen, mich von Albert zu trennen, es war geschehen. Aber jetzt war schon fast nächstes Jahr. Die Jahre, die man mit dem Vorsatz beginnt, alten Leuten über die Straße zu helfen, sind die glücklichsten Jahre des Lebens – irgendwo hatte ich das mal gelesen, und jetzt begriff ich, daß es stimmte.

Ich könnte mich totsaufen wie meine alte Tante Frida selig. Ich könnte das Aussteuersparbuch versaufen, das sie mir vererbt hatte. Da könnten meine Eltern nichts dagegen machen. Es wäre ganz im Sinne der Verstorbenen. Sie hat auch immer getan, was sie wollte. Frau Frida Küntzle – immer unterschrieb sie mit dem Zusatz »Frau«, damit keiner auf den Gedanken käme, sie sei eine alte Jungfer. Und das war sie auch wirklich nicht: Einen Verlobten und zwei Ehemänner hatte sie überlebt und beerbt! Und keine Kinder. Ein echtes Vorbild. Und ich hatte noch nicht mal einen Ehemann... geschweige denn ihn überlebt.

Ich sah aus dem Fenster, in die Ferne, und sah mich selbst sitzend in meinem Arbeitszimmer. An der Wand hing eine Uhr, die Uhr stand still. Ich saß da und blickte auf einen Kalender, der neben der Uhr hing. Die Blätter fielen von dem Kalender, wie das Laub im Herbst von den Bäumen. Ich sah aus dem Fenster, in die Ferne, und sah mich selbst aus dem Fenster blicken, draußen wechselten sich die Jahreszeiten ab: Sonne, Schnee, Frühlingsgrün, Oktoberstürme... War das der Blick in meine Zukunft? Wann käme der strahlende Held, der die Uhr meines Lebens wieder in Bewegung setzen würde? Würde er eines Morgens kommen oder des Nachts? Im April oder im Dezember? Dieses Jahr noch? Nächstes Jahr oder erst in der Stunde meines Todes? Mich schauderte. Nein, ich würde nicht untätig warten. Ich wollte weggehen. Ins Café Kaputt wollte ich gehen.

Vielleicht waren dort neue Männer, bessere Männer, Männer, die nur auf mich gewartet hatten. Irgendwo wartet immer irgendwer auf irgendwen. Ich weiß nicht mehr, wer das gesagt hat – war es Nietzsche, Sokrates oder Ingrid Bergman in ›Casablanca‹?

73. Kapitel

Im Café Kaputt war kein Mensch. Allein Niyazi, der Wirt.

»Was ist los?« fragte ich.

»Nichts«, sagte er in seiner konversationsunlustigen bayerischen Art.

»Warum ist niemand hier?«

»Interessierst du dich für Fußball?«

»Nein.«

»Das hab ich mir gedacht.«

»Warum? Ist heute Fußball im Fernsehen?«

»Sieht so aus, oder?«

Ich blieb trotzdem. Jedes Spiel hat ein Ende. Die Leute würden schon noch kommen. Ich setzte mich mit einem Wein in die Ecke, studierte das handgeschriebene Plakat an der Wand. »Weihnachten und Silvester für Zurückgebliebene«, stand in großen Buchstaben drauf. Darunter stand, daß das Café Kaputt an sämtlichen Feiertagen geöffnet habe, und jeder, der nicht in den Schoß der Familie heimkehren wolle, sei herzlich eingeladen. An Weihnachten würde Wolfgang am Klavier spielen und Peter auf der Gitarre, und an Silvester sollte das Kreuzberger Kitsch-Konservatorium gastieren. Silvester, das würde lustig werden. Weihnachten, da mußte ich auch zu meinen Eltern. Mein Vater war überzeugt, daß ich diesmal – da kein anderer Mann gegen ihn konkurrierte – sogar über Neujahr bleiben würde. Aber nein, soviel Familienleben war mir zuviel.

»Wann ist das Spiel aus?« fragte ich, als ich mir den zweiten Wein an der Theke holte.

»Das dauert, das kann ich dir sagen. Es ist nicht nur ein Spiel.«

»Sondern?«

»Heute werden die Höhepunkte des gesamten Fußballjahres abgespult. Jedes Eigentor, jede Schlägerei. Das dauert! Scheißfußball!« Niyazin war so sauer, daß er ins Reden kam. »Wenn wieder so was kommt, mach ich den Laden gar nicht auf.«

Ein Auto hielt vorm Café Kaputt.

»Na also, jetzt kommt noch jemand«, sagte ich aufmunternd zu Niyazi.

Wir sahen hoffnungsvoll zur Tür.

Herein kam Albert.

»Was willst du denn hier?« riefen Niyazi und ich gleichzeitig.

»Warum bist denn du nicht beim Fußball?« rief Niyazi.

»Warum bist denn du nicht bei Frau und Fötus?« rief ich.

Albert sagte zu Niyazi: »Ich will ein kleines Helles.«

Und zu mir sagte er: »Dachte ich mir, daß du in der Kneipe bist, obwohl Fußball-Nacht ist. Ich hatte bei dir angerufen, und als du nicht daheim warst, bin ich direkt hierhergefahren.«

»Wie schlau du bist. Und was willst du hier in der Fußball-Nacht?«

»Ich will dir was erzählen.«

Wir verzogen uns in die Ecke. »Also, was ist los?«

»Was ich dir sagen wollte«, Albert machte eine Pause, zündete sich eine Zigarette an, sah mich bedeutungsvoll an: »Anna ist nicht mehr schwanger.«

»Was? Was!«

»Schrei hier nicht so herum!« zischte Albert. »Beziehungsweise ist Anna gar nicht schwanger gewesen. Hat sich gestern herausgestellt.«

»Was! Was?«

»Sie hatte doch seit Sonntag Bauchkrämpfe. Weil es nicht besser wurde, habe ich sie gestern früh in die Klinik gefahren. Die haben sie untersucht und festgestellt, daß sie gar nicht schwanger ist. Dann wurden wir heimgeschickt... es war nicht in unserer Klinik... ich wollte kein Gerede... wir sind in eine Ambulanz gefahren. Auf jeden Fall bekam sie dann gestern abend Blutungen. Es war keine Fehlgeburt, ich hab sie noch mal in die Klinik gefahren... es war nur eine verzögerte normale Mensis.«

»Was, wie kommt denn das? Wieso hast du als Arzt das nicht vorher gemerkt!«

»Wie soll ich das merken? Anna hatte doch einen Test gemacht, und der Test war positiv... vielleicht hat sie was falsch gemacht mit dem Test, oder der Test war nicht in Ordnung, oder was weiß ich... Der Kollege von der Frauenstation sagte mir, es hätte wahrscheinlich psychische Ursachen, daß die Regel so lange ausblieb. Auf jeden Fall hat sie nichts... also ich meine, sie ist völlig gesund. Es sei nur eine vorübergehende Störung gewesen, hat der Kollege versichert. Seine Chefin hat das auch bestätigt. Auf jeden Fall…« Albert drückte seine Zigarette aus, beendete den Satz nicht.

»Darauf mußt du eine Lokalrunde ausgeben! So billig kommst du nie wieder zu einer Lokalrunde! Nur drei Leute hier.«

»Das ist kein Anlaß für eine Lokalrunde. Das gehört sich nicht.«

Wie seriös er tat, der Geizhals. »Und jetzt, was willst du jetzt tun?«

»Ich weiß nicht. Anna ist ziemlich depressiv. Sie hat die ganze Nacht geheult. Sie hat sich so gefreut auf das Kind. Und sie will sofort wieder schwanger werden, beziehungsweise endlich schwanger werden.« Albert sah mich nicht an, während er von Anna sprach. Er sah unter den Tisch, als er sagte: »Aber da mache ich nicht mit. Ich will erst heiraten und dann Vater werden.«

»Klar, du bist ja so konservativ.«

»Fang nicht wieder damit an.«

»Du heiratest also Anna jetzt, und dann macht ihr ein neues Embryo.«

»Nein, ich werde Anna nicht heiraten.« Albert sprach mit einer Entschlossenheit, die mir an ihm fremd war.

»Warum nicht?«

»Wir passen nicht zusammen. Ich will nicht als Kindsvater geheiratet werden. Außerdem ist mir Anna zu unselbständig. Dann würde ich lieber dich heiraten.« Albert sah wieder unter den Tisch und betrachtete interessiert seine Schuhsohlen. »Warum heiratest du nicht mich?« fragte er.

Ich kontrollierte ebenfalls meine Schuhsohlen. »Warum sollte ich dich heiraten?«

»Warum nicht?«

»Weil du……·« ich unterbrach mich selbst, überlegte, was ich zuerst sagen sollte. Zu geizig? Vielleicht hatte er sich ein bißchen gebessert… das Geburtstagsgeschenk zum Beispiel… aber der Geiz war auch in seinen Gefühlen, ich wußte es genau. Und diese ewige Unentschiedenheit!

»Soll das etwa ein Heiratsantrag gewesen sein?« fragte ich schließlich.

»Ich weiß nicht.«

»Meine Güte! So macht man doch keinen Heiratsantrag!«

»Wie denn dann?«

»Doch nicht in der Kneipe! Du hast einfach keinen Stil! Und auf jeden Fall schenkt man der Braut rote Rosen!«

»Wieviele?«

Ich überlegte sorgfältig. »Mindestens für hundert Mark«, sagte ich entschieden – das kam mir zwar selbst etwas viel vor, aber ich wollte Albert erschrecken.

»Das ist zu viel!« rief er entsetzt.

»Fünfzig Rosen sind das Minimum, und die dürften hundert Mark kosten.« Gnädig fügte ich hinzu: »Vielleicht gibt es fünfzig Stück billiger. Mit Mengenrabatt.«

»Fünfzehn Stück reichen.«

»Du spinnst wohl!«

»Dafür, daß du so progressiv tust, hast du reichlich spießige Ansprüche, das will ich dir mal sagen! Wozu denn überhaupt Rosen?«

»Dann heirate doch diese Anna! Für die brauchst du keine Rosen! Die präsentiert dir einfach die Rechnungen, für das, was sie sich nimmt.«

»Fünfzehn Rosen maximal!«

»Dreißig Rosen sind für einen Heiratsantrag das allermindeste! Weiter kann ich wirklich nicht runtergehen.«

»Also gut«, sagte Albert, »dann kann ich ja wieder gehen.« Er stand auf. Schweigend sah ich ihm zu, wie er sein Bier an der Theke bezahlte. Wie gerne hätte ich ihm einige Aschenbecher hinterhergeworfen. Aber Niyazi duldet so was auf gar keinen Fall.

74. Kapitel

Ich ging heim und wartete bis drei Uhr morgens, daß Albert mich anrufen würde. Das mußte ihm doch leid tun. Er rief aber nicht an. Auch am nächsten Tag nicht.

Die Verdammten sitzen in der Hölle und warten auf Post – hatte ich mal irgendwo gelesen, und auch das ist wahr. Aber noch schlimmer als auf Post zu warten, ist es, auf einen Anruf zu warten. Die Post kommt nur einmal am Tag, aber das Telefon… ich war ans Haus gefesselt.

Freitag vormittag mußte ich weg, ins Dokumentations-Praktikum. Es interessierte mich überhaupt nicht, aber ich mußte hin, weil ich sonst am Semesterende den Schein nicht bekommen würde, ich hatte schon zweimal gefehlt. Als ich zurückkam, hörte ich durch die Wohnungstür mein Telefon klingeln. Als ich endlich aufgeschlossen hatte, hatte es aufgehört zu klingeln.

War das Albert gewesen? War er jetzt endlich zur Einsicht gekommen, daß er endlich etwas investieren mußte, wenn er mich haben wollte?

Wenn ich ihn jetzt zurückrufen würde, würde er glauben, ich sei kompromißbereit, so hatte er mich schon immer ausgebeutet. Nein!

Es ging mir gar nicht um die Rosen, es ging mir ums Prinzip. – Meine Mutter behauptet, Leute, die behaupten, es gehe ihnen nicht ums Geld, sondern ums Prinzip, diesen Leuten gehe es immer ums Geld; es sei ein blödes Gerede, sagt meine Mutter. Da hatte sie sicher recht, was Albert betrifft, aber mir ging es wirklich nicht ums Geld, mir ging es wirklich ums Prinzip. Wenn Albert schon nicht der Liebhaber meiner Träume sein wollte, dann konnte er wenigstens einmal so tun, als ob. Das war nicht zuviel verlangt. Aber Albert würde nicht nachgeben. Dann eben nicht. Sollte er doch zum Teufel gehen. Oder zu dieser Anna.

– Andererseits hatte er gesagt, daß er lieber mich heiraten wollte. Lieber mich als diese Anna! Ich hatte gegen eine Möchte-gern-Schwangere gekämpft – der Kampf Laokoons mit der Schlange war nichts dagegen gewesen! –, und ich hatte gesiegt. Ich mußte nicht erst schwanger werden. Ha! Was würden meine Freunde und Bekannten dazu sagen, wenn ich Albert heiraten würde? Ich ging im Geiste alle durch, die ich kannte. Nur einer würde mir davon abraten: Gottfried Schachtschnabel. Auf dessen Ratschläge legte ich wahrhaftig keinen Wert!

Albert war zwar nicht der Mann meines Lebens, aber vielleicht würde er der Mann meines Lebens werden? Fast vier Jahre kannten wir uns schon... seit fast einem Jahr waren wir getrennt... wenn wir jetzt, nach der langen Trennung, heiraten würden, wer weiß, vielleicht könnten wir nach dieser Erfahrung später sogar auf die Scheidung verzichten? Und außerdem: Eine Hochzeit und die Braut nicht schwanger... das wäre doch irrsinnig originell!

Plötzlich hatte ich die Idee. Es war 16 Uhr 45. Ich ging zum Postamt, überzog mein Girokonto. Wenn Albert nicht bereit war, meine Träume zu erfüllen, dann würde ich sie mir eben selbst erfüllen. Schließlich war ich selbständig. Jawohl. Ich fuhr zu einem der besten Blumenläden der Stadt. Ich suchte dreißig rote Rosen aus, von der teuersten Sorte. Zu liefern an Albert Auerbach. Jawohl.

Es sei schon zu spät, sagte die Blumenhändlerin, erst morgen könnten die Rosen geschickt werden. Morgen war Samstag. Um so besser, da war er garantiert zu Hause. Um wieviel Uhr, ungefähr, würden sie ausgeliefert? Schon um 10 Uhr morgens, ganz bestimmt, spätestens. Ausgezeichnet. Ob ich ein Kärtchen beilegen wolle? fragte die Blumenhändlerin. Nicht nötig. Oder doch? Vielleicht würde er denken, diese Rosen kämen von dieser Anna... das hätte noch gefehlt. Doch bitte ein Kärtchen. Ich überlegte nur kurz, dann schrieb ich:

»Für Deinen Heiratsantrag.«

Ha ha ha!

75. Kapitel

Um 10 Uhr, ganz bestimmt, spätestens, würde er die Rosen bekommen.

Ab 10 Uhr 05 sah ich ungefähr jede Minute aus dem Küchenfenster – das einzige Fenster meiner Wohnung mit Blick auf die Straße. Jedesmal, wenn ein Auto vorbeifuhr, sah ich raus. Es schneite und es war eisig kalt.

Nachdem ich vier Stunden lang gewartet hatte, legte ich mich entnervt ins Bett. Ich hatte mich entschieden... wollte jetzt Albert nicht mehr? Wollte er sich rächen?

Ich drehte das Radio an, legte mich wieder ins Bett. Ein Kinderchor jubelte, daß in drei Tagen Weihnachten wäre. Total verlogen – es waren vierundzwanzig Tage bis Weihnachten. Dann tönte es: »O Tannenbaum, o Tannenbaum«, als

nächstes zwitscherten die Kinderstimmchen: »Kling Glöckchen, klinge linge ling, kling Glöckchen kling.« Nervig. Ich
war zu schlapp, um wieder aufzustehen und das Radio auszu-
drehen. »Klingelinge ling, klong, Glöckchen kling… Klinge
linge ling, klong, klong, klong, kling Glöckchen kling.« Ich
raffte mich doch auf und schaltete das Radio ab.

»Klong, klong, klong« – das war doch die Wohnungstür!
Das war doch Albert!!

Ich machte die Tür auf und fiel fast in Ohnmacht. Was ich
sah, war der gigantischste Rosenstrauß, den ich je gesehen
hatte. Es waren 30 Rosen… 32 Rosen… 37 Rosen… 41 Rosen… 45 Rosen…

»Es sind exakt fünfzig Stück«, sagte Albert.

»Aber ich habe dir nur dreißig Rosen schicken lassen!«

»Zwanzig Stück habe ich dazugekauft.«

– Fünf Rosen mehr, als er ursprünglich investieren wollte!
Wenn das kein Erfolg war! Es war der helle Wahn!

»Und hier habe noch was für dich.« Er gab mir ein weiß
eingewickeltes Paket, das nach Kaffee roch. Ich wickelte es
aus. Es war Kaffee. Ein Pfund Kaffee!

»Ein Pfund Kaffee?«

»Ja. Ich habe nämlich was dazugekauft.«

»Ein Sonderangebot?«

»Ein einmaliges Sonderangebot.« Er holte aus seiner Man-
teltasche eine kleine blaue Schachtel mit einem silbernen
Rändchen. In der Schachtel war hellblaue Watte… und ein
Ring.

Ein Ring, ganz genauso wie der Ring, den Prinz Charles
Prinzessin Diana zur Verlobung geschenkt hat!

»Echt Silber mit synthetischem Saphir, aber woraus die
Brillanten sind, habe ich vergessen. Gab's für nur 89 Mark 95,
günstig, was?«

Ich steckte den Ring an meinen Finger.

»Er sieht aber aus wie echt«, sagte ich.

Ende